KB197399

박선영,
끝나지
않은
이야기

1966~1987

박선영,
끝나지 않은 이야기
1966~1987

2025년 2월 15일 처음 펴냄

지은이 김기선
펴낸곳 (주)우리교육
펴낸이 신명철
편집 윤정현
영업 박철환
경영지원 이춘보
등록 제 2004-000103호
주소 10403 경기도 고양시 일산동구 정발산로 24
전화 02-3142-6770
팩스 02-6488-9615
홈페이지 www.urikyoyuk.modoo.at

ISBN 979-11-92665-81-8 03990

박선영,
끝나지
않은
이야기

1966~1987

김기선 지음

우리교육

반역의 시대! 열사가 더 그립습니다

최성호(박선영 남태현 안기남 열사 추모사업회 회장)

2024년 12월 3일, 윤석열 내란 세력들의 비상계엄 선포! 만약에 막지 못했다면 우리는 다시 80년대 폭압의 시대에서 살아야 했을 것입니다. 계엄 시도는 막았지만 여전히 내란 세력들은 정치, 사회, 문화, 언론 등 사회의 모든 곳에서 준동하고 있습니다. 반역의 시대! 열사가 더 그립습니다.

『박선영, 끝나지 않은 이야기』를 읽으며, 박선영 열사가 견뎌내야만 했던 서울교대의 상황에 다시 한번 치를 떨었습니다. 아마 2024년의 비상계엄이 성공했더라면 대한민국 전체가 80년대 중반의 서울교대와 비슷한 폭압에 놓였겠지요. 시대의 어둠을 불사르고자 죽음으로 항거하신 열사의 혼이 응집되어 대한민국의 민주주의 역사는 자라왔습니다. 여전히 반역의 시대가 마무리되지 않았음에도 불구하고 내란 세력의 준동에 흔들리지 않는 이유입니다. 그럼에도 열사가 더 그립습니다. 냉수 한 그릇을 정수리에 퍼붓는 시린 마음으로 살아야 하지만 종종 나약해지거나 나태해질 때, 열사가 더더욱 그립습니다.

1994년 추모비 건립, 1997년 소의재 건립, 2001년 『저는 열네살 선영이에요』 출간, 2001년 명예회복 및 2002년 민주화운동 관련자 인정, 2004년 지리산 골프장 반대 및 구례군수 망언 규탄 대회, 2008년 박운주 아버님 장례, 그리고 여전히 진행 중인 '민주유공자법' 제정 투쟁, 2월 박선영 열사 추모제와 4월의 남태현 열사 추모제 등 25

년 이상을 추모사업회 회장으로 재임하면서 추모사업회의 많은 사업들과 함께했습니다. 오영자 어머님의 무주상보시無住相布施! 그리고 종욱 형님을 비롯한 유가족분들의 따뜻한 환대! 추모사업회 정승운 사무국장을 비롯해 민경대, 임수경, 조항미, 이민지, 안영주 운영위원님들의 노고 덕분에 지금껏 소임을 다할 수 있었습니다. 어느덧 가족이되었습니다. 이 또한 열사가 엮어준 소중한 인연입니다.

2001년 『저는 열네살 선영이에요』가 출간되었습니다. 출간 이후 추가로 증언해 주신 분들도 있었고 새로 밝혀진 사실들도 있어 『저는 열네살 선영이에요』의 증보판 필요성이 있었습니다. 2022년 말 증보판 출간을 위한 첫 회의가 있었고, 『저는 열네살 선영이에요』를 집필해 주신 김기선 작가가 증보판 집필을 해주시기로 했습니다. 이와 같이 2년간의 준비 과정을 거쳐 『박선영, 끝나지 않은 이야기』가 출간됩니다. 박선영 열사 38주기에 맞춰 열사 및 오영자 어머님께 드릴 수있게 되었습니다. 그동안 집필하시느라 고생하신 김기선 작가님, 기꺼이 출판을 허락해 주신 우리교육 신명철 대표님, 출판 및 홍보에 적극적으로 결합해 주신 이주영, 민경대 선생님께 진심으로 감사드립니다. 무엇보다 책이 나오기까지 건강이 좋지 못하심에도 불구하고 격려해 주신 오영자 어머님께 감사드립니다.

밤을 새워 초판 원고를 읽으며 많이 울었습니다. 그리고 작금의 반역의 시대와 빗대어져서 분노가 치밀어 오르기도 했습니다. 그리고 무엇보다 박운주 아버님이 많이 그리웠습니다. 이젠 아버님의 따뜻한 손길이 기다려주는 소의재도 없고….

열사는 우리에게 새벽잠 끝에 정수리에 퍼붓는 냉수 한 그릇입니다.

많은 이들이 열사를 기억하고 새기고 열사의 못다 한 뜻을 이루는데 함께하면 좋겠습니다.

박선영 열사를 기억해야 하는 까닭

이주영(전교조 교육민주화 운동 관련 해직교사 백서 편찬위원장)

역사는 정의가 이긴다는 말이 있습니다. 그러나 저는 그렇게 생각하지 않습니다. 역사는 기억하는 쪽이 이깁니다. 가장 잘 기억하는 방법이 기록입니다. 곧 기록하는 자가 역사에서 결국 승리하는 것입니다. 박선영 열사의 삶과 죽음을 살아있는 사람들이 기억할 때, 박선영 열사가 꿈꾸던 세상이 역사 속에서 실현될 수 있습니다. 우리가 1980년대 이 땅의 민주화를 위해 살다간 열사들을 기억해야 하는 까닭입니다.

2024년 12월 3일 윤석열 집단의 비상계엄과 그에 맞서는 시민들을 보면서 1980년대를 연상하지 않을 수 없었습니다. 전두환과 군사반란 세력들이 만들어 놓은 군부독재사회에서 수많은 젊은이들이 목숨을 꺾이고 짓밟혔습니다. 박선영 열사도 그런 시대적 비바람에 결연히 맞서다 떨어진 꽃잎 한 장, 어여쁘고 여린 한 송이 들꽃입니다.

이 책을 읽으면서 몇 번이나 울지 않을 수 없었습니다. 한 소녀의 성장기면서, 한 시대의 아픔이면서, 한 집안의 민주화운동 투쟁사이기 때문입니다. 딸의 죽음을 죽음으로 끝낼 수 없어 그 죽음을 끌어안고 생명의 꽃으로 다시 피어나게 한 어머니를 만났기 때문입니다. 또 그 아버지와 오빠는 전교조 조합원이기도 합니다. 전교조 조합원 동지의 가족사를 이렇게 만날 수 있는 기록이 또 있을까 싶습니다.

박선영 열사의 죽음은 1980년대에 초등교사를 양성하던 교대라는 곳이 얼마나 반민주적이고 반교육적이며 반인간적인 공간이었는지를 가장 선명하게 보여주는 사건입니다. 당시 초등교사 양성기관의 이렇듯 열악한 상황은 곧 초등교육 현장과 크게 다를 것이 없었습니다. 따라서 저는 이미 민주화운동 관련자로 인정받은 박선영 열사를 교육민주화운동 관련자 명단에도 당당히 올려야 한다고 생각합니다. 이 책을 읽으면 누구나 공감하실 거라고 봅니다.

40여 년 동안 박선영 열사를 잊지 않고 기억해 온 추모사업회에 박수를 보내며, 이 책을 예비교사와 조합원 동지들이 많이 읽기를 소망합니다. 아직도 가야 할 길이 먼 교육민주화와 민주사회를 위하여.

작가 서문

1.

『저는 열네 살 선영이에요』를 쓴 지 20여 년이 흘렀다. 책을 내고 나서 좋은 일이 많았다. 2001년 7월 19일 명예회복 9인위원회 본회의에서 박선영 열사의 명예회복이 확정되었고, 뒤이어 김광훈·김승관·나정훈·박용숙·여혜경·정경자·허탁 등 청담교회 대학부에서 같이 활동했던 동지들을 찾았다는 반가운 소식이 들려왔다. 유족들의 끈질긴 노력에 이들의 생생한 증언이 더해지면서 박선영 열사는 2002년 10월 민주화운동 관련자로 인정받게 되었다. 오랜 세월 유족들의 마음을 옭아맸던 매듭의 한 자락이 풀린 것이다. 어머니를 비롯한 유족들이 자기 생을 갈아가며 싸워 얻은 작은 결실이었다.

그럼에도 어머니는 투쟁을 멈추지 않았다. 딸이 원했던 세상은 아직 오지 않았기 때문이다. 전국 팔도 투쟁과 차별, 억울한 죽음이 있는 곳마다 어머니의 치맛자락이 깃발처럼 펄럭였다. 시퍼런 칼날 위를 걸어가는 어머니의 모습은 수시로 우리의 양심을 찔렀다. 달라진 세상에 몸과 마음을 억지로 우겨넣고 살아가는 사람들에게 어머니는 어쩌면 불편한 사람이었다. '밥이 없으면 물이라도 주고 물이 없으면 말이라도 주'고 싶은 가없는 모성母性과 투쟁의 열정이 두려워 뒷걸음질 치는 사람도 간혹 있었다.

아버지의 삶도 치열했다. 전교조가 생기기 수십 년 전부터 학생들 머리를 손수 깎아주고 마을 주민들을 계몽하며 참교육을 실천했던 박운주 선생은 딸이 떠난 후 교련을 탈퇴하고 전교조 활동에 혼신을 바쳤다. 퇴임할 때는 아이들 서른 명의 이름을 하나하나 부르고 덕담을 건네는 것으로 퇴임사를 대신했다. 참으로 선생다운 군더더기 없는 퇴장이었다.

부모님은 아름답게 살았다. 지리산 자락에 지은 박선영 열사 기념관 소의재를 모든 이에게 개방하여 더불어 사는 삶의 아름다움을 보여주었다. 어머니가 서울을 오가며 '전국구 싸움꾼'으로 활약하는 동안 아버지는 주민들과 교류하며 지역에 뿌리를 내렸다. 칠순을 넘긴 나이에 4년간 지리산골프장건설반대투쟁을 이끌고 지리산문화제를 주최하여 젊은이들을 부끄럽게 만들었다. 2006년 아름다운재단은 박운주 선생의 활동을 높이 평가하여 민들레홀씨 상을 수여하고, 뚝섬 서울숲에 선생의 이름을 새긴 소나무를 심었다.

2년 후 선생은 홀연 우리 곁을 떠났다. 폐암이라 했다. 딸을 잃은 슬픔과 좌절이, 자책과 분노가 폐를 상하게 했을 것이다. 딸의 이름으로 칠십 평생 쉼 없이 내달려온 박운주 선생은 당신의 이름이 걸린 서울숲 소나무 아래 고단한 몸을 뉘었다. 그는 수많은 육필 원고를 남겼다. 대부분 언론이나 집회장에서 발표하기 위해 작성한 박선영의 삶과 투쟁에 대한 기록이었다. 선생은 원고를 쓸 때마다 의식을 치르듯 당신이 서울교대 진학을 강권하고 학생운동을 만류하여 딸의 고통을 가중시켰음을 솔직하게 고백했다. 단 한 번도 그 사실을 대충 얼버무리거나 외면하지 않았다. 부모로서 보는 것만으로도 고통스러웠을 딸의 일기와 편지글을 수없이 읽고, 한 줄 한 줄 치밀하게 분석하기도 했다.

2000년 겨울, 첫 책의 집필을 앞두고 처음 만났을 때 박운주 선생은 이렇게 말했다.

"내가 원래 용기가 부족하거든. 그래서 무엇까지 생각했냐면, '우리 자식 죽은 데 너도 일조를 했다. 너는 나의 적이다. 너를 죽이지 않으면 내가 죽는다' 이렇게까지 극한적으로 생각을 한 거야."

선생이 죽여야만 했던 '너'는 바로 인간의 나약함, 소시민성, 비겁 같은 것들이었다. 선생은 평생 몸부림치며 그것과 싸웠다. 그리고 '너'를 몰아낸 자리에 기어이 '딸의 정신'을 올려놓았다.

2.

이 책을 쓰면서 고민이 많았다. 열사의 유족과 추모사업회는 박선영 열사와 함께 활동했던 동지들을 찾았으니, 그들을 통해 새롭게 밝혀진 사실이 책에 반영되길 바랐다. 나로서도 반가운 제안이었다. 첫 책 『저는 열네 살 선영이에요』는 박선영 열사의 이야기임과 동시에 어머니를 비롯한 가족들의 투쟁사를 다룬 책이다. 모든 활동의 흔적을 지우고 간 선영의 이야기가 빈약한 반면, 가족들의 변화는 극적이고 강렬했다.

나는 이번에야말로 박선영 열사의 삶을 제대로 다루어야겠다고 생각했다. 성장사는 이미 첫 책에서 상세히 소개했으므로, 열사가 대학에 입학한 1985년부터 자결로서 생을 마감한 1987년까지를 본격적으로 그려보자고 마음먹었다.

나는 이 책의 제목을 임시로 『박선영, 끝나지 않은 이야기·1985~1987』로 잡고, 열사의 동지들을 만나기 시작했다. 85학번 김광훈·박용숙·여혜경 님은 박선영 열사에 대해 다양한 이야기를 해주었다. 그러나 안타깝게도 이들이 박선영 열사와 함께 활동했던 주된 기간은

1학년 때였다. 2학년이 되면서 모두 각자의 장으로 뿔뿔이 흩어졌기 때문이다. 오랜 세월 속에 흐릿해진 기억을 애써 추스르며 중요한 증언을 해준 세 분께 깊은 감사를 드린다.

학생운동에서 2학년은 1학년 때와 비교할 수 없이 운동의 내용과 수위가 높아지는 중요한 시기이다. 특히 박선영 열사의 생애에서 1986년은 서울교대와 집안에서의 갈등이 첨예화되는 시기이기 때문에 당시 박선영 열사가 처한 상황과 활동상을 증언해 줄 사람, 특히 선영이 소속된 언더서클의 현황을 잘 아는 선배층의 증언이 절실했다. 그러나 결국 이들을 찾는 데는 실패하고 말았다.

박선영 열사를 청담교회 대학부로 인도했던 서울교대 83학번 정경자 님은 오래전 학교를 그만두고 미국에 갔다는 사실만 확인하였을 뿐 그의 연락처를 알고 있는 사람을 찾지 못했다. 지도 선배였던 외대 83학번 나정훈 님도 행방이 묘연했다. 그의 출신 학교인 외대 동문회를 통해 수소문해 보았으나 연락이 닿는 사람이 없었다. 지도 선배는 아니지만 서클 상황 전반에 대해 어느 정도 알 것으로 예상되는 서울대 83학번 허탁 님 역시 종적을 알 수가 없었다. 이들 모두 2002년에 잠깐 모습을 드러내 인우보증을 해주었을 뿐, 85학번 후배들과 거의 교류가 없이 20년 세월이 지난 것이다.

이 책은 많은 이들이 기대하는 완전히 새로운 책이 아니라 『저는 열네 살 선영이에요』의 증보판增補版이 되었다. 나는 박선영 열사의 언니, 동생, 오빠, 아버지의 시점에서 박선영 열사의 죽음과 이후 전개 과정을 그려낸 '제1부 너는 이렇게 죽었어'를 삭제하고, 나머지 열사의 일대기와 유족들의 투쟁만으로 원고를 구성하였다. 앞에서 말한 1986년 상황은 청담교회 85·83 동지들의 증언과 인우보증서, 그리고 서울교대 84학번 오광식·이옥신 님과 85학번 김정선·윤순구·이현숙님, 86학번 이주연·임수경 님의 도움을 받아 보강하였다.

나머지 부분은 가족 및 지인 인터뷰와 열사의 막내동생 박영석 님이 미국에서 보내준 자료 등을 토대로 사실을 바로 잡거나 모자란 내용을 새로 추가하였다. 중학교 동창 신율건·박연숙 님, 고등학교 동창 김병림 님도 박선영 열사의 중고등학교 시절과 대학 시절에 대한 의미 있는 증언을 해주었다. 어머니의 감방 동지 김수현·정규옥 님에게도 귀중한 이야기를 들었다. 민주화운동기념사업회 오하경 님은 구하기 힘든 자료를 지원해 주셨다. 서울교대 민경대 선배님을 비롯하여 추모사업회 최성호 회장·조항미 총무 등 박선영 열사의 삶을 복원하는 작업에 시간과 마음을 써주신 모든 분들께 고개 숙여 감사드린다.

2025년 1월 10일

김기선

차례

1.

니가 뭐냐, 뭐길래 그렇게 이쁘냐

살아 있는 상록수

1971년 9월 4일 광주전남지역 종합 일간지 〈전남매일〉에 흥미로운 기사 하나가 실렸다.

살아 있는 상록수
―화순 한천 고시분교 박운주 선생

문명의 소외지대, 누구도 쉽게 가볼 수 없는 벽지학교에서 이름도 없고 욕심도 없는 한 교사가 한갓 교육의 고난과 역경의 교훈만을 심기에 바빴다. 마침내는 뒤떨어진 지역 사회의 발전을 위해서까지도 온통 사재로 피땀을 쏟다가 합심하던 아내마저 병들어 누워버렸지만 그래도 상록혼은 식지 않았다.

화순군 한천면 고시리 812. 한천리 초등학교 고시 분교장. 학생 수 44명. 교실 1칸. 1, 2, 3학년 2부 복식수업. 광주사대를 나와 교직 13년의 박운주 교사(37)는 보이는 것이라곤 막막하고 무거움뿐이었다. 그래도 초롱초롱한 눈망울에 비친 교육의 힘이 아직도 미신을 믿는 것만이 모든 것의 최상위라는 지역사회민들을 어떻게 하면 가장 보람된 삶의 보금자리로 만들까 하는 생각만이 박 교사의 전부.

농가 호수 47호, 인구 295명. 해발 6백m의 속칭 말봉산 아래 자리 잡은 이 마을에 고시분교장이 설립되기는 69년 3월 1일이었다. 부임되던 날로부터 4개월째 이발기구 일체를 구입, 부인 오영자 씨(30)와 함께 어린이는 물론 지역사회민 전체에게 손수 깎아주면서 어느덧 이발사로 변하기도 했다. 또 밤이면 중학에 진학 못 했던 청소년들을 모아다 초롱불 교실에서 열심히 가르쳤으며, 저축심의 앙양으로 「마을금고」를 설치하기도 했다.

그리고 학습 활동에 필요한 학용품을 무상으로 대주었다. 그런가 하면 자활 운영과 지역 사회를 위해서 감나무, 밤나무 등을 2백 주나 둘러 심기도 했다. 또한 사재 10만 원을 털어 어린이 이발소, 목욕탕을 지었다. 이렇게 사랑의 교사는 교육열에 묻히다 보니 영양실조와 가난에 뒤쫓겼다. 남몰래 뜨거운 눈물에 젖어보기도 일쑤였다. 결국 지내오는 동안 지난달 초순께부터는 부인 오 씨가 병들어 눕기까지도 했다. 너도 나도 어린들은 곁을 떠날 줄 몰랐다.

이제까지 냇물만을 마시던 이 마을에도 「펌프」가 학교에 세워지게 됐고, 차차 박 교사의 뜻을 알아차려 따르게 된 지역사회민들은 언어생활의 순화는 물론 인사성, 교육, 시사 문제, 응급 약품 비치, 반공교육 철저에 이르기까지 박 교사는 지역사회민들에게 의사, 간호원, 법 질서까지 맡았다.

박선영 열사의 아버지 박운주의 젊은 시절 이야기다. 전남 화순군 도암면의 빈한한 농가에서 6남매의 장남으로 태어난 그는 광주사대를 졸업하고 1958년 완도 고금초등학교에서 교사 생활을 시작했다. 너나 할 것 없이 가난한 시절이었다. 저마다 오장육부에 달라붙은 가난을 떼어내기 위해 안간힘을 써보지만, 보릿고개를 넘지 못하고 아사餓死하는 사람들도 많았다.

전후戰後의 폐허 위에서 재건된 사회는 혼탁했다. 불법과 편법이 횡행했고, 도덕 불감증이 만연했다. 교육계도 다르지 않았다. 교사들은 죄책감도 없이 학부모가 주는 촌지를 받았고 중학 입시 과외로 부수입을 올렸으며 아이들에게 문제집을 팔아 서점에서 주는 수수료를 챙겼다.

고지식하고 원리원칙을 순봉하는 박운주로서는 도저히 용납할 수 없는 일이었다. 사회의 혼란과 당국의 묵인을 틈타 교육자의 양심을 버리는 교사들이 못마땅했고, 비리로 얼룩진 학사운영도 불만이었다. 이런 세태에 신물이 난 박운주는 1969년 3월 돌연 처자식을 이끌고 한천초등학교 고시분교장으로 자원해 갔다. 행여 벽지학교로 전출될까 전전긍긍하는 다른 교사들의 모습과는 사뭇 다른 행보였다.

한천초등학교 고시분교는 한천면 소재지에서도 18km나 떨어진 첩첩산중에 자리한 학교였다. 화순군 한천면 고시리 812 한천초등학교 고시분교. 한 칸뿐인 교실에, 학생 수는 40여 명. 말봉산 아래 자리잡은 이 산중 학교에 그는 왜 자진해서 간 것일까. 교장이나 지역 유지들의 간섭 없이 자신의 교육철학을 마음껏 실천할 수 있는 공간이었기 때문이었다. 그의 아버지가 아직은 정정하게 농사를 짓고 계시기 때문에 할 수 있는 선택이기도 했다.

벽지학교에 사택이 따로 있을 리 없었다. 낯선 마을, 다 쓰러져 가는 빈집에 짐을 부리고 온 식구가 새로운 생활을 시작했다. 아이들의 적응은 빨랐다. 고시리의 환경은 아이들에게는 천국이었다. 부모님이 주민계몽과 마을 환경 개선을 위해 바쁘게 뛰어다니는 동안 화진, 종욱, 선영, 의석 4남매는 들로 산으로 천방지축 돌아다니며 자연의 삶을 만끽했다. 박선영의 오빠 종욱은 고시리에서 보낸 3년을 어린 날의 가장 즐거웠던 때로 기억하고 있다.

선영이와 나와의 어린 시절의 가장 즐거운 때라면 화순 한천의 고시 분교에서 살 때 집 앞이 온통 감나무인데 선영이하고 감꽃도 따고 목걸이도 만들고 나비를 잡으러 텃밭을 뛰어다닌 기억이 아스라이 납니다. 산과 들에 지천으로 널린 진달래 따 먹고 감나무에 올라가 그네도 타고, 참 동화같이 아름다운 먼 옛날의 이야기가 되어버렸군요.[1]

박운주는 정규 수업을 마친 후에도 아이들에게 속독이며 독서 활동을 열성적으로 지도했고, 지역 계몽 활동에도 적극 나섰다. 중학교에 진학하지 못한 지역 청소년들을 대상으로 야학을 개설하고 가난한 지역민들의 생활을 개선하기 위해 '마을금고'를 설치했다. 사재를 털어 마을에 펌프를 설치하고, 어린이 이발소와 목욕탕을 짓기도 했다. 마을에 아픈 사람이 생기면 의사가 되었고, 골치 아픈 행정사무를 상담해 주기도 했다. 『상록수』의 동혁이 현현한 듯 박운주 분교장이 벽지학교에서 펼치는 활약상은 지역민들에게 적잖은 감동을 안겨주었다.

처음에는 경계의 눈초리를 늦추지 않던 이웃 사람들도 점차 마음의 문을 열었다. 특히 박운주의 아내 오영자의 친화력이 빛을 발했다. 그녀는 젊은 나이에도 배려심이 있고 콩 한 쪽이라도 나누는 걸 좋아하는 성품이었다. 박운주 선생을 어려워하는 마을 사람들도 그녀에게는 '사모님', '사모님' 하며 스스럼없이 다가왔다. 마을 아이들도 그녀를 잘 따랐다. 맛있는 것도 잘 주는 상냥하고 예쁜 사모님이기 때문이다. 어쩌다 그녀가 몸살이 나서 집안에 누워 있으면 아이들은 걱정

---

1. 박종욱, 작가에게 보낸 편지에서, 2001.

1971년 3월 전남일보 기사
「첩첩山中에 새 人間像」

1971년 9월 전남매일 기사
「살아 있는 常綠樹」

스런 얼굴로 문밖을 서성이곤 했다.

오영자는 화진과 종욱, 선영, 의석 4남매를 키우면서 이발 기술을 배워 15일에 한 번씩 마을 사람들 머리를 깎아주고 아이들 목욕을 시켰다. 이발소와 목욕탕 청소를 마치고 나면 손가락 하나 까딱할 힘도 없었지만, 젖먹던 기운까지 짜내어 남편과 아이들 저녁상을 봐야 했다. 몸은 고단했지만 보람 있는 나날이었다. 그들이 고시리에 온 뒤로 마을은 구태를 벗고 조금씩 조금씩 변화해 가고 있었다. 마을에 활기가 도는 것이 피부로 느껴졌다.

부부는 짬 나는 대로 아이들을 데리고 말봉산 골짜기로 소풍을 나갔다. 여름이면 차가운 계곡물에 수박을 담가 놓고 돌과 낙엽을 들춰 가며 가재를 잡았다. 가을이 되어 온산에 단풍이 들면 집 앞 감나무에 올라 빨갛게 익은 감을 따곤 했다. 딸 선영이 떠난 후 민주화 투사가 된 오영자는 인생에서 가장 행복했던 이 시절을 두고두고 그리워하곤 했다.

계곡물에서 4남매가 손을 잡고 엄마 아빠와 독을 들추면서 가재 잡고 가족이 즐기면서 말봉산 골짜기 계곡 속을 기어가면서 깊은 산골짜기에 으름, 다래, 파리똥이라고 하는 각종 자연산 열매를 따먹고 도시락을 먹으면서 철철 흐르는 계곡 바위에 앉아서 놀던 때, 둘째를 서로서로 업기도 하고 걸음마도 하면서 매일같이 가족이 즐기기도 했지. 가을이면 빨갛게 익은 감을 따고 감나무 올라가서 놀던 모습…….[2]

---

2. 오영자, 옥중에서 둘째 아들 의석에게 보낸 편지, 1989.

고시리의 4남매. 오른쪽에 서 있는 여자 아이가 선영이다.

아버지에게서 사랑을 배웠다

1941년 일본에서 태어난 오영자는 해방 후 부모를 따라 5세 때 아버지의 고향인 화순군 춘양면으로 왔다. 그의 아버지는 일본에서 염색 기술을 배워 자수성가한 사람으로, 한국인 아내를 만나 2남 2녀를 두었다.

그의 아버지가 미련 없이 염색공장을 정리하고 한국으로 돌아오게 된 데에는 장남의 죽음이 결정적인 역할을 했다. 1945년 3월 태평양전쟁의 막바지에 미국의 대대적인 공습이 있었는데, 당시 12세였던 장남이 폭탄에 맞아 사망한 것이다. 일본 생활에 환멸을 느낀 아버지는 해방이 되자마자 큰 군함을 빌려 가재도구와 일용품들을 몽땅 싣고 고향으로 돌아왔다.

화순에는 아버지가 일본에 있을 때 사둔 집과 땅이 있었다. 아버지는 면에서 큰 도매상을 했다. 매일 밤 부대負袋에 가득 찬 돈을 세는 게 일일 정도로 사업이 번창했다. 그러나 일가의 비극은 일본에서 끝난 것이 아니었다. 아들의 죽음에 화병을 얻은 어머니가 2년 후 세상을 떠나고, 다시 몇 년 뒤 오영자의 언니마저 장질부사로 사망한 것이다. 또, 그 사이에 6·25가 있었다. 세상이 인민군 천하로 바뀌어 버리자 '반란군'[3]들은 근동에서 제일 부자인 이 집에 몰려왔다. 일가는 다행히 몸을 피했으나 동네에서 하나뿐인 기와집도, 곡식과 기물들도 모두 잃어버리고 말았다.

그래도 아버지는 실의에만 빠져 있지 않았다. 그는 고향에 2층짜리 판잣집을 짓고, 1층에는 살림집과 가게를, 2층에는 가구공장을 열었

---

3. 오영자 인터뷰, 2023.

다. 피난지에서 돌아온 사람들이 제일 필요로 하는 것이 무엇인지를 꿰뚫어 본 것이다. 가구는 잘도 팔려나갔고, 아버지가 딸 하나 있는 여성을 재취로 맞아들이면서 가정도 안정되어 갔다.

아버지는 사랑이 깊고, 마음밭이 넓은 분이었다. 돈은 공장에서 버는 걸로 족하다며, 수확한 곡식을 팔지 않고 늘 주변의 이웃들과 나누었다. 6·25 때 이 집안을 풍비박산 낸 사람들도 미워하지 않았다. 돈을 빌려 가서 영영 갚지 않는 사람들을 나무라지도 않았다.

하루는 아버지께 물었다.

"아부지는 그 사람들이 밉지도 않소? 왜 돈 도란 말을 안 허요?"

아버지는 싱긋이 웃으며 말했다.

"없으니까 안 주지 있으면 안 줬겄냐."

"아부지가 재촉을 안 헝게요……."

"아가, 세상을 잘 살아갈려면 사람을 사랑헐 줄 알아야 헌다. 사랑은 주기만 하지 받을려고 허면 안 되는 거여."

오영자는 아버지에게서 사랑을 배웠다. 아버지의 큰 사랑이 어머니와 오빠, 언니를 연달아 잃는 풍파 속에서도 어린 딸의 마음을 단단하게 잡아 준 것이다.

오영자가 박운주와 결혼한 것은 1960년 봄이었다. 가족을 잃는 큰 시련을 겪었지만, 가난의 고통은 겪어보지 못한 스무 살 처녀였다. 일곱 살 위의 남편이 신수 멀끔한 교사라는 것만 알았지 이리도 찢어지게 가난할 줄은 상상도 못 했다. 시부모님이 짓는 농사로는 식구들 입에 풀칠하는 게 고작이었다. 시댁 식구들에게 남편의 월급은 '하늘'이었다. 다달이 돌아오는 부모님 생신이며 제사, 명절은 물론이고 시동생과 시누이 혼사도 장남이 도맡아야 했다. 월급도 받기 전에 돈 쓸일이 줄을 잇는 생활이었다.

부모님 약혼, 1960년 1월 2일

1964년 3월 박운주가 화순읍 교리에 있는 화순초등학교로 발령
이 나자 따로 살림을 나게 되었다. 방 얻을 걱정을 하던 차에 화순광
업소 노무계장 댁에서 방 한 칸을 내주겠다는 희소식이 들려왔다. 노
무계장의 아내와 오영자의 친정아버지는 이종사촌지간으로, 사정 이
야기를 듣더니 고맙게도 방 하나를 선뜻 내주었다. 또, 이 집 아들 하
나가 박운주의 제자이기도 했다. 부부는 딸 화진이를 데리고 그 집에
들어가 살게 되었다. 이 집이 바로 박선영의 서울교대 선배인 이옥신
의 집이었다. 물론 이때는 이옥신도, 박선영도 태어나기 전이지만 말
이다. 2년 후인 1965년, 이옥신은 이 집에서 9남매의 막내로 태어나
부모님의 사랑을 듬뿍 받으며 성장한다.

당시 화순광업소 노무계장이면 화순에서는 알아주는 유지였다. 화
순탄광에 취직하려는 사람들은 어떻게라도 이 집에 줄을 대려고 안

간힘을 썼다. 설 명절이면 소고기가 짝으로 들어왔다. 이 댁 부부 인심이 좋아서 명절 때마다 소고기를 넉넉히 나눠주곤 했다.

특히 오영자는 아들 종욱을 임신했을 때 이 집에서 얻어먹은 소고기 맛을 오래도록 잊지 못했다. 분가한 뒤로 그녀는 늘 배가 고팠다. 시댁에서 살 때는 시집살이가 호될망정 밥을 굶지는 않았다. 그런데 분가를 하고 나니 시댁에 들어가는 돈은 그대로인데 쌀은 쌀대로 팔아야 했다. 월급 받아 그달 살고, 남의 집에 얹혀사는 생활에 만족했다면 배를 곯지는 않았을 것이다. 그녀는 어떻게 해서든 아이들과 마음 놓고 살 수 있는 집 한 칸은 꼭 마련하고 싶었다. 목돈을 마련하기 위해 동네에서 하는 계를 들었다. 곗돈을 붓고 나면 늘 쌀 팔 돈이 부족했다. 남편과 아이들 먹는 것을 줄일 수는 없으니 제 입에 들어가는 것을 줄여야 했다. 그렇게 고생고생해서 막상 계를 타면 꼭 시댁에 혼사가 있다든지 쓸 일이 생겼다.

종욱을 낳은 뒤 오영자는 젖염소 다섯 마리를 키웠다. 들판의 외딴 집을 헐값에 얻어 염소를 매어놓고 남편이 출근하고 나면 딸은 걸리고 아들은 업고 이 산 저 산 다니며 풀을 뜯겼다. 배불리 풀을 뜯은 염소들은 저녁이면 젖이 팅팅 불었다. 그녀는 뜨거운 수건으로 깨끗이 염소 젖을 닦고 아침저녁으로 젖을 짰다. 염소젖을 팔팔 끓인 후 소독한 유리병에 담으면 50병 남짓 나왔다. 그녀는 커다란 대야에 유리병 50개를 담아 머리에 이고 직접 배달을 했다. 둘째 딸 선영을 임신한 상태로도 계속 젖염소를 키우고 배달해서 9만 원을 모았다.[4] 그리고 1966년 10월 22일[5] 선영이 태어났다.

---

4. 오영자 인터뷰, 2023.
5. 음력 9월 9일.

니가 뭐냐, 뭐길래 그렇게 이쁘냐

선영이 태어나기 얼마 전, 오영자는 묘한 꿈을 꾸었다. 깎아지른 듯한 높은 산 깊은 계곡, 알록달록한 수석들이 장관을 이룬 곳에 수정같이 맑은 물이 찰랑찰랑 흐르고 있었다. 물소리에 이끌리듯 다가가니 한 아기가 도내기샘[6]에서 놀고 있는 것이다. 어찌나 예쁘던지 아기를 덥석 안아 올렸는데, 그만 꿈이 깨이고 말았다.

맑은 물속을 노닐던 꿈속의 아이는 바싹 야윈 몰골로 세상에 나왔다. 엄마가 제대로 먹지를 못하니 태중에서 배를 곯은 탓이었다. 살도 없이 쪼글쪼글한 핏덩이가 가냘픈 울음을 토해내자, 허약한 몸으로 산고散苦를 치른 오영자는 기진맥진 실신해버리고 말았다. 박운주는 갓 태어난 둘째 딸에게 착하고 영화를 누리며 살라는 뜻으로 '선영善榮'이라는 이름을 붙여 주었다.

며칠 몸을 추스른 오영자는 젖염소를 해서 모은 9만 원에 시집 올 때 친정에서 갖고 온 10만 원을 보태 화순읍 교리에 200평짜리 초가집을 샀다. 전 주인이 제대로 돌보지 않아 마루며 서까래가 연탄같이 시꺼멓게 그은 집이었다. 갓난아기인 선영을 큰 대야에 담아 너른 마당에 놓고, 빨래 삶는 양잿물로 까맣게 낀 그을음을 벗겨냈다. 양잿물이 눈에 튀어 꼬막눈처럼 빨갛게 되어서도 기어이 그 일을 마무리했다. 며칠 뒤 그 집으로 이사할 적에는 온 세상을 가진 듯 행복했다. 퇴근 후 새집을 찾아온 박운주는 집을 쓰윽 한번 둘러보고 아무 말이 없었다.

선영은 두 돌 무렵까지 유난히 병치레가 잦았다. 툭하면 체하거나

---

6. 동그랗게 흐르는 물. '도래샘'이라고도 한다.

감기에 걸렸고, 조금만 심해져도 화르르 몸을 떨며 경기를 일으켰다. 허약한 아이를 바라볼 때마다 '뱃속에서부터 배를 곯아 저렇거니' 하는 생각에 오영자는 몹시 가슴이 아팠다. 위로 두 남매가 아무 탈 없이 건강하게 쑥쑥 자라는 걸 볼 때마다 늘 선영이 마음에 걸렸다.

시골에서 아이가 아프기라도 하면 그처럼 난감한 일이 없었다. 단순히 체한 정도면 코밑에 초를 묻히고 배를 주무르는 등의 민간요법을 쓰거나, '체 내리는 양반'을 불러와 체기를 가라앉힐 수 있었다. 그러나 독감이라도 걸리면 별수 없이 병원엘 가야 했다. 당시 화순에서 병원을 가려면 광주까지 나가야 했다. 광주 나가는 길은 굽이굽이 열두 구비 험한 고갯길이었다. 눈만 조금 왔다 하면 차가 다니질 못했다.

갓난아이가 얼굴이 시퍼래져서 활활 떨고 있는 것을 속수무책으로 바라보는 어미의 심경이란 이루 말할 수 없이 참혹한 것이었다. 딱한 사정을 전해 들은 이웃 사람 하나가 자기 친구가 운영하는 가축병원을 소개해 주었다. 동물과 사람의 몸이 비슷하니, 간단한 병은 고칠 수 있으리라는 얘기였다.

가축병원 원장은 호인好人이었다. 그는 매번 선영이를 치료해 주면서도 돈을 받으려 들지 않았다. 고맙고도 송구한 마음에 오영자는 돈 대신 작은 선물로 성의 표시를 하곤 했다. 그 일을 계기로 두 집안의 인연이 시작되어 이후 수십 년 동안 온 가족이 친혈육처럼 지내게 된다. 특히 원장은 인사성 바르고 쾌활한 선영이를 유달리 귀여워하여 '며느리 삼겠노라' 입버릇처럼 말하곤 했다.

선영의 병치레도 차차 줄어들어 두 돌이 지난 후에는 몰라보게 건강해졌다. 선영은 막 말을 배우기 시작하면서 동네 사람들의 귀여움을 독차지했다. 선영을 아는 사람 중에 선영을 예뻐하지 않는 이가 없

세 살 무렵 교리 집에서 가족과 함께

었다. 어떤 이를 만나든 구김 없는 태도로 명랑하게 인사를 건넸고,
상대가 미처 듣지 못하면 옷자락을 잡아 흔들며 소리쳤다.

"안녕하세요?"

생김새가 예뻐서가 아니었다. 말 하나 행동 하나가 그렇게 예쁘고
맑을 수가 없었다. '자식은 내 자식이 이쁘고, 곡식은 남의 곡식이 좋
다'는데, 남들도 예뻐하는 내 자식을 그 부모가 귀하게 여기지 않을
리가 없었다. 어머니는 밤마다 곤히 잠든 딸의 모습을 신기하게 들여
다보곤 했다. 고사리 같은 손을 쥐어 봤다가 발을 만져보고, 땀 젖은
머리칼도 쓸어 넘겼다.

'니가 뭐냐? 뭐길래 그렇게 이쁘냐? 생긴 것이 이쁘냐? 아니, 이쁘
지는 않지. 덧니가 나서 입술은 뜰썩하고 코끝도 약간 들리고 빼빼
마른 것이 어째 그리 사람 애간장을 녹이냐. 내 배로 났지만 너 참말

로 별것이다……'

　박운주가 고시분교장에 자원한 것은 새로 산 집에서 2년쯤 살았을
때였다. 학교에서 '교감 자격증 나오니까 연수 받으라'고 권했지만, 그
는 '그런 거 필요 없다'며 기어이 벽지의 분교장을 고집했다. 어느 날
저녁, 밥상머리에서 그가 말했다.

　"한천 고시분교장으로 발령 났응게 이 집 내놔. 3월 전에는 팔고 이
사 가야 헌게."

　"화진 아빠, 나중을 생각해서 이 집은 전세 주고 갑시다. 위치도 좋
고 팔기는 아까운게요."

　박운주는 철없는 어린것을 바라보듯 아내를 바라보았다. 그에게 일
곱 살 어린 아내는 물색없이 머리만 큰 제자와 비슷한 존재였다. 집에
서 살림하고 아이 키우는 아내가 벽지학교를 희망하는 자신의 이상

가족사진, 1968

과 포부를 이해할 수 있을 리 만무했다. 그는 아내에게 교사로서 자신의 포부와 이상을 설명하는 대신 가장의 권위를 내세웠다.

"넘이 살면 집은 버려부는 거여. 잔말 말고 내가 허잔 대로 해."

남편을 설득하는 데 실패한 오영자는 눈물을 머금고 집을 팔게 되었다. 집 판 돈은 벽지학교에서 교사의 이상을 실현하는 데 요긴하게 쓰였다. 도로에 면한 그 집은 훗날 버스정류장이 되었다.

말이 필요 없는 딸

선영이 네 살 나던 해 겨울이었다. 외할아버지가 운영하던 2층 가구점에 불이 났다. 당시 외가 식구들은 가구점 아래층 살림방에서 생활하고 있었다. 춥고 건조한 날씨에 가구점에서 화재가 났으니 오죽이나 잘 탔으랴. 부랴부랴 큰길로 나와 보니 2층은 이미 수습할 수 없을 정도로 불길이 번져 있었다. 설상가상으로 외할아버지, 외할머니가 2층 화재에 신경 쓰는 사이 1층으로 불덩어리가 떨어지면서 방에서 자던 딸 다섯[7]이 모두 질식사하고 말았다.

선영의 외가는 엄청난 충격과 절망에 휩싸였다. 그중에서도 딸 다섯을 한꺼번에 잃은 외할머니의 상심은 이루 말할 수가 없었다. 매일같이 눈물로 기도하며 정신을 차리지 못했다. 보다 못한 외삼촌이 한천 고시리에 사는 누이를 찾아왔다.

"누나, 엄마가 저러고 울고 허전해 허시는디 선영이를 좀 델꼬 갔으면 쓰겠소. 엄마도 선영이는 이뻐라 헝게……."

---

7. 새어머니가 낳은 오영자의 배다른 여동생들이다.

외삼촌 편에 딸려 보낸 선영이는 한 달쯤 지나서 집으로 돌아왔다. 선영은 혼자 조용히 놀다가도 할머니가 우는 기색만 보이면 얼른 쫓아와서 노래 부르고 춤을 추며 재롱을 부렸다고 했다. 외삼촌은 혀를 내두르며 말했다.

"세상에, 네 살 먹은 애기가 엄마가 울기만 하면 고앵이처럼 착 앵겨서 '할머니 할머니, 나 좀 봐요' 하면서 막 웃겨버리는 거야."

이야기를 듣던 오영자가 흐뭇하게 웃으며 말했다.

"글면 더 델꼬 있어 보지 그랬냐."

"엄마가 애기 마음 아프게 해서 안 되겠다고 데려가라고 글두만. 애기한테 못할 짓 헌담서……."

오영자는 말없이 고개를 끄덕이며 친정아버지를 떠올렸다. 평생을 남에게 베풀고만 사신 양반이 왜 지금까지도 이런 아픔을 겪어야 하는지 이해할 수가 없었다. 아버지는 운명으로 받아들이셨지만, 운명이라고 치부하기에는 너무 가혹한 시련이었다.

이듬해인 1971년 6월에는 선영의 친할아버지가 세상을 떠났다. 호된 시집살이에 힘겨워할 때 늘 그녀를 감싸주었던 시아버지의 죽음에 오영자는 깊은 상실감을 느꼈다. 아버지가 돌아가신 후 박운주는 그간 열정을 쏟아부었던 고시분교장 생활을 청산하고 일반 학교에 가서 집안을 좀 돌보아야겠다고 생각한 것 같다. 1972년 3월 그는 고시분교 시절을 마감하고 동복남초등학교로 전근을 하게 되었다.

가장의 부임지를 따라 선영의 가족도 화순군 동복면 내리에 둥지를 틀었다. 고시분교를 다니던 화진과 종욱도 전학을 가게 되었다. 내리 시절을 회고할 때마다 오영자가 늘 하는 얘기가 있다. 초등학교 들어가기 전까지만 해도 선영의 머리는 허리까지 치렁치렁하게 내려오는 긴 머리였다. 세 살 무렵부터 자르지 않고 기른 머리라 배냇머리

치렁치렁한 머리를 자르기 전의 선영

처럼 가느다랗고 색깔도 노르스름했다. 아침에 선영이 옷을 챙겨 입
고 돌아앉으면 오영자는 긴 머리를 곱게 땋아 귀 뒤로 늘어뜨려 주곤
했다.

　해가 바뀌고 선영의 초등학교 입학이 가까워질 무렵, 오영자는 유
산 후유증으로 수술을 받게 되었다. 수술 후 퇴원은 했지만, 여전히
앉는 게 힘들어서 선영이의 머리를 땋아 줄 수가 없었다. 학교에 입학
하면 매일 아침 머리를 땋아 보내야 할 텐데 도저히 이 몸으로는 자
신이 없었다. 아무래도 머리를 잘라줘야겠다 싶어 장날에 선영이를
데리고 읍내 미장원에 갔다. 집에서 대충 잘라 줄 수도 있겠지만, 그
래도 딸이 처음으로 기른 머린데 깨끗하게 잘라서 나중에 크면 기념
으로 주고 싶었다. 훗날 이 머리카락이 어떤 역할을 하게 되는지 그때
오영자는 상상조차 할 수 없었다.

동복면 내리에서의 생활은 오래 가지 않았다. 1973년 3월 박운주가 다시 화순동초등학교로 이직하자 가족들은 광주 산수동에 상하방을 얻었다. 이때 광주로 간 정확한 이유는 알 수 없지만, 아마도 큰딸 화진을 도시에서 교육시키려는 의도가 아니었나 싶다.

박운주는 바르고 양심적인 교사였지만, 자상하게 자녀의 마음을 헤아리고 배려하는 아버지는 아니었던 것 같다. 그는 성장기에 부모와 떨어져 살고 자주 전학을 하는 것이 자녀에게 어떤 영향을 끼칠지에 대해 깊이 생각하지 않았다. 그저 교사의 자녀로서 당연한 일이라고 생각하였고, 자기 기준에서 필요하다고 판단되면 곧바로 전학을 결정하고 실행했다.

여기에 자녀의 입장은 끼어들 틈이 없었다. 입학한 지 몇 개월 되지 않았다던가 졸업이 얼마 남지 않았다는 등의 상황은 고려 대상이 아니었다. 안정된 가정과 학교 생활, 교우 관계를 통해 성숙해 가야 할 시기에 겪어야 했던 잦은 이사와 전학, 가족과의 단절의 경험은 어떤 식으로든 5남매의 정서에 흔적을 남겼을 것이고, 그들의 삶에도 모종의 영향을 끼쳤을 것으로 보인다.

박운주에게는 가정도 학교의 연장이었다. 그는 저녁마다 자식들에게 속독법을 익히게 하였고, 학교 도서관에서 책을 가져와 돌려가며 책을 읽혔다. 그런 일이 반복되다 보니, 나중에는 저녁 먹고 책을 잡으면 밤 열 시 무렵 마지막 페이지를 넘기게끔 훈련이 되었다. 그가 성적 문제로 자식들을 나무란 적은 거의 없었다. 그러나 인간의 도리나 삶에 대한 태도만큼은 엄격하게 지도하는 편이었다.

그런 면에서 선영은 '두 말이 필요 없는' 딸이었다. 아버지로부터 책임감 있고 철저한 생활 태도를, 어머니로부터 따스한 인간애와 배려심을 물려받은 선영은 철들기 전에도 형제들과 입을 것, 먹을 것 가지고 다투는 일이 없었다. 밥상에 맛있는 음식이 올라와도 '할머니 반찬'이라며 함부로 손대지 않았다. 이렇게 욕심 없고 반듯한 성격은 다른 형제들의 경우도 마찬가지로, 타고난 성품임과 동시에 교사인 아버지의 철저한 가정교육의 영향이 큰 것으로 보인다.

선영의 이런 면모는 특히 학교 생활에서 잘 드러났다. 1973년 3월 광주 산수초등학교에 입학한 선영은 학교에서 돌아오면 반드시 손발부터 씻고 앉아서 숙제를 했다. 막내동생이 북북 기어 다니며 훼방을 놓으면 서서 공부했다. 집에서 입학 기념으로 사준 단벌 원피스를 3일에 한 번씩 제 손으로 빨아 입는 등 해야 할 일을 끝마치고 나서야 놀았다.

그런 의젓함과 책임감, 성실함이 담임선생님의 눈에 띄지 않을 리가 없었다. 입학한 지 얼마 되지도 않아 학교에서 실장을 시키겠다는 연락이 왔다. 여느 집 같으면 의당 기뻐할 일이었지만, 오영자는 '집안 형편상 실장은 못 시키겠다'고 완곡히 거절의 뜻을 전했다. 선영이에게는 미안했지만 도리가 없었다. 상하방에서 일곱 식구가 북적이며 사는 처지에 어찌 실장 뒷바라지를 할 것인가. 그 당시 가난한 집 아이는 실장을 하기가 어려웠다. 학교에 돈 들어갈 일이 생기면 선생님은 실장 부모부터 호출했다. 소풍 등 학교 행사가 있을 때도 선생님들 고생하셨다고 실장 부모가 식사 대접을 하는 것이 보통이었다.

며칠 뒤 학교에서 다시 연락이 왔다. 이번에는 회장을 맡으라는 것이었다. 더 이상 사양할 수가 없어 결국 선영은 회장을 맡게 되었다.

남겨진 두 남매

산수초등학교 2학년을 마쳤을 때 선영의 가족은 다시 화순 도암의 친가로 들어갔다. 친가에는 할머니 홀로 농사를 짓고 있었다. 박운주는 화순초등학교에 재직하면서 모친을 도와 1년 넘게 농사를 지었다. 아마도 부친이 돌아가신 후 혼자 적적하게 생활하는 어머니가 안쓰러워 고향 학교를 자원해 간 것이 아닌가 싶다. 1975년 봄, 선영은 천태초등학교 3학년으로 전학했다. 박운주는 이 시기 딸 선영의 모습을 이렇게 회고했다.

그때 직장에 있으면서 어머니랑 같이 농사를 지었어. 놉을 얻어서 일을 해. 어머니는 일하는 사람들하고 같이 캄캄해지면 들어오니까 저녁이 늦어지잖아. 그러면 지가 알아서 부엌도 딱 정리해 놓고, 밥을 일하는 사람도 먹을 수 있게 딱 그 양을 해서 상에 놔논다고, 애가. 그렇게 어머니한테 굉장히 칭찬을 받았지. 그렇게 허는 걸 보고 참 애가 기특하다고 생각했지. 그리고 내가 애들 갈치는 입장이 되니까, 야튼 저 애도 갈칠 수 있을 만큼은 갈쳐야겠다 그런 마음은 간직을 허고 있었어.[8]

새로운 학교에 전학 왔으니 주눅이 들 법도 한데, 선영은 전혀 기죽지 않고 곧잘 적응했다. 처음 보는 친구들에게도 낯가림을 하지 않았다. 공부도 열심히 하고 성실한 학생이라 우등상, 개근상, 상이란 상은 다 받아 왔다. 오영자는 딸이 받아 온 상장을 벽에 붙여 놓곤 했는데, 초등학교를 졸업할 무렵에는 더 이상 붙일 자리가 없을 지경이

---

8. 박운주 인터뷰, 2001.

천태초등학교 교정에서 친구와 함께(왼쪽이 선영)

천태초등학교 잔디밭에서
뒤로 이순신 장군 동상이 보인다.

었다.

1976년 여름, 도암 할머니 댁에서 함께 살던 아버지가 광양에 있는 골약중학교로 발령이 났다. 급히 광양에 단칸방을 얻은 부모님은 아이들을 전부 데려갈 수가 없었다. 선영과 바로 밑에 동생 의석을 할머니 댁에 맡기고 큰아들 종욱과 막내 영석만을 데리고 갔다. 큰딸 화진은 광주에서 혼자 학교에 다니고 있었다. 당시 선영은 초등학교 4학년, 의석은 1학년이었다. 철부지 어린 남매를 떨궈놓고 가는 어머니 심정이야 이루 형언할 수 없는 것이었다. 아마 선영이 없었다면, 3년 가까운 기간을 그리 수월하게 넘길 수 없었을 것이다.

선영은 어머니를 대신하여 의젓하게 동생을 돌봤다. 입학한 지 얼마 안 된 어린 동생의 손을 잡고 학교를 다녔으며, 집에 오면 동생 숙제와 과제물부터 점검했다. 동생 도시락이며 빨래, 소소한 집안일까지도 농사일에 바쁜 할머니에게 미루지 않고, 하나부터 열까지 다 제 손으로 챙겼다. 봄에 모내기 할 때나 가을에 벼를 벨 때면 할머니는 놉을 얻어 온종일 들에 나가 일했다. 저녁 늦게 파김치가 되어 들어오면 선영은 일꾼들 밥상까지 싹 봐놓고 기다리고 있었다. 누가 이래라 저래라 할 때까지 기다리는 성격이 아니었다. 할머니는 부모님이 잠시 고향에 들를 적마다 입에 침이 마르게 손녀를 칭찬했다.

다음은 동생 의석이 고등학교 2학년 때 쓴 일기의 한 대목이다.

······나는 소풍 갈 때가 제일 서러웠다. 나의 1년에는 어머니가 타향에 계셨다. 처음 소풍 가는 봄소풍 때에 운월리를 지나면 넓은 냇물이 나오는데, 그곳으로 갔다. 누나는 4학년이었다. 거의 나에 관한 일은 발 벗고 나섰다. 특별히 그날은 도시락 반찬이 달걀로 바뀌었다. 누나가 같이 먹자 해도 안 갔다. 친구들과 먹었다. 그런데 몇 분 후에 엄마 오셨

다고 오라고 했다.

　엄마! 얼마나 기대했는가. 안 올 줄 알았는데 오다니. 징검다리를 성급히 건너가니 누나 친구들 있는 데 계셨다. 동생도 왔다. 얼굴이 통통한 게 오래간만이다. 조금은 서먹하다. 같이 싸 오신 것을 먹고 되돌아왔다. 그 전에 누나가 소풍 간다고 편지했던 모양이다. 누나는 이곳에서 제일가는 똑똑이다. 다른 애들이 따라오지 못할 정도다. 하여간 엄마가 오셨다는 말에 오찌나 기뻤는지 모른다. 아침 새벽부터 서둘러 늦지 않게 오시느라 무척 애쓴 모양이었다…….

　의석은 대체로 동네 아이들과 잘 어울려 놀았지만 때로 짓궂은 아이들의 놀림감이 되기도 했다. 한번은 밖에 놀러 나간 의석이 날이 저물도록 돌아오지 않았다. 저녁상을 차려놓고 집안을 서성이던 선영이 아무래도 걱정스러워 동생을 찾아 나섰다. 마을 고샅을 걸어 나오는데 옆집에 사는 덕기와 마주쳤다.

　"덕기야, 우리 의석이 못 봤냐?"

　"쩌그 미나리꽝 우게 공터에서 형들하고 놀던디?"

　"그래, 고마워. 가봐라."

　어두운 공터 구석에 희끗희끗한 인영人影이 등을 보이고 서 있었다.

　"무궁화꽃이 피었습니다. 무궁화꽃이 피었습니다……."

　풀죽은 의석이의 목소리였다. 저만치서 지켜보니 동네 형들과 숨바꼭질을 하는데, 저희들끼리 짜고 의석이만 계속 술래를 시키는 것이었다.

　"아직도! 아직도! 야, 의석이 너 눈뜨면 죽어!"

　한참 만에 눈을 뜬 의석이 비칠비칠 걸어 나왔다. 여기저기서 키득거리는 소리가 들렸지만 찾을 수가 없었다. 선영은 원망스런 눈길로 주위를 두리번거리는 의석의 앞에 다가갔다.

"누나야!"

의석은 금방이라도 울음을 터뜨릴 것처럼 입술을 비죽거리며 선영에게 달려왔다. 선영은 동생의 손을 꼭 잡고 어둑어둑한 공터를 향해 소리쳤다.

"야! 느그들 다 나와!"

"……."

아이들은 제각기 숨어 있는 곳에 코를 박고 꼼짝도 하지 않았다.

"니들 어디 어디 숨었는지 아까부터 다 봤응게 좋은 말로 할 때 나오는 게 좋을 거다."

동네에서 선영을 모르는 아이는 없었다. 학교에서 선영이만큼 공부 잘하고 똑 부러지게 말 잘하는 학생은 없었던 것이다.

"좋아. 오늘은 봐줄 테니, 내 얘기 잘 들어. 니들 앞으로 이런 식으로 치사하게 놀면 가만 안 놔둔다. 알겠냐! 형이면 형답게 굴어야지, 약자를 괴롭히면 쓰냐, 안 쓰냐. 그리고 너! 지난번에 의석이 공 뺏어 간 애지? 너 몇 반이야?"

의기양양해진 의석이 눈을 빛내며 소리쳤다.

"누나야. 쩌 형이 나보러 형 있으면 델꼬 와 보라고 막 놀렸다. 우리 형 있지? 그치 누나야. 우리 형 디게 힘세지?"

"의석이 넌 뭘 잘했다고 그래? 저녁 때가 되면 집에 들어와서 씻고 밥 먹고 숙제할 생각은 않고."

의석은 꿀밤 한 대를 얻어맞았지만, 누나가 마냥 자랑스러웠다. 의석은 누나 손을 꼭 잡고 매미처럼 딱 붙어서 걸었다.

방학이면 선영은 동생을 데리고 부모님이 계시는 골약으로 갔다. 기차와 버스를 갈아타고 가면 4시간쯤 걸리는 길이었다. 어린 초등학생들에게는 머나먼 여정이었지만, 선영은 길 한 번 잃지 않고 잘도 찾아갔다. 골약에 갈 날짜가 정해지면 남매는 그날만을 손꼽아 기다리며 잠을 설치곤 했다.

"누나야, 엄마한테 갈려면 이제 몇 밤 남았지?"

"세 밤."

"아휴, 세 밤이나……? 누나야, 우리 오늘 세 밤 다 자버리자, 응?"

"바보! 밤은 하루에 한 번씩만 오는 거야. 자, 눈감아 봐. 누나가 자장가 불러 줄게."

방학에는 그리운 부모님은 물론, 흩어져 살던 형제들까지 만날 수 있었다. 골약에 모인 선영의 가족은 먹을 것을 싸들고 여천 화학공장이 건너다보이는 바닷가로 나갔다. 썰물이 진 바닷가 뻘에는 물고기가 푸드득거리며 돌아다녔다. 반지락도 잡고, 문어도 잡았다. 꽉 채운 바구니를 들고 가면 어머니는 즉석에서 맛있는 탕을 끓여 주었다.

집으로 돌아올 때는 뻘로 칠갑한 몸을 씻어내기 위해 생전 처음 목욕탕이란 곳에 가기도 했다. 아버지와 오빠, 의석, 영석은 남탕으로 가고, 어머니와 화진 언니, 선영은 여탕으로 들어갔다. 시원하게 때를 밀고 나오니 골약 가는 버스 시간이 한 시간 가까이 남아 있었다. 시간을 확인하던 아버지가 버스정류장 앞에 있는 중국집 문을 밀고 들어갔다. 뜨거운 탕에서 목욕을 하고 버스를 기다리며 먹는 짜장면은 정말 꿀맛이었다.

방학 끝나기 일주일 전이면 남매는 다시 도암으로 떠나야 했다. 대개는 어머니가 순천까지 배웅했는데, 꼭 한번 마을 앞에서 택시를 태워 보낸 적이 있었다. 선영은 어머니한테 받은 차비를 손에 꼭 쥐고, 다른 손으로는 동생의 손을 잡았다. 등에는 어머니가 바리바리 싸주

광양에서 가족들과 함께

형제들과 함께
뒷줄 왼쪽이 종욱 오른쪽이 선영

광양 앞바다에서 해수욕을 즐기는 가족들

신 먹을 것이며, 할머니 선물이 들어 있는 륙색을 멨다. 택시 안에서 돌아보니 어머니가 미소 띤 얼굴로 천천히 손을 흔들고 있었다. 그 서글픈 미소! 영영 헤어지는 것도 아니건만, 손을 흔들며 택시 저편으로 멀어져 가는 어머니 모습이 왜 그리도 슬퍼 보이던지! 선영은 울지 않으려고 입술을 깨물었다. 동생은 눈물 콧물 바람으로 뒷좌석에 매달려 엉엉 울고 있었다. 애꿎은 동생만 타박했다.

"엄마 앞에서 안 운다고 손 걸어놓고 우냐!"

"누나, 도암 안 가면 안 돼? 골약에서 엄마랑 같이 살고 싶어! 어허엉……."

기차는 오후 늦게야 화순역에 도착했다. 화순에는 비가 억수같이 쏟아지고 있었다. 도암 가는 버스는 쉬 오지 않았다. 고스란히 비를 맞고 차를 기다리려니, 온몸이 와들와들 떨렸다. 추웠다. 부모님 얼굴이 눈앞에 아른거렸다. 동생은 이를 딱딱 부딪치며 선영을 올려다보았다.

"누나야, 이번에도 차 안 오면 엄마한테 가자. 응?"

애처롭게 선영을 쳐다보는 동생의 눈에는 금방이라도 흘러내릴 듯 눈물이 한가득 고여 있었다. 불쌍한 내 동생……. 선영은 얼른 과일 가게를 가리키며 말했다.

"의석아, 누나가 복숭아 사줄까?"

동생은 고개를 흔들었다.

"싫어, 싫어. 복숭아 싫어. 엄마한테 가고 싶어."

"그래, 그럼 지금부터 백까지 세는 거야. 백까지 세도 차가 안 오면 엄마한테 가자. 대신 천천히 세야 해."

"하나, 두울, 세엣, 네엣……."

천천히 숫자를 세어나가던 의석의 목소리가 점점 빨라졌다. 저만치

도암 가는 버스가 달려오고 있었다.

"스물일곱, 서른, 마흔, 쉰, 예순……."

무정한 버스는 어린 남매를 덮칠 듯이 달려와 흙탕물을 내갈기며 멈춰 섰다. 새파랗게 질린 의석의 얼굴에 줄줄 눈물이 흘렀고, 굵은 빗방울이 그 위를 덮쳐 흘렀다.

사냥개코

선영이 부모님과 떨어져 친가에서 동생을 돌보며 산다는 사실을 뒤늦게 알게 된 천태초등학교 선생님들은 깜짝 놀랐다. 그늘진 구석이 없이 항상 웃는 얼굴이었기 때문에 그런 고달픈 생활을 하고 있으리라고는 생각하지 못한 것이다. 언제나 단정한 차림으로 예의 바르게 인사하는 선영은 교무실에서 '멋쟁이'로 통하는 깔끔한 소녀였다. 학교에서는 농사짓는 할머니를 도와 집안 살림을 하고 어린 동생을 돌보면서도 우수한 성적을 유지하는 선영에게 효행상을 수여했다.

1979년 2월, 선영은 천태국민학교를 졸업하게 되었다. 선영이 전교 1등으로 졸업하게 됐다는 우편물이 부모님이 계신 광양에까지 날아왔다. 딸의 졸업식 날, 어머니는 단상에 나가 상을 받는 자랑스런 딸의 모습을 그리며 단걸음에 달려왔다. 그러나 정작 졸업생 대표로 단상에 나가 상을 받은 것은 2등짜리 아이였다. 지역 유지인 그 아이 부모가 미리 학교에 손을 써놓은 모양이었다.

졸업식 전날 선생님이 선영이를 불러 '사정이 있으니 네가 양보하라'고 말했다는 것이다. 선영은 기꺼이 양보했다. 전교 1등이 받게 돼 있는 문교부장관상은 누가 뭐래도 자신의 것이었다. 그거면 됐다, 선영은 가슴을 펴고 웃었다. 그러나 어머니의 가슴은 천 갈래 만 갈래 찢어졌다. 객지에 있는 부모가 신경을 제대로 못 써서 딸자식이 불이익을 받았다는 생각이 들었기 때문이다. 학교 측의 부당한 처사가 괘씸했고, 곁에서 뒷바라지하지 못했다는 자책감으로 괴로웠다. 속상해하는 어머니를 위로한 것은 오히려 선영이었다.

"엄마, 나는 괜찮애. 그까짓 상 안 받으면 어때? 내가 일등인지 여그서 모르는 사람이 없는디? 나는 괜찮애."

웃으며 괜찮다고 말하는 게 더 속상했다. 선영은 항상 괜찮다고 했다. 정든 친구들과 헤어져 전학할 때도 괜찮다고 했고, 의석과 둘이 도암 할머니네서 지내야 할 때도 괜찮다고 했다. 그러나 속으로도 괜찮았겠는가. '쬐깐헌 애기'가 엄마 욕 안 먹이려고 동생 옷을 빨고, 일꾼들 밥까지 해놓는다는 칭찬의 말이 들릴 때마다 어머니는 몹시 속이 상했다.

"너는 맨날 뭣이 고로고 괜찮애? 니가 괜찮다고 할 때마다 엄만 속상해."

선영은 얼른 어머니의 팔짱을 끼며 애교를 부렸다.

"아이이이잉! 엄마 딸 1등으로 졸업했는데 짜장면 사주세요."

어머니를 따라 누나 졸업식에 온 의석도 반색하며 외쳤다.

"엄마, 나도 짜장면!"

그러나 선영이 맥없이 착하기만 한 건 아니었다. 선영에게는 한 번 한다고 마음먹으면 끝까지 하고야 마는 쇠고집이 있었다. 아무 일에나 쓸데없이 고집을 부리거나 짜증을 내는 성격은 아니었다. 하지만, 자신의 인격이 부당하게 훼손된다고 느끼거나, 인생을 좌우하는 선택의 문제에서만큼은 한 치의 양보가 없었다. 한 번 화가 나면 사냥개처럼 물불 안 가리고 달려들었다. 상대가 누구든 어떤 위치에 있는 사람이든 정면으로 맞받아 싸웠다.

선영이 초등학교를 졸업하기 전의 일이었다. 선영의 어머니는 화순에서 시부모님을 모시고 시집살이를 하면서 말 못 할 마음고생을 많이 겪었다. 특히 직선적인 성품에 대가 센 시어머니와의 마찰이 잦았다. 대개는 일에 파묻힘으로써 울화를 삭이곤 했지만, 간혹 참지 못하고 자식들에게 분풀이를 할 때도 있었다. 한번은 홧김에 학교에서 돌아온 선영이에게 매를 들었다. 얼김에 두들겨 맞은 선영이 땀을 뻘뻘 흘리며 대들었다.

"엄마, 내가 뭘 잘못했다고 나를 때려요? 엄마 성질 나는 걸 왜 나한테 푸느냐구요! 내가 숙제를 안 했어요, 심부름을 안 했어요, 설거지를 안 했어요? 왜 이유 없이 나를 때려요!"

사납게 대드는 선영이를 멍하니 바라보던 어머니가 맥없이 매를 떨어뜨렸다.

"그래, 엄마가 잘못했다……. 미안하다, 아가……."

어머니는 마당에 주저앉아 흐느끼기 시작했다. 그러자 선영은 당황해서 어쩔 줄을 모르다가 조심조심 어머니에게 다가갔다.

"엄마……."

선영의 가느다란 팔이 엄마의 목을 부드럽게 휘감았다.

"엄마, 미안해. 엄마 속상한 것도 모르고……. 엄마, 울지 마, 응?"

가족들은 선영의 약간 들린 듯한 코와 저돌적인 성격을 빗대어 '사냥개코'라는 별명을 붙여 주었다.

"헤이, 사냥개코! 사냥개코!"

동생들이 '사냥개코'라고 놀리면 선영은 화를 내긴커녕 되려 콧방울을 크게 벌름거리며 달려들었다.

"오냐, 가소로운 인간들아! 사냥개 맛 좀 봐라! 왈왈왈왈……."

"아하하하하! 누나 항복! 항복!"

어머니는 선영이 동생들과 엎치락뒤치락 장난치는 모습을 흐뭇하게 바라보았다. 기분 나쁘게 받아들일 수 있는 말도 시원한 웃음으로 넘길 줄 아는 딸이 너무나도 이쁘고 사랑스러웠다.

선영은 완고하고 엄한 아버지 앞에서도 비교적 자유롭게 자기주장을 했다. 언니나 오빠가 아버지 앞에서 쩔쩔매는 것과는 사뭇 다른 태도였다. 그래도 아버지는 선영이에게 별다른 '잔소리'를 하지 않았다. 평소 '뭐 하나 나무랄 데가 없'는 생활 태도와 '모든 문제를 이성적으로 대처'하는 딸의 성품에, '지가 알아서 헐 거이다'는 두터운 믿음을 가지고 있었던 것이다.[9]

1979년 3월, 선영은 면사무소 옆에 있는 도암중학교에 입학했다. 당시 촌에서는 먹고사는 것도 힘에 부쳐 자식을 중학교에 보내지 못하는 집이 많았다. 선영의 친구 중에도 집안 형편이 어려워 중학교에 진학하지 못하고 공장에 간 친구들이 몇 있었다. 선영은 그 친구들과 꼬박꼬박 편지를 주고받으며 도타운 우정을 쌓아나갔다. 중학교에 입학한 지 4개월쯤 지나, 선영은 다시 아버지가 계신 광양 진월남중학교로 전학하게 되었다. 골약중학교에 근무하던 아버지가 이 학교로 옮긴 데는 그럴 만한 사연이 있었다.

1976년 광양군 골약중학교 과학교사로 발령받은 박운주는 의욕적으로 학교 생활을 시작하였다. 그러나 학교 돌아가는 분위기가 초등학교 때와는 너무나 달랐고, 이해할 수 없는 일투성이였다. 특히 교장의 비교육적인 생활 태도는 눈 뜨고 보지 못할 정도였다. 참다못해

---

9. 박운주 인터뷰, 2001.

교장실에 들어가 시정을 요구했지만 받아줄 리 없었다. 얼마 지나지 않아 사건이 터졌다. 직권 내신을 당하고 만 것이다.[10]

오영자는 그 용렬하고 부당한 현실에 크게 분개하였다. 그녀는 육성회 임원들이 회의를 끝내고 나오는 면사무소 앞에서 교장의 멱살을 잡았다.

"말해 봇씨요! 박운주 선생이 뭐를 잘못했소!"

"하이고! 이것 좀 놓고 좋게 말허씨요. 사람들 다 본 디서……."

"사람들 눈은 무섭소? 나는 한나도 안 무섭소. 하늘을 보고 한 점 부끄럼이 없응게! 얼릉 말해봇씨요. 젊은 선생들 볶아갖고 술 받아 도라 허는 사람이 나쁘요, 잘못된 거 잘못됐다고 지적헌 사람이 나쁘요? 당신같은 한심한 교장 밑에서 애기들이 뭐를 배우겠소!"

훗날 학생 운동가로 성장하는 선영의 밑바탕에는 부당한 현실을 외면하지 않고 정면으로 맞서는 부모님의 정의로움과 '반골 기질'이 그대로 깔려 있었다. 그러나 바로 이 요소가 훗날 아버지와 선영을 크게 갈라놓고 대립시키는 역할을 하게 되었으니, 수학적 계산법으로만은 납득하기 힘든 현실의 아이러니라 하지 않을 수 없다.

슈바이처 박사처럼

진월은 전라남도의 동쪽 끝, 지리산을 감아 내려온 섬진강이 바다와 만나는 곳에 형성된 고장이다. 갯벌에 뒤섞인 강물은 탁하고, 물맛도 찝찌름했다. 진월남중학교가 자리한 선소리 이정마을은 100호가

---

10. 박운주 퇴임식 회고록, 「승리의 세월을 되돌아보며」, 1998.

넘는 큰 마을이었다. 바로 옆동네인 신아리에는 유명한 섬진강 휴게소가 있었다.

선영의 부모는 화순에 있는 남매를 불러들이기 위해 이정마을에 방 두 칸짜리 독채를 얻었다. 누가 살던 집인지 규모가 제법 있는 한옥이었다.[11] 이 집에서는 부모님과 선영, 의석, 영석 다섯 식구가 살았다. 큰딸 화진과 장남 종욱은 순천에서 자취하며 고등학교, 중학교를 다녔다. 사실 화진은 대학에 가고 싶어 인문계 고등학교에 원서를 접수했었다. 인문계를 다녔다면 광주교대는 충분히 갈 수 있는 실력이었다. 그러나 뒤늦게 그 사실을 안 아버지는 '취직해서 동생들 뒷바라지할 생각을 해야지, 무슨 인문계 학교냐'며 노발대발했다. 그는 경찰 입회하에 인문계 학교에 지원한 화진의 원서를 빼내고 기어이 상고에 원서를 접수했다. 눈물을 머금고 순천여상에 들어간 화진은 졸업 후 지역 농협에 취직했다.[12]

어머니는 '말은 제주도로 보내고 자식은 서울로 보내야 한다'며 큰딸을 대한보증보험에 취직시키고, 서울에 사는 이복여동생 집에 올려보냈다. 그때 막 아이를 낳은 여동생에게 딸을 맡기는 게 미안해 어머니가 직접 서울에 올라가 한 달간 몸조리를 시켜주었다. 이때가 선영이 중학교 2학년 때였다.

딸과 아들은 서울과 순천에, 남은 가족은 진월에 자리 잡는 과정에서 약간의 빚을 지게 되었다. 어머니는 고심 끝에 김 장사를 하기로 했다. 전남 광양의 김은 조선 시대 임금님 수라상에 오를 정도로 맛과 향이 뛰어났다. 선영이네가 사는 이정마을에도 김밭[13]을 하는 집이

---

11. 진월남중학교 동창 신율건 인터뷰, 2023.
12. 어머니 인터뷰, 2000.

진월남중학교에서

진월남중 1학년 때
아버지와 함께

있었다. 어머니는 그 집에서 외상으로 김을 받아다 박스 포장을 해서 부산 자갈치 시장에 내다 팔았다. '선생님 사모님이 김 장사 다닌다'는 소리를 듣지 않으려고 밤으로만 몰래 다녔다. 김협동조합에서 외부에 김을 반출하지 못하도록 단속이 심하기도 했다.

밤 12시 넘어 김 상자를 이고 지고 섬진강 휴게소에 가면 보따리 장수들을 부산까지 실어다 주는 트럭이 있었다. 그 트럭에 앉아 잠시 눈을 붙이노라면 동이 터올 무렵 자갈치 시장에 도착했다. 어머니는 가지고 간 김을 시장 상인들에게 넘기고 조금씩 남는 돈으로 과일이며 반찬거리를 사가지고 돌아왔다.

어머니가 밤차를 타고 부산에서 김을 파는 동안 집안일은 선영이 차지가 됐다. 아니, 어머니가 서울 이모 산구완을 위해 집을 비웠을 때부터 선영이는 살림을 맡아야 했다. 남자들만 우글우글한 집에서 밥이며 설거지, 빨래며 집안 청소까지 혼자 감당해야 했다. 큰 통에 물을 받아 장난꾸러기 두 남동생 목욕까지 시켰다. 동생들이 말썽을 피우다 아버지한테 걸려 호된 꾸지람을 듣는 날이면, 엄마 대신 위로해 주고 감싸주는 일 역시 선영의 몫이었다. 회초리를 맞은 동생들이 흐느껴 울면 선영은 아버지 몰래 눈물을 닦아주며 말했다.

"아버지가 느그들이 미워서 때렸겠냐. 다 잘되라고 때린 것이지. 울지 말고 책 보고 있어. 누나가 고구마 구워 줄게."

석유 살 돈조차 없어 마당에 아버지가 학교에서 가져온 폐지를 둘둘 말아 연탄 위에 삥 둘러놓고 후후 불어가며 밥을 지었다. 여름에는 그래도 할 만했다. 그러나 겨울이 오면 얼음장같이 차가운 물로 보리쌀을 씻고 설거지를 하고 한데서 밥을 지어야 했다. 결국 선영의 손

13. 김 양식.

에 얼음이 들고 말았다. 장사를 마치고 집에 돌아온 어머니는 딸의 손이 동상에 걸린 것을 뒤늦게 알아차렸다. 빨갛게 부어오른 손을 보고 있자니 억장이 무너졌다. 선영은 별일 아니라는 듯 씨익 웃었다.

"괜찮애. 쬐금 가렵기만 한 걸 뭐."

선영이 무심코 손을 긁으려 하자 어머니가 화급히 말렸다.

"못 써! 얼음 든 디는 절대 긁으면 안 돼야. 비비도 안 되고."

어머니는 선영의 손을 미지근한 물에 담그고는 연신 혀를 찼다.

"오매, 얼음 들었을 때게 바로 풀어줬어야 헌디……. 아가, 내일도 학교 갔다 오면 물 데워서 얼음 든 놈 푹 담가놔잉?"

그러나 치료가 너무 늦었던지 매년 겨울만 되면 동상이 재발하곤 했다. 안면홍조가 심해진 것도 이 시기로 보인다. 선영은 유독 볼이 빨개서 수줍음이 많고 소심한 성격으로 오해하는 사람들이 많은데, 이것은 추운 겨울 차가운 날씨에 지속적으로 노출이 되어 생긴 안면홍조 증상이었다. 선영의 실제 성격은 소심함과는 거리가 있었다. 말이 많거나 나대는 성격은 아니었지만, 필요한 말을 미루는 성격도 아니었다. 친구들 사이에서 리더십도 있는 편이었고, 밝고 쾌활한 성격 덕분에 교우 관계도 좋았다.

아버지의 잦은 이동으로 여러 번 전학을 했지만, 진월남중에서도 선영의 성적은 매우 우수했다. 진월남중은 각 학년이 남자반, 여자반, 혼성반 등 세 개 반으로 구성돼 있었다. 여자반의 선영은 남자반의 신율건과 전교 1, 2등을 다투었다. 이정마을에서 나고 자란 신율건은 원래 남중에서 1등을 하던 친구였고, 1학년 때 전학 온 선영은 과학 선생님의 딸이었다. 시험 시즌이 다가오면 '이번엔 누가 1등을 차지할 것인가'에 많은 학생들의 관심이 집중되었다. 일부 여학생들은 '라이벌'인 두 사람을 진월에서 가장 어울리는 '짝'으로 꼽기도 했다. 물론 당사자들도 상대에 대한 관심이 없지는 않았다. 일요일에 학교에서 공부하다가 서로 참고서를 빌리기도 하는 등 짤막한 대화가 오가기도 했다.[14] 그러나 이들이 대화다운 대화를 나누게 된 것은 대학 입학 후의 일이었다.

선영의 유일한 취미는 독서였다. 집안일을 돌보는 가운데서도 선영은 항상 소리 없이 책을 읽었다. 그맘때 여학생들이 흔히 하는 것처럼 텔레비전 드라마에 빠진다거나, 라디오 심야 음악방송에 심취하는 일도 없었다. 아버지가 학교에서 빌려오는 책들을 방 귀퉁이에 쌓아놓고, 벽에 몸을 기대고 앉아 조용히 책을 읽었다. 학교 도서관에 있는 책들은 대부분 세계 명작이나 위인전, 시집 같은 것들이었다. 그런 책들을 읽다가 싫증이 나면 그 나이에 소화하기 어려운 역사서나 철학서를 집어 들었다. 책을 읽다가 좋은 시나 감동적인 구절을 만나면 수첩에 옮겨 적어놓고 두고두고 음미하곤 했다.

책을 읽는 시간은 생각하는 시간이기도 했다. 모두가 잠자리에 든 시간, 선영은 조용히 책을 펼쳤다. 아버지는 큰방에, 동생들은 작은방에 잠들어 있다. 제 방이 없는 선영은 마루에서 잔다. 새로 이사를 갈 때마다 선영이 제일 먼저 보는 것은 자신의 공간이었다. 그래서 진월의 이 집에 왔을 때는 기분이 좋았다. 마루가 널찍했기 때문이다. 마루는 낮에는 가족 모두의 공간이지만, 밤이 되면 자신만의 특별한 공간이 되었다. 그 느낌이 좋아서 자는 시간을 아껴 가며 책을 들여다보는 것인지도 모른다.

고교 시절, 선영은 자신이 전남대나 서울대를 간다면 수학교육과를 가고 싶다고 말했다고 한다. 수학을 좋아하고 또 잘하기 때문일 것이

---

14. 신율건 인터뷰, 2023.

진월남중 과학교사인 아버지·담임선생님과 함께, 1980.
뒷줄 오른쪽에서 두 번째가 선영

다. 그러나 선영이 어린 시절부터 줄곧 꿈꿔 온 것은 '슈바이처 박사'와 같은 삶이었다. 어려운 이웃을 위해 봉사하고 헌신하는 삶이야말로 인간이 선택할 수 있는 가장 숭고하고 고귀한 일이라고 선영은 생각했다.

어려운 이웃은 아프리카에만 있는 게 아니었다. 선영의 반에도 등록금을 못 내서 학교를 그만둘 처지에 놓인 친구가 있었다. 그 친구는 덤덤한 얼굴이었지만, 선영은 너무 속이 상했다. 집에 돌아온 선영은 어머니에게 말했다.

"엄마, 우리 반에 ○○라고, 전에 우리 집에 놀러 왔던 애 있잖아. 글쎄 등록금을 못 내갖고 학교도 못 다니게 됐대. 불쌍해 죽겠어. 우리가 쪼끔 도와주믄 안 되겠어?"

"아유, 사정은 안 됐다만 우리 형편에 도와줄 여력이 있겠냐."

"기성회비 면제는 담임 재량으로 얼마든지 할 수 있다는디, 아버지한테 얘기 좀 잘해 돌라고 허면 안 될까?"

"글쎄, 이따 저녁에 오시면 말씀 디려 보자."

다행히 그 친구는 선영 아버지의 주선으로 기성회비 면제를 받고 학교를 다닐 수 있게 되었다.

그해 광주에서는 무슨 일이 있었을까

1980년 5월 17일 아침, 진월남중 운동장에는 관광버스 세 대가 서 있었다. 모처럼 사복을 입은 아이들은 먹을 것이 든 가방을 메고 잔뜩 들뜬 얼굴로 버스에 올랐다. 이날은 2학년 학생들이 수학여행을 가는 날. 목적지는 광주 무등산 자락에 있는 충장사였다.[15] 담임

선생님들은 버스 앞에서 연신 시계를 보며 반 아이들을 기다리고 있었다. 선영이를 포함한 각 반의 실장들은 지각한 아이들이 저만치 모습을 보일 때마다 선생님이 역정을 내기 전에 얼른 달려가서 데려오곤 했다.

진월을 벗어난 버스는 순천을 거쳐 2시간여 만에 목적지에 도착했다. 녹음이 우거진 5월의 무등산은 싱그러웠다. 휘늘어진 신록이 만들어 낸 터널을 지날 때는 탄성이 절로 나왔다. 충장사는 1592년 임진왜란 때 의병을 일으킨 충장공 김덕령의 애국충절을 기리는 사당이었다. 금남로와 함께 광주의 대표적인 거리인 충장로도 바로 김덕령의 호를 따서 지은 것이다.

출발할 때 제법 선선했던 날씨는 시간이 갈수록 무더워졌다. 점심때가 가까워지자 기온은 20도를 웃돌았다. 아이들은 선생님의 설명을 듣는 둥 마는 둥 걸치고 온 점퍼를 벗어 허리에 둘러매고, 모자로 부채질을 하면서 짜증을 냈다.

"선생님, 더워요!"

"허허, 이놈들 보게. 느그들 잘 생각해라잉. 이따가 점심시간 끝나고 2시부터 퀴즈대회 헌다고 했냐 안 했냐. 그게 다 선생님 이야기를 잘 들어야 풀 수 있는 퀴즈란 말이여. 알겠냐?"

아이들은 삼삼오오 흩어져서 집에서 싸온 도시락을 먹었다. 집에서 받은 용돈으로 아이스케키를 사먹는 아이들도 많았다. 점심시간이 끝나자 학생들은 널따란 잔디밭에 둘러앉아 퀴즈대회와 장기자랑에 참여하였다. 퀴즈대회에 참여하여 작은 상품을 받은 선영은 장기자랑 시간이 시작되자 보이지 않는 곳에 조용히 앉아 있었다. 가무歌

---

15. 신율건 인터뷰, 2023.

舞에는 전연 소질이 없었던 탓이었다.

그렇게 하루가 가고 석양이 바다를 붉게 물들이기 시작할 무렵, 2학년 학생들이 탄 버스가 학교 정문으로 들어섰다. 조회대에서 차 들어온 것을 확인한 교장 선생님이 구르듯이 달려왔다. 밖에서 얼마나 기다리고 있었는지 얼굴이 온통 땀투성이였다.

"아이고 왜 이렇게 늦었어! 혹시라도 버스가 광주 시내로 해서 올까 봐 내가 얼마나 걱정한지 아는가!"

아이들을 인솔하고 돌아온 담임선생님은 어안이 벙벙해서 교장에게 되물었다.

"왜요? 광주에 뭔 일 있어요?"

"무슨 일이나 마나, 지금 광주서 난리가 났당게. 조대 전대에 휴교령 떨어지고, 학교마다 총 든 군인들이 지키고 섰는디 그냥 군인이 아니고 공수부대라네. 데모 허는 학생들 다 뚜드러 잡는갑서."

뒤늦게 선생님들 뒤에 둘러선 학생들을 발견한 교장이 헛기침을 하고는 학생들에게 다가왔다.

"느그들 수학여행 갔다오니라고 욕봤다. 정확한 상황은 좀더 파악해 봐야겠지만, 지금 광주에 군인이 쫙 깔리고 난리가 났단다. 긍게 느그들도 절대 딴 길로 새지 말고 곧바로 집에 들어가잉? 알겄제?"[16]

"예!"

1980년 5월 17일 그날. 충장사의 신록이 5월의 햇살 아래 투명하게 반짝이던 날. 그날은 박정희 대통령이 김재규의 총탄에 사망한 뒤 민주화를 열망하는 시민·학생들의 시위가 들불처럼 일어났다가 전두환 신군부의 비상계엄령 선포와 함께 사그라진 날, 이른바 '서울의 봄'

---

16. 신율건 인터뷰, 2023.

이 끝났음에도 저항을 멈추지 않는 광주에 제7공수여단이 투입된 날이었다.

선영이 광주항쟁의 전모를 온전히 파악하게 된 것은 대학에 들어가서였다. 재미교포가 제작한 비디오 〈오, 광주!〉에서 광주의 참상을 확인하고 얼마나 울고 얼마나 치를 떨었던가. 그해 광주에서 잔악무도한 일이 벌어졌다는 소문은 당시 진월에서도 암암리에 퍼지고 있었다. 선영은 시민군 한 사람이 섬진강 휴게소까지 내려와서 진월 사람들에게 광주 소식을 전해 주었다는 소리를 아버지에게 들은 적이 있었다. 또, 조대생이던가?[17] 진월에 낯선 대학생 하나가 내려온 적도 있었다. 어느 날 갑자기 마을에 나타난 남자 대학생에 대해 친구들은 이러쿵저러쿵 떠들어댔지만, 돌이켜보면 그 대학생은 광주 항쟁 직후 검거를 피해 타지로 피신해 온 것이었다.[18] 이 몇 개의 에피소드가 선영의 무의식 속에 저장된 채 해가 바뀌었다.

1981년 3학년 새 학기가 시작되자 이현주라는 젊은 선생님이 여자반 담임 선생님으로 왔다. 키가 늘씬하게 큰 여자 선생님이었다. 국어를 가르쳤던 이현주 선생님은 아이들이 어려워하는 문법을 이해하기 쉽게 가르쳐주어서 학생들이 훗날 고등학교 국어를 공부하는 데도 큰 도움이 되었다. 젊은 선생님이라 학생들과 얘기도 잘 통하고, 이런저런 재미난 이야기를 해주기도 했다. 선영은 3학년 1학기를 끝으로 진월을 떠나 순천 동산여중으로 전학을 갔기 때문에 이현주 선생님과 함께했던 시간은 한 학기에 불과했다. 그저 쓸쓸한 얼굴로 창밖을 보며 '살어리 살어리랏다'로 시작되는 〈청산별곡〉이란 노래를 부르던 국어 선생님의 모습이 가끔 생각날 뿐이었다.[19]

---

17. 조선대학교 학생.
18. 박운주 인터뷰, 2001.

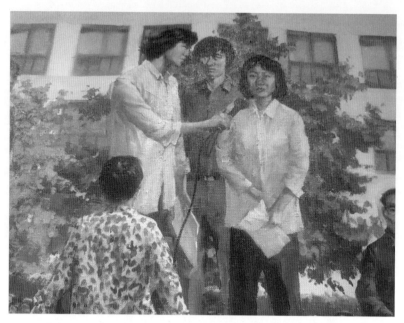

최후의 시민군 김상집 선생의 그림 〈궐기대회〉에서 사회자 이현주 부분
마이크 들고 있는 키 큰 여성이 이현주 선생

대학 시절, 이현주 선생님이 광주항쟁 당시 도청 앞 분수광장에서 열린 범시민 궐기대회 사회를 본 분이라는 이야기를 친구들에게 듣고 선영은 소스라치게 놀랐다. 광주항쟁이 끝난 후 선생님은 다치거나 구속되지는 않았지만, 유배되듯 광주 시내에서 먼 진월까지 오게 된 것이다. 그제야 하염없이 창밖을 바라보며 〈청산별곡〉을 읊조리던 선생님의 심경이 이해가 됐다. 〈청산별곡〉은 자연에 묻혀 안빈낙도安貧樂道하고 싶은 심경을 읊은 것이 아니라, 여몽전쟁으로 폐허가 된 국토를 떠돌며 고초를 겪는 백성들의 한이 담긴 노래였다. 죄 없이 파란 5월의 하늘을 바라보며 선생님은 무슨 생각을 했을까. 죽임당했거나, 감

19. 박연숙 인터뷰, 2023.

옥에 갇힌 사람들을 떠올렸을까. 전학 간 이후 다시 만나지는 못했지만, 이현주 선생님은 선영의 마음속에서 5월이 되면 떠오르는 얼굴이 되었다.

진월남중 졸업앨범에 실린 이현주 선생님의 모습, 뒷줄 오른쪽

2.

징허니 고집 센 둘째 딸

징허니 고집 센 둘째 딸

1981년 보성군의 중학교로 가게 된 아버지는 진월의 가족을 순천에서 고등학교를 다니는 종욱과 합치게 했다. 그래야 아버지도 보성으로 출퇴근할 수 있는 근거지가 생기기 때문이었다. 이 무렵 아버지는 선영을 큰딸 화진처럼 상업고등학교에 보내려는 밑그림을 그리고 있었다. 둘째 딸이 상업학교를 나와 돈벌이를 하면 집안 살림에 도움이 될 테고, 그러면 아들들 대학까지 가르치는 게 한결 수월하지 않겠느냐는 생각이었다.

당시에는 아들의 학업을 위해 딸을 희생시키는 것을 당연하게 생각하는 사람들이 많았다. 집안에 어려움이 닥쳤을 때 제일 먼저 포기하는 것이 딸의 학업이었다. 그 점에서는 선영의 부모님도 다르지 않았다. 아버지는 물론이고 어머니 역시 '화진이도 대학 못 보냈응게 선영이도 고등학교 졸업하면 내가 끼고 살란다'고 생각했다.

이런 아버지의 생각을 꿈에도 몰랐던 선영은 순천동산여중에서 한 학기 동안 열심히 연합고사를 준비했다. 이때 만난 담임 선생님도 공부 잘하고 쾌활한 선영을 몹시 예뻐해서 새로운 학교에 적응하는 것이 힘들지만은 않았다. 그러나 연합고사를 치른 후 선영은 난생처음 아버지와 정면으로 대립하게 된다. 생전에 선영이 아버지와 정면으로 부딪친 것은 딱 세 번이었는데, 고등학교 진학을 둘러싼 대립이 그 첫 번째였다.

지금은 많이 약해졌지만 80년대까지만 해도 우리 사회에는 유교적 전통이 강하게 남아 있었다. 남아선호사상과 장자상속은 가족관계를 규정하는 중요한 원칙이었다. 밀양 박씨 장손인 아버지 역시 그런 유교적 관습이 몸에 익은 사람이었다. 그는 둘째 딸에게 상업계 진학을 '권했다'. 아버지는 '권했다'고 생각했겠지만 사실상 가부장家父長의 명이었다. 그는 선영이 결국은 큰딸처럼 자신의 권유를 받아들이리라 예상했다.

그러나 선영의 반발은 의외로 거셌다. 집안 형편을 살펴 상업계 진학을 받아들인 화진과는 달리 끝까지 인문계 진학을 고집했다. 화를 내기도 했고, 아버지에게 매달려 울며 애원하기도 했으며, 며칠간 단식을 하기도 했다. 아버지는 당황스러웠다. 여태까지 아버지의 말에 토를 다는 자식은 없었다. 선영은 토를 다는 것을 넘어 '왜 학교에서 학생들에게 말하는 것과 나한테 말하는 것이 다르냐', '여태까지 내가 대학 이야기할 때는 왜 가만히 있었냐' 등 나름 뼈아픈 반론을 펴기도 했다.

딸의 고집에 어머니가 먼저 꺾였다. 어머니는 '인문계만 보내 주면 대학은 내 힘으로 보내겠다'고 아버지를 설득했다. 결국 아버지가 손을 들고 말았다. 아버지는 '징허니 고집 세고 사나운' 선영의 성격을 이때 톡톡히 경험했다. '멍청하게 싸나운 게 아니라 부당하게 무엇을 요구'받거나, '경우에 벗어나는 말을 하'는 상황에 맞선 정당한 반응이었기에 한발 물러날 수밖에 없었다.[20]

1982년 봄, 선영은 광주 전남여고에 입학했다. 선영의 입학식을 앞두고 이들 가족은 광주 남구 방림2동으로 집을 옮겼다. 이곳은 아버

---

20. 박운주 인터뷰, 2001.

선영의 전남여고 입학을 기념하여 찍은 가족사진, 1982년 3월

전남여고에 입학한 선영
(가족사진에서
선영 모습만 확대)

전남여고 1학년 때의 모습

언니, 동생들과 즐거운 한때,
1982

방림동 목장집에서 언니, 동생들과.
뒤로 감나무밭이 보인다.

방림동에서
아버지, 동생들과 함께, 1982

지의 친구가 소유한 목장에 딸린 2층집으로, 갑자기 광주에 셋방을 구하기가 어려워 당분간 신세를 지기로 한 것이다. 1층은 아버지 친구의 어머니가 혼자 살고 있었고, 선영의 가족은 2층에 짐을 풀었다.

당시만 해도 방림2동은 개발의 손길이 미치지 않은 광주의 외곽이었다. 게다가 목장집은 마을에서 뚝 떨어진 산속에 덩그마니 놓인 외딴집이었다. 선영이 학교를 마치고 집에 올 때는 백운동에서 버스를 내려 비포장도로를 30분쯤 걸어 들어와야 했다. 비만 오면 진창이 되는 외진 길, 가끔 질 나쁜 아이들이 드나든다는 소문도 있는 곳이라 선영이 집에 오는 시간에는 항상 어머니가 마중을 나갔다.[21]

어른들의 갑갑한 사정이야 어떻든 선영의 동생들은 신이 났다. 우선 가족이 모여 살 수 있다는 것이 좋았고, 자연을 만끽할 수 있는 환경이 좋았다. 창문을 열면 온 천지를 덮은 흰 눈에 눈이 시렸다. 목장에는 소도 있었고, 조그만 돼지우리도 있었다. 자연이 친구요, 벗이었다. 선영도 이 집이 마음에 들었다. 아침에 학교에 가려면 한참이나 걸어 나와야 했지만, 소원대로 인문계 고등학교에 들어갔다는 뿌듯함에 고된 줄도 모르고 걸어 다녔다.

시골 학교에서 전교 1, 2등을 겨루던 선영의 성적은 전남여고에서는 놀랍게도 중간쯤밖에 되지 않았다. 시골과 도시의 교육 편차가 그렇게 컸던 것이다. 특히 기초가 잡혀 있지 않은 영어 성적이 엉망이었다. 그러나 선영은 실망하지 않았다. 영어 단어숙어집을 가지고 다니면서 버스 안에서도 외우고, 점심시간에도 외웠다. 집에 와서도 밤늦게까지 공부하는 날이 많아졌다.

그날도 어머니는 선영의 하교 시간에 맞춰 버스정류장으로 마중을

---

21. 오영자 인터뷰, 2023.

나갔다. 버스에서 내린 선영은 밝게 웃으며 엄마의 팔짱을 꼈다.

"아, 엄마가 기다려주니까 진짜 행복하다! 근데 엄만 매일 나오는 거 안 힘들어?"

"힘들긴 뭣이 힘들어? 운동하고 소화되고 좋제."

"엄마, 친구들은 학교에 남아서 밤늦게까지 공부하는데 나는 같이 공부를 못해서 속상해."

"여그는 으슥져서 밤늦게 다니면 못 써. 저녁밥 먹고 언니가 사준 스탠드, 그놈 켜고 공부해잉?"

"알았어. 그 스탠드 밝기 조절도 되고 좋더라……. 근데 엄마, 학교에서 공부하는 애들은 모르는 거 있으면 선생님들이 바로바로 설명해 준대."

"그려어?"

"응, 다른 건 몰라도 영어 공부할 때는 물어볼 사람이 있으면 좋겠어. 영어는 혼자 공부하는 게 한계가 있는 것 같아, 엄마."

"아이고, 그럼 으쩐다냐. 집이 가까우면 너도 학교서 공부하고 오면 쓰겠는디……."

모르는 게 있어도 물어볼 사람이 없다는 말에 어머니는 속이 상했다.

"아가, 1학년 마칠 때까지만 참어잉? 아버지랑 타협해서 내년에는 학교 가차운 데로 이사 가야지 안 되겠다."[22]

부모님은 선영의 뒷바라지를 위해 전남여고와 가까운 중흥동에 상하방을 얻었다. 어차피 집도 없는 처지라 마음만 먹으면 어디로든 옮길 수 있는 터였다. 자식의 미래를 위해서라면 맹모삼천지교孟母三遷之

---

22. 오영자 인터뷰, 2023.

敎를 마다하겠는가.

아이구, 일등을 놔부렀으니 어떻게 하나?

새로 이사 간 집은 선영의 학교까지 걸어서 십 분 거리였다. 어머니는 선영이 공부에만 전념할 수 있도록 세심하게 모든 것을 배려했다. 아침, 점심, 저녁, 밤참 하루 네 끼 밥을 일일이 새로 지었고, 뜨거운 김이 식기 전에 학교로, 독서실로 손수 날랐다. 겨울에는 따뜻한 음식, 여름에는 시원한 음식으로 좋은 컨디션을 유지하도록 하였고, 영양가 높고 저렴한 제철 음식을 마련하려 애썼다.

선영은 어머니에게 제발 고생하지 말고 다른 어머니들처럼 도시락이나 두 개씩 싸달라고 했다. 하지만 어머니는 학력고사 시험 보는 날까지 그 일을 했다. 공부하는 딸을 위해서라면 뭐든 하고 싶었던 것이다. 당시 어머니에게 말썽 없이 착하게 커나가는 자식들만큼 소중한 건 없었다. 남매는 어머니의 전부요 세상의 모든 것이라 해도 과언이 아니었다. 자식 뒷바라지에 허리 펼 새가 없던 중흥동 상하방 시절을 어머니는 지금도 잊지 못한다. 행복했다. 세상 누구도 부럽지 않았다.

여상을 졸업한 큰딸 화진은 서울 큰 회사에 취직했고, 큰아들 종욱도 전남대 사범대에 진학했으며, 선영을 비롯한 밑의 두 동생들도 건강하게 자라나고 있었다. 큰아들은 졸업만 하면 자동으로 교사 발령이 날 터이고, 이제 선영이만 대학에 보내 기반을 잡으면, 밑의 두 동생들 미래도 술술 풀리리라 낙관하였다. 큰딸 화진을 미리 서울로 보내놓은 것도 다 이유가 있었다. 선영이 대학에 입학하면 큰딸 곁에 붙

사냥개코 박선영.
중고교 시절 선영은
오똑하게 콧날을 세운다고
빨래집게로 코를 집고
잠자리에 드는 여학생다운
사랑스러운 면모도 지니고
있었다. 사진은 고2 때
전남여고 생활관에서 예절
교육을 받는 모습, 1983

여놓고, 큰딸이 시집갈 때쯤이면 선영이 두 동생의 둥지 역할을 할 수 있으리라 여겼던 것이다.

선영은 시험 볼 때마다 성적이 차츰차츰 올라가더니, 마침내 3학년 때는 완전한 상위권에 들게 되었다. 선영은 3학년에 올라가자마자 실장 선거의 강력한 후보로 추천되었다. 어머니의 걱정이 태산이었다.

"엄마, 애들이 자꾸 실장 하라고 하는데 어떻게 해?"

"안 돼야. 우리가 실장 뒷바라지를 어떻게 허냐? 요새는 돈이 있어야 실장도 헌단디. 긍게 요번에 시험 보면 한나라도 틀려. 안다고 다 맞지 말고."

"엄마도 참! 어떻게 아는 걸 일부러 틀려."

"그러면 어쩌냐. 애기들이 자꾸 실장 허라건게 글제."

"내가 알아서 할게, 엄마는 걱정 마세요."

선영은 끝까지 실장을 고사하여 결국 부실장을 하게 됐다. 그런데 선영은 1984년 4월에 실시된 모의고사에서 전교 1등을 했다. 공교로운 일이었다.

"아이구, 일등을 놔부렀으니 어떻게 하냐? 딴 애기들은 어쩌고 했다냐?"

"선생님들 불러다 식당에서 대접했대요."

"워따! 식당에서 대접을 허면 돈이 얼마여?"

"엄만 모른 척 그냥 가만히 계세요."

"글도 안 되제! 니가 기가 죽어 다니면 쓰겄냐. 엄마 맘도 안 좋제. 새끼가 일등을 놔부렀는디."

어머니는 이리저리 궁리를 하다가 학교 교사 식당을 이용하기로 했다. 학교에 연락을 해서 날을 받았다. 어머니는 직접 장을 봐다가 음식을 준비했다. 딸기가 귀한 때였다. 딸기를 박스로 사들이고, 소고기를 닷 근 샀다. 고슬고슬하게 밥을 지어 찬합에 담고, 밑반찬과 술과 불고기를 준비했다. 정성을 다한 어머니의 대접에 화답하듯 교사들은 입을 모아 선영이를 칭찬했다. 성적이 계속 오르고 있으니 일 년간 잘 뒷바라지하여 이 추세를 유지해야 한다는 것이다.

어머니는 아침마다 우유 세 개, 요구르트 세 개를 받아 끼니마다 선영이를 챙겨 먹였다. 그러나 선영은 동생들이나 주라고 좀체 먹으려 하지 않았다. 아침마다 그 골목을 지나는 사람이면 '먹어라', '안 먹는 다' 모녀간에 정겨운 실랑이가 벌어지는 광경을 목격할 수 있었을 것 이다. 어머니가 잠시라도 한눈을 팔면, 선영은 슬며시 우유를 내려놓 고 쏜살같이 내빼기 일쑤였다. 그러면 어머니는 기어이 그것을 들고 큰길까지 쫓아가 선영이 먹는 것을 직접 눈으로 확인하고서야 집으 로 돌아왔다.

열 손가락 깨물어 안 아픈 손가락이 있을 것인가. 선영이 먹을 것 을 챙길 때마다 다른 자식들이 눈에 밟혔다. 특히 의석이, 영석이가 마음에 걸렸다. 돌덩이라도 삼킬 한창 나이에 얼마나들 먹고 싶을 것 인가. 선영이 밤참으로 비싼 과일이나 과자를 사서 찬장에 숨겨놓고 돌아서면 어느새 영석이 다가와 빤히 쳐다보곤 했다.

"나는 봤다, 나는 봤다!"

"잉, 뭐여? 뭘 봐?"

시치미를 떼고 돌아섰지만 안쓰럽고 미안했다. '봤다, 봤다' 하면서 도 찬장에 손 한번 댈 줄 모르는 착한 막내가 가여웠다. 몇 개 꺼내 줄 수도 있었다. 그러나 막내 주고 의석이 안 주랴. 아예 못 먹을 것으 로 해두어야 했다. 새끼들 벌린 입을 고루 채우자면 한정이 없었다.

'그려, 가난이 원수여. 지금은 누나가 입시생인게 느그들이 양보혀 라. 느그들도 인자 머지 않았다. 입시도 생일처럼 형제간에 돌려가며

해묵는 것이다니까……'[23]

온 가족의 관심도 고3 수험생 선영이에게 모아졌다. 공부방이 없었던 선영은 주로 학교에 늦게까지 남아 공부하거나 독서실에서 밤샘 공부를 하곤 했다. 선영이 독서실에서 밤을 지새는 날이면 아버지는 먹을 것을 사 들고 격려차 독서실을 방문하곤 했다. 동생 의석은 아버지를 따라 누나한테 갔다가 생전 처음 바나나를 얻어먹기도 했다고 한다. 밥 나르는 일에는 어머니, 오빠, 동생들까지 온 가족이 총동원되었다. 선영의 가족은 가난했지만 그 어느 때보다 구순하고 화기애애한 시절을 보내고 있었다.[24]

어느 날 오후, 시험을 끝내고 평소보다 일찍 귀가한 선영이 고양이처럼 살금살금 부엌에 들어왔다. 선영은 바닥에 쪼그려 앉아 채소를 다듬는 어머니의 눈을 두 손으로 가렸다.

"누구게?"

어리광 섞인 둘째 딸의 목소리에 어머니 입가에 미소가 번졌다. 선영의 장난기를 익히 잘 아는 어머니가 장단을 맞췄다.

"글쎄 이게 누굴까? 듣기는 많이 듣던 목소린디……."

"힌트! 세상에서 제일 예쁘다."

"세상에서 젤로 이뻐? 오매, 우리 화진이구나?"

어머니의 넉살에 선영은 어머니의 젖가슴에 손을 쑥 집어넣고 간지럼을 태우며 짐짓 볼멘소리를 했다.

"에잇! 이렇게 쉬운 문제도 못 맞추다니, 벌이다 벌!"

"하하하……. 아이고, 간지러워! 항복, 항복이단게!"

한참 짓궂게 장난치던 선영이 어머니 곁에 쪼그리고 앉아 파를 다

---

23. 오영자 인터뷰, 2001.

24. 박운주 인터뷰(2001), 박종욱·박의석의 편지(2001) 참조.

듣기 시작했다.

"못 써. 손 베려. 손 씻고 가서 한 잠 자."

"아이, 엄마는! 잠은 잘수록 더 온대요. 근데 엄마."

"으응?"

"세상엔 어려운 사람들이 너무너무 많은 거 같애."

"어려운 사람? 쎄고 쎘지. 우리만 해도 밖에 나가면 선생님, 사모님, 껍데기만 그럴 듯하지 속은 요로고 곯고 사는지 누가 알겠냐."

"아냐, 엄마. 우린 너무너무 행복한 거야. 먹을 것이 없어 배곯고 다니는 애들이 얼마나 많은지 몰라. 나랑 맨날 도시락 같이 먹는 애들 중에 시골에서 와갖고 자취하는 애들이 있거든요. 병림이란 친구는 동생하고 고모네서 사는데, 도시락 쌀 때는 고모 눈치가 보인대. 또, 어떤 친구는 동생들 다섯하고 자취하는데, 동생들 도시락 싸주고 나면 지 도시락 쌀 게 없대. 참 안 됐어 엄마."

"그냐? 아이고, 고3짜리가 동생들 밥해 주니라고 참말로 욕본다. 쯧쯧."

"걔네들 보고 있으면 공부방 없다고 한탄한 내가 참 부끄러워져, 엄마."

"아야, 누가 들으면 도토리가 키 잰다고 하겠다 야."

농담으로 받아넘기면서도 어머니는 마냥 흐뭇한 표정이었다. 선영이 다듬은 파를 맑은 물에 헹구면서 말했다.

"그러니까 엄마아. 점심시간에 반찬 좀 많이 갖고 오면 안 될까?"

"낫게 싼다고 쌌는디?"

"혼자 먹기는 괜찮헌데……."

"친구들하고 갈라묵을라고?"

"고생스럽지만 되도록 많이 좀 싸줘요, 엄마. 둘째 딸의 특별 주문이여."

어머니는 대견한 듯이 선영의 궁둥이를 툭툭 두드렸다.

"우리 선영이 누가 낳는디 요로고 신통방통해? 누구 딸이여?"

"엄마 딸!"

캔디야, 웃자!

"누나야, 꽉 잡아라!"

"운전이나 똑똑허니 허씨요, 기사 양반?"

"하하하……."

자전거에 몸을 실은 남매의 웃음소리가 폭죽처럼 터졌다. 간밤에 내린 비로 아침 공기는 그 어느 때보다 싱그러웠다. 뒷자리에 앉은 선영은 무릎 위에 가방을 올려놓은 채 두 손으로 손잡이를 꼭 붙들고 있다. 흰 반팔 블라우스에 짙은 감색 치마, 단정한 교복 차림이었다. 선영은 방학 중에도 꼭 교복을 챙겨 입었다. 옷이 없기도 했지만, 아침마다 뭘 갈아입을지 고민하는 수고를 덜어주기 때문이었다. 길고 검은 머리채를 뒤로 땋아 내린 옆모습이 총명하면서도 고집 있어 보인다. 널찍한 주택가 골목을 빠져나오자 저만치 2번 버스 다니는 길이 보인다. 오른쪽으로 핸들을 꺾으며 의석이 소리쳤다.

"작은누나, 엄마 속 좀 썩이지 말어."

"내가 뭔 속을 썩인다고 그냐?"

"뭘! 아까 봉께 또 우유 안 먹고 내빼불두만."

"봤냐?"

"긍게 주면 준 대로 얌전히 받아먹어. 엄마 또 큰길까지 들고 뛰게 하지 말고."

"언제는 안 먹었냐. 오늘 아치게 먹은 게 없혔는가 어째 속이 편치 않애서……."

"속은 뭔 속이 안 편해? 막둥이 주라고 글제? 나도 다 알어."

"쩨깐헌 게 뭘 안다고 누나한테 말대답이야? 운전이나 똑똑이 해."

말문이 막힌 선영이 얼른 마주 오는 리어카를 가리켰다. 의석도 잠시 입을 다물었다. 중앙시장에는 벌써 부산한 아침이 시작되고 있었다. 어물전을 지나 시장통을 빠져나온 자전거가 건널목 앞에 잠시 멈췄다. 시내 중심이 시작되는 중앙로였다. 신호가 바뀌길 기다리며 의석이 다시 응수했다.

"쩨깐해? 내가 작은누나 키를 추월한 게 언젠데?"

"멀대같이 키만 크면 뭐하냐? 요, 내실이 있어야지."

선영이 손가락으로 의석의 뒤통수를 톡톡 치며 말했다.

"내실? 학교 가서 친구들한테 다 물어봐. 이런 동생이 어디 한나라도 있나. 아침마다 모셔다 줘, 점심 저녁으로 도시락 갖다 줘……. 행복한 줄을 알아야지."

"그래그래. 니 말이 맞다. 하하하……."

선영은 흡족한 얼굴로 동생의 뒷모습을 바라보았다.

'개구쟁이 어린 동생이 어느새 이렇게 자랐을까. 화순에서 엄마한테 가자고 떼쓰던 일이 어제 같은데, 벌써 중3이라니…….'

실없이 농담만 흘리는 것 같던 동생은 이제 제법 의젓한 티가 났다. 성적도 1학년 때보다 상당히 올랐다. 식구들이 뿔뿔이 흩어져 살 때도, 의석이와는 한 번도 떨어져 산 적이 없었다. 그래서인지 의석이한테는 유독 마음이 쓰였다. 선영은 훌쩍 커버린 동생의 등을 다독여 주려다 말고 얼른 손을 움츠렸다. 자전거는 벌써 하천을 끼고 달리고 있었다. 하천을 따라 난 이 작은 길은 위험한 곳이었다. 의석은 속도를 낮추고 조심스럽게 자전거를 몰았다. 하천을 끼고 2백여 미터쯤 올라가자 다리 건너편에 자리 잡은 전남여고가 보였다.

"의석이 너 영어 이야기 대회 나간다며? 뭘로 할지 정했냐?"

"어, 헨젤과 그레텔. 아버지한테 테이프 사다 달라고 했어."

"그래, 열심히 해라. 영어도 딱딱한 문법보다 작품으로 느끼면서 익히는 게 훨씬 도움이 돼. 이따 보자."

"응, 이따 봐."[25]

학교 앞에서 내린 선영이 손을 흔들었다. 의석이 탄 자전거가 저만큼 멀어져 갔다. 동생은 이제 제 학교로 달려가 연합고사 공부에 열중할 것이다. 10분 후면 나 역시 저 거대한 붉은 건물 속에 갇혀 공부에 매달리게 될 것이다. 우리는 모두 길들여지고 있다. 너는 나의 삶을 길들이고, 나는 너를 길들이고, 사회는 나를 길들이고 있다.[26] 공부, 공부, 공부! 선생님들은 대학을 '학문의 전당'이니 '상아탑'이니 '자유와 낭만'과 같은 말로 채색하며, 이 험난한 관문만 넘으면 마치 장밋빛 주단이 깔린 미래가 펼쳐질 것처럼 말한다. 과연 그럴까. 설사 그렇다 해도, 진정한 학문 탐구의 장으로 가기 위해 사지선다형의 두뇌로 길들여져야 하는 이 현실은 얼마나 모순된 것인가.

그러나 실망의 쓸쓸함을 맛보기 위해서라도 일단 이 시기를 무사히 넘겨야겠지. 틀에 찍혀 나오는 붕어빵과도 같은 신세를 면하려면 아직도 넉 달이나 남았다. 앞으로 한 학기 동안은 죽어라 기출 문제

---

25. 박의석 편지, 2001.

26. 1985년 10월, 중학 친구 신율건에게 보내는 편지 "넌 너의 삶을 길들여 나가고 있다. 난 너를 길들이고 있고, 사회는 우리를 길들이고 있다……"에서 응용한 구절임.

고교 시절 친구들과 함께.
옷이 없는 선영은 사복을 입는 날도 꼭 교복을 챙겨 입었다.

만 풀어대야 할 것이다. 나는 과연 합격할 수 있을까. 담임선생님과 아버지는 은근히 서울대를 기대하고 계시지만, 아무래도 영어 때문에 불안하다. 그러나 캔디야, 웃자! 너를 향해 활짝 피어날 미래를 위해.

"선영아!"

등 뒤에서 '주걱턱 아줌니' 순자의 목소리가 들렸다. 내내 뛰어왔는지 숨이 턱에 닿아 헐떡거리며, 비 오듯 땀을 흘리고 있었다.

"야, 그렇게 불렀는데 한번 돌아보지도 않냐?"

"못 들었는데?"

"뭘 생각을 그리 열심히 했냐. 님 생각?"

"하하, 생각할 님이라도 있으면 좋겠다."

"흠, 너 어제 보니까 요상한 책 읽더라?"

"요상한 책이라니?"

"철학책. 니 책상에 있던데?"

"어쭈, 이젠 남의 책상을 막 뒤지기까지?"

"뒤지긴 누가 뒤져. 책상에 떡하니 올려놨두만."

순자가 말하는 '철학책'이란 오빠한테 빌린 『철학에세이』였다. 그걸 책상 위에 꺼내놓았던가? 선영은 미간을 찌푸렸다. 오빠가 읽더라도, 갖고 다니지는 말라고 했는데……

"선영이 넌 지겹지도 않니? 안 그래도 책더미에 묻혀 사는 애가. 난 책만 보면 머리가 다 지끈거리더라."

"그 책은 철학이라는 것을 이해하기 쉽게 설명해 놓은 책이야. 철학은 지식인들만 논하는 어려운 학문이 아니라, 농사꾼이나 노동자들의 삶에서 우러나는 지혜 같은 것도 일종의 철학이래."

"노도옹자? 너네 오빠 전대 들어가서 맨날 데모만 한다더니, 이제 아주 너까지 이상해져 부렀다? 너 이러다 대학 들어가면 아주 데모 꾼으로 나서겠구나?"

"데모하는 게 뭐 나쁘냐? 옳은 것을 옳다고 말할 용기만 있다면야."

"하긴 전두환은 광주 쳐들어와서 2천 명이나 죽였대드라. 우리 친 척 아재가 사람 죽어 나가는 거 직접 봤대⋯⋯."

순자는 자기가 직접 목격하기라도 한 듯 갑자기 흥분해서 떠들어대 기 시작했다. 광주 사람 치고 그런 이야기 한두 개쯤 들어보지 않은 사람이 없을 것이다. 선영 역시 순천에서 살다가 광주로 이사 왔을 때, 80년 5월에 광주에서 있었던 이야기를 듣고 얼마나 놀랐던가. 소 련 사람도, 중국 사람도, 북한 사람도 아니고, 어떻게 멀쩡한 대한민 국 군인이 대한민국 국민에게 총을 겨눌 수 있단 말인가.

진월 살 때 어른들에게 들었던 이야기가 떠올랐다. 섬진강 휴게소 까지 내려온 시민군이 마을 사람들을 붙잡고 광주에서 끔찍한 일이 일어났다며 울분을 토했다지. 그 얼마 뒤인가, 낯선 대학생 하나가 갑 자기 이정 마을에 나타난 적도 있었다.

"⋯⋯하여간 방학 하니까 전대 데모 안 해서 세상 좋드라. 어휴, 그 놈의 최루탄인지 뭔지!"

1983년 전남대 사범대 윤리교육과에 들어간 선영의 오빠는 입학하 던 날부터 옷에 최루탄가루를 묻히고 들어왔다. 금남로에는 연일 전 대생과 조대생들의 시위가 벌어졌다. 축제조차도 시위로 시작하여 시 위로 끝나기 일쑤였다. 광주의 대학생들에게 시위는 하나의 일상이었 다. 데모하는 학생들에 대한 광주 시민들의 호응도 대단했다. 광주항 쟁을 겪은 시민들의 전두환 정권에 대한 분노는 하늘을 찌를 듯했다. 선영의 학교에서 금남로까지는 큰소리를 치면 들릴 정도로 가까웠다. 금남로나 전남대에서 최루탄을 뿌려대면, 가스 때문에 수업을 진행할 수가 없었다.

시위가 있는 날이면, 오빠는 어김없이 유독 가스 냄새를 풍기며 귀가했다. 부모님들은 큰아들이 간간이 시위에 참여한다는 사실을 알았지만, 크게 걱정하지 않았다. 오히려 밥상머리에서 오빠와 함께 시국에 대한 의견을 나누기도 했다. 때로 오빠는 군사독재 정권을 비난하는 발언을 하기도 했지만, 그럴 때마다 선영의 부모님들도 자연스럽게 맞장구를 쳤다. 아버지는 교직 생활에서 여실히 느껴온 잘못된 교육 정책에 대해 신랄한 비판을 가하기도 했다.[27]

이것은 훗날 대학생이 된 선영에게 운동을 그만두라고 강권하던 것과는 크게 대별되는 모습이었다. 사실 오빠는 반정부 성향을 지닌 비판적인 대학인이었을 뿐, 특정한 운동권 조직에서 활동하는 것은 아니었다. 무엇보다 오빠는 일정한 선을 넘지 않았다. 대학 생활의 낭만도 즐길 줄 알았고, 학점 관리도 할 줄 알았으며, 졸업 후 교사가 되겠다는 현실적인 목표에도 충실한 학생이었다. '독재 타도'라는 사회적 실천의 의미도 정의감의 건강한 분출에 있었다. 선영의 부모님들은 누구보다 그 사실을 잘 알고 있었던 것이다.

그러나 세상에는 일단 마음으로 진리를 받아들였으면, 그것을 고스란히 몸으로 살아내야 하는 종류의 인간이 있다. 선영은 과연 어떤 종류의 사람일 것인가. 이에 대해서는 뒤에서 더 자세히 언급하기로 하자. 다만 여기서는, 고등학생 선영이 왕성한 지적 호기심으로 오빠의 책들을 섭렵하고, 대학 사회가 주는 자극을 스펀지처럼 빨아들이고 있었다는 점만을 지적하기로 하자.

---

27. 박종욱 편지, 2001.

쓰라린 실패

뜨겁던 여름이 지나고 계절은 겨울을 향해 화살처럼 달려갔다. 선영이 독서실에서 밤샘 공부를 하는 날이 점점 많아졌다. 매월 실시하는 모의고사 결과는 그런대로 낙관적이었다. 이 추세만 유지한다면 집에서 바라는 대학에 무난히 합격하지 않을까 싶었다. 그러나 12월에 실시된 학력고사 결과는 선영과 가족들의 기대에 미치지 못하였다. 수학이 너무 어렵게 나왔던 것이다. 쓰라린 실패였다. 취약 과목인 영어에서 깎인 점수를 벌충하려면 수학에서 반드시 만점을 맞아야만 했다. 아버지의 실망은 매우 컸다.

아버지와 딸은 한동안 직접적으로 부딪치지 않으면서도, 각자 나름대로 대안을 모색하였다. 아버지는 학비 부담이 적으면서도 딸의 장래가 보장되는 학교를 알아보기 시작했다. 선영은 은연중에 어려서부터 꿈꿔온 한의대를 마음속에 떠올려 보았다.

'그래, 한의대는 의사의 길을 보장하면서도 4년 코스만으로 모든 게 끝난다. 문제는 등록금이다. 아버진 분명 반대하실 거야…….'

문득 고등학교 진학 문제로 아버지와 대립했던 일이 떠올랐다. 애걸복걸 아버지에게 매달렸던 그 며칠을 생각하니 절로 한숨이 나왔다.

'하아, 이번엔 또 얼마나 강경하게 나오실까. 대학 등록금은 비싸니까 고등학교 때처럼 순순히 물러나시진 않을 거야.'

원서 쓸 날이 다가오자 선영은 점점 초조해지기 시작했다. 지난 3년을 '시험만 끝나면 마음껏 놀고 하고 싶은 거 다 해야지' 하는 마음으로 버텼는데, 지금 생각하니 차라리 아무 생각 없이 공부만 할 때가 더 행복했던 것 같다.

담임 면담을 하고 돌아오는 선영의 발걸음은 무겁기만 했다. 고3 담임선생님은 선영의 성적 밑에 붉은 펜으로 밑줄을 긋고 낚시 바늘 같은 물음표를 그려놓았다.

"사립대 같으면야 네 점수로 갈 데가 많겠지만……."

선영의 처지를 뻔히 알고 있는 선생님은 쉽사리 말을 잇지 못했다. 김주열 선생님. 선영과는 각별한 인연이 있는 분이다. 광주항쟁을 무력으로 짓밟은 전두환 정권은 1980년 7월 30일 과외 교습을 전면 금지하는 교육개혁 조치를 단행한다. 독재정권답게 처벌도 강력했다. 과외를 하다가 들키면 학생은 무기정학, 학부모는 직장 해고, 과외 교사는 해직은 물론이고 형사 입건 등의 처벌을 받아야 했다. 이 조치에 따라 대부분의 과외는 없어졌지만, 음성적으로 몰래몰래 과외를 하는 사람들이 있었다.

어느 날, 학교에 갔더니 반 분위기가 묘했다. 무슨 일이 있었는지 반 아이들 몇이 속닥속닥 밀담을 나누고 있었다. 선영이 교실에 들어가자 그중 한 아이가 선영을 구석으로 데리고 갔다.

"왜, 무슨 일 있어?"

"선영아, 글쎄 우리 담임이 과외를 한대. 옆반에 ○○이 알지? 걔네 아버지가 건설회사 사장이라던가? 하여간 되게 부자거든. 근데 우리 담임이 그 집에 과외 하러 왔다 갔다 하는 거 내 친구가 봤대. 이거 불법이잖아!"

"일단은 얘기 퍼트리지 말고 조금만 더 지켜보자. 선생님께 피치 못한 사정이 있는 건지도 모르잖아."

그날 저녁 선영이 아버지께 그 이야기를 했다. 아버지는 심각한 얼굴로 선영에게 말했다.

"선영아, 아버지 말 잘 들어잉. 만약 이 사실이 발각되면 그 선생님은 당장 해고여. 까딱하면 경찰 조사까지 받아야 돼야."

깜짝 놀란 선영이 소리쳤다.

"그럼 어떻게 해요?"

"막아야제. 그 선생님도 한 집안의 가장인디 해고당하면 그 가정은 무너지는 거여. 긍게 니가 내일 학교 가서 어떻게 해서든 애기들한테 잘 말해갖고 이 문제가 확산되지 않거끔 잘 무마를 시켜야 혀. 느그 선생님한테도 슬쩍 말씀드려서 과외 그만두게 하고잉?"

"네, 아버지. 한번 해볼게요."

다음 날, 선영은 평소보다 일찍 학교에 등교했다. 그리고 그 사실을 알고 있는 아이들을 전부 개별 접촉해서 '이 사실이 외부에 알려지면 선생님은 학교에서 잘리게 된다. 선생님도 한 집안 가장인데 제자인 우리가 지켜드려야 하지 않겠냐. 우리 선에서 더는 이야기가 확산되지 않도록 약속하자. 그러면 내가 책임지고 선생님이 과외를 그만두시도록 말씀드리겠다'고 말했다. 아이들은 선영의 말에 금세 수긍하며 고개를 끄덕였다. 선영은 점심시간을 이용하여 담임선생님께 상담 요청을 한 후 사태의 전말을 말씀드렸다. 깜짝 놀란 선생님은 그날로 과외를 깨끗이 정리하고, 두고두고 선영에게 고마워했다.[28]

"경희대 한의학과를 생각하고 있어요."

"경희대 한의학과? 좋지. 근디 사립대라 학비가 많이 드는디 아버님이 좋다고 하시겠냐?"

"……잘 말씀드려 보려고요."

"그려, 자식 이기는 부모 없다고, 아주 그냥 울고불고 매달려 봐라

28. 오영자 인터뷰, 2023.

고3 소풍 때 김주열 선생님과 함께(왼쪽에서 세 번째가 선영)

잉. 대학만 보내주면 동생들 다 내가 갈치고 평생 효도하겠다고잉. 이 렇게 이쁘고 착한 딸이 애걸복걸하는디 아버님이라고 어쩔 것이냐. 못 이기는 척 보내주시지 않겄냐."

마지막으로 김주열 선생님은 학비가 저렴한 국공립대학 몇 군데를 추천해 주었다. 그리고 다음 주에는 부모님 면담이 있을 것이며, 그전 까지 부모님과 잘 상의해서 진학 문제를 결정지으라는 말로 마무리 를 했다. 선영은 낚시바늘 같은 물음표에 덜미를 잡힌 듯한 기분으로 상담실을 나왔다.

'어떻게 해야 하나. 시간은 자꾸 가는데, 어쩌지? 아냐. 이렇게 고민 만 하고 있으면 뭐 해. 우선 엄마하고 상의해 봐야겠어.'

책도 몇 권 없는 가방이 천근같이 무겁게 느껴졌다. 요즘은 학교에 가도 온통 진학 이야기뿐이었다. 선생님들도, 아이들도.

"박선영!"

어깨를 축 늘어뜨리며 교문을 나서는데, 등 뒤에서 낯익은 목소리 가 들려왔다.

"여태 뭐하다 이제 가냐? 순자는 아까 가던데."

병림이. 역시 수심에 찬 얼굴이다. 선영이 돌아보며 억지로 웃어 보였다.

"청소 벌써 끝났니?"

"대충 놀다 왔어. 청소고 뭐고 다 귀찮아."

"넌 학교 문제 어떻게 할 거냐?"

병림의 얼굴에 그늘이 드리워졌다.

"몰라, 나도……. 우리 집 대책 없잖아. 동생들도 많고. 아무래도 포기해야 될까 봐."

"포기하다니, 말도 안 돼. 여태까지 고생한 거 아깝지도 않니? 무슨 길이 있을 거야. 내가 좀 알아볼게. 예전에 진학 잡지에서 등록금 면제되는 학교에 대해 나온 거 본 적이 있거든. 다시 알아볼 테니까, 기운 내."

"후후, 말만이라도 고맙다. 하지만 별 기대 안 해. 성적이 월등한 것도 아니고, 누가 나 같은 애를 공짜로 공부시켜 주겠냐."

"무슨 말을 그렇게 하냐. 니가 어때서? 성적이 월등해야 공부할 수 있다는 법이 어디 있니? 공부는 정말 하고 싶은 사람이 하는 거야."

"고마워, 선영아. 난 있지. 너랑 있다 보면 니가 친구가 아니라 언니가 아닌가 착각할 때가 있어."

"뭐야? 아니 그럼 여태 친구인 줄 알았냐? 앞으로 언니라고 부르고, 꼬박꼬박 존대해라 잉?"

"어쭈!"

"어쭈? 허어, 언니한테 말버릇이 그게 뭐냐?"

희미한 겨울 햇살이 주거니 받거니 장난치며 걸어가는 두 친구의 등줄기를 간지럽히고 있었다.

선영은 자기 문제에 대해서는 좀처럼 내색하지 않는 성격이었다. 친구들과 만나도 선영은 주로 이야기를 듣는 쪽이었다. 친구들의 고민거리를 주의 깊게 경청하고는 따뜻한 위로의 말로 힘을 북돋아 주곤 했다. 그러다 보니 선영의 주위에는 늘 친구들이 많았다. 그러나 정작 선영의 마음 밑바닥을 흐르는 것들에 대해서는 아는 사람이 없었다.

내가 제일 미웠다

그날 밤이었다. 저녁상을 물린 아버지가 선영을 불렀다. 선영은 내심 긴장하며 아버지 앞으로 다가갔다. 아버지는 부엌 쪽을 가리키며 말했다.

"느그 엄마도 들어오라게라."

드디어 올 것이 왔구나. 선영은 심호흡을 하며 마음을 다잡았다. 박선영, 침착해야 해. 흥분해선 안 돼. 조리 있게, 그러나 솔직하게 내 생각을 말씀드리는 거야.

잠시 후 어머니가 치맛자락에 손의 물기를 닦으며 들어왔다.

"그래, 어드로 갈지 그동안 생각은 좀 해봤냐?"

"네, 아버지."

아버지는 눈을 들어 딸의 얼굴을 찬찬히 살폈다. 머뭇거리지 않는 선선한 대답에 약간 놀란 표정이었다. 오늘 아버지는 작정한 바가 있었다. 퇴근길에 우연히 화순초등학교 제자를 만났는데, 바로 이옥신의 오빠였다. 아버지가 선영이 얘기를 했더니 옥신의 오빠는 서울교대를 강력히 추천했다. '내 동생 옥신이도 서울교대를 다니는데 등록금도 싸고 취직도 보장되니 여자로서 그보다 좋은 학교가 없다'는 얘

기였다.[29]

"경희대 한의학과를 갔으면 좋겠어요."

"한의학과?"

아버지는 미간을 좁히며 단호하게 말했다.

"거그는 안 돼!"

"아버지, 저는 한의학을 공부해서 우리같이 어려운 사람들을 위해 진료 봉사하며 사는 게 평생의 꿈입니다. 입학금만 대 주세요. 그러면, 그다음부터는 제가 벌어서 다닐게요."

"니가 벌어서 한의대를 다닌다고? 허허, 세상 물정 알라면 안직도 멀었다. 아, 말이 되는 소릴 해야제. 공부 따라가는 것만도 숨찬데, 돈을 벌어야?"

선영은 애원하는 눈빛으로 말했다.

"저도 다 알아봤어요, 아버지. 한 학기 다니고 일 년 쉬고 하는 식으로도 얼마든지 대학 다닐 수 있대요. 학기 중에 돈 벌기 힘들면, 휴학해서 벌면 되잖아요."

"이 집에 선영이 너만 있냐? 얼른 졸업해서 동생들 뒷바라지헐 생각도 좀 해야제. 군말 허지 말고 아버지 허란 대로 해. 내가 두 군데를 제시헐 테니까, 둘 중에 한나만 골라."

아버지가 제시한 학교는 서울교대와 카톨릭 의대 메디컬센터였다. 아버지 식으로 요약하자면, 서울교대는 저렴한 학비로 초등학교 교사가 되는 길이었고, 메디컬센터는 등록금 면제에 간호사가 되는 길이었다. 안 돼! 선영은 마음속으로 안타까이 부르짖었다.

"아버지, 졸업하면 동생들 제가 책임질게요. 졸업해서 자리잡으

---

29. 오영자 인터뷰, 2000.

면……."

"한의대 졸업헌다고 금방 한의사 된 중 아냐? 한의사 자격증 따야 제. 글고 자격증 따면 병원은 누가 공짜로 내주냐?"

말문이 막혔다. 거기까지는 미처 생각해 보지 못한 문제였다. 그러나 간호사나 초등학교 교사라니, 꿈에도 생각지 못한 길이었다. 아버지는 오늘을 위해 단단히 벼른 듯 시종 고압적이고 냉엄한 눈빛으로 딸을 바라보았다. 선영의 얼굴은 흙빛으로 변해 갔다. 그러나 아직은 포기할 수 없었다.

"하, 하지만 아버지! 저는 한 번도 간호사나 초등학교 교사가 되고 싶다고 생각한 적이 없어요. 기왕이면 제가 대학에서 하고 싶은 공부, 적성에 맞는 길은 무엇인지 함께 고민해 주실 수는 있는 거잖아요."

"그래, 고민 좋지. 우리 딸은 무슨 공부를 좋아하고 어떤 학교 가고 싶고잉. 헌데, 결론은 한의대 가고 싶다는 거 아니냐. 내가 자식이 너 하나라면 니가 가고 싶다는 대학 두 말 않고 보내. 니가 부모라면 안 그렇겄냐? 근데 봐라잉. 너 대학 들어가면 우리 집에 대학생이 두 명이다. 종욱이 졸업 타고 군대 가면 인자 의석이 차례야. 그다음이 영석이고. 너는 딸 아들 차별한다 생각할지도 모르겠지만, 아버지는 그게 아니야. 우리 집에서 사립대는 못 보내. 종욱이도 전대 갔고, 그건 의석이 영석이도 마찬가지야."

선영은 고개를 숙였다. 학력고사를 망쳤을 때부터 참고 참았던 눈물이 한꺼번에 쏟아져 내렸다. 아버지가 집안 형편을 들먹이면 정말 할 말이 없다. 할 말이 없을 거라는 걸 알고 저러시는 건가? 선영은 흐느껴 울며 생각했다.

아버지는 치받치는 감정을 억누르고 딸을 이해시키기 위해 최대한 진솔하고 허심탄회하게 말하려 애썼다. 선영이 고등학교 때 정말 열심히 공부했다는 걸 아버지도 잘 알았다. 부족한 영어 실력을 올리기 위해 딸이 얼마나 노력했던가. 시골 학교의 모범생들은 대개 수학을 잘하고 영어가 부족했다. 영어 교육 환경도 열악하고 학력 경쟁도 치열하지 않으니 담당교사들도 나태해져서 시험 때가 되면 기출문제 몇 장 긁어서 외우라고 하는 경우도 많았다. 당연히 선영이 같은 모범생들은 달달 외워서 100점을 맞지만, 그 실력으로 도시 학교에 오면 다른 아이들과 상대가 안 되는 것이다. 어쨌든 결과는 나왔고 집안 형편에 맞게 대학을 선택하는 수밖에 없다는 게 아버지의 결론이었다.

"그리고 선영이 니가 선입견이 있는 모양인데 초등학교 교사가 어디가 어때서 그러냐. 여자 직업으로 아주 팬찮은 직업이다잉. 아, 방학도 있잖애. 세상에 어떤 직장이 방학을 주냐. 교사밖에 없어. 방학 때 니가 하고 싶은 공부할 수도 있고 여행 가고 싶으면 여행도 가고 좀 좋냐?"

선영이 눈물로 얼룩진 얼굴을 반짝 들었다.

"좋긴 뭐가 좋아요! 툭하면 이 학교 저 학교 옮겨 다니고. 아버지는 제가 전학을 몇 번이나 했는지 아세요? 이 학교 가라면 이 학교 가고, 저 학교 가라면 저 학교 가고. 교과서가 다르면 처음부터 다시 공부해야 하고, 친구도 제대로 사귀지 못하고. 아버진 자식들 힘든 거 생각 안 하시잖아요!"

"허참, 핑계 없는 무덤 없다더니! 야, ○○○ 선생 아들은 전학을 안 댕겨서 서울대 간 중 아냐? 가시내가 좋게 타협을 할라고 해도 기연히 아버지를 이겨먹을려고 해! 시험은 니가 망쳐불고 왜 아버지 탓을 해? 전학 많이 가서 시험 망쳤냐?"

부녀간에 고성이 오가자 어머니는 안절부절못하였다. 아까부터 선영이 도와달라는 듯이 간절한 눈길로 쳐다보는 걸 어머니는 충분히 의식하고 있었다. 그러나 한번 작심하면 하늘이 무너져도 눈도 꿈쩍 않는 수십 년 박씨 고집을 어찌 꺾는단 말인가. 하지만 선영이가 더 엇나가서 일이 완전히 틀어지기 전에 어머니가 나서야 했다. 어머니는 헛기침을 두어 번 하고 목을 가다듬은 뒤에야 겨우 입을 열었다.

"거시기, 선영 아빠……."

어머니가 할 말을 익히 예상한 듯 아버지는 어머니의 말허리를 싹 둑 잘라냈다.

"자네도 괜히 딸자식 역성만 들지 말고 앞길을 생각하라고! 선영이 한나가 아니여. 종욱이 졸업할라면 아직 한참 남았고, 의석이 영석이 인자 금방이여, 금방!"

"워따, 역성을 드는 게 아니라, 지가 요로고 한의대를 원하는 데……."

"자네 선영이 고등학교 갈 때 뭐라겠는가? '고등학교 보내주면 대학 은 내가 갈칠란다'고 안 했는가?"

"그랑게 내가 시방 말헐라고 안 허요? 파출부라도 해서 선영이 입 학금은 내가 마련해 볼랑게, 지가 가고자픈 디로 보냅시다."

버럭 고함이 터져 나왔다.

"아, 그걸 말이라고 해! 하여튼 애나 어른이나 똑같다니까! 그렇게 나 물정을 몰라? 아 꿈이야 좋제! 한의대 나와서 어려운 사람들 도와 주고잉……."

"물정은, 내가 무신 물정을 모른다 그러요? 선영이 막 날 때게 젖염 소 키워서 화순 교리에 집 산 거 생각 안 나요? 화진이 서울 올려보 낼 때게 빚진 것도 내가 김장시 해서 다 갚았소. 내가 뭔 물정을 모 르요? 선영이 학비 내가 파출부라도 해서 책임 지겄다 그 말이요! 시상에 도둑질 헌다는 것도 아니고 강도질 헌다는 것도 아니고, 새끼가 한의대 가서 어려운 사람들 도와주고 싶단디 왜 하고 자운 걸 못허게 해?"

"아 그럼 둘이 나가 살아!"

선영의 진학 문제는 어느새 부부싸움으로 비화되고 있었다. 이런 상황을 바란 건 절대로 아니었다. 선영은 벌떡 일어났다.

"그만하세요! 엄마도 그만하세요. 아버지 말씀은 충분히 알아들었으니까 며칠만 생각할 말미를 좀 주세요."

"아, 생각허고 자시고 헐 것도 없어! 댕기고 싶으면 댕기고, 말고 싶으면 말아 부러!"[30]

선영은 흐느껴 울면서 집을 박차고 나왔다. 가족 안에서 제왕처럼 군림하는 아버지가 미웠다. 자식이 수백 수천 번 고민하고 꺼낸 이야기를, 한심하다는 듯 단칼에 막아버리는 고압적 태도가 싫었다. 아니, 미운 건 나였다. 아버지를 설득하려면 정정당당하게 혼자 했어야지, 애처롭게 눈물 흘리며 마음 약한 어머니까지 끼어들게 만든 내가 제일 미웠다. 바보같은 박선영! 대학이 뭐라고, 그깟 대학이 뭐라고……

차가운 공기가 잠바 한쪽 걸치지 않은 얇은 티셔츠를 파고들었다. 검푸른 하늘을 올려다보았다. 밤하늘에 소름처럼 돋아난 잔별들이 머리 위로 금방이라도 쏟아져 내릴 것 같았다. 눈, 눈이라도 왔으면! 방향을 알 수 없는 이 타는 듯한 노여움을 식혀 줄 얼음덩이가 우박처럼 뚝뚝 떨어졌으면! 찝찔하고 뜨거운 것이 계속해서 선영의 볼을 타고 흘렀다.

---

30. 박운주 인터뷰, 2001.

순간을 사는 연습

"해방이다!"

영조가 하늘 높이 가방을 던져 올렸다. 가방은 커다란 포물선을 그리며 눈 덮인 교정 저쪽으로 떨어졌다. 영조가 두 팔을 벌리고 앞으로 달려갔다. 그 뒤를 성심이가 내달렸다. '와!' 하는 괴성과 함께 두 사람이 눈 위를 뒹굴었다. 까르르, 웃음소리. 펑펑 쏟아지는 눈. 종업식을 마친 3학년 학생들이 재갈거리며 꾸역꾸역 교문을 빠져나갔다. 이제 이들은 올겨울만 넘기면 대학으로, 사회로 각자 뿔뿔이 흩어져 갈 것이다.

병림에게 무언가를 열심히 설명하며 걸어가던 선영이 눈밭을 뒹구는 친구들을 눈으로 더듬었다. 두 친구는 벌써 맹렬한 눈싸움을 벌이고 있었다. 친구들을 향해 환히 웃어 보이며 선영이 다시 말을 이었다.

"……그러니까 거기 들어가면 4년 동안 학비 걱정 안 해도 되고, 대신 나중에 발령받았을 때 월급에서 조금씩 까나가기만 하면 된대. 니 점수면 충분하니까 걱정 말고 원서 넣어 봐."

"그래, 고맙다. 근데 넌 어쩔 거니?"

"나? 글쎄……."

선영은 말을 흐렸다. 얽히고설킨 진학 문제를 뭐라 설명하면 좋을 것인가. 이건 내가 어쩔 수 있는 선택의 문제가 아니잖은가. 물론 굳이 선택하라면 못할 것도 없었다. 내겐 두 가지 선택의 길이 있다. 서울교대에 진학하느냐, 대학을 포기하느냐, 두 갈래 길. 그러나 내겐 너무 가혹한. 선영의 입가에 자조自嘲의 웃음이 새어 나왔다. 그때 뭔가 퍽 하고 옆구리를 때렸다. 상념에서 깨어난 선영은 눈을 크게 떴다.

"윽! 아니 저것들이?"

옷에 묻은 눈을 툭툭 털어 내던 선영이 병림을 돌아보며 소리쳤다.

"가자! 아그들한테 한 수 갈쳐야겠다."

"오케이!"

두 여학생은 가방을 가슴에 안고 운동장 아래로 달려나갔다. 눈덩이를 여러 개 뭉쳐 든 선영이 교복 치마를 펄럭이며 눈밭을 가로질렀다. 자지러지는 비명 소리, 웃음 소리, 고함 소리. 선영은 영조와 성심의 교복 속에 눈덩이를 박아넣고 낄낄거리며 냅다 달렸다.

박선영, 부끄러운 줄 알아라! 네가 고통이라 부르는 게 사실은 얼마나 작고 사소하고 용렬한 건 줄 아니? 대학은커녕 중학교 문턱도 넘지 못한 네 초등학교 친구들을 생각해 봐. 갓 스물에 직장 생활을 시작한 언니의 청춘을 생각해 봐. 우리 엄마는 물로 허기를 때우며 나를 낳았어. 이 지구상에서 네 고통은 고작해야 4천만 분의 1, 60억 분의 1, 아니 억조창생億兆蒼生 분의 1에 불과해.

눈아, 너를 기다렸다. 네 하얀 살로 내 삶의 헛것들을 덮어다오. 누가 말했던가. 인생은 순간을 사는 연습이라고. 눈아! 난 지금 이렇게 살아 있다. 이렇게 살아 있어서 기쁘고, 시리도록 차가운 네 감촉이 기쁘고, 함께 하는 벗들이 있어 반갑다. 가라, 1984! 이제 너를 과거라 부르겠다. 그래, 어디든 어떠랴. 바둑인 뛸 것이다.[31] 내게는 터질 것 같은 젊음과 마음을 다해 사랑할 가족과 친구들이 있다. 헉헉, 뜨거운 입김을 내뿜으며 선영이 눈밭에 드러누웠다. 한층 거세진 눈발이 잿빛 하늘로 솟구치고 있었다.

---

31. 친구 순자에게 보낸 1986년 11월 19일 자 편지의 마지막 구절.

겨울 방학 동안 집에만 있던 선영이 오랜만에 외출하더니 저녁 무렵에야 들어왔다.

"엄마, 이거!"

선영은 커다란 비닐 봉투를 엄마에게 안겨 주었다.

"이게 뭐다냐?"

"장학적금 탄 거 헐어서 좀 샀어, 엄마."

"장학적금?"

고등학교 3년 동안 적립한 장학적금을 찾으니 그럭저럭 15만 원 돈이 되었다. 선영은 그 돈을 봉투째 어머니에게 내밀었다. 어머니는 펄쩍 뛰며 손사래를 쳤다. 옷 한 벌 제대로 사주지도 못했는데, 용돈 아껴 모은 제 돈까지 챙길 수야 있는가. 서울 가서 용돈 아쉬울 때 쓰라며, 싫다는 딸의 손에 억지로 쥐어 준 게 바로 엊그제 일이었다.

비닐을 벗겨내자 베개, 속옷, 양말, 냉장고 덮개 등 각종 잡화가 쏟아져 나왔다. 어머니는 눈에 휘둥그레졌다.

"야이, 그 놈 갖고 용돈이나 허제, 뭐더러 이런 걸 사왔냐."

"용돈 많은데 뭐. 여기 이 베개는 엄마 아빠 거, 딸 걱정 말고 밤에 편안히 주무시라고. 이건 식구들 속옷하고 양말, 맨날 모자라잖아. 식구대로 새것으로 하나씩 챙겨 주세요. 이건 냉장고 위에 덮는 레이스야, 엄마. 내가 한번 해볼게."

선영은 냉장고 위에 흰 레이스 덮개를 씌우며 말했다.

"야, 좋다! 엄마, 나 학교 가고 없어도 예쁘게 하고 살아야 돼?"

어머니는 황황히 걸레를 집어들어 방바닥을 문지르기 시작했다. 콧날이 시큰하고 눈시울이 뜨거워 딸을 똑바로 쳐다볼 수가 없었다. 그런 어머니의 마음을 느꼈는지 선영 역시 어머니를 외면하고 돌아선 채 레이스 자락만 만지작거렸다.

아버지 월급 타서 쌀 사고 연탄 들여놓고 세금 내고 자식들 학비 제하고, 회수권 한 달 치 사서 나눠주고 나면 남는 게 없었다. 아이들 새 옷이나 용돈은 생각할 수도 없고, 속옷이며 양말이 그렇게 귀할 수가 없었다. 큰딸이 가끔 사보내는 것은 아버지를 드렸고, 자식들은 으레 헌 것을 기워 입혔다.

어머니는 간신히 입을 열어 이렇게 중얼거렸다.

"입학식 때 입을 옷도 없음서, 옷 한 벌 사자게도 그렇게나 마다고……."

"옷 많은데 뭐. 서울 가서 언니 옷 빌려 입어도 되고. 엄마, 불쌍한 사람들이 얼마나 많은 줄 알아? 우리 반에도 반수 이상이 돈이 없어서 대학을 못 가. 나는 호강하는 거야, 엄마."

어머니는 걸레를 휙 던져놓고 화난 사람처럼 말했다.

"너는 어쩌면 그러냐. 남들은 돈 안 준다고 용돈 달라고 근다더라. 글안해도 너 보내놓고 어찌고 살지 그 생각만 허면 죽겠는디, 갈라면 정을 떼고 가야제 요로고 정을 주고 가면 보고 자와서 엄만 어떻게 사냐……."

"엄마는 차암……."

선영이 다가와 어머니 어깨를 감싸 안으며 부드럽게 말했다.

"내가 뭐 영영 못 올 데 가나? 가면 언니도 있고, 몇 달만 있으면 금세 방학인데 뭐. 그리고 엄마, 나 보고 싶으면 언제든지 편지해. 당장 달려올게."

어머니는 딸의 머리를 쓸어내리며 한숨처럼 읊조렸다.

"정도, 정도 우리 선영이같이 많으리. 말 한자리 행실 하나 버릴 것이 없으니 너는 참말로 효녀 심청이 같다잉……."

100점의 인생이란 없을 테니까

그해 겨울, 선영의 가족은 운암동에 신축된 운암아파트로 이사하게 되었다. 상하방 보증금에 엄마가 탄 곗돈을 보태도 모자라 화진의 적금을 헐고 대출을 잔뜩 껴서 구입한 방 세 개짜리 아파트였다. 화장실에는 TV 드라마나 영화에서 보았던 하얀 욕조가 매끈한 자태를 뽐내었다. 주방에 설치된 입식 싱크대는 엄마가 일하기 편한 동선으로 짜여져 있었다. 처음으로 가스레인지를 구입한 것도 이때였다. 처음 경험하는 아파트 생활에 식구들 모두가 설레었다.

그해 마지막 날이었다. 어머니가 조촐한 다과상을 준비하는 동안 선영은 주방에서 저녁 설거지를 하고 있었다. 해마다 연말이면 온 가족이 한자리에 모여 묵은해를 반성하고 새해를 맞는 모임을 가졌다. 언제부터인지 정확하진 않지만, 아마도 선영의 언니, 오빠가 도시로 유학을 떠나기 시작한 무렵부터가 아닌가 싶다. 매년 이날 이 시간이 되면 식구들은 직장 동료들과 망년회를 하거나, 친구들과 즐거운 시간을 갖다가도 어김없이 집으로 돌아왔다.

이날의 모임은 특히 선영의 대학 진학을 앞둔 시점이라 여러 가지로 의미가 있었다. 부모님은 선영이 서울교대에 입학하면 서울의 큰딸 화진에게 보낼 생각이었다. 서울 면목동 이모 집에 기식하던 큰딸은 선영과의 생활을 위해 얼마 전 숭인동에 작은 월세방을 얻어놓은 상태였다.[32]

선영이와 크게 대립했던 그날 이후, 아버지는 선영의 서울교대행을 기정사실화했다. 선영도 더는 경희대 한의학과를 고집하지 않았다. 며

---

32. 박화진 인터뷰, 2000.

칠 전에는 아버지에게 지나가는 말처럼 '둘 중에서 하나를 골라야 한다면 서울교대를 택하겠다'고 말하기도 했다. 일단은 안심이었다. 그러나 아직 부녀 사이에는 뭔가 모래알처럼 서걱거리는 듯한 감정적인 이물감이 남아 있었다. 일찌감치 퇴근한 아버지는 내심 오늘의 모임이 둘째 딸의 마음을 풀고 위무慰撫하는 자리가 되길 바랐다.

딩동, 초인종 소리가 들렸다. 언니다! 와락, 반가운 마음에 그릇을 헹구는 선영의 손길이 빨라졌다. 두르르 동생들 달려나가는 소리.

"큰누나다!"

영석의 환호성과 함께 화진 언니의 정겨운 목소리가 들려왔다.

"아버지, 저 왔어요!"

"화진이냐? 오니라고 욕봤다."

거실에 계시던 아버지도 반갑게 큰딸을 맞았다. 과일을 깎고 있던 엄마가 현관 쪽으로 고개를 꺾었다.

"우리 큰딸 왔냐. 밥은 어쨌냐?"

"먹고 왔어요."

언니는 앉자마자 선물 보따리부터 풀기 시작했다. 부모님과 화순이모 겨울 내의, 동생들 양말이며 올망졸망한 선물이 쏟아져 나왔다.[33] 오늘은 전에 없이 케이크와 샴페인까지 사 왔다. 각각 대학과 고등학교에 진학하는 동생들-선영과 의석-을 격려해 주기 위함일 터였다.

"이게 다 뭐여?"

거실 바닥에 펼쳐진 선물들을 내려다보는 부모님의 눈길에 큰딸에 대한 고마움과 안쓰러움이 스쳐 갔다. 어려서부터 가족과 떨어져

---

33. 박화진의 가계부를 참고한 내용임.

외지外地에서 외롭게 성장한 딸, 고등학교 졸업하자마자 당연한 것처럼 부모의 짐을 나눠 가진 딸, 이제 다시 동생 선영의 학업을 뒷바라지하겠다고 자청한 딸…… . 맏이에 대한 미더운 마음에는 부모로서의 미안함과 자책이 포함될 수밖에 없었다.

"언니야!"

다과상을 내온 선영이 활짝 웃으며 언니 옆에 앉았다. 화진은 미소 띤 얼굴로 선영에게 손을 내밀었다.

"우리 선영이 공부하느라고 고생 많았지?"

다정하게 손을 맞잡은 두 자매를 흘겨보며 의석이 짐짓 볼멘소리를 했다.

"이거 왜 이래. 작은누나만 시험 봤는가. 나도 연합고사 쳤어."

"큰누나, 나두! 나두 이제 중학생이다?"

재롱둥이 막내 영석의 말에 집안 가득 함박꽃 같은 웃음이 피어났다. 샴페인을 딴 종욱이 아버지 잔을 채우며 말했다.

"아버지! 이 녀석들, 기념으로 샴페인 한 잔씩 돌릴까요?"

"아암! 한 잔씩들 해. 요거는 술이 아니고 음료수다니까? 큰놈들은 맥주 마시고 싶으면 알아서 따라 마시고잉. 자, 건배!"

"건배!"

"올해도 다들 고생했다. 첫째, 느그들 어머니가 느그들 키우느라고 고생했고, 둘째는 화진이여. 아부지가 항상 말허는 것이지만, 큰누나는 부모 다음이여. 화진이가 느그들을 위해 희생하고 애쓴다는 것을 항상 잊지 말아야 헌다. 인간이라는 것은 말이다…… ."

아버지의 말이 길어지자 오남매는 서로서로 의미심장한 눈빛을 교환했다. 자식들 사이에 킥킥거리는 소리가 들리자 민망해진 어머니가 아버지의 옆구리를 쿡쿡 질렀다.

"아따, 먼 서론이 그렇게 길다요? 애기들 앉혀 놓고 종례허요? 오늘은 우리 일곱 식구 즐겁게 일 년을 마감하는 날잉게 언능 노래나 한 자리 허씨요."

아버지도 유쾌하게 맞받아쳤다.

"허허, 아부지가 또 분위기를 깨부렀냐? 글도 사람이 헐 말은 해야제. 아부지가 체신 없이 인나서 노래부터 허면 쓰겄냐. 분위기는 젊은 느그들이 띄우는 것이제. 어디 공부하니라고 고생헌 우리 둘째 딸 노래부터 들어 보끄나?"

아버지는 슬그머니 선영을 향해 고개를 돌렸다. 아버지가 보내는 화해의 사인이었다. 원래 이 가족 모임은 아버지부터 나이 순서대로 한해를 반성하고 새해의 포부를 밝히는 자리였다.[34] 그러나 이날의 분위기는 예년과는 사뭇 달랐다. 이 겨울이 지나면 20년 동안 품고 살아온 딸자식을 서울로 떠나보내야 하는 아쉬움과, 원하는 대학을 보낼 수 없는 안쓰러움이 부모님의 마음을 '짠하게' 만들었던 것이다.

식구들의 시선이 온통 자기에게 쏠리자, 선영은 멋쩍은 웃음을 흘리며 입을 열었다.

"올 한해 나름대로 열심히 한다고는 했는데 시험 결과가 좋지 않아서 죄송하구요. 또 요 며칠 진학 문제로 부모님께 심려를 끼쳐 드려서 면목이 없습니다. 부모님 입장은 헤아리지 않고 너무 제 고집만 피운 거 같아요. 어느 대학, 어느 공간으로 가든 다 저 하기 나름이라고 생각해요. 앞으로 부모님 실망하시지 않도록 대학 생활 알차게 꾸려나가겠습니다……."

'어느새 저렇게 여물었는고.'

---

34. 박운주 인터뷰, 2001.

아버지는 며칠 새 훌쩍 자라버린 것 같은 딸의 얼굴을 바라보았다. 대견했다. 어린 마음에 상처를 준 것이 미안하기도 했다.

그래, 4년만 참아 봐라. 졸업해서 발령 나면 이 아비가 너 하고 싶은 공부 계속할 수 있게 뒷받침해 주마. 공부는 대학이 끝이 아니다. 대학원 가서도 얼마든지 할 수 있다. 네 고집 꺾어놓고 미안해서 하는 이야기만은 아니다. 사실 아버지는 매사에 진지하고 강직한 네 성품이 걱정스러운 적도 있었다. 고등학교 1학년 때이던가. 너는 내게 이런 말을 했지. 아버지, 학교 오가는 길에 휴지를 좀 주워 볼라고 했는데 못 줍겠대요. 아무리 주워도 끝이 없어요. 감당을 못하겠어요. 세상에! 속으로 얼마나 놀랐던지! 주택가 골목길도 아니고, 번잡한 시장통의 휴지를 오며 가며 혼자 다 주우려 했던 것이다.[35] 양심에 따라 실천하는 용기야 가상하고 놀라운 것이지만, 아가, 이 아비를 보아라. 너무 강직해도 못 쓴다. 삶의 굴곡과 풍파를 어찌 감당하려느냐……

어색한 분위기를 바꿔보려는 듯 선영이 언니를 돌아보며 말했다.

"언니야, 빈 몸으로 가도 구박하지 말어?"

"빨랑 졸업하고 올라오기나 해. 언니가 거금 주고 니 책상까지 들여놨다 야. 스탠드까지 있는 완전 최고급으로."[36]

"정말? 야호! 역시 울 언니가 최고야!"

선영이 환호성을 지르며 언니를 부둥켜안자 의석이 끼어들었다.

"큰누나, 끝이 아냐. 안심하지 마. 3년 뒤엔 책상 하나 더 사야 할 거야."

"뭐야? 하하하……"

---

35. 박운주 인터뷰, 2001.
36. 박화진 인터뷰, 2001.

선영의 가족은 매년 연말모임을 가지며
한 해를 반성하고 새해 계획을 공유하는 시간을 가졌다.

한바탕 웃음이 지나갔다. 분위기는 한결 화기애애해졌다. 종욱은
선영의 잔에 맥주를 따라 주며 농을 걸었다.

"야아, 우리 선영이 말하는 거 보니까 이제 제법 어른스러운데? 어
이, 사냥개코! 한 잔 해."

"사냥개코? 아, 나는 미美 의식이 없는 사람하고는 안 마셔."

"에이 그러지 말고 한 잔 마셔. 마시고 노래 하나 해라. 오빠가 기타
쳐 줄까?"

"아이 참, 뭔 노래를 허라고……."

술 한 모금에 눈자위가 붉어진 선영이 더 이상 빼지 않고 노래를
시작했다. 높고 가느다란 목소리가 가족들이 모인 공간을 채웠다.

내가 너의 손을 잡으려 해도 잡을 수가 없었네

보이지 않는 그 무엇이 나를 슬프게 하였네
나는 느낄 수 있었네 부딪치는 그 소리를
우정도 사랑도 유리벽 안에 놓여 있었네[37]

모처럼의 화기애애한 분위기를 해치지 않으려는 듯 선영은 밝게 웃고 식구들의 농담에 장단을 맞추었다. 그러나 〈유리벽〉을 부르는 선영의 얼굴은 유리벽 안에 갇힌 사람처럼 외로워 보였다. 1984년 12월 10일, 언니 화진에게 보낸 편지에서 선영은 이렇게 쓰고 있다.

오랜만에 본 따스한 보금자리.
욕조 수돗물이 내 귀엔 앵무새 노랫소리보다 더 아름답게 들려.
(앵무새건 꾀꼬리건 상관 없지만)
아버님 말씀 "학교에서 집에 갈 시간이 기다려진다."
좀체 듣기 힘든 말씀이지.
엄마 수고가 좀 덜어지게 돼서 기뻐.

언니.
생을, 삶을 점수로 매겨선 안 되겠지?
100점의 인생이란 없을 테니까.

---

37. 신형원의 노래 〈유리벽〉. 박종욱과 박의석의 증언에 의하면 선영은 노래를 부르거나 듣는 걸 좋아하는 성격은 아니었지만, 〈작은 연못〉 같은 김민기의 노래나 신형원의 노래는 곧잘 들었다고 한다.

데모하는 대학생들은 다 공산주의자야?

"오빠, '대자적'이라는 게 뭐야?"

"대자적? 어, 너 그 책 또 보냐? 작년에 봤잖아?"

선영이 아까부터 읽고 있는 책은 한완상 교수가 쓴 저 유명한 『민중과 지식인』[38]이었다.

"으응, 시간 있을 때 다시 한번 읽어볼려고."

"글쎄, 이거 좀 까다로운 개념인데…… '대자적對自的'[39]이란 건 다른 것과의 관계 속에서 자신을 새롭게 자각하고 정립하는 주체의 태도를 말하는 거야."

"다른 것과의 관계?"

"즉자적 민중이 우리 주위에서 흔히 볼 수 있는 힘없는 사람들, 일방적으로 지배당하고, 조종당하는 민중들을 말하는 거라면, 대자적 민중은 지배 계급과의 관계 속에서 자신이 어떻게 압박받아 왔고 무력화되어 왔는지를 냉철하게 꿰뚫어 보고, 그에 맞서 저항할 줄 아는 자각된 민중을 말하는 거야."

"자각된 민중……"

선영은 쉽게 이해가 가지 않는다는 듯 입맛을 다셨다. 종욱은 적당한 예를 떠올리려는 듯 실눈을 뜨고 한동안 천장 벽지의 꽃무늬를 헤아리더니, 갑자기 동생 앞으로 바싹 다가앉았다.

---

38. 정우사에서 출간한 80년대 대학가의 베스트셀러. 당시 학생운동권에서는 '시각 교정'용으로 신입생에게 즐겨 읽혔다.

39. 대자적(對自的:für sich) 퓌어지히. 독일 철학에서 다른 것과의 관계에 의하여 자기를 자각하고 자기 자신과 대립하는 일. 대자(對自) ↔ 즉자(卽自), 안 지히(an sich). 한완상 교수는 『민중과 지식인』에서 이 두 개념을 이용하여 민중이 단순한 피압박 계급에서 자각된 민중으로 나아가야 한다고 설파하였다.

"너 중학교 다닐 때 십이륙(10·26) 사태 기억나지? 박정희가 김재규한테 총 맞아 죽었을 때 말야. 그때 어쨌냐? 텔레비전에서 몇 날 며칠 장송곡만 틀어주고 역사의 큰 별이라도 떨어진 것처럼 분위기 잡았잖아. 할머니 할아버지들 막 대성통곡하고."

"맞아, 기억난다! 그때 나도 면에 설치된 분향소에 가서 분향하고 묵념하고 그랬어. 근데 솔직히 부모님 돌아가신 것도 아닌데 애들이 다 울고불고하니까 사실 난 좀 어리둥절했지."[40]

"거 봐라. 이 나라 군사독재 썩은 정치의 발판을 누가 만들었는데? 그거 다 박정희가 만들어 논 거잖아. 박정희가 '한강의 기적'을 이뤘다지만, 따지고 보면 그게 다 국민들 피땀 쥐어짜서 만들어 낸 거고, 살판난 건 재벌들뿐이야. 노동자, 농민들, 우리 같은 힘없는 사람들에게 달라진 게 뭐가 있어. 재벌들 배만 잔뜩 불려놨지. 그런데 봐라! 온 국민을 18년 동안이나 바보로 만들고, 탄압한 사람이 죽었다고 땅을 치고 통곡하는 사람들이 수두룩하잖아."

"깨어 있지 않은 즉자적 민중이다 이거지?"

"그렇지. 이 땅의 모든 역사는 깨어 있는 민중에 의해 이끌어져 왔어. 민중이 깨어나야 해. 깨어 있지 않은 민중은 역사의 주인이라 불릴 자격도 없는 거야. 대학생이나 지식인의 역할도 바로 거기서 나오는 거고."

선영은 콧등을 찡그리며 골똘히 생각에 잠겼다. 오빠의 말은 대체

---

40. 동생 의석의 일기 참조하여 재구성. "……어느 날 아침 등굣길에 우리는 정치 이야기를 하게 됐다. 대통령이 돌아가셨다는 소식이 우리의 귀에까지 들어온 것이다. ……그 분이 새마을 운동 등 여러 가지 사업을 벌여 국가 발전에 큰 공헌을 하신 분임을 안다. 그런데 돌아가셨으니 우리로서도 의아해할 만한 것이다. 그날 오후에 면사무소에 마련된 조촐한 분소에 갔다. 학생 전체가 다 갔다. 머리를 조아리고 조용히 명복을 빌었다. 큰 별의 사라짐을 아쉬워했는지도 모른다……."

로 이해할 수 있었다. 그러나 의문점이 완전히 풀린 것은 아니었다. 그렇다면 대학생은 과연 지식인인가, 지식인은 대자적 민중이 될 수 있는가, 민중은 지식인의 도움 없이 스스로 깨어날 수 없는가…… 무수한 의문부호들이 선영의 머릿속에서 꿈틀거렸다. 그러나 요 며칠 그 모든 의문점보다 더 선영을 괴롭히는 문제가 있었으니 그것은 바로 '계급' 문제였다.

선영은 오빠의 책들을 접할 때마다 '계급'이라는 낯선 용어에 거부감이 일었다. 현대 사회의 다양한 인간관계를 너무 협소한 관점으로 바라보는 게 아닌가 하는 생각 때문이었다. 더욱이 선영은 어렴풋이 그 '계급'이라는 용어 뒤에는 공산주의라는 이념의 복병이 도사리고 있음을 감지하고 있었다. 군사 독재나 자본주의 사회의 폐해와 저항의 필요성에 대해서는 쉽게 납득하고 인정할 수 있었음에도, '이념'이라는 막다른 골목에 부딪히면 막막하기 그지없었다. 자기만의 생각에 잠겨 있던 선영은 자기도 모르게 그 생각의 편린을 입 밖에 내고 말았다.

"오빠, 데모하는 대학생들은 다 공산주의자야?"

"뭐야? 하하. 넌 내가 공산주의자 같아 보이냐?"

"아니, 그런 게 아니라……. 데모하는 대학생들이 보는 사회과학 책들은 대부분 공산주의 서적인 거 같애. 『철학 에세이』만 해도 좀 그렇잖아?"

선영의 속마음을 꿰뚫기라도 한 듯 오빠가 빙긋 웃으며 말했다.

"맑시즘을 공부한다고 해서 다 공산주의자가 되는 건 아니야. 대학생들이 맑시즘을 공부하는 건 공산주의자가 되기 위해서가 아니라 그 속에 있는 저항의식을 배우고 투쟁의 동력으로 삼기 위해서야."

"투쟁의 동력?"

아버지, 오빠, 동생과 낚시터에서

"흠……. 선영이 너 안 되겠다. 미리 앞질러 읽는다고 좋은 게 아니야. 고민에도 단계가 있는 거야. 아무 책이나 집히는 대로 읽지 말고, 우선 우리 역사, 특히 근현대사부터 차근차근 읽어 봐라. 우선은 니가 지금 어디에 서 있는가를 아는 게 중요한 거야. 거기서부터 출발해. 오빠 책상 위에 보면 『해방전후사의 인식』[41]이란 책이 있거든? 그것부터 찬찬히 읽어 봐. 보다가 모르는 거 있으면 오빠한테 물어보고."

"알았어."

"시험도 끝났겠다 친구들하고 놀기도 하고 그래. 맨날 집에서 책만 들여다보지 말고. 그리고……"

종욱은 잠시 말을 끊고 동생의 얼굴을 바라보았다. 대학 진학 문제로 한 차례 홍역을 치른 뒤, 동생은 식구들에게 애써 밝은 모습을 보

---

41. 『해방전후사의 인식』, 송건호 외, 한길사 간(刊). 일명 '해전사'란 약칭으로 불림.

이려 했다. 그러나 어릴 때부터 키워 온 꿈을 한순간에 접는다는 게 어디 쉬운 일이던가. 그 심정은 누구보다 종욱이 잘 알았다. 종욱 역시 대학 진학 문제로 아버지와 팽팽한 신경전을 벌인 적이 있었다. 원래 그가 가고 싶었던 학과는 중앙대 연극영화과나 신문방송학과, 한양대 관광학과였는데, 아버지가 강하게 반대하고 나섰다. 어디 아버지뿐이랴? 집안 어른들까지 모여 장손이 입학할 대학과 학과를 결정해 버린 것이다. 문중 어른들의 결론은 전대 사대 윤리학과였다. 그는 1983년 전남대 사범대 윤리학과에 차석으로 입학했다.

"요즘 힘들지?"

"아냐, 오빠……."

"힘들 거야. 너도 알겠지만, 오빠도 솔직히 처음부터 교사 되고 싶은 마음은 없었어. 그런데 막상 대학에 들어가고 나니 생각이 좀 달라지더라. 전에 네가 말한 것처럼, 대학 생활이란 자기 하기 나름이라는 생각이 들더라고. 그리고 교육은 간단히 짚고 지나갈 문제가 아냐. 모든 것이 교육으로부터 시작되잖아. 특히 초등교육이 참 중요해. 나중에 네가 읽을 만한 교육 관련 책을 알려 줄 테니까 슬슬 교육 문제에도 관심을 가져 봐."

선영은 말없이 머리를 끄덕였다. 남매가 이렇게 진지한 대화를 나눈 것은 거의 처음 있는 일이었다. 대학 입학을 앞둔 동생을 오빠는 이미 성인으로 인정하고 있었던 것이다.

3.

지하地下를 찾아서

서울행

새벽부터 진눈깨비가 추적거리는 날이었다. 땅에 떨어진 진눈깨비는 그대로 녹아서 거리 곳곳에 물웅덩이를 만들었다. 모녀는 어두커니 집을 나섰다. 바람이 불 때마다 진눈깨비가 몰아쳤다. 옷 속을 파고드는 한기에 진저리가 쳐졌다. 선영은 들고 있던 우산을 엄마 쪽으로 기울였다. 양손에 짐을 든 엄마의 한쪽 어깨가 진눈깨비에 축축하게 젖어 들고 있었다.

"야이, 너 써. 엄만 괜찮애."

"괜찮긴. 엄마 어깨 다 젖었어."

"감기 걸링게 제대로 써. 인자 대학 입학 헐 애기가 감기 걸리면 쓰가니."

두 사람은 시내버스를 타고 대인동 시외버스 공용터미널에 도착했다. 진눈깨비는 어느새 빗줄기로 변해 허공에 빗금을 그어댔다. 엄마가 표를 끊으러 간 사이 선영은 짐을 지키며 대합실 의자에 앉아 있었다. 이제 막 새벽 5시를 넘긴 시각이건만, 사람들은 끊이지 않고 밀려들었다. 대합실 안으로 들어서는 사람들의 몸에서 비릿한 습기가 느껴졌다.

지하 1층 지상 4층의 현대식 건물과 너른 부지를 자랑하는 이 공용터미널은 새벽 4시부터 밤 10시까지 1분에 한 대꼴로 버스가 출발하는 곳이다. 심지어 평일 낮 시간대 광주-서울 노선의 배차 간격은 시내버스 배차 간격보다 더 짧다. 다른 지역에 비해 철도망이 부실한 광주는 도로교통이 발달한 도시였다. 외지에서 학교나 직장을 다니는 사람들, 장사를 하는 사람들, 개인적인 용무로 서울 등 수도권 지역에 가는 사람들은 대개 버스를 이용했다.

서울에서 직장을 다니는 화진 언니도 집에 왔다가 갈 때는 종종 이곳에서 고속버스를 탔다. 언니가 서울에 올라가는 날이면 버스가 보이지 않을 때까지 손을 흔들며 헤어지는 아쉬움을 달래곤 했다. 그랬던 선영이 이제 대학생이 되어 서울에 올라간다. 이번에 가면 여름방학이나 돼야 광주에 내려오게 될 터였다.

선영이 상념에 잠긴 사이 엄마가 돌아왔다. 엄마의 손에 서울행 버스표 두 장이 들려 있었다. 5시 30분에 출발하는 고속버스였다. 승차장에는 서울행 버스가 시동을 건 채 승객을 기다리고 있었다. 선영은 엄마의 짐가방 하나를 빼앗듯이 들고 버스에 올랐다. 차내는 자기 자리를 찾는 사람들, 짐을 올리는 사람들로 어수선했다. 일찌감치 자리를 잡은 사람들은 모자란 잠을 벌충하려는 듯 조용히 눈을 감고 있었다. 새벽 5시 30분. 많은 사람들이 곤한 잠에 빠져 있을 이 새벽에 이렇게 치열한 일상을 시작하는 사람들이 있었다.

선영은 어깨에 멘 배낭과 짐가방을 선반 위에 올려놓고 창 쪽 좌석에 앉았다. 엄마는 옆자리에 앉자마자 보퉁이를 쑤석거리더니 귤 몇 개를 꺼냈다.

"아야, 좀 묵어잉. 빈속에 멀미헝게."

새끼들 입에 먹을 것을 넣는 즐거움만은 절대 포기하지 않는 엄마다. 선영은 선선히 귤을 받아 껍질을 벗겼다. 그리고 귤 한 점을 먼저 엄마의 입에 넣어주었다.

"엄마도, 멀미헝게."

귤을 받아먹으며 엄마는 눈이 휘게 웃었다. 선영은 입안 가득 달콤새콤한 과육을 느끼며 마주 웃어주었다. 나이 들어도 엄마의 웃는 모습은 참 이뻤다. 초등학교 때 소풍이나 체육대회 날이 되면 선영의 어깨가 으쓱 올라갔다. 행사장에 온 학부형 중에 엄마가 제일 예뻤기 때문이다.[42] 늘 입는 한복이나 낡은 코트도 엄마가 입으면 왠지 고급스럽고 단아해 보였다.

"오메, 귤이 맛나다! 시도 않고."

"이쁜 딸이 줘서 글제."

선영이 한마디 할 때마다 엄마는 행복하게 웃었다.

"그라제. 시상에 이렇게 이쁜 사람이 어디가 있어? 장미가 곱다 한들 선녀가 곱다 한들 우리 선영이한테 댈 것이여? 너는 막 말할 때부터 맛있는 걸 보면 '할머니 반찬!' 하고 절대 상에 손을 안 댄당께. 너 데리고 엄마 친구들을 만나러 가면 이렇게 옷자락을 잡아당게. 어른들이 이야기하다가 '응?' 하면서 이렇게 보면 '안녕하세요!' 하고 인사를 해. 하는 짓이 그렇게 이뻤어. 욕심이 없고. 어려서도 동생들하고 먹을 것을 가지고 쌈을 안 해. 언니하고 입을 것 가지고 다투질 않고……."

"허어, 얼굴이 이쁘다고 한마디만 하면 될 걸 하는 짓이 이쁘다, 욕심이 없다, 우리 오영자 여사 자꾸 말씀이 길어지는 게 어째 수상허네? 이쁜 딸 맞아?"

"하하하하……."

엄마는 잠든 승객들의 눈치를 보면서도 웃음을 멈추지 못했다. 한참을 웃던 엄마가 눈꼬리에 고인 눈물을 손가락으로 콕콕 찍어내며

---

42. 박의석, 작가에게 보내는 편지에서, 2001.

말했다.

"수상허긴 머이 수상해. 오영자 딸, 이쁜 딸 맞제. 선영이 너는 얼굴도 이쁘고 마음도 이뻐서 복 받을 거여. 전여고 졸업식 때 니 친구들이 그러더라. 어머니, 선영이는 언니같고 선배같은 친구예요."

선영은 빙그레 웃으며 차창을 때리는 빗줄기를 바라보았다. 딸의 눈치를 보던 어머니가 조심스레 말을 건넸다.

"아가, 아버지 원망하지 마잉? 아버지는 어릴 때부터서 하도 가난하게 살아갖고 마음이 쥐통이여. 마음이 넓어야 사람을 품제잉. 아버지는 형제들 건사하랴 자식새끼들 가르치랴 사는 게 폭폭허다 봉게 마음이 피들 못 했어. 오로지 양심 하나, 그 바른 마음 하나뿐이지 융통성이라고는 쥐꼬리만큼도 없어. 긍게 어쩌겠냐. 헌신 버리드끼 버려불 수도 없는 노릇이고. 우리가 이해하고 품고 가야제."

"알아요. 걱정하지 마세요."

"그리고 인자 아버지랑 부딪칠 일도 없어. 얼마나 좋으냐. 서울 큰대학에 가서 공부하고, 새로운 선생님 친구들 모다 만나고. 졸업 타면 직장 걱정헐 필요도 없이 자동으로 발령나고. 안 그냐? 인자 지난일은 홀홀 털어버리고 좋은 일만 생각허자잉?"

어머니는 선영이 가슴속에 묻어두었을 서러운 기억들을 벗겨내고 좋은 기억들을 채우려고 애를 썼다. 어머니의 그 마음 그 사랑을 알기에 선영은 몇 번이나 고개를 끄덕이며 맞장구를 쳐주었다.

버스가 속력을 내면서 멀미가 일었다. 선영은 앉은 자세를 바로 하고 지그시 눈을 감았다. 언젠가 과학 선생님께 들은 이야기가 떠올랐다. 멀미는 기본적으로 머리가 기억하고 있는 내부 장기의 위치와 실제 장기의 위치가 다를 때 발생하는 것이다. 진동이 심하거나 시각이 왜곡될 때 멀미는 더 심해진다. 멀미가 힘들다고 버스를 타지 않을 도리란 없을 것이다. 내 머리가 이 진동에 익숙해질 때까지 더 많이 타 보고 견디는 수밖에는 없었다.

1985년 2월 27일. 그날은 서울교대 신입생 대상 오리엔테이션이 있는 날이었다. 다행히 서울은 맑은 날씨였으나 아침 공기는 광주보다 차가웠다. 선영이 오리엔테이션 참석을 위해 학교에 가 있는 동안 어머니는 숭인동 화진의 집에 먼저 갔다. 둘이 누우면 딱 맞는 3평짜리 사글세방이었다. 부엌도 없어 출입문과 이어진 통로에 곤로를 놓고 밥을 해 먹어야 했다.

어머니는 손바닥만 한 방을 쓸고 닦고, 두 딸이 먹을 음식들을 세심하게 갈무리하였다. 마침 일주일 전이 설이었다. 서울 올 때 가져오려고 어머니가 미리 넉넉히 만들어 냉동시켜 둔 떡과 나물, 고기, 생선, 식혜가 작은 냉장고에 가득 찼다.

1985년 3월 2일 토요일,[43] 한복을 곱게 차려입은 어머니는 다소 들뜬 기분으로 딸의 입학식에 참석했다. 입학식장은 울긋불긋한 꽃의 물결이었다. 입학식 내내 어머니는 입을 다물지 못했다. 초등교사의 부푼 꿈을 가진 신입생들 틈에 서 있는 딸의 모습이 너무나 자랑스러웠다. 고등학교 때 입던 낡은 청바지와 잠바를 걸친 게 마음에 걸렸을 뿐, 세상 무엇도 부럽지 않았다.[44]

---

43. 오영자의 옥중편지에는 3월 5일로 적혀 있고 인터뷰에서도 똑같이 말했으나, 서울교대 입학식 사진에는 1985년 3월 2일로 적혀 있다. 어머니의 기억에 착오가 있는 듯하다.

44. "……조국에 딸 내 선영, 1985년 3월 5일 너 대이고 엄마하고 서울교육대학 입학식했지. 엄마는 기분조앗지. 너도 기분조아지. 천하것시 내것 되는듯 날게 잇쓰며는 날라볼듯 조아햇지……." 1989년 2월 18일 어머니의 옥중편지에서. 본문 120쪽 사진 참조.

1985학년도 서울교육대학 입학식

1989년 2월 18일,
선영에게 보낸
오영자의 옥중편지

지하地下를 찾아서

어머니가 광주 집으로 내려가자, 숭인동 자취방에는 두 자매만 남았다. 둘 사이에는 살짝 어색함이 감돌았다. 아주 어릴 때를 제외하고 따로 살았던 날이 더 많았던 두 사람. 그래도 선영의 성격이 밝고 쾌활했기 때문에 대화는 끊이지 않고 물 흐르듯 이어졌다. 자매는 형광등을 끄고 나란히 이불 속에 누웠다.

"춥지 않아?"

"난 괜찮은데, 언니 추워?"

"내가 추위를 타서 그런지 약간 춥다. 주인집에 다달이 연탄 백 장씩 사주는데도 왜 이렇게 연탄을 아끼는지 몰라. 내일 보면 한마디 해야겠어."

집주인의 야박한 행동에 분개하는 언니를 잠시 바라보던 선영이 두 팔을 벌렸다.

"이리 와. 이 동생이 안 춥게 해줄게."

"하하, 됐어 야……."

"어허, 이리 오라니까?"

"하하하하……."

이렇게 웃어본 게 얼마 만인가. 고등학교 때부터 가족과 떨어져 살아온 화진은 선영이 올라오자 정말 기뻤다. 부엌 없는 창고 방에도 한결 훈기薰氣가 도는 것 같았다. 퇴근길 골목 어귀에서 올려다보면 조그만 창에 불빛이 어른거렸다. 오랜 세월 '불 꺼진 창'에만 익숙했던 탓일까, 그 불빛이 그렇게 신기할 수가 없었다. 퇴근 시간이 기다려졌고, 동생을 위해 무엇이든 해주고 싶었다.

스무 살에 서울 올라와 화진이 받은 월급은 십만 원이 조금 넘었다. 적금 넣고 이모네 집 3만 원 주고 집에 좀 보내고 나면 버스표 살 돈밖에 남지 않았다. 퇴근길 버스정류장에서 이모네 집까지 걸어가는 길에 찐빵집이 있었다. 김이 모락모락 나는 그 집 앞을 지나갈 때마다 침이 고였다. 갓 쪄낸 따끈한 찐빵, 한 입 베어 물면 촉촉하고 달콤한 팥소가 입안 가득 씹히는 그것이 그렇게 먹고 싶을 수가 없었다. 그러나 수중에는 버스표 몇 장뿐, 침 한 번 꼴깍 삼키고 걸음을 재촉할 수밖에 없었다.[45] 그렇게 안 먹고 안 쓰고 모은 돈으로 마련한 것이 지금 선영과 누워 있는 이 방이었다. 비록 부엌도 없는 허름한 단칸방이지만 극도의 내핍을 견디며 혼자 힘으로 장만한 소중한 보금자리였다.

"월요일부터 정식 수업이지?"

"응."

"학교는 맘에 들디?"

"글쎄, 아직 잘 모르겠어. 더 다녀봐야지 뭐."

기실 선영은 오리엔테이션 첫날부터 실망이 컸다. 수학과 선배들과의 상견례 자리에서 서클 이야기가 나왔을 때였다. 선영은 한 선배에게 '언더서클'[46]에 대해 질문했다. 대학의 이념서클에 대해서는 고등학교 때부터 워낙 관심이 있던 터였다.

"선배님, 우리 학교에도 언더서클 있어요?"

"언더서클……? 아아, 지하서클? 그러엄, 많지! 밑에 가면 학회실도 있고, 지하서클 많아."[47]

---

45. 박화진 인터뷰, 2000.

46. 선영은 고등학교 시절부터 오빠에게 이른바 '언더서클'에 대한 이야기를 많이 들었다. 교대 입학을 앞둔 선영의 주 관심사 중의 하나는 바로 학내 학생운동의 흐름이었던 것으로 보인다.

47. 1986년 2월 18일 전남여고 친구 김병림에게 보낸 편지 내용 재구성.

1981~1982년 학교요람에 실린 서울교대의 모습

알고 보니 그 선배가 이야기한 곳은 말 그대로 '지하실'이었다. 학생
운동에 무지한 학생이라면 그런 엉뚱한 대답을 할 수도 있는 것이지
만, 왠지 김이 새 버린 느낌이었다. 한의대를 나와 어려운 사람을 위
해 진료 봉사하고 싶다는 꿈이 좌초된 후, 선영의 새로운 관심 분야
가 된 것은 학생운동이었다.

이 회색의 캠퍼스에도 학생운동을 하는 사람들이 있을까? 서울교
대 교정은 생각과 감정을 지운 사람처럼 아무런 표정이 없었다. 황량
한 교정에는 메마른 나무들이 드문드문 서 있고, '인문관'이니 '강의
동'이니 하는 이름을 가진 회색 건물들은 병영兵營처럼 삭막해 보였
다. 견고한 콘크리트 건물 사이를 이른 봄의 먼지 바람이 떼 지어 몰
려다녔다.

오리엔테이션에서 만난 선배들의 모습에선 묘한 열패감劣敗感이 느
껴졌다. 사실 서울교대에 입학한 학생들은 대부분 우수한 실력을 갖
춘 가난한 집안의 '효자 효녀'[48]들이었다. 1985년 서울교대 학보사는
그해 서울교대 지원자를 대상으로 설문 조사를 실시하고, 그 결과를

토대로 작성한 「교대 지원동기·교육관 분석」이라는 기사를 1985년 4월 18일 자 학보에 실었다. 이 기사에 의하면, '본 대학을 지원하는 데 가장 큰 영향을 미친 사람'을 묻는 설문에 지원자의 40.9%가 '부모의 권유'라고 답했고, 31.5%가 '자기 자신만의 의지'라고 답했으며, 13.3%는 '교사', 그 외는 선배나 친구, 친척 등의 영향으로 서울교대에 지원했다고 답했다고 한다. 가난이라는 장벽에 부딪힌 이들은 저마다 어릴 적부터 키워 온 꿈을 접고 선택을 강요받아야 했던, 또 다른 '박선영'들이었다.

1946년 경기 공립 사범학교로 출발한 서울교대는 50년 동안 문교 행정의 전도사 역할을 자임하는 역대 친정부 인사들에 의해 무비판적 '초등교사 양성소'의 전초 기지가 되어 왔다.[49] 일제강점기 전문학교의 낡은 잔재는 청산되지 못하고, 시간이 갈수록 확대 재생산되고 있었다. 교육대학은 '문교부 관료들의 이직처'로 전용되었으며, 서울교대를 출세의 발판으로 삼은 교육 관료들의 과잉 충성은 끝모르게 치달아갔다. 그러나 이러한 현실을 극복해야 할 주체인 학생들은 병역 특혜, 수업료 혜택, 졸업 후 발령 문제라는 잔인한 현실의 족쇄에 묶여 옴짝달싹하지 못하고 있었다.

때마침, 1980년에 등장한 전두환 군사독재 정권은 학생운동을 근절하고 대학을 장악하기 위한 수단으로 '학원 안정화 정책'을 시도하였다. 지식인 사회와 각 대학의 저항은 의외로 거셌다. 궁지에 몰린 '학원 안정화라는 망령'은 결국 갓 초급대학의 구태를 벗은 '제일 약한 상대를 골라서 한판 승부를 벌이'게 됐다.[50]

---

48. 이옥신 인터뷰, 2001.
49. 「서울敎大 폭력사건의 眞想」, 『신동아』, 1987년 9월호. "……교육대학이 마치 '문교부 관료들의 이직처'로 전용되어 온 것도 간과할 수 없는 부분이다……."

선영이 입학한 1985년 3월은 바로 그 본격적인 싸움이 예고되는 때였다. 4·19 혁명의 '알맹이'[51]를 폭력으로 짓밟은 박정희 유신 정권 이래 이 땅의 대학은 진정한 학문의 장으로서 구실을 하지 못했다. 목마른 자가 샘을 파듯 뜻있는 젊은이들은 지하로, 지하로 들어갔다.

깨어 있는 민중과 대학생, 지식인들의 치열한 저항에 직면한 전두환 정권은 세계 여론의 눈치를 보지 않을 수 없었다. 전두환 대통령은 1984년 1월 17일 국정 연설에서 '폭력 정치 배제와 평화적 정권 교체'를 약속하는 등 유화 제스처를 통해 민심 사냥에 나섰다. 각 대학에 학원 자율화 추진위원회가 구성되고, 11년 만에 학생의 날이 부활하였다. 당장에라도 이 땅에 '민주의 봄'이 상륙할 것 같은 기세였다. 그러나 모든 것은 여전히 '껍데기'에 불과했다. 멀리서 보기만 하라고 '봄'이던가. 봄은 너무도 멀고, 아득한 곳에 있었다.

서울교대의 경우는 더욱 참담했다. 타 대학에서 학원자율화추진위원회가 구성될 무렵, 이 학교에서는 교대 자율화, 민주화를 위한 학내 시위에 참여했다는 이유로 많은 학생들이 제적되었다.[52] 또 타 대학에 민주적 총학생회가 건설되는 시기에는 '교대 통폐합설'에 관한 공청회를 요구했다는 이유로 많은 학생들이 정든 학교를 떠나야 했다.[53] 상상을 초월하는 서울교대의 살벌한 분위기는 학생들로 하여금 언감생심 총학생회 건설은 생각할 수조차 없게 만들었다.

1985년 1월 25일 학도호국단을 폐지하고 자율적인 학생회 건설을 허용한다는 정부의 발표가 있자, 서울교대에서도 드디어 총학생회 준

---

50. 인용구는 『신동아』 87년 9월호 「서울敎大 폭력사건의 眞相」에서 따온 것임.
51. 신동엽 시인의 시 「껍데기는 가라」에서 인용.
52. 1984년 5월. 서울교대 6·9 의거 자료집 「80년대 전반적인 교대 약사」에서.
53. 서울교대 6·9 의거 자료집에서.

비위원회[54]가 발족하였다. 정부 방침을 정면에서 거부할 수 없었던 학교 당국은 표면적으로는 총학생회 건설을 인정하는 듯이 보였다. 그러나 실상은 눈엣가시와도 같은 총준위 활동을 예의 주시하면서 총준위 회칙을 인정하지 않는 등 사사건건 방해 공작을 펼쳤다.[55]

갓 대학에 입학한 선영이 이러한 정황을 소상하게 알 리 없었다. 다만 광주에서 무성하게 떠돌던 80년 5월에 대한 갖가지 증언들이나, 고등학교 시절 오빠를 통해 들었던 단편적인 이야기들을 통해 '운동이란 탄압과 감시의 눈을 피해 은밀하게 진행될 수밖에 없는 것'이라는 사실을 직감적으로 깨닫게 되었을 뿐이었다. 광주 출신 대학생들에게 이러한 깨달음은 거의 본능적인 것이었다. 그런 맥락에서 선영이 오리엔테이션 자리에서 선배에게 '지하(언더서클)'의 행방을 물었던 것은 신입생의 단순한 호기심만은 아니었다.

지하! 대체 '그곳'은 어디에 있고, '그들'은 어디에 숨어 있는 것일까. 선영은 서울교대에 대한 실망과 아쉬움을 딛고, 적극적으로 지하-새로운 출구-를 찾아 나섰다. 첫 번째로 문을 두드린 곳은 학회였다.

학회 편집부장 정경자

서울교대에 '학회'가 생긴 것은 84년 3월이었다.[56] 윤리·사회·수학·과학·실업교육과에서는 '연구회'가, 교육학과에서는 '학생회'가, 국어

---

54. 서클 대표 3인, 학회 대표 3인, 학도호국단 3인으로 구성. 이하 '총준위'로 표기함.
55. 6·9 농성 평가 자료집 『복종의 침묵에서 깨어 일어나』 8쪽.
56. 서울교대 수학교육과 학회지 『청송』 창간호 7쪽에서.

교육과에서는 '학회'가 각각 창립총회를 열고 활동을 시작했다. 학회란 학생 자치 활동의 근간이 되는 대중조직으로, 학생 스스로 학술 활동의 주체로서 참여할 수 있는 공간이었다. 학회의 구성원들은 자율적으로 공동 연구, 학년별 세미나에 참여하여 정규 과정을 보충할 수 있으며, 고립된 개인을 흡수하여 공동체 의식을 함양하고 건전한 대학 문화를 형성해 나갈 수 있었다.[57]

당시 대다수의 서울교대 학생들은 '초급대학 시절의 교과목을 엿가락 늘이듯 늘여만 놓고 케케묵은 강의 노트를 그대로 사용하는'[58] 무자격 교수들의 내용 없는 강의에 넌덜머리를 내고 있었다. 생긴 지 얼마 안 된 탓에 아직 자리를 잡지 못한 상태였지만, 학회 활동에 대한 학생들의 열정은 자못 뜨거웠다.

대학 생활의 의미를 채워 줄 공간을 찾고 있던 선영은 수학교육연구회 편집부 활동에 호기심을 느꼈다. 학교에서 '연구회'라는 명칭으로 본질을 흐리기는 했지만, 말로만 듣던 학회 활동을 할 수 있는 곳이 이곳이 아닐까 싶었다.

선영은 설레는 마음으로 편집부 첫 모임에 참석했다. 다행히 편집부원 중에 윤순구가 있어 그 자리가 낯설게 느껴지지만은 않았다.[59] 입학 초기부터 선영의 주위에는 친구들이 있었다. 선영은 강의실에서 우연히 옆자리에 앉은 친구에게 선선히 말을 걸었고, 점심시간이 되면 같이 밥을 먹으러 가자고 권하곤 했다. 그렇게 해서 친하게 된 것이 김숙자, 김정선, 윤순구, 이현숙, 채희수와 같은 친구들이었다.

수학교육연구회 편집부장은 83학번 정경자였다. 아담한 체구에 서

57. 1988년 창간된 수학교육과 학회지 『청송』 7쪽.
58. 『신동아』 1987년 9월호 「서울敎大 폭력사건의 眞想」 595쪽.
59. 윤순구 인터뷰, 2023.

서울교대 교정에서 수학교육과 친구들과 함께

박선영, 끝나지 않은 이야기 1966~1987

글서글한 눈매를 가진 그녀는 자판기에서 뽑아 온 커피와 과자를 권하며 말했다.

"……편집부의 역할 중에서 제일 중요한 건 학회지를 발간하는 일입니다. 수학교육과 학회가 발족한 후 처음 만드는 학회지니까 모범이 될 수 있게 잘 만들어야겠죠? 뭐 수학교육과 관련한 연구 과제를 설정해서 공동 연구를 진행하고 연구 보고서를 실을 수도 있고, 특집 형식으로 일반 대학생들이 관심 가질 만한 흥미로운 주제를 선정해서 서로 분담해서 글을 쓸 수도 있을 겁니다. 오늘은 서로 인사도 하고 얼굴도 익힐 겸 모인 자리니까 학회지에 실을 내용과 역할 분담에 대해서는 다음에 더 구체적으로 이야기를 나누기로 하고, 편집부 활동에 대해 궁금한 점 있으면 편하게 물어보세요."[60]

신입생 하나가 손을 살짝 들며 질문했다.

"학회지에 실을 내용이 확정되면 각자 맡은 글만 쓰면 되는 건가요? 그 외에 정기모임이라든가 편집부의 일상적인 활동은 없나요?"

"사실 학회 편집부는 이래야 된다고 정해진 룰은 없습니다. 다 우리가 정하기 나름이에요. 물론 학회지 내용에 대해서는 지도교수님이 어느 정도 터치를 하실 것이라는 예상은 하셔야 할 겁니다. 개인적으로 저는, 편집부원들이 친목도 다질 겸 일주일에 한 번쯤 만나서 좋은 책을 읽고 토론하는 독서 모임을 하면 어떨까 생각해 봤어요. 수학교육과 학회 편집부라는 소속감도 생기고, 대학인으로서 교양을 쌓는 데 필요한 과정이 아닐까 싶은데요. 물론 강제는 아닙니다. 어떻습니까?"

"저는 좋습니다."

---

60. 정경자 인우보증서, 2001. 현재 정경자는 학교를 그만두고 미국에 체류 중이다.

"좋아요!"

"저도 참여할게요."

박선영과 윤순구를 포함해서 신입생들 너댓 명이 독서 모임 참여를 약속하자 정경자의 얼굴에 화색이 돌았다.

"네, 감사합니다. 오늘 참여 신청을 안 하신 분들도 우리가 진행하는 것을 보고 괜찮다 싶으면 언제든 참여해 주세요. 학회 모임이 좋은 것은 수학교육과 일정을 충분히 고려해서 모임을 조율할 수 있다는 점입니다. 자, 그럼 시간을 아끼기 위해 여기서 아예 일정을 잡도록 하겠습니다. 첫 번째 독서 모임은 다음 주 화요일 저녁 5시 강의동 앞 잔디밭에서 모이는 걸로 하겠습니다. 그전까지 백기완 선생의 『자주 고름 입에 물고 옥색 치마 휘날리며』라는 책을 읽고 궁금한 점이나 함께 이야기할 만한 주제를 체크해서 오시면 좋겠습니다."[61]

"학교 앞 서점에 가서 구입하면 되나요?"

한 여학생의 질문에 옆에 있던 친구가 속삭였다.

"아냐. 이거 금서야. 아무 데서나 안 팔아."

"금서? 그럼 이거 읽으면 안 되는 거잖아?"

신입생들이 두런거리는 소리를 들으며 정경자가 말했다.

"선입견을 버리고 읽어 보세요. 이 책은 통일운동가 백기완 선생이 시를 쓰고 싶어 하는 딸에게 '자주 고름 입에 물고 옥색 치마 휘날리며' 말을 타고 달렸던 고구려 여성들 이야기를 들려주며 이른바 현모양처 신화의 허상과 수동적 역할에 만족하지 말고 역사의 전면에 나서는 진취적인 여성이 될 것을 강조하는 편지 형식의 글입니다. 건국대 '인서점', 성대 '풀무질' 등 서울 시내 각 대학 주변의 사회과학서점

---

61. 윤순구 인터뷰, 2023. "85년 봄, 잔디밭에 앉아서 백기완 선생의 『자주 고름 입에 물고 옥색 치마 휘날리며』라는 책에 대해 이야기했던 생각이 나요."

에 가면 구입할 수 있습니다. 각자 편한 곳에서 구입하시고, 혹시 사러 갈 시간이 없는 분들은 저에게 말씀하시면 대신 구매해 드리겠습니다."

"아 진짜요? 저 부탁드릴게요."

"저두요. 구매 부탁드릴게요."

신입 부원들이 모두 '저요'를 외치는 동안 선영은 수첩에 꼼꼼히 적어놓은 각 학교의 사회과학 서점 이름을 다시 확인하였다. 집에서 아주 가깝지는 않지만 성대 앞 풀무질은 한번 찾아가 볼 만한 거리였다. 이 기회에 운동권 정보 교류의 장이라는 대학가의 사회과학 서점이 어떤 곳인지 직접 두 눈으로 확인하고 싶었다.

선영은 학회 가입만으로 만족하지 않고, 학보사에서 면접을 치르고 수습기자가 되었다. 서울교대 학보사 활동이 그리 활발하지 않다는 얘기는 익히 들어왔지만, 그래도 대학언론 특유의 비판의식은 살아 있지 않을까 하는 기대감에서였다. 그러나 신입기자 환영회에서 십여 분에 걸친 지도교수의 일장 훈시를 들으면서 기대감은 곧 실망으로 바뀌었다. 활달하면서도 친근함이 느껴지는 학회와는 달라도 너무 다른 분위기였다.

이옥신과 서클 UNSA

광주향우회 신입생 환영회 공고가 게시판에 나붙은 것은 정식 수업이 시작된 지 일주일이 지났을 때였다. 낯설고 물선 서울에서 고향 사람을 만난다니! 생각만 해도 반갑고 즐거운 일이었다. 그리고, 꼭 만나보고 싶은 사람이 있었다.

선영은 설레는 마음으로 향우회 장소로 달려갔다. 커다란 식당 안에는 벌써 여러 팀이 자리를 잡고 왁자하게 떠들어대고 있었다. 그중에서 광주향우회 사람들을 찾는 것은 어려운 일이 아니었다. 선영은 구수한 고향 말씨가 흘러나오는 쪽으로 망설임 없이 다가갔다. 20여 명의 남녀 학생들이 둘러앉아 있는 곳이었다.

이 모임에서 선영이 만나고 싶은 사람은 서울교대 윤리교육과 84학번 이옥신이었다. 앞에서 이야기한 것처럼 선영의 외할아버지와 이옥신의 어머니는 이종사촌지간이고, 1964년 아버지가 화순초등학교로 발령 났을 때 한동안 이옥신의 집에서 산 적이 있었다. 물론 이옥신도 박선영도 태어나기 전의 일이었지만, 선영은 이런 가느다란 인연이라도 내세워 친분을 쌓고 싶었다. 선영이같은 지방 출신 학생에게 동향 선배처럼 든든한 존재가 또 어디 있겠는가. 아버지가 서울로 딸을 보내면서 '모르는 것이 있으면 이옥신을 찾아가 상의하고 의지하라'고 당부한 것도 그 때문이었다.[62]

돌아가며 자기소개를 하고 있는데, 짧은 파마머리에 안경을 쓴 여학생이 뒤늦게 들어왔다.

"안녕하세요. 윤리교육과 84학번 이옥신이라고 합니다. 반갑습니다!"

"옥신이 너 어디 있다가 이제 오냐."

이옥신이 빈자리에 자리를 잡자 맞은편에 있던 선배들이 술잔을 건네며 말을 걸었다.

"향우회 있는 거 깜빡하고 서클룸에 있었어."

"으이구……. 벌주는 원샷 알지?"

---

62. 박운주 인터뷰, 2001.

막걸리 한 잔을 한숨에 들이켠 옥신이 젓가락으로 안주 접시를 뒤적거렸다.

"저, 선배님……."

이옥신이 돌아보자 점퍼에 청바지 차림의 여학생이 반갑게 웃으며 말했다.

"혹시 고향이 화순 아니세요?"

"어? 맞는데, 누구……?"

"저는 수학교육과 85학번 박선영이라고 합니다. 저도 고향이 화순인데, 언니네하고 우리하고 먼 친척 간이라고 들었어요. 그리고 우리 아버지가 중학교 선생님이신데 언니네 오빠를 가르쳤다고 하시더라고요. 혹시 언니네 집이 오빠들도 많고 그렇지 않아요?"[63]

"맞아, 맞아. 내가 구 남매의 막내야. 어쨌든 반갑다! 여기 앉아."

"네, 감사합니다."

선영은 사양하지 않고 옥신의 옆자리에 앉았다. 고향 사람이라서인지 부모님께 여러 번 이야기를 들었기 때문인지, 이옥신이 처음 만나는 사람 같지 않고 친근하게 느껴졌다. 그제야 이옥신은 부모님께 선영이네 이야기를 들은 기억이 어렴풋이 났다. 지난 겨울 방학에 집에 갔다가 오빠한테 선영의 아버지를 만난 이야기를 듣기도 했다.

"그러네. 나 니 얘기 여러 번 들었네. 빨리 몰라봐서 미안."

"아니에요. 이제 잊어버리시지 않게 자주 찾아뵐게요."

이옥신은 선영을 유심히 관찰했다. 발그레한 얼굴에 짧은 커트 머리, 수수한 옷차림, 총명하게 반짝이는 눈빛, 소녀 같은 말투로 조근조근 이야기하는 선영의 모습에 호감이 갔다. 선영은 선배들에게 꼬

---

63. 이옥신 인터뷰, 2001.

박꼬박 존댓말을 썼고, 예의 바르게 행동하면서도 자기 할 말은 다 하는 친구였다. 상대의 단점을 지적할 때도 '살살' 웃으면서 기분 나쁘지 않게 설득하는 재주가 있었다. 무엇보다 선영은 잘 웃었다.[64] 같이 있으면 편안하면서도 묘하게 사람을 끌어당기는 매력이 있었다. 선영에게 호감을 느낀 이옥신은 선영을 '알피(RP)'[65] 대상 1순위로 낙점한다.

"서클은 어디 어디 가입했니?"

"서클요? 서클은 아직 가입하지 않았구요. 수학교육과 학회하고 학보사에 들어갔어요."

"학보사?"

이옥신은 미간을 찌푸렸다. 학보사라······. 지도교수가 버티고 앉아 신문 제작에 시시콜콜 간섭하는 학보사는 난공불락이었다. 언론의 중요성을 생각하면 학보사 '작업'도 등한히 할 수는 없었지만, 체제가 바뀌지 않는 한 운동권 역량도 절대적으로 부족한 상황에서 기운 낭비라는 생각이 들었다. 하지만 갓 입학하여 모든 일에 의욕을 보이고 있는 선영에게 그런 내색을 할 수는 없었다.

"어때? 마음에 들어?"

"글쎄요, 아직은 잘 모르겠어요."

"흠······. 우리 서클 한번 가 볼래? UNSA(국제연합학생회)라고, 대학생들이 접할 기회가 많지 않은 국제 문제에 대한 지식을 공유하고 국제적인 이슈에 대해 함께 토론하고 의견을 나누는 서클이야. 꼭 가입하라는 건 아니고, 거기도 꽤 괜찮은 애들이 있으니까 한번 소개해 주고 싶어서 그래. 아는 서클 있으면 편해. 나 만나고 싶거나 심심할

---

64. 이옥신 인터뷰, 2001.

65. Reproduction : 재생산. 조직 확장을 위해 후배들을 끌어들여 학습 구조를 갖추는 것. 흔히 후배에게 의식화 학습 시키는 것을 'RP(알피)'로 통칭하기도 한다.

서울교대 학보사 건물, 1987년 9월

서울교대 학보사 편집실 내부, 학생회관, 1987년 9월

UNSA 신입생 환영 등반, 사진 왼쪽이 선영

UNSA 신입생 환영 등반

때 한 번씩 들를 수도 있고. 참, 좋은 책을 선정해서 함께 읽고 일주일에 한 번씩 세미나도 해."

"세미나요?"

선영은 호기심을 숨기지 않았다.

"주로 어떤 책들을 읽는데요?"

"학년마다 달라. 1학년은 이번 주에 이문열의 『젊은 날의 초상』했고, 다음 주에는 아마 '난쏘공' 할 거야."[66]

"난쏘공……?"

"『난장이가 쏘아올린 작은 공』[67]이라고 조세희가 쓴 유명한 소설이야. 세미나 전까지 미리 책 읽고 의문점을 정리해 오면 돼."

토요일에 이옥신과 UNSA 서클룸에서 만나기로 약속한 선영은 도서관에서 『난·쏘·공』을 빌렸다. 소설 가지고 세미나를 한다는 게 좀 이상하기도 했고, 신기하기도 했다. 난쏘공은 1970년대 급격한 산업화의 물결 속에서 삶의 기반을 빼앗기고 몰락해 가는 도시 빈민들의 삶을 다룬 소설이었다. '난장이'로 대변되는 가난한 도시 빈민들은 처참한 패배만을 거듭하고 있었다. 소설을 읽는 내내 가슴이 꽉 막히는 것 같은 답답함이 느껴졌다. 선영은 생각했다. 패배만이 예정된 삶에서 대체 어떤 희망을 쏘아 올릴 수 있다는 것일까.

---

66. 이옥신 인터뷰, 2001.

67. 1970년대 산업화에서 밀려난 도시 빈민의 참상을 우화적으로 그린 조세희의 연작소설. 과거와 현재가 뒤섞이고 상황이나 말들이 연상 고리가 되어 자유롭게 넘나드는 난해한 소설임에도 독자들의 폭발적인 지지를 받아 왔다. 이러한 현상은 1970년대 산업화 과정에서 황폐해진 민중의 삶을 이해하고자 한 노동운동과 학생운동 세력의 성장과 깊은 관련이 있는 것으로 보인다.

혼자가 아니라는 생각만으로도

토요일. 선영은 약속 시간 10분 전에 UNSA 서클룸 앞에 도착했다. 서클룸 안에서 노랫소리가 흘러나왔다. 문을 열고 들어가니 중앙에 있는 커다란 테이블에 신입생인 듯한 남녀 학생 둘이 멀뚱히 앉아 있었다. 그 안쪽에는 선배로 보이는 남학생 두 명이 기타를 치며 노래를 부르고 있었다.

"바위섬 너는 내가 미워도 나는 너를 너무 사랑해……."

웬일인지 그들은 서클룸을 찾아온 신입생들에게 별다른 관심을 보이지 않았다. 오히려 신입생들을 스쳐 지나가는 그들의 눈길에서 냉랭한 적의敵意가 느껴졌다. 이옥신의 모습은 아직 보이지 않았다. 열띤 토론에 대비해 밤새워 책을 두 번이나 읽은 선영은 어쩐지 맥이 풀리는 기분이었다. 이런 분위기에서 정상적인 토론이 진행될 수 있을지 알 수가 없었다. 하릴없이 벽에 부착된 유인물을 훑어보고 있는데, 이옥신이 씩씩하게 문을 밀치고 들어왔다.

"선영이, 일찍 왔네?"

이옥신은 테이블에 앉아 있는 두 신입생을 가리키며 말했다.

"아직 인사 안 했지? 이쪽은 윤리교육과 85학번 ○○○, 이쪽은……."

예상대로 세미나는 진행되지 못했다. 발제를 해오기로 한 남학생은 책 구경도 못 한 상태라 했고, 다른 여학생은 반 정도 읽었다고 했다. 선영은 어안이 벙벙했으나, 이옥신은 그럴 줄 알았다는 듯 시원스럽게 웃고 넘어갔다.

다음 약속을 정한 뒤 신입생들이 떠나고, 이옥신과 선영은 신림동으로 자리를 옮겼다. 서울대 앞 '녹두집'[68]에는 처음 보는 선배들이 막

걸리 한 동이와 파전을 시켜놓고 두 사람을 기다리고 있었다. 서울교대 선배인 그들은 자신을 '초동'이나 '바위', '산타' 같은 별명으로 소개했다. '초동'은 동기들 중에 제일 먼저 '동'[69]을 뜨겠다는 각오를, '바위'는 어떤 어려움에도 흔들리지 않겠다는 의지를 담은 이름이라고 했다. 단단한 눈빛과 꽉 다문 입매가 옹골진 느낌을 주는 이옥신은 '땅콩'으로 통했다.

'그런데……?'

선영의 눈길이 자신을 향하자 산타가 씩 웃었다.

"왜, 아무리 봐도 잘 생겼어?"

"닥쳐!"

옆에 있던 초동이 산타의 뒤통수를 갈겼다.

"니 이름이 너무 구려서 보는 거잖아, 자식아."

"산타가 어때서. 누가 착한 앤지 나쁜 앤지 다 가려주겠다는데."

"에이 이걸 그냥!"

옥신각신하는 둘을 바라보던 선영이 쿡쿡 웃음을 터트렸다.

"아휴, 그 운사 꼴통들!"

술이 한 순배 돌아가자 이옥신이 불편한 속내를 드러냈다.

"하루 종일 서클룸 차지하고 앉아서 눈을 부라리고 있으니 신입생이 무서워서 들어올 수나 있겠어?"

바위가 이옥신의 빈 잔에 술을 따르며 말했다.

"우리가 총학을 잡으려면 기존 회원들 속에 깊이 들어가서 융화돼

---

68. 이옥신 인터뷰, 2001. 서울교대 근처에는 학생들이 갈 만한 공간이 없어, 특별한 모임이 있는 날이면 서울대나 고대, 신림동, 신촌 등지로 원정(?)을 가곤 했다.

69. 시위를 주도하는 것. 주동. 일반적으로 시위 주동자는 잡히는 즉시 구속되어 학생운동을 정리하는 게 관례였다.

야 해. 처음부터 색깔 드러내지 말고 애들하고 친해질 수 있는 기회를 만들어봐. 밥도 같이 먹고, 커피도 마시고 응? 땅콩, 그런 거 잘하잖아."

두 사람의 대화를 통해 선영은 이들이 처한 상황을 얼추 짐작할수 있었다. 기존 회원과 운동성 있는 회원들 간의 마찰이 팽팽하게 이어지는 상황에서 어렵게 데려온 신입생 두어 명이 서클을 떠났고, 오늘로 예정된 세미나도 엉망이 된 것이다.

1985년 초 서울교대에 총준위가 뜨자 공개적인 활동 영역을 갖고 있지 못한 언더서클들은 학내 '오픈 공간'을 확보하기 위해 몇 개의 서클을 장악하려는 시도를 하고 있었다. 이들은 무엇보다 서울교대 총학생회 건설에 주도적으로 참여해야 한다는 목표를 가지고 있었다. 그러기 위해서는 운신의 폭이 넓은 대중조직을 장악할 필요가 있었다. 가장 접근이 용이했던 공간이 바로 학내 서클이었다. 학내 서클이라고 해서 무조건 뚫고 들어갈 수는 없었다. 언더서클 멤버 한두명이 소속되어 있어 일반 회원들과의 소통이 용이한 서클 중에서도 UNSA·탈사랑·빈도(연극반) 등이 주 타깃이었다.

이옥신은 서클에서의 영향력을 강화하기 위해 선영을 비롯한 신입생들 몇을 UNSA에 끌어들였다. 서클룸에서 소설책 위주의 가벼운 세미나를 진행하면서, 실제 의식화 학습은 언더로 진행할 계획이었다. 그 과정에서 서클 내 운동권과 비운동권 간의 갈등과 알력이 심심치 않게 벌어졌다. 선영을 뜨악한 태도로 대하던 남학생들은 UNSA의 기존 회원으로, 운동권 학생들의 공공연한 서클 출입을 심히 못마땅해하고 있었다.

"아휴 말이야 쉽지! 언니는 재네들 하는 거 못 봐서 그래. 도무지 말이 안 통한다니까? 차라리 벽 보고 얘기하는 게 낫지."

"그래그래, 우리 땅콩 고생이 많다. 마시자."

82학번 바위는 83학번 초동, 84학번 산타와 이옥신의 학습 선배이자 서울교대 언더서클의 리더 그룹에 속하는 인물이었다. 호리호리한 체격에 키가 커서 여자라기보다는 잘생긴 미소년처럼 보이는 그는 감정의 기복이 크지 않고 지도력이 있어서 따르는 후배들이 꽤 많았다.

평소 1학년 모임에 모습을 드러내지 않던 바위가 이 자리에 나온 것은 선영이 언더서클 구성원으로서 적합한 인성과 자질을 갖췄는지 확인하기 위해서였다. UNSA 같은 오픈서클은 서울교대 학생이라면 누구나 가입할 수 있지만, 언더서클은 가입 조건이 비교적 엄격한 편이었다. 비밀 활동 정보를 빼내고 조직을 붕괴시키기 위해 잠입하는 프락치들이 많기 때문이었다.

당시 교대 내에는 A, B, C, D 총 4개의 '언더서클'이 존재했다. 계보를 거슬러 올라가면 결국 하나의 '패밀리'[70]에서 파생된 서클들이지만, 각 팀은 연대 투쟁의 필요성이 제기될 때를 제외하고는 대부분 독자적으로 활동했다. 이들은 각각 독자적인 학습 구조와 실천 구조를 가지고 있었다.

이들의 주된 활동은 세미나를 통한 구성원의 재생산, 그리고 학내 일반 학생을 대상으로 한 작은 실천들이었다. 광화문, 사당동 등지에 은밀히 마련한 '팀방'에서 밤새 가리방을 긁고 등사기를 밀어 유인물을 만들었고, 새벽같이 학교에 '잠입'하여 강의실, 화장실 등의 장소

---

70. 80년대 운동 조직은 그 발전 단계에 따라 대략 ① 서클 ② 패밀리(가문) ③ 정파 조직으로 나뉜다. 중간 단계인 패밀리는 하나의 서클이 양적 팽창을 거치면서 조직의 골격을 갖추게 되고, 조직 내의 각 부문이 전문성을 가지고 분화되기 시작하는 단계라 볼 수 있다. 그러나 이념적으로는 아직 정파 조직과 같은 통일성을 갖추지 못한 과도기적 조직 형태이다. 80년대 중반까지만 해도 대부분의 학생운동 조직은 이 패밀리 단계를 넘지 못했다. 서울교대의 학생 운동은 패밀리 단계에서 정파 조직으로 넘어가는 과도기에 위치해 있었던 것으로 보인다.

에 배포하였다. 학교 곳곳에 '찌라시'를 붙이거나, 건물 벽에 스프레이로 구호를 써넣기도 했다. 유인물과 구호의 내용은 상황에 따라 반정부, 반체제적인 내용이 되기도 했고, 학내 문제를 다루기도 했다. 때로는 타 대학과 연대하여 학교 연합시위와 집회에 참여하기도 하고, 농활에 참가하기도 했다.[71]

이런 실천을 하기 위해 이들은 상당히 큰 위험을 무릅써야 했다. 서울교대의 특수한 상황이 학생운동에 동참하려는 학생들에게 더욱 가혹하고 비장한 결단을 요구했기 때문이다. 시위에 참석하는 것만으로도 징계 사유가 되었고, 심한 경우 제적까지도 감수해야 했다.

"선영인 술 안 좋아하니?"

술 한 잔을 좀처럼 비우지 못하는 선영에게 초동이 물었다.

"아, 제가 술을 잘 못 해요. 수학과 신입생 환영회 때 선배들이 하도 마시라고 해서 두 잔 마셨다가 곯아떨어져서 집에 못 갈 뻔했어요."

"그럼 무리하지 마. 여긴 술 강요하는 사람 없으니까."

"네!"

선영이 방긋 웃으며 대답했다. 술 한 잔에 빨갛게 불타오르는 얼굴만큼은 여느 주당 못잖았다.

이들과의 만남은 유쾌했다. 그들은 거리낌 없이 솔직한 태도로 선영을 대했으며, 걸진 농담 속에서도 후배에 대한 관심과 애정이 뚝뚝 묻어났다. 이들 중에는 이옥신처럼 학내 '언더'에서 올라온 사람도 있었지만, 교회 쪽에서 활동하다가 '학내 작업'을 위해 다시 들어온 사람도 있었다.[72] 그러나 서로의 출신에 대해 짐작되는 바가 있어도, 쓸데없이 캐묻거나 아는 척하지 않는 것이 활동가들의 기본 예의요 불

---

71. 이옥신 인터뷰, 2001. 이옥신의 증언 내용과 교대 상황, 당대 언더서클의 활동 양식을 참고하여 재구성.

서울교대 교정에서 UNSA 동료들과 함께(오른쪽 앞에서 두 번째가 선영)

문율이었다.

막걸리 몇 동이가 동났을 즈음 누군가 조심스럽게 〈상록수〉를 선창하기 시작했다. 〈상록수〉의 서정적이면서도 비장한 가사가 가슴을 울렸다. 어느새 선영의 어깨에는 누군가의 팔이 묵직하게 걸쳐져 있었고, 모두가 한목소리로 후렴구를 합창하고 있었다. 노래만큼 감정의 전염성이 강한 것이 또 있을까. '군부독재 타도'를 목청껏 외친 것도 아니건만, 선영은 왠지 눈시울이 뜨거워졌다. 혼자가 아니라는 생각만으로도 목이 메었다.[73]

---

72. 이옥신 인터뷰, 2001. 80년대 초반 학번 중에는 향린·초동 교회에서 활동하는 사람이 많았다고 한다.

73. 박선영의 동기와 선배 인터뷰 내용을 토대로 재구성된 내용으로, 서클 활동의 세부 내용은 사실과 차이가 있을 수도 있음.

둥지를 부수고 날아오를 수 있을까

서울교육대학교 수학교육과 850622.

수업을 마친 선영은 빈 강의실에 홀로 앉아 학생증에 새겨진 학번을 물끄러미 바라보았다. 앞으로 4년 동안 자신을 대신할 이름이었다. 서울교대에 입학한 지도 3주가 지났다. 대학 생활에 대한 설렘과 호기심은 진즉에 휘발된 지 오래였다. 고교 시절을 방불케 하는 빈틈없는 수업 시간, 교수들의 시시한 농담까지도 열심히 받아 적는 학생들…… 선영이 꿈꾸고 상상해 왔던 대학의 모습은 이런 것이 아니었다. 그가 꿈꿔 온 대학은 '고등高等의 연장'[74]이 아니라, 더없이 자유롭고 비판적이며 진취적인 곳이었다.

상념에 빠진 선영의 노트 한 귀퉁이가 깨알 같은 글씨로 까맣게 채워지고 있었다.

선영의 학생증. 훗날 선영이 죽은 뒤
유품을 정리해 보니 이 학생증 뒤에
박종철의 영정 사진이 끼워져 있었다.

---

74. 1985년 5월 친구에게 보낸 편지의 한 구절.

낭만과 열정

지성과 고뇌

사랑과 우정

저항과 실천…….

정의와 진리에 목마른 대학인이라면 으레 꿈꾸는 것들이었다. 그러나 그것은 아직 '낙서 속의 꿈'에 지나지 않았다.

선영은 가방을 챙겨 들고 대학으로 가는 버스를 탔다. 성대 앞 사회과학서점 풀무질에 가려는 것이다. 학회 편집부 독서 모임이 다음 주에 있으니 미리 책을 읽어두어야 했다. 풀무질은 다섯 평도 안 되어 보이는 작은 서점이었다. 출입문을 열고 서점에 들어서자 우측 벽면에 걸린 게시판에 절로 눈이 갔다.

'은미야, 기다리다 먼저 간다. 이모네로 와.'

'탈반 주목! 원할머니보쌈으로 장소 변경! 빨리 오시압!'

휴대폰이 없던 시절, 사회과학서점은 대학생들의 활발한 정보교류공간이자 소통공간이었다. 딱히 약속이 없어도 학생들은 수업이 끝나면 습관처럼 서점에 들러 게시판을 확인하였고, 가두시위가 있는 날이면 무거운 책가방을 서점에 맡기고 시위 장소로 향하곤 했다. 선영은 책들이 빼곡하게 꽂혀 있는 안쪽의 서가로 들어갔다. 온통 책 냄새가 가득한 곳, 선영이 늘 꿈꾸던 공간이었다. 사다리로 연결된 2층 입구도 보였지만, 차마 거기까지 올라갈 여유가 없었다. 1층에 있는 책을 보는 것만으로도 벅차게 행복했다.

어릴 때는 아버지가 학교 도서관에서 갖다 주는 책만 보았다. 그게 세상의 모든 책인 줄 알았다. 중학생이 되고 고등학생이 되면서 세상에는 시골 학교 도서관에 구비되지 않은 책들이 훨씬 더 많다는 걸 알게 되었다. 학교에서 독서계를 담당하셨던 아버지는 언제나 '아, 책을 뭐더러 사냐? 도서관에서 갖다 보면 된디'라고 말했다. 보고 싶은 책이 있어도 아버지만 보면 책 사달란 말이 쏙 들어갔다. 고등학교 때는 공부하느라 마음껏 책을 보지 못했다. 학력고사 끝나고 밤낮으로 책을 읽었던 것은 아마도 억눌린 갈증 같은 것 때문이었을 것이다.

친구들은 용돈으로 책을 산다고 하는데, 선영은 용돈이란 것을 가져 본 적이 없다. 어머니가 매달 회수권을 끊어주고, 도시락이며 간식까지 가져다주었기 때문이다. 책을 사고 싶다고 하면 어머니는 어떻게든 돈을 마련해 주었을 것이다. 그러고 싶지가 않았다. 가끔은 친척들에게 용돈을 받는 경우가 있었다. 선영은 그런 돈을 조금씩 모았다가 좋아하는 시집이나 만화책, 예쁜 노트 같은 것을 사곤 했다. 그러다 우연히 광주의 헌책방에서 전혜린을 알게 되었다.

전혜린은 보수적이고 억압적인 시대에 독립적이고 자유로운 영혼으로 가부장적인 사회를 조롱하듯 살았던 매혹적인 여성이었다. 그날 아침 28번 버스를 타고 학교에 가면서 선영은 풀무질에서 책을 산 후 대학로의 학림다방에 가서 전혜린이 즐겨 앉았다는 창가 자리에서 책을 읽으리라 마음먹었다. 차비나 밥값은 언니가 주었지만, 책값이며 비싼 커피값까지 언니한테 물릴 수는 없었다. 이럴 때마다 선영은 장학적금 남은 것을 조금씩 꺼내 쓰곤 했다. 아무래도 여름방학에는 아르바이트를 해야 할 것 같다.

선영은 커피를 한 잔 시키고 책을 펼쳤다. 팔랑 하고 책장이 넘어가며 잉크 냄새를 풍겼다. 책의 부제는 '딸에게 주는 편지'였다. 커피를 한 모금 마셨다.

'담아, 너는 춘향전을 읽은 일이 있느냐?'

'담아, 너는 장산곶매 전설에서 무엇을 깨닫느냐?'

선영은 세 시간 동안 꼼짝 않고 책을 읽었다. 전율이 일었다. 이렇게 힘 있고 거침없는 문장으로 사람의 정신을 '후드러패는' 책은 일찍이 본 적이 없었다. 그날 이후 선영은 다시는 학림다방을 찾지 않았다. 전혜린의 꿈과 이상은 그녀가 죽는 순간까지 독일 뮌헨의 낭만적인 예술가 거리에 머물러 있었다. 선영이 직시해야 할 곳은 그런 곳이 아니었다. 백기완 선생이 그것을 알려 주었다.

며칠 후 네다섯 명의 편집부원이 잔디밭에 모였다. 정경자는 자판기 커피를 돌리며 분위기를 이끌었다.

"오늘부턴 편하게 말 놓을게. 니네도 그냥 언니라고 불러. '자주 고름' 읽어 보니까 어때? 금서라니까 무서웠어?"

"아뇨. 오히려 이런 책이 왜 금서가 됐는지 의아하던데요. 왜 금서가 된 거예요?"

"저자인 백 선생이 박정희·전두환 군사독재 타도에 앞장서다 보니까 괘씸죄가 붙지 않았을까? 그런데 장산곶매 설화의 의미도 그렇고 굉장히 혁명적인 이야기가 많은 건 사실이야."

그러자 갑자기 한 친구가 조그맣게 속삭였다.

"언니, 여기 오픈된 공간인데 '혁명'이니 그런 말 해도 되는 거예요? 학내에서는 좀 조심해야 할 것 같아요."

정경자는 하하 웃으며 말했다.

"말 잘했네. 그래서 오늘 약자 몇 개를 알려주려고 해. 앞으로 혁명은 'R(Revolution)', 학생운동은 'SM(Student Movement)', 노동운동은 LM(Labor Movement), 군사독재타도는 '군독타' 이렇게 부르기로 하자. 그밖에도 많은데 그런 건 차차 이야기하기로 하고, '자주 고름'은 어땠는지 좀 얘기해 봐."

"고구려의 여성들이 그렇게 진취적이고 멋지다는 것을 처음 알았어요. 우리가 알게 모르게 주입받아온 수동적인 여성상을 극복하기 위해서는 올바른 역사관을 가지고 시대적 문제를 외면하지 않는 진취적인 여성이 되는 게 먼저라는 생각이 들었습니다."

"'자주 고름', '옥색 치마' 그래서 책이 고색창연하고 지루할 줄 알았는데 되게 재미있었어요. 특히 장산곶매에 대한 글이 인상적이었어요. 중국 대륙으로 싸우러 나가는 황해도 장수매는 그 자신의 모든 것을 걸어야 하는 싸움이니까 출발하기 전날 자기 둥지를 쪼아서 없애버린다고 해요. '장산곶 마루에 북소리 나더니' 하는 노래가 그 둥지 부수는 소리를 빗댄 가사라고 하잖아요. 이야기 하나하나가 우리의 현대사가 응축돼 있어서 더욱 특별한 의미로 다가왔어요."

정경자가 고개를 끄덕이며 말했다.

"오, 다들 느낀 것이 많았구나. 백 선생은 딸에게 '담아, 너는 장산곶매 전설에서 무엇을 깨닫느냐?' 하고 묻고 이렇게 정리하지. '장산곶매의 성격은 분명하다. 첫째는 민족 자주성이다. 대륙에서 날아온 독수리, 즉 외세에 대항해 하나로 뭉쳐 처절하게 투쟁한 우리 역사를 상징한다. 다음은 약자를 위해 싸우는 민중의 대변자다. 세 번째는 모든 억압으로부터 해방되려는 자유 정신이다'라고 말이야. 결국 백 선생이 이 책에서 문제 제기하는 것은 하나라고 봐. 자, 너는 과연 어떻게 살겠느냐……."

다들 조용히 고개를 끄덕이는 가운데 정경자의 시선이 선영을 향했다. 선영은 담담히 입을 열었다.

"저는 두려웠어요."

뜻밖의 말에 부원들의 눈이 선영에게 쏠렸다.

"과연 나는 내 둥지를 부수고 날아오를 수 있을까. 나의 가족, 나의 직업, 정든 친구들, 내가 가진 모든 것을 다 포기하고 큰 싸움이 기다리는 곳으로 훌쩍 떠날 수 있을까 두렵고 떨렸어요. 하지만 모든 R은 둥지를 부수는 데서부터 출발한다는 것을 이 책을 통해 배웠고, 한번은 저 자신을 실험해 보고 싶다는 생각이 들었습니다."

"오, 명언이다! R은 둥지를 부수는 데서부터 출발한다!"

모임은 훈훈하게 끝났다.

악몽의 시작

1985년 4월 1일, 전 문교부 차관 정태수가 제8대 학장으로 취임하면서, 총준위 발족으로 화사한 '민주의 봄', '자율의 봄'을 고대하던 서울교대에 검은 먹구름이 드리워지기 시작했다. 정태수는 80년 국가보위비상대책위원회[75]의 문공분과 위원장, 입법회의 의원을 지낸 인물로, 정태수 부임 이후 서울교대의 변화를 이해하기 위해서는 다소 지루하지만 신군부의 집권 과정을 알 필요가 있다.

1980년의 봄은 민주화 열기가 분출되던 시기였다. 야당과 재야, 노동자, 학생 등은 계엄철폐를 요구하며 연일 대규모 시위를 벌였다. 4월 21일에는 강원도 사북탄광 노동자들이 파업을 벌였고, 5월 15일에는 서울역 광장에 10만여 명이 모이는 등 전국 곳곳에서 대규모 시위가 일어났다. 이러한 일련의 사태에 대해 신군부의 방침은 무력을 사용한 강경 진압이었다. 군 투입 소식이 알려지면서 서울역에 모인 각

---

75. 이하 '국보위'로 표기.

정태수 학장

서울교대 제8대 학장 정태수 박사 취임식, 1985년 4월 1일

대학 지도부는 격론 끝에 '학교로 다시 돌아가자'며 자진해산하고 말았다. 지금까지도 논란이 되고 있는 '서울역 회군回軍'이 그것이다.

이로써 서울의 대학가는 시위를 멈췄지만, 전남대 총학생회를 중심으로 광주에서 펼쳐진 대학생들의 가두시위는 계속되고 있었다. 신군부는 5월 17일 자정을 기해 기습적으로 비상계엄을 전국에 확대하고 김대중·김종필 등 유력 정치인과 재야인사 26명을 연행하는 등 민주세력에 대한 대대적인 탄압에 돌입하였다. 그리고 서울·부산·대구·광주 등 전국 대도시에 신속히 군대를 투입했는데, 이 중에서도 신군부의 주요한 공격 목표는 서울과 광주였다.

5월 18일 휴교령이 내려진 학교에 들어가려던 전남대생 200여 명은 계엄군에 의해 출입이 저지되자 거세게 항의했다. 그러자 계엄군은 항의하는 전남대생들을 구타한 데 이어 점차 교내를 벗어나 광주 시내로 진입하면서 무자비한 진압을 감행했고, 이에 분노한 시민들이 시위 대열에 가세하면서 5·18 광주민중항쟁이 시작되었다. 이 과정에서 수많은 민간인이 희생되는 최악의 유혈사태가 발생했다.

광주항쟁

5월 31일 신군부는 정권 찬탈의 마지막 수순으로 전두환 친위세력인 하나회를 중심에 둔 국보위를 급조하였다. 국보위는 명목상 최규하 대통령을 위원장으로 하고 있었지만, 실질적 권한은 전두환이 상임위원장으로 있는 상임위원회에 있었다. 국보위는 '부정부패, 부조리 및 각종 사회악을 일소하여 국가기강을 확립한다'는 취지 아래 대대적인 숙정 작업을 진행하였다. 이른바 '3김' 세력 제거를 위해 6월 24일 김종필을 모든 공직에서 사퇴시키고, 8월 13일 김영삼을 정계 은퇴시켰으며, 9월 17일 김대중에게 사형선고를 내렸다. 이와 함께 11월 12일 구세대 정치인 811명을 정치 활동 규제자로 선정하여 일체의 정치 활동을 금지시켰다.

한편 8월 4일 '사회악 일소 특별조치'를 단행하여, 11월 27일까지 4개월에 걸쳐 폭력배, 공갈사기배, 밀수마약사범 등 사회풍토문란자 총 5만 7,561명을 검거하고, 이들 중 66%에 해당하는 3만 8,259명을 군부대순화교육 대상자로 분류하여 이른바 삼청교육三淸敎育을 받게 하였다. 삼청교육 대상자 중에는 정치인, 재야인사, 광주시위 관련자, 대학생, 종교인 등 시국사범들이 상당수 포함되어 있었다.

국보위의 일련의 활동은 한마디로 구시대 정치세력을 청산하고 새로운 정치인맥을 형성하는 과정이었다. 이 숙정작업으로 신군부 세력에 대해 비우호적이었던 많은 수의 민간 정치인들이 정치무대에서 사라졌다. 반면, 노태우, 정호용, 이춘구, 허삼수 등 국보위에서 맹활약을 벌인 각계 인사들은 제5공화국 출범 이후 장관, 국회의원, 청와대 등 요직으로 진출했다.

일개 국장에 불과하던 정태수가 문교부의 쟁쟁한 1급 관료들을 제치고 81년 문교부 차관이 될 수 있었던 배경에는 국보위 시절의 충성 서약이 한몫을 단단히 했다. 정태수는 결코 대학 총장이나 차관 경력에 만족할 인물이 아니었다. 서울교대 총장으로 부임한 그는 5공화국이 중도 포기-사실은 잠정 유보-한 학원 안정화 정책을 성공적으로 추진하여 입신출세立身出世의 발판으로 삼으려는 정치적 야심을 가지고 있었다. 정태수는 부임 직후부터 국보위 시절에 배운 기막힌 '재주'를 서울교대 학생운동 탄압에 절묘하게 써먹기 시작했다.

정태수 학장의 취임 일성은 서울교대를 '국민교육의 메카'로 만들겠다는 것이었다. 그가 '국민교육'이란 거창한 단어를 언급한 것은 교육기관으로서의 서울교대의 사회적 의미와 역할을 부각시키기 위함이라기보다는 '국민학교 교사 양성기관'이라는 기능적인 측면을 명백하게 강조하기 위함이었다.[76] 1985년 4월 18일자 서울교대 학보에 실린 정태수 학장의 취임사를 보면, 그가 서울교대에 몰고 올 변화가 어떠한 것인지 가히 짐작할 수 있을 것이다.

……학외의 정치, 경제, 사회적 현상은 각각 그 전공에 따른 탐구대상일 수는 있으나 그것을 실천하는 것은 대학의 임무가 아니며 특히 교

절 받는 정태수

---

76. 인용구는 1985년 4월 18일자 서울교대 학보에서 따온 것임.

육대학의 일은 아닙니다. 학생자치활동도 공부하는 목적을 위한 활동
이지 사회적 현실문제를 해결하려는 활동이 아닌 것은 상식인 것입니
다. 혹시 우리 대학의 설립목적과 관계없는 〈反敎育의 地下水〉가 우리
학교에 스며들어 우리의 목적과 진로를 방해하지 않도록 합심협력하에
우리 대학의 목적을 향해 나아가야 할 것입니다…….

변화는 곧바로 시작되었다. 그간 학생들에게 심상찮은 기미가 보일
때마다 진화에 나서 서울교대 '소방수 역할'을 해온 '지도교수 시간'이
주 1회의 정규 시간으로 바뀌었다. 사제 간의 관계를 돈독히 한다는
명분을 들었지만 실상은 학생들의 자율 활동을 통제하기 위한 수단
이었다. 이 시간은 일방적인 학교 정책 홍보와 반공 이데올로기 주입,
정부의 정책 홍보[77]로 메워졌으며, 감상문을 작성케 하여 내용에 따라
점수를 매겨 그것을 학생들의 성향을 파악하는 자료로 사용했다. 철
저히 체크된 출결 상황은 곧바로 학생과로 넘어가 발령 순위에 영향
을 미쳤고, 개별적인 면담을 이유로 수시로 학생들을 호출하였다.[78]
　학교 측은 총학생회 부활 움직임에 대해 신중하고도 교활하게 일
을 진행시켰다. 지피지기면 백전백승이라 했던가. 4월 9일 총준위 발
대식을 주도면밀하게 관찰하여 학생들의 진용과 전열을 파악한 학교
측은 총준위의 활동을 무력화할 치밀한 계획을 세웠다.
　4월 10일에는 보직교수 인사를 단행했다. 학생운동 탄압의 선봉장
이 될 학생처장에 최성락[79]을 내세웠다. 최성락은 RNTC(학군 하사

---

77. 이때 배포되는 자료는 대통령 국정 연설, 김만철 일가 북한 탈출, 금강산댐·건대
　　사건에 대한 정부의 입장, 신상옥·최은희 사건 등에 대한 신문 스크랩이 주를 이
　　루었다. 1987년 6·9 의거 자료집.
78. 1987년 6·9 의거 자료집.

관) 교관 출신의 한운봉을 자신의 오른팔로 삼아 준비 태세를 갖췄다. 정태수 학장이 부임하기 전인 2월 15일에 이미 발령받은 학보부장과 방송국장[80]을 단속하여 각 언론사를 학보 홍보용 도구로 만들었다. 1987년 2월 18일자 학보와 4월 18일자 학보를 면밀히 살펴본 학생이라면 총학생회 건설을 바라보는 시각에 상당한 변화가 있다는 사실을 간파했을 것이다. 서울교대는 그야말로 비상계엄이 선포된 섬이었다. 소수의 양식 있는 교수들은 침묵을 지켰으나, 대부분은 눈치껏 정태수의 비위를 맞췄다.

입학하자마자 수학교육과 학회와 학보사 활동에 의욕을 보였던 선영은 이러한 변화를 피부로 느낄 수밖에 없었다. 학회의 지도교수는 편집부의 자율적인 활동에 대해 사사건건 트집을 잡았다. 학회지 기획안을 제출해도 아무 반응이 없고, 차일피일 미루며 사인을 해주지 않았다. 학회를 유명무실한 존재로 만들려는 의도가 노골적으로 보였다. 이러다가는 올해 안에 학회지가 나올 수 있을지도 의심스러운 상황이었다.

학회 활동이 지지부진해지자 처음에 열심히 참여했던 1학년들도 하나둘씩 그만두기 시작했다. 편집부의 독서 모임도 지도교수에 의해 제동이 걸린 상황이었다. 정경자가 다른 대안을 모색해 보겠다고 부원들을 달랬으나 1학년들의 실망을 잠재우기에는 역부족이었다. 4월 이후 학회는 사실상 개점휴업 상태였다.[81]

학보사의 상황은 더욱 처참했다. 정확하고 공정한 보도를 통해 건

---

79. 교육학과 교수. 정태수가 부임한 4월 1일자로 조교수에서 부교수로 승진하였고, 4월 10일 다시 학생처장이 됨. 1987년 4월 18일자 서울교대 학보 참조.
80. 학보부장에 정길남 국어교육과 전임강사, 방송부장에 정문갑 윤리교육과 전임강사가 각각 부임하였다.
81. 선영의 동기와 선배들의 술회.

강한 여론을 조성해야 할 대표적인 대학언론이 정태수 취임 이후 언론으로서의 기능을 빼앗긴 채 학교 홍보지로 전락해 버린 것이다. 자생적인 대학언론이라 할 대자보나 성명서, 선언문, 자료집조차도 학교에서 제작한 것 외에는 불법 불온 유인물로 규정되었다. 결국 선영은 학보사를 그만두고 말았다.

그러나 일반 학생들은 아직 문제의 심각성을 느끼지 못하고 있었다. 서울교대 하늘에 드리우기 시작한 암운(暗雲)이 어떻게 자유와 민주를 갈망하는 학생들의 숨통을 끊어 놓고 짓누를 것인지 예측하는 사람은 아무도 없었다.

슬픈 금요일

4월 19일, 그날은 금요일이었다. 점심 식사를 마친 선영은 늘 같이 다니는 수학교육과 친구들과 함께 중앙 잔디밭에 앉아 커피를 마셨다. 넓은 잔디밭에는 많은 수의 학생들이 삼삼오오 짝을 지어 따사로운 햇볕을 즐기고 있었다. 선영은 친구들의 잡담을 귓등으로 흘려들으며 본관 앞 등나무 아래에 앉아 있는 십수 명의 학생들을 예의 주시했다. 아까부터 그들은 잔디밭 쪽을 흘낏흘낏 살피며 이야기를 나누고 있었다. 그들만이 아니었다. 잔디밭에서 햇볕을 쪼이는 학생들 중에도 무언가를 기다리는 듯 사방을 살피는 이들이 많았다. 선영은 그들이 기다리는 게 뭔지 알 것 같았다. 선영은 손목시계를 확인했다.

'분명히 12시 반에 시작한다고 했는데……'

오늘은 4·19 혁명 25돌을 기념하는 총준위 집회가 있는 날이었다. 학생회관 입구에는 벌써 며칠 전부터 이날 집회를 알리는 총준위 명의의 대자보가 붙어 있었다.

선영은 이미 이옥신과 「미완未完의 혁명 4·19」라는 문건을 학습한 바 있었다. 학습의 실천적인 초점은 4·19 정신을 계승하여 민주적 총학생회 건설에 박차를 가하자는 것에 모아졌다. 1960년 젊은 학생들이 민주의 제단에 피를 뿌린 대가로 11년 만에 부활한 총학생회는 1975년 유신 정권에 의해 다시 학도호국단 체제로 변질된 채 오늘에 이르렀다. 그 사실 자체만으로도, 서울교대 학생들에게 4·19는 '미완'일 수밖에 없었다.

이옥신과는 집회가 끝나는 대로 다시 만나 집회 평가를 한 뒤, 수유리 4·19 묘역을 참배하기로 약속이 돼 있었다. 그런데 어쩐지 분위기가 이상하게 돌아갔다. 집회 시간이 다가오자 수십 명의 교직원들이 몰려나와 잔디밭 주변을 노골적으로 감시하기 시작했다. 4월의 청명한 날씨를 즐기러 나온 사람들치고는 학생들의 동태를 살피는 눈빛이 지나치게 날카롭고 위압적이었다.

집회는 예정 시간을 약간 넘기고서야 비로소 시작되었다. 핸드마이크를 든 남학생 하나가 식순이 붙은 임시 단상에 올랐다. 총준위 위원장 82학번 고민택[82]이었다. 대여섯 명의 학생들이 위원장을 엄호하듯 좌우에 늘어섰다. 잔디밭과 등나무 아래서 미리 대기하고 있던 학생들이 슬금슬금 모여들자, 단상 앞에는 약 50명 정도의 대열이 갖춰졌다.

시간이 지날수록 학생들의 숫자는 점점 불어났다. 강의동에 있던 학생들은 창밖으로 고개를 내밀고 잔디밭 쪽을 내려다보고 있었다. 대열 속에서 산타를 발견한 선영은 재빨리 그 안으로 뛰어들었다. 함

---

82. 현재 진보평론 편집위원으로, 「프레시안」, 「레디앙」 등의 진보 매체에 활발히 기고하고 있다.

께 있던 친구들이 당황해서 '선영아!' 하고 부르는 소리가 들렸지만, 설명할 여유가 없었다.

"2천 백 사향 학우 여러분, 안녕하십니까. 총학생회 준비위원회 위원장 82학번 고민택, 학우 여러분 앞에 인사 올립니다. 자유와 민주를 열망하는 2천여 학우 여러분! 지금으로부터 25년 전 이 땅에 어떤 일이 일어났었는지 기억하고 계십니까? 25년 전 오늘은 정의와 자유를 사랑하는 수많은 학생들이 3·15 부정선거를 저지른 썩어빠진 독재 정권의 총칼 앞에 분연히 일어선 역사적인 날입니다. 이승만 정권의 부패한 심장을 도려내기 위해 민주주의를 외치며 시청으로, 중앙청으로 진군했던 그 날의 함성은 지금도 우리의 핏속에 면면히 흐르고 있습니다. 사랑하는 학우 여러분……."

그때였다. 대열의 후미에서 웅성거리는 소리가 들리더니 교직원 몇 명이 단상으로 뛰어올라 제물이 차려진 제상祭床을 걷어찼다. 이어 각 학과 교수들과 교직원들이 일사불란하게 학생들을 에워싸기 시작했다. 일용직까지 총동원된 이들의 조직적인 움직임은 군사 작전을 방불케 했다. 선두에 선 학생처장 최성락은 사령관처럼 외쳤다.

"마이크 뺏어!"

대열의 앞에 서 있던 학생들이 재빨리 고민택을 엄호하면서 교직원과 몸싸움을 벌이기 시작했다. 고민택이 격앙된 음성으로 소리쳤다.

"학우 여러분! 동요하지 말고 대열을 지켜주십시오! 합법적인 총준위 집회마저 폭력으로 무산시키려는 학교 측의 음모를 분쇄하고 끝까지 우리의 집회를 사수합시다……."

"당장 끌어내!"

교직원에게 머리채를 잡힌 여학생이 울부짖으며 질질 끌려나갔다.

"신성한 학원에서 폭력 교수 웬 말이냐! 학우 여러분! 단결합시다!"

"어용 교수 물러나라 홀라 홀라! 폭력 교수 물러나라 홀라 홀라……"

학생들은 흔들리는 대열을 사수하기 위해 스크럼을 짜고 노래를 부르기 시작했다.

사람들의 눈길이 격한 몸싸움이 벌어진 단상에 쏠렸을 즈음, 누군가 선영의 팔을 쿡쿡 찔렀다. 초동이었다. 그는 시선을 단상에 고정한 채 복화술사처럼 빠르게 말을 쏟아냈다.

"꼬맹이 너 여기서 뭐하냐? 입학하자마자 찍히고 싶지 않으면 빨리 나가라."

그는 왠지 화가 난 것 같았다. 선영은 당황했지만 쉽게 물러서지 않았다.

"어……. 하지만 선배님은 여기 계시잖아요. 저도 함께 있을래요."

"그래그래, 너 아주 고집 세고 지조 있는 친구구나? 어떡하냐. 그 고집 때문에 신입생 함부로 시위에 끌어들였다고 이옥신이만 작살나게 생겼네."

"옥신 언니는 아무 상관 없어요. 제가 스스로 참여한 거예요."

"그래그래, 그러니까 이옥신이가 작살나야지. 후배가 이렇게 상황 판단을 못 하는데."

"……"

초동은 불만이 가득한 얼굴로 대열을 빠져나가는 선영의 모습을 일별했다. 단상으로 고개를 돌리는 그의 얼굴에 찰나의 미소가 어렸다. 바로 그 순간, 마이크를 빼앗긴 총준위 위원장이 끌려가지 않으려고 발버둥 치며 아예 땅바닥에 누워버렸다. 기회를 놓칠세라 벌떼같이 달려든 직원들이 사지를 버둥거리는 위원장을 질질 끌고 갔다. 지도부를 빼앗긴 학생들은 당황한 기색이 역력했다.

본격적인 학생 사냥이 시작됐다. 여름 논에 피 뽑아내듯, 교수들은 자기 과의 학생들을 쏙쏙 빼내기 시작했다. 반항하는 학생들에겐 서슴없이 욕설을 퍼부었고, 멱살을 쥐거나 뺨을 갈기는 교수도 있었다. 교수들은 한낱 저잣거리의 무뢰배나 진배없었고, 교정은 인권 실종의 무법천지였다.

상황 끝. 집회 시작 이십 분만에 모든 것이 종료되었다. 잔디밭에 널브러진 젯상과 찢어진 채 이리저리 흔들리는 종이조각만이 종전의 소동을 말해 주고 있었다. 이 광경을 지켜본 학생들은 입을 굳게 잠그고 각자의 자리로 돌아갔다. 활짝 열렸던 강의동 창문들도 일제히 빗장을 걸었다. 5교시 시작을 알리는 벨이 울렸다.

누가 4월을 잔인한 달이라 했던가. 누가 4월을 갈아엎는 달이라 했던가. 선영은 강의동 앞에 우두커니 서 있었다. 그의 눈길은 단상 주변의 헝클어진 잔디에 고정돼 있었다. 환청인가. 눈앞에서 발버둥 치며 끌려가던 선배들의 울부짖음이 아직도 귓전에 쟁쟁한 것은.

정태수 천하天下

4월 말. 교대인의 마음에 박힌 얼음덩이를 풀어내리려는 듯 봄비가 교정을 적시고 있었다. 백곡百穀을 윤택하게 한다는 4월의 단비였다. 감색 우산을 받쳐 든 선영이 학교 정문을 들어섰다. 2호선이 개통된 후 전철을 이용하는 학생들의 후문 사용이 급증하고 있었지만, 선영은 여전히 등하굣길에 정문을 애용하고 있었다. 집 앞에서 28번 버스를 타면 교대 정문에서 내릴 수 있기 때문이었다.[83]

정문 앞 게시판 앞에 한 무리의 학생들이 웅성거리고 있었다.

'무슨 일일까?'

선영은 무심코 걸음을 멈추었다. 학생들의 머리 사이로 비닐에 쌓인 공고문 한 귀퉁이가 시야에 들어왔다.

"어머! 쟤 짤렸다 야?"

"누구야?"

"있잖아, 총준위 위원장."

"총준위?"

"넌 총준위도 모르냐. 총학생회 준비위원회!"

"나 원래 그런 거 초월하고 살잖아."

"초월 좋아하시네. 니가 언제 그런 데 관심 있었냐."

"관심 있으면 뭐하냐. 이놈의 학교에서 뭐 하나 제대로 된 적 있어? 신경 끊고 사는 게 속 편하지……"

"그나저나 큰일이다 야. 이번에 임용된 졸업생이 2백 명도 안 된대……"

하이힐 소리와 함께 학생들이 사라지자, 게시판 앞에는 선영의 모습뿐이었다. 선영은 미동도 하지 않고 뚫어져라 게시판을 쳐다보고 있었다.

> 고민택 총학생회 준비 위원장(82)-제적(학내 반정부 집회 주도)
>
> 이혜진(82), 유창연(83)-무기정학(학내 반정부 집회 주도)[84]
>
> 홍석주(83)-유기정학 10개월(학내 반정부 집회 주도)[85]

---

83. 2001년 박화진 인터뷰.

84. 시위 주동 책임으로 무기정학 처분 후 미등록 제적됨. 6·9 농성 평가 자료집에서.

85. 시위 주동 책임으로 유기 정학 처분 후 복학하였으나 2회 연속 학사경고로 제적됨.

기타 위원 5명-근신 10개월[86]

학내 집회 한 번 했다고 해서 이런 중징계가 내려지다니! 게다가 정부도 인정하겠다는 총학생회 건설 일꾼들을! 이건 아예 총학생회를 허용하지 않겠다는 선전 포고가 아닌가. 지성의 전당이라는 대학에서 이런 반지성적인 작태가 버젓이 벌어지고 있다니! 진정한 사도師道에 테러를 가하는 이런 작태야말로 징계받아 마땅한 행위가 아닌가. 게다가 부당징계에 대한 일부 학생들의 저 한심한 반응은 또 뭔가.

'이 학교가 대체 어디로 가려는가…….'

선영은 한숨을 내쉬며 게시판 앞을 물러났다. 정문 앞 소로小路에 열 지어 피어난 백목련이 한껏 피어보지도 못하고 빗방울에 뚝뚝 떨어져 있었다. 젖은 공기 속에서 은은한 라일락 향기가 풍겨 왔다. 여러 개의 꽃이 어우러져 하나의 형체로 제빛을 발한다는 라일락은 단결을 상징하는 서울교대의 교화였다. 총준위 전원 징계와 단결, 라일락……. 선영은 쓴웃음을 삼켰다. 이 시기에 쓴 것으로 보이는 선영의 일기에 당시의 심경이 드러난다.

……소시민적인 행복은 어떤 형태일까. 그것은 무관심의 표현이겠지. 케세라세라. I don't know what. 알면서도 어쩔 수 없다고 하면서 초월이란 단어로 위장하는 선배, 人間들. 과연 옳단 말인가. 아니면 내가 편견에 빠지고 있나…….

—1985년 날짜 미상의 일기에서

___
86. 4월 말, 교무과에서 게시한 공고 내용. 학교 측은 총준위 위원 9명 전원을 중징계 처리했다. 6·9 농성 평가 자료집에서.

튼튼한 나무는 쓰러지지 않는다. 가지가 꺾이고 잎들이 모두 떨어지고 볼품없이 앙상하게 남았다 할지라도 죽지 않는다. ……더 튼튼한 나무를 가꾸기 위하여 많은 비바람을 시련을 겪으면서 굳세져야 한다. 아니 우리 모두는 그래야 한다. 이니스프리의 섬[87]을 향해.

　—날짜 미상의 일기에서

"박선영!"

강의동 건물로 들어서는데 이현숙[88]의 목소리가 들렸다. 선영은 우산의 물기를 털어내며 현숙에게 물었다.

"전철 타고 온 거야?"

"아냐, 복사하고 오느라고. 넌 「교육 원리」 리포트 냈어?"

"그거 다음 주까지 아닌가?"

"아냐. 이번 주까지래. 조교가 꼭 내라고 그러더라. 중간고사, 그 리포트로 대체한대."

"어쩌냐? 난 아직 시작도 안 했는데."

"나도 서론 쫌 쓰다 말았어. 지금부터 하면 되지 뭐."

"큰일 났네. 운사 세미나 발제도 해야 되는데."

"너 운사 여태 하냐?"

"뭐 옥신이 언니도 있고, 아직은 고민 중."

사실 선영은 4월 초부터 이옥신에게 김상애[89]라는 83학번 선배를

---

87. 예이츠의 시 「이니스프리 섬」이 희구하는 것은 자연 속에서 안빈낙도하는 삶으로, 박선영의 일기에서는 현실 도피의 의미보다는 '희망과 평화의 나라'의 상징어로 쓰였다. 서울의 언니에게 보낸 편지를 보면, 고교 시절 선영은 사춘기 소녀답게 '구르몽'과 '예이츠'의 시를 탐독하기도 한 것으로 보인다.

88. 서울교대 수학교육과 85학번. 선영이 죽기 일주일 전 인천 송도로 함께 여행을 떠났던 친구이다.

소개받아 은밀하게 학습을 진행하고 있었다. 김상애는 UNSA 서클룸에서 몇 번 마주친 적이 있는 선배였는데, 이렇게 팀 선배로 만나게 되니 조금은 색다른 느낌이었다. 선영은 김상애 팀에서『삶의 지혜』,『철학의 기초이론』,『철학 에세이』[90] 등을 학습했다.

당시 민주화와 사회 변혁을 꿈꾸던 학생들은 학생운동의 이론적 기초를 마르크스의 철학에서 찾기 시작했다. 대학마다 변증법적 유물론을 공부하는 열풍이 불었는데,『철학 에세이』는 변증법적 유물론을 알기 쉽게 풀어주는 입문서로 대단한 인기를 끌었다. 선영도 입학 전에『철학 에세이』를 읽은 적이 있어서 재미있게 세미나를 마칠 수 있었다.

문제는 1학년이 몇 명 되지 않아서 팀이 안정적으로 굴러가질 못한다는 점이었다. 처음엔 선영을 포함해서 1학년 3명으로 팀이 구성되었으나 얼마 못 가 그중 한 명이 그만두었고, 다른 한 명도 연락 없이 불참하는 일이 잦았다. 그런 날에는 김상애와 둘이 마주앉아 과외하듯 학습이 진행되기 일쑤였다. 답답한 마음에 이옥신에게 지리멸렬한 팀의 상황에 대해 털어놓은 적이 있었다. 이옥신은 안타까운 표정으로 이야기를 듣다가 '곧 팀원들도 보강되고 체계가 잡힐 터이니 조금만 참으라'며 선영을 다독였다.

그러나 이런 사정까지 이야기할 수 없었던 선영은 현숙에게 질문을 던졌다.

"넌 할 만해?"

"그럭저럭."

---

89. 서울교대 과학교육과 83학번. 2001년 인터뷰에서 이옥신의 증언.
90. 1987년 6월 5일, 학내 취조 과정에서 수학교육과 85학번 이현숙이 작성한 자술서 내용을 참조한 것임.

당시 이현숙은 학내 언더서클에서 활동하고 있었다.[91]

"그나저나 이제 진짜 조심해야겠더라."

"왜?"

"우리 선배가 그러는데, 우리 학교 네 명 중에 한 명은 짭새래.[92] 프락치가 우글우글한단다."

"학군단(RNTC) 얘기지?"

"학군단만이 아냐. 교수하고 학생, 교직원, 학군단 교관까지 동원해서 학생들을 감시한대. 마치 경찰이 검문하는 것처럼 학생들 책가방을 뒤지기도 하고, 도서관을 불시에 방문해서 무슨 책 읽는지 검사한대. 하, 이게 학교냐? 다른 학교 애들은 이런 거 상상도 못 할 거야."

"……."

"가만있어라, 오늘 1교시 영어지?"

그날은 일주일 중에 수업이 제일 많은 날이었다. 4·19 집회 이후로는 강의실에 들어가 교수들 얼굴 마주하는 일 자체가 곤혹스러웠다. 강의 시간에 수업은 안 하고 엉뚱한 소리를 해대는 교수들이 부쩍 많아진 것이다. 서클은 운동권 학생의 온상이라는 둥, 총준위 간부들은 총학생회를 혁명의 도구로 생각하는 놈들이니 순진한 마음에 괜히 이용당하지 말라는 둥…….

수업 내용에도 전혀 깊이가 없었다. 심지어는 고등학교 때 배운 것을 다시 복습하는 촌극이 연출되기도 했다. 초등학생들을 가르치기 위한 교육 과정이라는 것이 학문적 전문성도 갖추지 못한 실력 없는

---

91. 이현숙 인터뷰, 2001.

92. 서울교대 85학번 김부중의 술회에서. "당시 학교 내에 짭새가 4명 중에 1명꼴이라는 이야기가 있었다. 우리가 이야기 나눈 내용을 다음날 한운봉이나 학교 측이 다 알고 있었다……."

교수들에게 배워야 할 이유라도 된단 말인가. 서울교대가 진정으로 양질의 초등교육을 위한다면 2천1백 예비교사들을 학문의 틀에 얽매이지 않는 자유로운 사고와 보다 철학적이고 건강한 교육관으로 이끌어야 하지 않는가. 학과 선배들에게 이런 문제의식을 열어 보이면 열에 아홉은 "꿈 깨!"라며, 정말 '꿈 깨는' 소리를 하곤 했다. 답답한 마음을 달래려고 파울로 프레이리의 『페다고지』나 라이머의 『학교는 죽었다』와 같은 책을 읽노라면 책 속의 현실과 교대의 현실이 참담하게 대비되어 선영의 분노는 더욱 생생해지는 것이었다.

그뿐인가. 언제부턴가 RNTC 교관 한운봉이라는 자가 교정을 활보하기 시작했다. 그는 학교에 상주하는 비밀경찰과 다름이 없었다.[93] 형사처럼 교내 곳곳을 기웃거리며 학생들의 동정을 살폈고, 학생들이 하는 말에 귀를 기울였다. 그의 눈자위에는 악당 표시처럼 빨간 점이 찍혀 있었다. 어쩌다 교활하게 깜빡이는 눈과 마주치면 오싹 소름이 끼쳤다. 그 고압적인 분위기에 눌린 학생들은 화기애애하게 이야기를 나누다가도 멀리 그의 그림자만 얼씬거리면 얼른 입을 다물어 버리곤 했다.

5월에 접어들면서 부당징계 철회 싸움이 시작되었다. 이에는 이. '총준위 전원 징계'라는 학교 측의 선제공격에 대한 맞대응이었다. 학생들은 이번 사태가 학도호국단을 능가하는 하향적下向的 어용 총학생회를 만들려는 학교 측의 불순한 기도로 보고, '어용 총학 저지 및 부당징계 철회 투쟁'[94]을 전개했다. 5월 9일, 총준위 징계의 부당성을 폭로하고 이의 철회를 요구하기 위한 학내 집회가 열렸다. 총준위 위원장 고민택(82, 윤리)과 양묘생(82, 사회), 조인옥(82, 과학) 3명이 주

---

93. 중앙일보 전영기 기자의 「어떤 죽음」에서.
94. 6·9 농성 평가 자료집에서.

도한 시위였다. 중앙 잔디밭에 100여 명의 학생이 모여들었다. 철벽같은 교직원들의 삼엄한 경비에도 불구하고, 4·19 집회 때보다 더욱 많은 숫자가 모여든 것은 부당징계에 대한 학생들의 충격과 분노를 웅변하는 것이었다. 학교 측은 4·19 집회 때보다 더욱 용의주도하게 대응했다. 전 교직원의 동원은 물론, 학생들의 시위 장면을 낱낱이 비디오와 카메라에 담았다. 학생들은 4·19 집회 때처럼 강제 해산되는 걸 방지하기 위해 스크럼을 짜고 구호를 외치며 계속해서 교정을 돌았다. 그런데 시위 도중 한 여학생이 교직원에 의해 옷을 찢기는 사태가 벌어졌다. 보다 못해 김주호(82, 미술)가 뛰어들어 해당 교직원과 격한 몸싸움이 벌어졌다. 상황은 파국을 향해 치달아갔다.

시위를 주도한 고민택, 조인옥, 양묘생은 물론, 몸싸움을 벌인 김주호까지 총준위에 이어 추가로 징계를 받았다.[95] 징계 철회 시위 참가자 100여 명에 대한 대량 특별 경고 조치가 이어졌다. 그들이 받는 불이익의 정도도 등급별로 매우 다양했다. 시위에 참석한 졸업생들은 발령 보류자가 되었고, 재학생 단순 참가자는 '발령 전 순화 교육 대상자' 즉, '근신 예비교사'가 되었다. 어이없는 일이었다. 악명 높은 대한민국의 공안 경찰조차도 단순 시위 참가자는 훈방 조치하는 게 관례가 아니던가. 특별 경고 조치를 받은 재학생들은 아르바이트 알선이나, 성적·유공 등의 각종 장학급 수혜 대상에서 원천적으로 제외되었다. 학교 측은 그와 더불어 앞으로 학교에서 불허하는 모든 집회에 참여하는 자는 '발령 전 순화 교육 대상자'가 될 것임을 천명했다.[96]

---

95. 양묘생, 조인옥은 85년 1학기 기말고사 거부로 학사 경고 처리되어, 시위 전의 학사경고와 함께 통산 2회 학사 경고로 제적 처리되었고, 김주호 역시 제적 처리되었다. 6·9 농성 평가 자료집에서.
96. 6·9 농성 평가 자료집 『복종의 침묵에서 깨어 일어나』에서.

서울교대 84학번 오광식은 선영이 입학한 1985년 상황에 대해 이렇게 술회했다.

정태수 학장이 부임하던 날 학장실 입구에 즐비한 화환과 화분을 보며 국보위 위원이었고 교육부 차관을 지낸 그분의 위력을 예감할 수 있었습니다. 정태수 학장은 부임 후 권력이 무엇인가를 보여 주려는 듯 막강한 권력을 행사하기 시작했고, 이후 써클(동아리)의 폐지를 비롯한 모든 학생자치활동을 금지시켰습니다. 그리고 무엇보다도 우리를 숨 막히게 했던 것은 교수, 학생, 교직원 그리고 학군단 교관을 동원하여 학생들을 감시하는 것이었습니다. 마치 경찰이 검문하듯 지나가는 학생의 책가방을 뒤지기도 하고 도서관을 불시에 방문하여 읽고 있는 책을 검사하였기 때문에 학교에서는 읽고 싶은 책도 마음대로 가지고 다니지도 읽지도 못하였습니다.

뿐만 아니라 당시 정태수 학장은 자신의 고향 출신 교수들과 학군단 교관을 중심으로 확실한 친정체제를 구축하고 학군단 교관에게는 관리동에 있는 방을 하나 내주어 소위 문제 학생의 리스트를 작성하고 수시로 그곳으로 불러 심문하여 서울교대 내의 안기부로 불리울 정도였습니다. 그리고 일부 학생들에게는 장학금을 주고 학생들을 서로 감시하도록 하여 친구들끼리 술자리나 개인적인 만남의 자리에서 나눈 이야기도 보고가 되었기 때문에 학교나 사회에 대한 비판적인 얘기는 함부로 말할 수 없는 상황이었습니다.[97]

서울교대는 첩보 능력을 갖춘 거대한 병영[98]으로 탈바꿈하기 시작

97. 오광식, 박선영 열사와 나, 연도 미상.
98. 중앙일보 전영기 기자의 「어떤 죽음」에서.

했다. 학교 측은 이날 사진에 찍힌 학생들의 신상을 비밀리에 기록하고, 분류하여, 노란 파일에 보관하였다. 이 노란 파일에는 기본적으로 문제 학생들의 신상과 전력前歷, 활동 내역, 지도 후 반성의 정도가 항목별로 기재되었다. 한마디로 정태수 식式 '블랙리스트'였다. 블랙리스트에 오른 학생들은 심지어 학과 사무실에 비치된 학생 명단 사진에 빨간 동그라미로 표시되어 지도교수가 해당 학생을 항상 주목하고 관찰할 수 있게 하였다. 이것은 마치 청교도인들이 '주홍 글씨'를 새겨 놓음으로써 죄지은 자와 자신을 분리하려는 것과도 같은 광적인 마녀사냥이었다. 빨간 동그라미가 그려진 사진 좌우에는 선배·동기·후배 관계를 나타내는 화살표가 간첩 사건 조직도처럼 표시되어 있곤 했다.

이 블랙리스트는 관리동 우측 후미진 곳에 자리한 두어 평 공간의 밀폐된 방에 보관되었다. 이곳은 학내 소요나 외부 집회 참가로 붙들려 온 학생들을 취조하는 공간, 학생들 사이에 일명 '취조실'로 불려지는 곳이었다. 당연히 취조는 '빨간 점' 한운봉이 도맡았다. 그는 권

서울교대 관리동. 취조실이 생기기 전의 모습이다.

력에 아첨하고 약한 자를 찍어 누르는 전형적인 기회주의자로, 학군 하사관 시절에 체득한 그의 '군바리 정신'은 학생들을 무자비하게 탄압하고 괴롭히는 데 주로 사용되었다. 초보적인 인문 사회과학 서적만 들고 있어도 불온한 운동권 학생으로 부풀려져 순식간에 발령 보류자, 순화교육 대상자로 분류되곤 했다. 그에게 취조를 받은 한 학생의 말을 들어보자.

"그 사람 말투! 순전히 범죄자 취급하는 투야. 고분고분 대답하지 않으면 윽박지르고, 주먹질에 손찌검에 나중엔 슬슬 달래기도 하고, 괜히 가족 이야기 꺼내며 마음 약하게 하고 다른 이야기로 화제를 돌리다가 교활하게 유도신문 하는 자야. 그 사람은 눈이 정말 무서워. 특히 눈자위에 악당 표시처럼 빨간 점 같은 게 있는데 우리를 노려보면 온몸에 소름이 끼쳤으니까 말이야."[99]

실로 답답한 현실이었다. 가수 한대수가 '물 좀 주소. 목 마르요' 하고 부르짖던 저 70년대 유신 체제와 다른 게 무엇인가. 꿈 많던 대학생 박선영은 입학 초기부터 출구를 봉쇄당한 채 방황하기 시작했다. 정태수 천하天下가 된 서울교대에서는 마음 놓고 발을 뻗어 볼 만한 한 뼘의 공간이 없었다. 학보사도, 학회도, 서클도 선영의 갈증을 채워 주지 못했다. 이제 선영은 어디로 가야 할 것인가. 어디로.

---

99. 『명예회복 관련자료』 중 서울교대 92학번 정대일이 작성한 「활동 내역서」에서 재인용. 정대일은 현재 예일초등학교에서 근무하고 있다.

4.

나는 투쟁하지 않으면 안 된다

예수님도 크리스천은 아니라네

선영은 교대 전철역 못 미처 외환은행 앞에서 발을 멈췄다. 그리고는 슬며시 뒤를 돌아보았다. 특별히 누가 주의를 준 건 아니었지만 왠지 그래야 할 것 같았다. 거리엔 무심하게 지나치는 행인들뿐, 자신을 주시하는 사람은 아무도 없었다. 선영은 외환은행 건물 안으로 들어갔다. 레스토랑 〈보네르〉는 건물 지하에 있었다.

홀 중앙에는 원형 테이블 몇 개가 놓여 있었고, 출입구를 제외한 3면에 칸막이로 가려진 '룸'이 있었다. 선영은 칸막이 안쪽을 주시하며 3면을 따라 천천히 걸었다.

"여기!"

구석진 테이블에 앉아 있던 정경자가 슬쩍 손을 들었다. 선영이 맞은편 의자에 앉으며 말했다.

"많이 기다렸어요?"

"나도 온 지 얼마 안 됐어."

두 사람은 주문한 커피가 나올 때까지 잡다한 학교 이야기를 나누었다. 선영은 커피에 각설탕 하나를 넣으며 물었다.

"언니, 어제 집회 얘기 들었죠? 요즘 학교 상황 어떻게 생각해요?"

"결국은 학교 의도대로 어용 총학이 생기겠지."

정경자는 심드렁하게 대꾸했다.

"예상했었어요?"

"예상보다 심하긴 하지만 어느 정도 예상은 했지. 우리 캠[100] 역량이 워낙 열악하니까. 4년제로 바뀐 지도 얼마 안 됐고, 거기다 정태수 완전 반동이잖아. 지금 언더 애들이 학내 오픈 공간 잡겠다고 들어가 있는데, 어째 잘될 거 같지가 않다……. 서클은 할 만하니?"

선영이 쓰게 웃으며 말했다.

"기대한 만큼은 아니에요. 세미나도 잘 안 굴러가고, 선배들 간에 대립도 좀 있고요…."

UNSA 세미나는 선영의 지적 호기심을 채워 줄 만한 그릇이 못 되었다. 기초적인 사회과학 입문서들은 입학 전에 이미 읽은 터라, 선영은 자신의 의문점을 해소시켜 줄 좀 더 심도 있는 토론을 원했다.

정경자에게 이야기할 순 없지만, 사실 선영은 이옥신이 꾸린 언더 팀 세미나에 두세 차례 참여한 적이 있었다. 한 번은 4·19 세미나였고, 나머지는 신입생을 위한 시각교정용 세미나였다. 토론 내용과 수준에서 UNSA 세미나보다 훨씬 만족스러웠지만, 정태수 학장의 취임 이후 초동, 산타 등 블랙리스트에 오른 선배들이 많아지면서 조직 활동은 긴장의 연속이었다.

정경자가 한숨을 쉬며 말했다.

"니네가 참 힘든 시기에 들어왔다. 우리 때야 아예 캄캄했으니까 당연히 언더로 가는 거라고 생각했지만, 지금은 자치 활동의 틀이 한창 만들어지다가 갑자기 꽃샘추위가 몰아닥치니 너처럼 한 줌 햇볕을 바라고 핀 꽃들이 얼어버리지나 않을까 걱정이야."

"막막해요. 이런 학교에서 어떻게 4년을 채울지."

"학내는 당분간 비전이 없을 거 같고, 너 외부 활동 한번 안 해

---

100. 캠퍼스의 약어.

볼래?"

"외부요?"

"청담교회라고 내가 다니는 교회가 있어."

"아, 전에 친구들하고 있을 때 이야기하신 적 있죠?"

"그래, 다들 호기심은 갖고 있었지만, 선뜻 나서는 사람은 없었지. 그래서 오늘 따로 만나자고 한 거야. 우리 교회 대학부가 학습도 탄탄하고 꽤 괜찮거든."

"난 크리스천도 아닌데."

"허어! 예수님도 크리스천은 아니라네, 이 사람아. 세상의 정의와 진리를 위해 살다 가셨을 뿐이라네."

"오······."

선영이 감탄하는 얼굴로 바라보았다. 예수님도 크리스천이 아니라는 말이 굉장히 신선하게 다가왔다. 정경자는 진지하게 말을 이었다.

"교회는 탄압과 감시를 피하기 위한 외피外皮일 뿐이야. 외부적으로는 기독 학생 대학부의 모습을 지니고 있으면서 내부적으로는 학생 운동의 언더서클 형태로 같이 학습도 하고 다양한 실천 활동도 하고 있어."

"교회에서 가만히 있어요? 일반 신도들이 대학부 활동을 이상하게 생각할 텐데?"

"담임목사님이 조남기 목사님이라고, 한국기독교교회협의회KNCC의 인권위원장이야. '기장(기독교장로회)에 문익환, 예장(대한예수교장로회)에 조남기, 가톨릭에 함세웅'이라는 말이 있을 정도로 민주화운동권에서는 유명한 분이지. 너도 나중에 설교 한번 들어봐. 아주 서슴없이 독재정권 비판을 하시는 분이야."

"와······."

"괜히 서클이다 학회다 기웃거리지 말고 우리 교회 한번 와봐. 와서 보고 마음에 안 들면 그만둬도 돼. 그건 내가 약속할게."

선영은 고개를 끄덕였다. 학교에서 교관들에게 감시받으며 긴장 속에서 활동하는 것보다야 이쪽이 마음은 편하겠다 싶었다.

"다음 주 수요일 시간 어때. 그날 대학부 선후배 상견례가 있는데."

"다음 주 수요일이면 24일이요?"

"응. 수요일 오후 5시. 4시쯤 나랑 만나서 같이 가면 돼. 부담 갖지 말고. 그날은 일단 옵서버로 참여해서 관찰해 봐. 너한테 맞는 곳인지, 사람들은 믿을 만한지. 그다음은 니가 판단해. 학교 선배로서 한마디 덧붙이자면, 우리처럼 작은 자율적인 움직임조차도 완전히 봉쇄해 버리는 학교에 다니는 사람들에게는 딱 맞는 공간이 아닌가 싶어. 학내에서 뭔가 해보려고 하다가는 깨지기 일쑤고, 그러고 나면 '뭘 해도 안 되는구나' 하는 패배주의에 젖어 무기력해지게 되거든."

약속이 있다며 정경자가 먼저 자리를 떴다. 선영은 식어 빠진 커피를 앞에 둔 채 상념에 잠겼다.

'학회와 서클……. 내용성이 없긴 하지만 아직 내가 몸 담고 있는 공간인데, 문제가 있다고 해서 다들 발을 빼버린다면 과연 누가 남을 것인가. 결과적으로, 함께 풀어가야 할 과제를 다른 사람에게 미루는 비겁은 아닐까. 하지만 경자 언니 말도 맞아. 우리 같은 사람에겐 안정적으로 학습하고 활동할 수 있는 제3의 공간이 필요해. 옥신 언니가 알면 분명히 뭐라고 하겠지? 아, 하지만 이 학교는 정말 희망이 보이질 않아. 아무리 군사독재 치하라지만, 이런 말도 안 되는 일이 백주에 벌어지는 대학이 이 땅에 서울교대 말고 또 있을까…….'

이 아름다운 풍경을 누려도 괜찮은 걸까요?

덥다 싶을 만큼 화창한 날씨였다. 파란 하늘엔 솜털 같은 구름이 두둥실 떠다녔다. 수업을 마친 선영은 교대역에서 지하철을 탔다. 오후 4시 시청역에서 정경자와 만나기로 한 날이다. 되도록 학교나 교대역 주변에서는 불필요한 만남을 하지 않기로 했다. 언제 누가 그들을 감시하고 있을지 모를 일이었다.

시청역에서 내린 선영은 대한문 앞에서 정경자를 기다렸다. 봄날이었다. 반팔 차림으로 나온 젊은이들의 걸음에도 활기가 넘쳤다. 선영은 미소 띤 얼굴로 하늘을 올려다보았다. 부드러운 바람이 선영의 짧은 머리칼을 쓸며 지나갔다.

학교 밖으로 나오니 숨통이 트이는 것 같았다. 무슨 책을 보는지, 누구를 만나는지, 만나서 무엇을 하는지 감시하는 눈길이 없기 때문일까. 선영은 첫 미팅에 나가는 대학 신입생처럼 가슴이 설레었다. 어떤 사람들일까. 과연 나를 어떤 얼굴로 대해 줄까. 흔히 말하는 '예수쟁이'들은 아닐까.

"일찍 왔네?"

정경자가 생글거리며 다가왔다.

"언니, 날씨가 너무 좋아요."

"그치? 버스 타면 금방이지만, 우리 날씨도 좋은데 슬슬 걸어갈까?"

"네!"

두 사람은 대한문 옆에 난 작은 길로 접어들었다. 세월을 머금은 돌담 사이로 파릇파릇한 것들이 고개를 내밀고, 수문장처럼 도열한 가로수들은 고즈넉한 그림자를 드리우고 있었다. 고풍스럽고 운치 있는 분위기에 선영은 감탄이 절로 나왔다. 번잡한 대로에서 고작 몇 걸음 들어왔을 뿐인데 전혀 다른 세상에 온 것만 같았다.

"이쁘지? 여기가 유명한 덕수궁 돌담길이야."

"저 여기 처음 와봐요."

"나중에 애인 생기면 여기는 절대 오지 마라."

"왜요?"

"사랑하는 남녀가 이 길을 걸으면 헤어지게 된대."

"진짜요?"

선영이 깜짝 놀라 눈을 동그랗게 뜨자 정경자는 까르르 웃음을 터트렸다.

"진짜는 무슨! 옛날에 저쪽에 가정법원이 있었대. 가정법원에 가려면 이 덕수궁 돌담길을 지나가야 하는 거지. 남녀가 함께 법원에 갔다가 이혼하고는 각자 이 길을 걸어나오니 그런 말이 생긴 것 같아."

"아픈 사연이 있는 길이군요. 그때 그분들은 이 길을 걸어나오며 무슨 생각을 했을까요."

생각에 잠긴 듯한 선영의 옆얼굴을 보다가 정경자가 말했다.

"사실 그분들 이전에도 이곳 정동은 정말 파란만장한 역사를 간직한 곳이야. 19세기 말에 미국을 시작으로 각국의 외국 공관들이 이곳에 밀집하면서 이 조그만 나라가 열강의 세력 싸움에 휘말리게 되었잖아. 고종이 왕궁을 버리고 러시아 공사관으로 피신하는 아관파천이 일어난 것도 이곳이고, 심지어 연인들의 데이트 장소로 손꼽히는 이 아름다운 길도 일제가 덕수궁을 파괴하고 담을 쌓아 만든 길이거든."

선영은 눈물이 글썽해져서는 정경자의 손을 잡았다.

"비극적인 역사 속에서 만들어진 이 아름다운 풍경을 이렇게 누려도 괜찮은 걸까요?"

"그러엄!"

정경자는 선영의 손을 굳게 마주 잡으며 말했다.

"잊지 않으면 돼. 깨어 있으면 돼. 광주에서도, 지리산에서도, 제주에서도……. 그러다 보면 자연스럽게 우리가 해야 될 일을 알게 될 거야."

두 사람은 20여 분을 걸어 통인시장 근처에 다다랐다.

"여기야."

한옥을 개조한 식당 앞에서 정경자가 선영을 돌아보았다.

"놀러왔다고 생각해. 다 좋은 사람들이야."

선영은 안심하라는 듯 씩 웃어 보였다. 정경자는 식당 문을 열고 안으로 들어갔다.

"어서 오세요!"

"신앙캠프 대학생들 몇 번 방에 있어요?"

"이쪽으로 오세요."

나이 지긋한 아주머니가 한지를 바른 미닫이문 앞으로 두 사람을 안내했다. 방문을 열자 매캐한 담배 연기가 밖으로 쏟아져나왔다. 뿌연 연기 속에서 이야기를 나누던 젊은이들의 시선이 두 사람을 향했다. 남자 여자 합해서 열 명 남짓한 인원이었다.[101] 선영은 쑥스러움을 느끼며 자신보다도 작은 정경자의 뒤에 바짝 붙었다.

"어, 경자 이쪽으로 와라."

중앙에 앉아 있던 키 큰 남자가 정경자를 향해 손짓했다. 두 사람이 자리에 앉자 키 큰 남자가 좌중을 돌아보며 말했다.

---

101. 2023년 인터뷰에서 김광훈은 '인왕산 아래 모 식당에서 첫 모임을 가졌다'고 회고했다. 김광훈, 박용숙, 여혜경은 청담교회 대학부에 들어온 시기와 선영과의 첫 만남에 대한 기억이 각각 다르다. 김광훈의 기억이 비교적 구체적이고 일관되므로 이 에피소드는 그의 증언을 토대로 만들었다.

"반갑습니다. 여러분들을 연결해서 한 단위를 띄우는 것까지가 저의 소임이기 때문에 따로 제 소개는 하지 않겠습니다. 우리 조직은 장청, 그러니까 대한예수교장로회 청년연합회 산하의 대학연합서클입니다. 기본적으로 사회 민주화를 고민하는 각 대학의 기독 학생들이 모인 곳이지만, 비신자들이 더 많을 거라고 의심하는 사람들도 많습니다."

여기저기서 웃는 소리가 들렸다. 키 큰 남자는 태연한 기색으로 말을 이었다.

"그러나 비신자들이 이곳에서 이루고자 하는 것이 하나님의 뜻에 부합한다면 문제될 것이 없다고 생각합니다. 오늘 85학번 다섯 분이 오셨고, 85학번을 지도할 83학번 선배 두 분이 오셨습니다. 85학번들이 앞으로 공부할 곳은 조남기 목사님이 담임목사로 계시는 청담교회입니다. 조남기 목사님은 70년대부터 반독재 민주화운동을 해오신 분으로, 대학부의 든든한 울타리가 되어 주고 계시기 때문에 여러분들이 공부하고 활동하는 데 아주 좋은 환경이라고 할 수 있습니다. 자, 저의 사설은 이쯤에서 마무리하고 83학번들, 각자 자기소개하시고 앞으로의 계획에 대해 이야기하시죠."

정경자가 먼저 입을 열었다.

"안녕하세요. 여러분들이 초중고를 거치면서 받아 온 교육에는 왜곡된 것이 참 많습니다. 본격적인 학습에 앞서 우리 사회와 역사, 정치를 바로 볼 수 있는 시각 교정을 위한 기초 과정을 지도할 83학번 정경자라고 합니다."

85학번의 학습을 지도할 또 한 명의 선배는 선영의 대각선 방향에 조용히 앉아 있던 중키의 남자였다.

"83학번 나정훈입니다. 앞으로 1년 동안 여러분의 전반적인 학습을 지도하고, 삶과 운동에 대한 고민도 함께 나누려 합니다. 학습은 주 1회, 장소는 일단 청담교회 대학부에서 진행하는 것으로 하겠습니다. 궁금한 게 많으시겠지만 구체적인 이야기는 천천히 하도록 하고, 우선 85학번들 인사부터 나누시죠."

이날 참석한 85학번은 서강대 김광훈·김승관, 서울교대 박선영, 서울장신대 여혜경, 이대 박용숙 등 총 다섯 명이었다. 대부분 선영이처럼 학교 선배를 통해 소개받아 온 경우였다. 선영은 이 네 명의 친구들을 주의 깊게 관찰했다.

같은 85학번임에도 다들 자신보다 어른스럽고 운동에 대해서도 더 많이 아는 것 같았다. 김광훈과 여혜경은 재수해서 그렇다 쳐도, 선배들의 말에 여유롭게 응수하는 박용숙의 모습은 그저 신기하기만 했다. 색시처럼 얌전히 앉아서 술을 홀짝이는 김승관이 그나마 선영 자신과 가장 비슷해 보였다.

85학번의 학습은 다음 주부터 진행하기로 했다. 주 커리큘럼은 『해방 전후사의 인식』으로, 정경자 선배 지도로 몇 주에 걸쳐 세미나를 진행하며, 이 세미나에는 83학번 허탁과 나정훈도 참관한다고 했다. 시의時宜에 따라 특별 세미나를 병행하기도 하는데, 5월에는 '5·18 광주민중항쟁 세미나' 일정이 잡혀 있었다.

제대로 공부할 수 있는 곳에서 힘을 기르고 싶어요

청담교회 대학부 세미나에 참여하면서 선영은 학내 세미나에서 느끼지 못한 팽팽한 '긴장'과 '매력'을 동시에 느끼곤 했다. 여기서 '긴장'이란 교회에 소속돼 있음에도 불구하고 물밑에서 활동할 수밖에 없

청담교회. 대학부는 종탑 바로 아래에 있었다.

는 언더 상황에서 오는 것이었고, '매력'이란 각 대학 재학생들과의 만남이 주는 신선한 자극이었다.

초기에 학습 지도를 맡은 선배는 정경자였으나 나정훈도 옵서버로 참여하는 일이 잦았다. 그는 대개 아무 말 없이 1, 2학년의 토론을 지켜보았으나, 세미나의 논점이 흐트러지거나 보충 설명이 필요한 경우에는 몇 마디 날카로운 지적을 가하곤 했다.

대학부 활동을 시작한 선영은 몹시 바빠졌다. 정규 세미나는 일주일에 한 번이었지만, 특별 세미나 등 비정기적인 모임도 자주 있었다. 그때마다 읽어야 할 책과 유인물이 제법 많아서 선영은 항상 밤늦게까지 책을 읽고 중요한 내용을 노트에 옮겨 적고는 했다.

읽어야 할 분량이 많을 때는 아침 일찍 UNSA에 가서 책을 읽었다. 서울교대에서 마음 놓고 책을 읽을 만한 공간으로 서클룸만한 데가 없었다. 무엇보다 UNSA는 고향 선배 이옥신이 자리 잡고 있는 곳이었고, 학기 초 신입생 환영회와 MT에 참가하면서 친해진 친구들도 있어서 마음이 편했다.

강의가 끝난 어느 날 오후였다. UNSA 서클룸에서 세미나 준비에 열중하고 있는데, 이옥신이 들어왔다. 마침 서클룸에는 두 사람 외엔 아무도 없었다. 이옥신은 선영이 줄을 그어 가며 읽고 있던 책을 집어 들어 후루룩 페이지를 넘겼다.

"재밌냐."

대답 대신 선영은 희미하게 웃었다.

"CM 쪽 소개받았다며."

"네. 안 그래도 언니하고 이야기 좀 하려 했는데……"

"무슨 얘기?"

"아무래도 이쪽은 정리해야 할 것 같아요. 두 가지를 병행하려니까 힘드네요."

선영이 말하는 '이쪽'이란 언더서클을 말하는 것이었다. 서클룸이 도청될 수 있다는 점을 전제하고 대화하는 것은 언더서클 구성원들의 기본 원칙이었다. 이옥신은 들고 있던 책을 탁자 위에 올려놓고, 선영을 똑바로 바라보았다.

"그쪽에만 전념하려고?"

선영은 고개를 끄덕였다. 이옥신은 턱으로 문밖을 가리키며 말했다.

"커피나 한 잔 마시자."

선영은 곧바로 옥신을 따라나섰다. 구체적인 이야기를 하기에 서클룸은 좋은 장소가 아니었다. 학생회관 1층에서 자판기 커피 두 개를 뽑은 이옥신이 종이컵 하나를 선영에게 건넸다. 건물을 나선 두 사람은 잡풀이 우거진 소로를 나란히 걸었다.

"언니, 저는 CM에서 운동의 희망을 찾기로 했어요. 지금 같은 학교 상황에서는 뭐 하나 제대로 할 수 있는 게 없잖아요. 아직까지 이 사회에서는 그래도 CM 쪽이 운신의 폭이 넓은 거 같아요."

"선영아."

이옥신은 어느 때보다 진지한 얼굴로 입을 열었다.

"M은 어차피 장애를 헤치고 가는 거야. 장애가 전제되지 않는 운동은 없어. 그리고 레이버[102]들이 자신이 몸담은 단사[103]의 문제를 하나하나 해결해 나가는 속에서 성장하듯, 모든 운동은 기본적으로 자신이 속한 장에서 출발하는 거야. SM[104]도 마찬가지야. 우리 캠 상황이 다른 곳과 비교도 할 수 없을 정도로 가혹하지만, 그렇다고 자신이 해결해야 할 문제를 방기하고 다른 장으로 눈을 돌리는 것은 일종의 회피가 아닐까. 냉정하게 생각해 봐. 혹시 니가 너무 쉽고 편한 길을 택한 건 아닌지⋯⋯."[105]

'쉽고 편한 길'이라⋯⋯. 뼈아픈 지적이었다. 끝까지 부딪쳐 보지도 않고 다른 장을 눈을 돌린다는 것은 어쩌면 이옥신의 말대로 '회피'일 수도 있었다. 선영은 천천히 고개를 끄덕이며 말했다.

"그렇게 생각할 수도 있다고 봐요. 제가 마지막까지 고민한 것도 바로 그 지점이었고요. 하지만, 언니. 제가 쉽고 편한 길만 찾으려 했다면 아예 운동을 생각하지도 않았을 거예요. 지금 우리 캠 상황은 최악이에요. 초동 형, 산타 형도 부당징계 철회 싸움에 연루돼서 경고 조치 받고 손발이 묶였잖아요. 저는 1년이라도 제대로 공부할 수 있는 곳에서 힘을 기르고 싶어요."

잠시 침묵을 지키던 이옥신이 말했다.

"⋯⋯듣고 보니 네 말도 일리가 있네. 운동을 그만둔다는 것도 아니

---

102. Labor. 노동자.

103. 단위 사업장.

104. Student movement. 학생 운동.

105. 이옥신은 선영이 이미 교회 활동을 하기 시작한 5월 경 선영을 만난 자리에서 '너무 편한 길을 찾는 게 아니냐'는 비판을 가하고, 학내 '언더 서클' 활동을 제의했다고 술회하였다.

고, 너하고 잘 맞는 곳에서 힘을 기르겠다는데 내가 무슨 말을 할 수 있겠니. 강요할 수도 없고, 해서도 안 되는 거지. 하나만 약속해 줘. 거기서 활동하다가 고민스러운 일이 생기거나 길이 보이지 않을 때는 꼭 나를 찾아오겠다고."

선영은 어이가 없다는 듯이 웃으며 말했다.

"아유, 언니는! 다시는 안 볼 사람처럼 무슨 말을 그렇게 해요? 운사에서 저 안 볼 거예요? 아무 고민 없어도 언니 만나러 서클룸 자주 갈 거고, 서클룸에 없으면 언니네 과사무실에 죽치고 있을 거니까 그렇게만 아세요."

"하하하……"

옥신은 선영의 어깨를 툭 치며 그제야 활짝 웃었다.

"난 다시 학교 들어가봐야 되는데 넌 어떡할래?"

"오늘은 일찍 집에 가서 밀린 빨래랑 집안 청소랑 할 게 많아요."

"왜 너네 언니가 늦게 다닌다고 뭐라고 그래?"

"우리 언니 요새 대학 입시 공부하느라 내가 언제 들어가는지도 몰라요. 회사 끝나면 늦게까지 공부하고 오거든요."

"와, 회사 다니면서 그게 가능해? 대단한 분이네!"

"우리 언니 고등학교 때 공부도 잘했는데 취직해서 동생들 뒷바라지한다고 대학 못 갔잖아요. 그래서 더 늦기 전에 도전하라고 했어요. 집안일은 제가 하면 되니까 아무것도 신경 쓰지 말고 공부하라고."

"착한 동생이네."

"착하긴요. 언니 도움으로 학교 다니는데, 당연히 해야 될 일이죠. 한 가지 아쉬운 건 대학부 애들하고 친해지고 싶은데 시간이 많지 않다는 거예요. 세미나 끝나면 뒤풀이 가잖아요. 늦도록 술 한 잔 하면서 속 이야기도 하고 그러면 좋은데, 저는 언니 밥이랑 빨래랑 챙겨야 하니까 애들이 2차 가자고 졸라도 9시쯤엔 일어나야 되는 거. 뭐, 그 거 말고는 다 좋아요."[106]

언니의 대학 입시 도전에 대해서는 박화진도 인터뷰에서 이야기한 바 있다. 2007년에 방영된 MBC 6월항쟁 20주년 기획 다큐 〈너는 살고 내가 죽었다〉 사전 인터뷰에서 박화진은 이렇게 말했다.

사실 1학년 때는 선영이가 저를 뒷바라지 해줬거든요. 제가 낮에는 직장에 가서 일하고 저녁에는 학원에 가서 매일 공부하고 보통 집에 오면 12시 반, 1시 그 정도 되거든요. 그럼 어떤 날은 버스 내리는데 나와 있어요. 기다리고 있어요. 고생했다고…….

이옥신과 헤어진 뒤 선영은 28번 버스에 올랐다. 처음으로 타인에게 청담교회 대학부 이야기를 해서일까. 불현듯 대학부 친구들이 떠올랐다. 김광훈, 김승관, 박용숙, 여혜경……. 수학과 동기들이 일상적이고 개인적인 고민을 편하게 나눌 수 있는 친구들이라면, 이들은 뭐랄까. 전장에 나가기 전에 훈련소에서 만난 전우랄까. 긴장과 토론과 웃음과 해학이 버무려진 그들과의 만남은 늘 즐거웠다.

뒤풀이에서 화제를 주도하는 것은 김광훈과 여혜경이었다. 두 친구는 일단 목소리가 크고 말도 많이 했다. 여혜경과 김광훈이 만담 커플처럼 주거니 받거니 시끌벅적 떠들고 있으면, 시니컬한 얼굴로 술을 마시던 박용숙은 재치있는 한두 마디로 툭툭 잽을 날렸다. 승관과 선영은 그 소란 속에 쉬 끼어들지 못하고 그들이 하는 이야기에 웃음을 터트리곤 했다.[107] 이 다섯 사람의 개성과 말투가 찰떡같이 어우러져

---

106. 박화진 인터뷰, 2000년.
107. 박용숙 인터뷰 내용을 참고로 재구성, 2024년.

서 뭐라 형언할 수 없는 화음을 내곤 했는데, 그게 그렇게 재밌을 수가 없었다. 지루할 새가 없이 시간이 갔고, 가끔 선배들과 친구의 질문에 대답하다 보면 어느새 집에 갈 시간이 되곤 했다. 슬그머니 가방을 들고 일어설 때면 혜경의 취한 목소리가 날아오곤 했다.

"야이씨, 박선영! 집에 서방이라도 숨겨놨냐? 왜 맨날 일찍 가고 지랄이야 지랄이! 누군 집이 없어서 안 가는 줄 알아?"

혜경은 입이 걸고 욕도 잘하는 아이였다. 그런데 신기하게도 그 애가 하는 욕은 거부감이 들지 않고 전라도 사투리처럼 착착 엉기는 맛이 있었다.

선영은 하하 웃으며 대답했다.

"미안! 언니 오기 전에 가야 해서."

"언니? 언니가 뭐? 야, 그냥 개겨! 엉? 다 큰 동생이 친구들하고 술 한 잔 하겠다는데, 뭐가 문제야? 그냥 '술 좀 마셨슴돠' 하고 들어가서 디비자면 되는 거지……."

이야기가 길어지자 나정훈이 나섰다.

"다음 주 토요일에 1박 2일 MT 있으니까 그땐 선영이도 꼭 시간 내라. 알았지?"

"MT요?"

"매번 우리끼리만 만나서 공부하고 헤어지니까 다른 선배들하고 만나서 이야기 나눌 기회가 없잖아. 그날은 우리 85, 84, 83 다 모여서 회포를 풀기로 했으니까 대학부 전체 단합대회라고 생각하면 될 거야."

"알았어요. 시간 만들어볼게요."

"혜경이 들었지? 이제 선영이 보내고 우린 2차 가자."

미간에 내 천川자를 그리며 앉아 있던 혜경이 반색을 하며 두 손을 모았다.

"2차? 형이 사는 거야?"

"그럼 임마, 언제는 내가 안 샀냐?"

"오케바리!"

혜경은 승관이와 대화 중인 광훈의 등짝을 철썩 내리쳤다.

"야, 지방방송 끄고 발딱 일어나! 2차 가자!"

"아오, 아파 디지겠네! 저 문디가시나!"

그렇게 옥신각신하면서 호프집으로 몰려가던 동기들의 뒷모습을 떠올리며 선영은 피식 웃음을 흘렸다. 차창 밖으로 노을이 지고 있었다. 석양빛에 물든 하늘을 보며 생각했다. 부럽지 않다고 하면 거짓말일 것이다. 때론 집안에서의 책임, 언니에 대한 미안함 같은 것들 다 내려놓고 저들과 함께하고 싶다는 감정이 불쑥 치밀 때도 있었다. 그러나 그렇게 행동했을 때 닥쳐올 상황을 선영은 충분히 예견할 수 있었다. 절대로 그렇게 돼서는 안 된다. 튀지 않게 생활하면서 최대한 오래, 안정적으로 학생운동을 하겠다는 것이 선영의 계획이었다.

라이프스토리

천만다행으로 선영은 토요일의 MT에 참여할 수 있었다. 화진 언니가 집안 일로 광주에 내려가게 되었기 때문이다. 학기 초에 UNSA MT를 경험한 선영은 청담교회 대학부도 서울 근교의 산이나 유원지 같은 데를 가리라 막연히 생각했다. 그런데 놀랍게도 MT 장소는 왕십리에 있는 84 선배의 자취방이었다. 그제야 선영은 자신의 생각이 얼마나 순진하고 나이브했는지 깨달을 수 있었다. 언더서클 활동을 하는 사람들이 오픈된 공간에 모여서 무슨 이야기를 할 수 있겠는가.

오후 5시경 2호선 왕십리역에 도착한 85들은 나정훈의 인솔로 MT 장소에 도착했다. 대문을 열면 시멘트를 바른 마당이 중앙에 있고 한 귀퉁이에 수도시설이 있는 구옥이었다. 오른쪽 대청마루가 있는 안 채는 주인댁이 쓰는 공간이고, 작은 쪽마루가 달린 왼쪽의 문간방이 84 선배가 자취를 하는 곳이었다.[108] 여혜경은 이 84 선배를 '사무엘 형'으로 기억했다.[109]

방에는 83 선배와 84 선배들이 미리 와서 기다리고 있었다. 자취방 치고 작은 방이 아니었는데도, 85학번 다섯이 들어서자 '다 앉을 수 있을까' 싶을 정도로 공간이 협소하게 느껴졌다. 먼저 와 있던 선배들 이 각자 차지한 공간을 최대한 줄이고 나서야 모두가 빼곡하게 둘러 앉을 수 있었다.

84 선배들이 술과 안주를 나르고 일회용 컵과 접시, 젓가락을 배분 하는 동안 대학부 회장인 김상옥[110]이 입을 열었다.

"청담교회 대학부의 활동은 장청에서 일하는 70년대 학번 선배들 과 노동운동을 하는 선배들을 주축으로 시작되었습니다. 이 자리에 는 참석하지 않았지만, 80년대 학번으로 청담교회 대학부를 거쳐 각 자의 학교로 운동의 장을 옮긴 82학번 선배들도 계십니다. 오늘 83, 84, 85가 MTMembership training라는 이름으로 한 자리에 모였습니다. 평소 학번 별로 모임이 진행돼서 서로를 알 수 있는 기회가 거의 없 기 때문에 오늘 이렇게 친목도 다지고 서로 진솔하게 대화할 수 있는

---

108. 박용숙 인터뷰, 2024.
109. 여혜경 인터뷰, 2022. 이 두 번째 책을 준비하는 단계에서 오영자 어머니와 김
    광훈, 여혜경, 김기선이 영등포산업선교회에서 모임을 가진 적이 있다.
110. 간호대 83학번.

자리를 마련했습니다. 개인 공간을 오픈해 준 84 ○○○ 고맙고, 술값 안주값을 지원해 주신 82 선배님들께 감사드립니다. 조금 비좁겠지만 옆사람과 바짝 붙어 앉아서 그동안 쌓인 이야기도 나누고 서로 궁금증도 풀어보는 시간을 갖기로 합시다."

김상옥에 이어 허탁이 말했다.

"오늘의 주인공은 85니까 웬만하면 85들끼리 앉지 말고 좀 흩어져서 83, 84들이랑 이야기 많이 하도록 해. 거기 혜경이하고 승관이 84들 쪽으로 와라."

여혜경과 김승관이 자기 술잔을 들고 84들 사이에 끼어앉는 걸 보면서 허탁이 덧붙였다.

"한 가지 주의할 점은, 이 방이 주인집하고 붙어 있기 때문에 아무리 기분이 좋아도 목소리가 일정 데시벨 이상 올라가면 안 된다는 거야. 혜경이, 알았지?"

"뭐? 내가 뭐?"

"알면 됐고. 그러면 다들 편하게 먹고 마시다가 9시가 되면 촛불을 켜고 돌아가면서 각자의 라이프스토리를 듣는 시간을 가질 거야."

"엥? 뭔 스토리요?"

김광훈이 난감하다는 듯 반문하자 나정훈이 답했다.

"살아온 이야기. 어떤 집안 환경에서 자랐는지, 성장기의 고민은 무엇이었는지, 청담 대학부에 온 계기와 지금의 고민에 대해서 편하게 이야기하면 돼."

"살아온 이야기? 남사스럽게 뭔 그런 얘기를 해……?"

'그러게……'

선영도 속으로 생각했다. 다른 친구들 이야기는 잘 들어줬지만, 제 마음속 고민은 누구한테도 '편하게' 털어놓은 적이 없었다. 제 고민이 유독 무겁고 비밀스러워서는 아니었다. 그냥 어릴 때부터 그래 본 적이 없어서, 무엇부터 어떻게 이야기해야 할지 알 수 없는 탓이었다.

박용숙이 방바닥에 있는 소주와 맥주를 턱으로 가리켰다.

"야, 마셔! 형들이 이거 왜 사다놨겠냐? 원래 술 취하면 다 붉게 돼 있는 거야."

"이야······. 아주 술로 반쯤 죽여놓고 시작할 건가 본데?"

그 말을 증명하듯 나정훈이 술잔을 높이 들고 말했다.

"자, 우리 거국적으로 건배 한번 하자. 원샷 알지? 다 같이 건배!"

"건배!"

냉큼 잔을 비운 84들은 잔 든 손을 머리 위로 치켜들며 원샷임을 인증했다. 한 모금을 겨우 마신 선영은 선배들 눈치를 보며 잔을 내려놓았다. 나정훈은 반도 비우지 못한 선영의 잔을 보고도 싱긋 웃기만 했다.

"아는 사람은 다 알겠지만, 우리 85 중에 민중가수가 있는데······."

나정훈의 말이 끝나기도 전에 모두 '여혜경! 여혜경!'을 외치기 시작했다. 혜경은 이럴 때 새침을 떼거나 빼는 법이 없었다. 그는 잠시 목을 가다듬고는 노래를 시작했다. 〈이 산하에〉였다. 그 얇은 몸피에서 나왔다고는 믿기지 않는 우렁찬 소리가 작은 방에 쩌렁쩌렁 울렸다. 선영은 혜경의 노래에 흠뻑 빠져들었다. 노래가 후반부로 치달아갈수록 비장한 가사와 혜경의 목소리가 어우러지며 절로 주먹에 힘이 주어졌다.

"앵콜! 앵콜! 앵콜······."

〈청산이 소리쳐 부르거든〉, 〈군중의 함성〉, 〈노동의 새벽〉 같은 노래들이 연이어 불려지면서 분위기는 뜨겁게 달아올랐다. 이때부터는 부르는 사람이 가수였고 모두가 가수였다. 취기가 오르고 마음의 빗장이 열리면서 가슴 깊이 잠가놓은 뜨거운 감정들이 콸콸 쏟아져나왔다.

선배나 후배나 20대 초반, 아직은 어리고 미숙한 나이였다. 소지한 것만으로도 구속될 수 있는 금서를 읽고, 남몰래 만나 토론을 하고, 터질 것 같은 두려움을 찢고 거리에 뛰어들어 군부독재 타도를 외치는 나날이 어찌 힘겹지 않으랴. 때로 마시고 노래하면서 서로를 위무하고 다시 한 발 내디딜 힘과 용기를 얻는 것이 이들에게 허락된 유일한 처방이었다.

"시끄러워!"

"잠 좀 자자!"

갑자기 벽이 쿵쿵 울리더니 벽력같은 고함소리가 들렸다. 다들 신나게 노느라 허탁의 경고를 깜빡 잊고 만 것이다. 방주인인 84 선배가 얼른 주인집으로 달려가 고개를 숙이며 백배사죄했다. 그러나 다들 조심한다고는 했지만, 이미 취해버린 사람들의 주사까지 막을 수는 없었다. 결국 이들의 고성방가에 지친 주인집에서 경찰에 신고를 했다.

"경찰에 신고했으니까 알아서들 해!"

"이놈의 자식들, 어디 콩밥 좀 먹어봐라!"

화가 난 주인아저씨가 마당에서 고래고래 소리를 쳤다. 84 선배가 주인아저씨께 다시 머리를 조아리며 사과하는 동안 일행은 선배들의 눈짓에 따라 취한 친구들을 이끌고 재빨리 방을 빠져나갔다. 출동한 경찰과 부딪쳐서 좋을 것이 없었기 때문이다. 그들의 가방과 점퍼 주머니에는 들켜서는 안 될 책들과 유인물이 있었다. 다행히도 일행이 다 빠져나갈 때까지 경찰은 오지 않았다. 선배들이 열심히 준비했던 MT는 이렇게 뜻하지 않은 해프닝으로 인해 돌연 막을 내리게 되었다.

훗날 여혜경은 '이날 예정대로 라이프스토리를 진행했다면 선영이 이야기도 들어볼 수 있고 다른 85들과도 좀더 가까워질 기회가 되었을 것'이라며 크게 아쉬워했다.

우리 넷은 술을 되게 좋아하고 잘 마셨는데, 선영이는 담배도 안 피우고 술도 잘 못 먹는 애였어요. 너무 순진하고 반듯하다고 할까. 뒤풀이에 와도 시간 되면 가고 술도 안 먹고 그러니까 사실 우리하고 터놓고 이야기할 기회가 거의 없었죠. 서울교대라는 데가 너무 숨 막혀 보였는데, 안타깝게도 선영이는 숨통이 트일 기회를 못 가진 거예요.[111]

NO PAIN NO GAIN

83학번 허탁은 2002년에 제출한 '민주화 관련자 명예회복을 위한 인우보증'에서 청담교회 대학부 활동에 대해 이렇게 썼다.

전두환 폭력정권에 의한 1980년의 폭압기를 지나면서 민주화운동 세력은 살아남기 위해 모든 것이 비합법인 상황에서 학생운동은 지하서클이나 다른 형태로 83년까지 그 생명력을 유지시키고 있었습니다. 1980년도에서 1984년까지의 전두환 폭압기에 합법적일 수 있는 공간으로 운동역량은 자기의 새로운 모색을 해야 했습니다.

이런 상황에서 교회의 기독학생운동은 그나마 종교인들의 보호 속

---

111. 여혜경 인터뷰, 2018.

에 광주의 진실을 밝힐 수 있고, 민주역량의 조직적 성장을 보호할 수 있는 하나의 합법적인 공간이 되고 있었습니다.

비합법적인 지하서클에 맞지 않은 학생들이나, 민주화에 대한 열정은 있지만 한 걸음 한 걸음 차근히 전진을 하고픈 학생들이나, 또는 종교적 양심으로 광주학살의 진실 앞에 분노하던 기독학생들이 서울지역 교회를 근거로 뭉치고 있었습니다. 그 교회 중 하나가 민주와 진보의 편에 계시던 조남기 목사님이 사목하는 청담교회였습니다.

1980년대 초반 전두환 군사독재정권의 폭압을 피해 학생운동 세력의 일부는 교회 울타리 안으로 들어가 활동을 이어나갔다. 이들은 교회 대학부에서 사회과학 학습을 통해 역량을 키우는 한편 다른 교회 대학부와 연합으로 가두시위와 선전물 배포 투쟁을 전개해 나갔다.

2001년 촬영한 청담교회 모습
선영이 활동했던 시기의 교회 모습과 가장 흡사한 사진이다.

당시 청담교회 대학부와 자주 모였던 교회로는 현대교회, 새문안교회, 새롬교회 등이 있었는데, 대부분 진보적인 목사들이 사목하는 곳이었다. 대학부 연합 세력은 점점 확장되어 1985년 하반기에는 자체 시위에 200여 명이 투쟁에 나설 정도였다. 선영이 대학부 활동을 시작한 것이 바로 그 시기였다. 대학부 연합은 수련회를 함께 하기도 하고, 체육대회를 하기도 하는 등 친밀한 관계를 다져나갔다. 선영의 경우,

종탑 아래에 자리한 청담교회 대학부. 창문에서 2층 옥상이 내려다보였다.

1박 2일 수련회는 몰라도 체육대회 정도는 참여하지 않았을까 추측된다.

1학년 때 연세대 운동장에서 열린 체육대회에 참석했던 여혜경은 그때를 이렇게 회상했다.

"몇 개 교회 연합 체육대회 한다고 그래서 평범한 체육대회인 줄 알고 갔는데, 경기 종목이 다 시위와 관련된 것들이었어요. 경사길을 막 빨리 뛰어 올라가서 뭘 터치하고 온다든지, 아니면 되게 높은 데를 점프해서 뛰어넘게 한다든지……. 도망칠 때 필요한 체력과 기술을 기르기 위한 대회가 아니었나 싶어요. 되게 재미있었어요. 대학부에서 아주

적은 인원들만 보다가 많은 사람들을 만나니까 '와, 우리 편이 이렇게 많았구나' 하는 뿌듯함, 자신감 같은 것들이 차오르더라고요. 아마 그 래서 선배들도 그런 기회를 마련한 것 같아요."[112]

군사독재 치하에서 민주화운동을 했던 80년대 학생들은 늘 불심 검문과 불법연행, 체포, 구금, 고문의 위협 속에서 살아가야 했다. 기 독학생운동권의 체육대회에 저런 종목이 등장한 것도 바로 그 때문 이었을 것이다. 이들은 평상시에도 유사시에 대비한 트레이닝을 수차 례 진행했다. 여혜경에 따르면 대학부 선배들은 1학년들에게 '적들이 침탈했을 경우'에 대비하여 '창문에서 1층 옥상까지 뛰어내려보라'고 주문하기도 했다. 현실적으로 저들이 교회를 침탈할 가능성은 거의 없지만, 교회 밖에서 불심검문을 받거나 연행될 가능성을 염두에 두 고 1학년들의 경각심을 높이기 위한 트레이닝이었던 것 같다.

이들이 군사독재정권의 탄압 속에서도 학생운동을 이어갈 수 있었 던 가장 큰 동력은 광주학살에 대한 분노였다. 특히 광주 출신인 선 영에게 '광주'는 형언할 수 없는 아픔이자 분노였다.[113] '5·18 광주민중 항쟁 세미나'를 통해 1980년 5월 광주항쟁의 전모를 알게 된 선영은 깊은 충격을 받았다. 광주 출신으로서 1980년 5월의 일에 대해 알 만큼 안다고 생각했건만, 자신이 아는 건 그저 주위들은 풍문이었을 뿐 광주항쟁의 진상과 본질에 대해서는 깊이 알지 못했던 것이 사실 이었다.

광주항쟁 당시 선영은 어린 중학생이었고, 광주 전남여고에 들어간 뒤에는 조선대와 전남대생들이 매일의 일과처럼 도청이며, 금남로로

---

112. 여혜경 인터뷰, 2018.
113. 박용숙 인터뷰, 2024.

뛰쳐나가는 걸 보면서도 광주항쟁의 실체에 접근하지는 못했다. 오빠의 책들에서 섭취한 단편적인 지식은 있었지만, 그것은 가슴으로 통절하게 받아들여 육화된 진실은 아니었다.

선영은 선배들에게 받은 광주항쟁 관련 유인물 외에도 여러 자료를 찾아보았다. 각 대학에서 하는 광주항쟁 사진전을 둘러보기도 하고, 광주항쟁 참여자들의 수기를 읽어 보기도 했다. 특히 황석영 작가가 대표 집필한 『죽음을 넘어, 시대의 어둠을 넘어』를 읽으며 머리를 망치로 두들겨 맞은 듯한 충격을 받았다. 경악과 충격, 슬픔과 분노! 눈 뜬 소경처럼 세상을 살아온 것이 너무나도 부끄러웠다. 선영은 숨죽여 울고 또 울었다. 밤새 얼마나 울었는지 아침에 눈이 떠지지 않을 정도였다.

광주항쟁 세미나를 마친 일행은 건대 후문 쪽에 있는 반달집에서 뒤풀이를 가졌다. 교회에서 다리 하나만 건너면 건대였기 때문에 세미나가 있는 날은 으레 건대로 몰려갔다. 황소상이 내려다보는 잔디밭에서 선배들에게 사박자 춤, 해방 춤을 배우기도 하고, 자유롭게 떠들며 놀다가 해가 저물면 반달집으로 가곤 했다.

이날 세미나를 이끌었던 83학번 허탁 선배의 선창으로 모두 〈오월의 노래〉를 불렀다. 선

반달집. 세미나가 있는 날이면 으레 반달집에서 뒤풀이를 했다.

황소상이 있는 건대 잔디광장

영은 친구들과 같이 팔을 흔들며 열정적으로 노래를 불렀다. 날 선 노랫말이 가슴을 푹푹 찌르는 것 같았다.

> 꽃잎처럼 금남로에 뿌려진 너의 붉은 피
> 두부처럼 잘리워진 어여쁜 너의 젖가슴
> 오월! 그날이 다시 오면 우리 가슴에 붉은 피 솟네
>
> 왜 쏘았지 왜 찔렀지 트럭에 싣고 어딜 갔지
> 망월동에 부릅뜬 눈 수천의 핏발 서려 있네
> 오월! 그날이 다시 오면 우리 가슴에 붉은 피 솟네

선영은 그날 처음으로 막걸리 석 잔을 마셨다. 마시지 않고는 배길 수가 없었다. 한 잔을 마시고 두 잔을 마시고 석 잔을 마셨는데도 취

반달집이 있었던 자리를 살펴보는 김광훈과 여혜경, 2023

하기는커녕 머리만 깨질 것처럼 아팠다. 결국 선영은 토기吐氣를 이기지 못하고 술집을 나왔다. 그는 흐린 가로등 아래서 먹은 것을 다 토했다. 비틀거리며 일어서는데 누군가 둘둘 만 휴지를 내밀었다. 나정훈이었다. 자신의 추태를 다 봤을 거라고 생각하니 견딜 수 없이 수치스러웠다. 선영의 발그레한 볼이 더 새빨갛게 달아올랐다.

"네 맘 알아. 나도 광주 출신이야."[114]

왈칵 눈물이 쏟아졌다. 선영은 휴지 뭉치에 얼굴을 묻고 엉엉 울었다. 반달집에서는 구호가 터져 나오기 시작했다.

"광주학살 주범 전두환을 타도하자!"

"광주학살 배후조종 미국놈들 몰아내자!"

---

114. 박용숙 인터뷰, 2024. 박용숙은 이날 인터뷰에서 '정훈이 형이 광주 출신이고, 언젠가 85들이 광주에 갔었던 것 같다'고 말했지만, 이를 뒷받침할 만한 다른 이의 증언이 없어 이 책에는 반영하지 않았다.

선영만이 아니었다. 모두가 다른 날과는 달리 조금씩 격앙돼 있었다. 당시 대학생들에게 '광주'는 운동을 자기 삶으로 받아들이기 위해 필연적으로 거쳐야 할 통과의례 같은 것이었다.

박용숙은 2002년 민주화 관련자 명예회복을 위한 인우보증 「박선영 열사에 대한 기억」에서 이렇게 썼다.

당시 우리가 가장 슬픔과 분노를 억제할 수 없었던 것은 '80년 광주사태(오늘날 민주화운동으로 불리워지는)'에 대한 이야기였습니다. 선영이도 광주 출신인 데다가 남다른 감수성으로 광주에 대한 슬픔과 분노를 어쩌지 못했습니다. 그런 것들이 선영이가 운동을 열심히 했던 동력이었다고 생각합니다.

같은 해 제출한 '인우보증'에서 서울교대 수학교육과 85학번 동기 이현숙은 또 이렇게 썼다.

"광주의 딸로 태어나 이렇게 안이하게 살아갈 수는 없다. 80년의 광주항쟁을 어찌 잊을 수 있느냐?"
"민중들의 삶에 비하면 우리들의 삶은 귀족의 삶이다."
하면서 나태해진 우리들에게 항상 경각심을 불러일으켜 주면서 결코 편안한 삶에 안주해선 안 된다고 일깨워 주곤 했습니다. 이는 자꾸만 나태해져가는 자신에 대한 질책이었을 것입니다.

5월 어느 날, 선영이 불쑥 광주에 내려온 적이 있었다. 평소처럼 쾌활한 모습으로 농담을 하던 선영이 설거지를 하면서 이런 말을 했다.
"엄마. 나 오늘 망월동 오일팔 묘역에 갔다 왔다?"

"음마, 거그는 왜?"

"그냥. 광주서 살면서도 그렇게 많은 사람들이 무고하게 죽어간 것도 모르고 산 게 죄스러워서. 권력을 쥔 살인자들은 저렇게 버젓이 살아가는데, 변변히 싸워 보지도 않고 이렇게 편안히 살아도 되는 것인지, 너무너무 마음이 아팠어, 엄마."

"아이, 공부나 해. 공부가 힘이여. 공부 열심히 해서 사회에 나가면 하고 싶은 거 얼마든지 할 수 있어. 글고 인자 장학금 받고 그래야제, 그런 데 휩쓸려 다니면 못 써."[115]

부모님은 선영이 공부 열심히 해서 장학금을 타길 바랐다. 그러나 현실은 장학금은커녕 학사경고를 받지나 않을까 전전긍긍하는 형편이었다. 대학부 활동에 몰입할수록 선영은 자신이 부모님의 바람에서 점점 멀어지고 있다고 느꼈다. 부모님을 생각할 때마다 명치께가 아릿해지면서 미래에 대한 알 수 없는 불안감이 스멀스멀 올라왔지만, 그는 애써 외면했다.

학생운동 초기 선영의 가장 큰 과제는 자신의 낭만성, 감상성을 극복하고 운동가로서 자기 정체성을 확립하는 것이었다. 당시 선영의 일기에는 소시민적 욕구마저 통제하려 하는 몸부림이 적나라하게 드러난다. 어느 비 오는 밤, 블랙커피를 음미하며 클래식 음악을 듣던 그는 문득 다음과 같이 독백한다.

내가 예전에 꿈꾸던 그런 환경과 조금은 흡사하다는 생각이 든다. 하지만 포만이 가져다주는 탄력의 상실은 정말 싫다. 좀더 활동적인 내 자신에 대한 흥미, 본질, 호기심……. 수레바퀴처럼 신선한 흥미를 잃

---

115. 오영자 인터뷰, 2000.

은 타성처럼 회전하는 생활이 싫다. 외제 커피를 마시면서 이열치열의 맛을 즐긴다. 大學生이란 기득권! 내가 취한 행동들은 어떠한 것들이었나…….

　　—1985년 8월 25일자 일기에서

선영은 '大學 4年間 가장 큰 목표는 가치관의 형성'[116]이라 못박고, 자기와의 투쟁을 선언한다. 그가 말하는 '자기와의 투쟁'[117]이란 자기 내부의 낡고 묵은 것들을 허물고 '부정의 부정'을 통해 진보를 꾀하는 싸움이다. 필연적으로 이 싸움에는 엄청난 고통이 따른다. 그리하여 그가 얻은 결론은 'NO PAIN NO GAIN'이다.

　　자기를 안다는 것은 자신의 자아 개념을 확립하는 것이며 잘못 확립된 자아 개념을 회복하는 것이 곧 자기와의 투쟁이 된다. NO PAIN NO GAIN. —고통 없이는 아무것도 얻어지지 않는다.
　　—날짜 미상의 일기에서

그 아픈 투쟁을 감수해야 하는 이유는 무엇인가. 그것은 바로 운동, '역사가 증명한 진리의 길'을 걸어가기 위해서이다.

　　M[118]은 역사의 과정이요 역사가 증명한 진리의 길이요 험난한 자기 극복의 길이다. 인간은 보편적으로 본능적으로 자기의 생활에 부적인[119] 영

---

116. 날짜 미상의 일기에서.
117. 1985년 11월 10일의 일기에서.
118. Movement. 운동.
119. '부정적인'의 오기(誤記)인 듯하다.

향들을 헤쳐나가려고 노력한다. 이러한 개개인에게 힘들게 다가오는 생활이 점점 규모가 커져 갈 때 헤쳐나가고 대응하려는 힘들 또한 성장하게 되며 끝내는 변화가 된다. 커다란 변화가……

　　　—날짜 미상의 일기에서

'대학생이라는 기득권'을 내려놓고 '역사가 증명한 진리의 길'을 걸어가겠다고 결심한 선영은 많은 여성들이 선망하는 소시민적 생활을 거부하기에 이른다.

　　판 틀어놓고, 석양, 커튼 드리워지고, 안락한 거실에 앉아 매몰되는 한 아낙이고 싶지 않소. 뛰면서 활동하고, 바쁘게, 고달프게 그리고 아프게 생활하고프요. 내 모든 것 버리고, 모든 허울 벗어버리고, 모든 그물에서 탈피하여.[120]

'뛰면서', '바쁘게', '고달프게', '아프게' 살고 싶은 그의 열망은 그의 삶을 숨 가쁜 질주의 회오리 속에 밀어 넣었다.

나는 투쟁하지 않으면 안 된다

　　광주민중항쟁 5주기를 맞아 전국의 대학은 일제히 포문을 열었다. 5월 17일 전국 80개 대학 4만여 명의 대학생들이 광주민중항쟁 진상요구대회를 개최하였고, 5월 23일에는 서울지역 5개 대학 남녀 학생

---

120. 서클 선배에게 보내는 편지 초고.

73명이 미국의 광주항쟁 진상 해명과 사과를 요구하며 서울 미문화원을 기습 점거하고 26일까지 농성을 벌였다. 노동자들의 처절한 투쟁도 이어졌다. 5월 4일 대우자동차 파업, 6월 24일에는 대우어패럴 노동조합의 파업을 시작으로 50년대 이후 최초의 동맹파업인 구로공단연대파업농성(구로동맹파업)이 전개되었다. 바야흐로 투쟁의 계절이었다.

각 대학의 투쟁은 교내집회를 마친 후 경찰이 봉쇄한 정문을 돌파하기 위한 싸움이었지만, 교회라는 우산 아래 모인 기독학생들의 투쟁은 거리에서 시작될 수밖에 없었다. 수적인 열세를 극복하기 위해 장청·기청·감청[121] 3청이 연대하여 가두시위를 벌이기도 했고, 노학연대 싸움에 동참하기도 했다.

1학년들도 직접 필드에서 뛰기 시작했다. 정경자에 따르면, 대학부 선배들은 1학년 1학기까지는 가두시위에 직접 참여하지 않고 참관만 하게 했다고 한다. 일례로 서울역에서 독재타도와 민주화를 요구하는 가두시위가 있었는데, 대학부 선배들은 선영이와 다른 1학년 새내기들을 홍대 앞에서 만나 그날 가투[122]의 성격을 간단히 알려주면서 집으로 돌려보냈다는 것이다.[123] 여혜경도 비슷한 기억을 갖고 있다. 5월 초, 광화문사거리에서 기청·감청·장청 3청이 주도한 시위가 있었는데, 당시 1학년은 참여하지 않고 인도에서 지켜보기만 했다고 한다.[124]

여름방학이 다가오기 시작할 무렵부터는 그전까지 참관만 하던 1학년도 시위에 참여했다. 시위가 있을 때는 비밀리에 제3의 장소에 모

---

121. 장청(대한예수교장로회청년연합회), 기청(한국기독교장로회청년회), 감청(기독교대한감리회청년회).
122. 가두투쟁.
123. 정경자, 「민주화운동 관련 명예회복을 위한 인우보증서」, 2002.
124. 여혜경 인터뷰, 2018.

여서 이번 시위의 성격에 대한 간단한 브리핑과 함께 시위 장소와 구호, 복장, 퇴로 등의 내용을 전달받곤 했다.

가두시위는 선영에게 특별한 흥분과 공포를 동시에 안겨주었다. 그저 참관만 했을 때는 인파 속에서 시위 장면을 훔쳐보기만 하는 것인데도 쿵쿵거리는 심장 소리가 들릴 정도로 두려움에 휩싸이곤 했다.[125] 선영은 다른 친구들에 비해 '특별히 씩씩하지도 않았지만, 또 뒤로 물러앉아 있지'[126]도 않았다. 거리에 뛰어들고 나면 두려움 속에서도 묘한 해방감 같은 것이 느껴졌다. 약속된 시각에 삑삑 호각소리가 들리고, 그 소리를 신호로 젊은이들이 도로에 뛰어들어 순식간에 커다란 물결을 이룰 때, 선영은 가슴 벅찬 충일감과 함께 자신 또한 그 물결의 일부가 되어 같이 흘러가고 있음을 느꼈다.

85학번 대학부 동료들은 1985년 선영과 함께했던 대표적인 시위로 압구정동 가두시위와 왕십리 한미은행 앞에서 있었던 우루과이라운드반대투쟁을 꼽았다. 그해 5월 거대한 8차선 도로에서 진행된 압구정동 가두시위는 1학년들에겐 첫 시위였는데, 긴장한 것에 비해 시위가 너무 빨리 끝나서 다소 실망스러웠던 싸움이었다. 그날 선영과 여혜경은 뒤풀이에서 선배들에게 항의했다고 한다.

"둘 다 격분하면서 선배한테 막 따졌거든요. 우리가 잡혀가더라도 끝까지 남아서 우리 주장들을 펼치고 많은 시민들에게 이 사회의 불합리한 것들을 얘기해야 되는데, 선배들 그렇게 떨렸냐, 그렇게 겁이 나서 차를 타고 도망칠 거면 왜 시위를 하나……. 저희는 되게 아쉬웠어

---

125. 이옥신 인터뷰, 2001.
126. 박용숙, 「박선영 열사에 대한 기억」, 민주화운동 관련 명예회복을 위한 인우보증, 2002.

요. 선영이랑 저는 이제 떨리죠. 첫 시위니까. 그래서 선배의 손을 하나씩 잡고 하면서 '우리 도망갈 때 꼭 같이 도망가자' 이랬는데 도망가면서 둘 다 '아, 우리 지금 너무 비겁하다. 이렇게 싸우는 게 아니지. 너무 빨리 끝났다. 이게 뭐냐' 그런 생각을 했었거든요."[127]

반면에 그해 가을에 있었던 우루과이라운드반대투쟁은 상당히 규모가 있는 시위였고, 오랜 시간 치열하게 전개된 싸움이었다.

우루과이라운드란 미국을 중심으로 농산물, 서비스 및 지적 소유권 분야 등의 완전 수입개방을 추구하는 세계무역회의를 말한다. 당시 학생운동 진영은 미국이 자국 농업에는 농가소득의 50%에 이르는 막대한 보조금을 주어 덤핑수출을 함으로써 국제농산물 교역 질서를 교란시키고, 다른 한편으로는 다른 나라에 수입개방을 강요함으로써 농업을 해체시키고 농민의 생존을 위협한다고 판단했다.

또, 미국이 자국에 불리한 분야는 수입을 규제하면서 경쟁력 있고 유리한 분야에 대해서는 완전 개방을 요구하고 있기 때문에 우루과이라운드가 타결되어 시행될 경우 한국의 농업은 무너지고 농민의 몰락은 물론, 금융·통신·유통·도소매업·학교·기타 서비스 분야에서 외국 거대자본의 침투와 지배가 전면화될 것으로 예상하고 우루과이라운드 협상 반대 투쟁을 벌이게 된 것이다.[128]

가두시위 외의 실천 활동으로 선전전이 있었다. 도시개발이 예고된 산동네를 돌면서 집집마다 유인물을 집어넣기도 하고, 압구정동 레스토랑을 돌며 화장실에 독재정권 타도의 내용이 담긴 스티커를 붙이기

127. 여혜경 인터뷰, MBC 6월항쟁 20주년 다큐 〈너는 살고 내가 죽었다〉, 2007년.
128. UR 농산물협상거부 범국민 공대위, 「우루과이라운드! 과연 농민만의 문제인가」, 발행 시기 미상.

도 했다.

밤늦은 시간, 선영이와 저가 한 조가 되어 압구정동 레스토랑을 돌며 화장실에 독재정권 타도의 내용이 담긴 스티커를 붙이는 선전작업을 했습니다. 압구정동의, 살아오면서 보지도 못했던 화려하기 그지없는 레스토랑을 드나들며 그 휘황찬란한 곳에 우리 또래의 아이들이 여유 있게 앉아 커피를 마시는 동안 우리는 숨을 죽이며 스티커 작업을 하였습니다. 그 일을 하고 나서 우리의 가슴이 얼마나 아팠던지……. 선영이와 저는 '아직도 한 끼 걱정을 하며 생계로 목숨을 끊는 사람이 있는데 저렇게 부에 겨워하는 사람들이 또 한 켠에 살고 있다는 것이 바로 우리 사회가 얼마나 불평등한가를 보여주는 것이다'라며 많이 울었습니다.

이와는 반대로 그해 가을에는 옥수동 철거지역에 가가호호 유인물 배포를 했는데, 한 치 앞도 보이지 않는 구불구불한 골목길을 다니며 전두환 정권의 도시개발이라는 이름하에 자행되어지는 도시 빈민의 삶을 폭로하고 이에 반대하는 유인물을 배포하면서 선영이는 다시 한번 진한 눈물을 흘렸습니다. 옥수동 꼭대기에서 바라다보이는 한강을 바라보며 이 사회의 부조리한 것들에 대한 분노와 열심히 살아가고 있는 다수의 민중의 삶을 아파하면서 말입니다.[129]

박용숙도 옥수동 철거지역 유인물 배포작업을 기억하고 있다. 「박선영 열사에 대한 기억」에서 그는 '선영이, 혜경이, 저 셋이 어디메쯤인지 기억나지는 않지만 산동네에 유인물을 집집마다 집어넣기도 했

129. 여혜경, 인우보증, 2002.

습니다'라고 썼다.

옥수동 골목길은 사람 하나가 겨우 지나갈 만큼 조붓한 길이었다. 길 양쪽에는 게딱지같은 하꼬방들이 다닥다닥 붙어 있었다. 어디선가 개 짖는 소리, 아이 우는 소리, 악다구니를 쓰며 싸우는 소리가 들렸다.

세 여학생은 미리 봉투에 넣어둔 유인물을 집 대문에 달린 우편함에 집어넣으며 비탈진 골목길을 올라갔다. 무슨 소리가 날 때마다 굳은 얼굴로 빠르게 주위를 살피는 이들의 모습에서 긴장한 기색이 완연했다. 저 밑에서 등짐을 진 연탄 장수가 올라오는 것이 보였다. 선영은 손에 든 봉투를 얼른 주머니에 쑤셔 넣었다. 세 사람은 대문 쪽으로 바짝 붙어서며 연탄장수가 지나갈 길을 틔워주었다. 그 아저씨가 한 발 한 발 걸어 올라오는 시간이 족히 몇 시간은 되는 것 같았다. 땀으로 번들번들한 까만 얼굴이 천천히 그들을 스쳐 지나갈 때였다.

"에이그, 이렇게 겁이 많아서 뭔 일을 하겠다고……."

무심코 이야기를 흘려듣던 선영은 번쩍 고개를 들었다. 연탄 장수가 남기고 간 말에 뒤통수가 얼얼했다. 혜경이 물었다.

"우리 보고 한 얘기지?"

용숙이 답했다.

"그런 것 같은데……."

"와, 저 아저씨 뭐야? 꼭 우리 하는 일을 다 아는 것 같잖아."

"남은 거 빨리 돌리고 뜨자."

세 사람은 산동네 꼭대기에서 만나기로 하고 세 갈래로 흩어졌다. 진즉에 그랬어야 할 일이었다. 반대편 산자락에서 '피세일P-SALE'[130]을

---

130. 유인물 배포 작업.

하면서 올라올 광훈, 승관과도 산꼭대기에서 보기로 약속이 돼 있었다.

혼자 된 선영은 가파른 언덕길을 오르며 집집마다 유인물을 넣었다. 더 이상 두렵지도, 긴장되지도 않았다. 마지막에는 거의 기계처럼 손이 움직였다. 머릿속에서는 연탄장수 아저씨의 말이 계속 재생되고 있었다.

'이렇게 겁이 많아서 뭔 일을 하겠다고……'

'뭔 일을 하겠다고……'

날이 어두워지고 있었다. 자신에게 할당된 유인물 배포를 모두 끝낸 선영이 산마루에 올랐다. 먼저 도착한 광훈과 승관이 바위에 걸터앉아 담배를 피우고 있었다. 발아래 검푸른 강이 흐르고 있었다.

아저씨가 옳았다. 선영은 우편함에 봉투를 넣으면서도 혹여 누군가 신고라도 할까 전전긍긍했다. 긴장으로 굳은 몸을 로봇처럼 움직이면서도 두렵지 않은 척 웃음 지었다. 가두시위에 나가서도 마찬가지였다. 열정적으로 구호를 외치다가도 사복경찰들에게 끌려가는 사람을 보면 온몸의 피가 싸늘히 식는 것 같았다.

무엇이 그리도 두려웠나. 두들겨 맞는 건 두렵지 않았다. 유치장에 갇힌다 해도 감수할 수 있었다. 선영을 두렵게 하는 것은 저들의 포로가 되는 순간 광주의 부모님에게 연락이 갈 거라는 사실이었다. 대학 간 딸이 서울에서 무엇을 하고 있었는지를 알게 된 아버지가 과연 어떻게 나올지 그것이 한없이 두려웠다.

지금까지 선영은 아버지에게 두 번 맞았다. 고등학교에 입학할 때와 대학에 입학할 때. 두 번 다 아버지를 이기지 못했다. 고등학교 때는 단식투쟁까지 해서 인문계 고등학교에 가겠다는 뜻을 관철시켰다. 그러나 선영이 이긴 것이 아니라 아버지가 양보한 것이었다. 아버지가 양보하지 않았다면 별수 없이 상업고등학교에 진학해야 했을 것이다. 서울교대에 입학하면서 선영은 뒤늦게 그것을 깨달았다. 아버지의 둘째딸로 사는 이상 아버지의 뜻을 거스를 수는 없다는 것을.

그래서 마지막의 마지막까지 숨기고 싶었다. 훗날 아버지의 도움 없이도 생을 꾸려갈 수 있는 준비가 되었을 때 선전포고하듯 당당하게 말하고 싶었다.

'저는 이 길을 갑니다. 반대하셔도 소용없어요.'

그러나 가족에게 들키고 싶지 않다는 이유로 당면한 투쟁을 방기할 수는 없는 일이다. 둥지를 부수고 떠나는 황해도 장수매 이야기를 선영은 한시도 잊은 적이 없었다. 운동을 결단한다는 것은 부모와 가족의 핍박마저도 감수하겠다는 결단인 것이다. 아버지에게 들킬 순간이 두려워 현실의 투쟁 앞에서 머뭇거린다면 '역사가 증명한 진리의 길'에서 도태되고 말 것이다.

그날 밤, 끌로드 모르강의 『꽃도 십자가도 없는 무덤』을 읽던 선영은 다음 구절에 밑줄을 치고 일기장에 옮겨 적었다.

　나는 투쟁하지 않으면 안 된다.
　그것은 내가 나아가야 할 길이기 때문에 투쟁하는 것이다.
　투쟁과 자살 中에서 어느 한쪽을 택하지 않으면 안 되기 때문이다.
　—날짜 미상의 일기에서[131]

---

131. 프랑스 작가 끌로드 모르강의 『꽃도 십자가도 없는 무덤』에서 발췌.

피리 부는 소녀

"엄마!"

선영은 와락 현관문을 밀치고 들어섰다. 집안은 조용했다. 아이고, 우리 선영이 왔구나, 물 묻은 손을 닦으며 주방에서 환한 웃음으로 반겨줄 어머니가 보이지 않았다. 오빠도 동생들도 보이지 않았다.

'방학인데 다들 어디 갔지? 문도 안 걸고.'

선영은 신발을 벗고 마루로 올라섰다. 부지런한 어머니의 성격대로 집안은 깔끔하게 정돈돼 있었다. 안방, 동생들 방, 욕실 문을 차례로 열어 보았으나, 역시 아무런 기척이 없었다. 선영은 고개를 갸웃하며 갈아입을 옷을 챙겨 들고 작은 방으로 들어갔다.

"와아아!"

오빠와 막내동생의 괴성에 혼이 빠진 선영은 방바닥에 풀썩 주저앉았다.

"아이고, 간 떨어질 뻔했네. 여기서 뭐하는 거야?"

선영이 눈을 흘기는데 문 옆에 앉아 있던 어머니가 웃으며 딸의 손을 잡았다.

"우리 딸 왔냐?"

"엄마도 여기 있었네?"

"그래, 오빠가 니 방 이쁘게 맹글어 준다고 도배지도 이쁜 놈으로 사다 바르고 책상 놓고 여태 쓸고 닦고 했다."

"진짜……?"

그러고 보니 방이 몰라보게 달라졌다. 잔잔한 꽃무늬 도배지에, 화사한 커튼에, 선영이 좋아하는 인형까지 책상 위에 놓여 있었다.

"오빠, 고마워!"

"고맙긴, 임마."

"근데 내가 방이 필요 있나? 방학 때만 며칠 있다 갈 건데 뭐."

"그래도 그런 게 아니야. 너도 그렇고 누나도 집에 오면 편하게 있을 데가 없잖아."

"그런가? 암튼 고마워!"

선영은 흐뭇한 얼굴로 다시 한번 집안을 둘러보았다. 선영이네가 운암동 아파트에 입주한 것은 84년 겨울이었다. 처음으로 아파트에 살게 된 가족들은 눈이 휘둥그레졌다. 거실과 방 세 개, 부엌과 화장실로 이루어진 내부는 반듯하고 매끈하게 구획되어 있었다. 입식으로 설계된 주방에는 냉장고와 식탁 놓을 자리가 마련돼 있었다. 어머니는 아파트 입주 기념으로 가스렌지도 들여놓았다.[132] 이제는 눈물 훔쳐 가며 석유곤로에 불을 붙이지 않아도 되고, 연탄 위에 '종우때기불'[133]을 피워 보리쌀을 안치지 않아도 되는 것이다.

특히 선영이 감탄한 것은 욕실이었다. 욕실 문을 열면 텔레비전 드라마에서 보던 아이보리색 욕조가 우아한 자태를 드러냈다. 수도꼭지를 좌우로 돌리면 온수와 냉수가 자유자재로 나왔다. 욕조에 떨어지는 물소리가 은쟁반에 옥구슬 구르는 소리처럼 들렸다. 과묵한 아버지까지 '집에 갈 시간이 기다려진다'고 말할 정도였으니, 다른 식구들의 기쁨과 설렘은 말할 것도 없었다.

대학 입학을 앞둔 선영이 이 아파트에서 지낸 것은 며칠이 되지 않았다. 선영이 서울로 올라가자 어머니는 그게 그렇게 안쓰러울 수가

---

132. 84년 겨울 언니 화진에게 보낸 편지에서. '……오랫만에 본 따스한 보금자리. 욕조 수도물이 내 귀엔 앵무새 노래 소리보다 더 아름답게 들려. …… 아버지 말씀. '학교에서 집에 갈 시간이 기다려진다.' 좀체 듣기 힘든 말씀이지. 엄마 수고가 좀 덜어지게 되어서 기뻐. …… 추신: 까스렌지 샀어.'

133. 어머니의 술회에서.

없었다. 아버지와 어머니가 안방을 쓰고, 큰아들과 둘째, 셋째가 방 하나씩 차지하기로 했을 때, 어머니는 불쑥 이렇게 중얼거렸다.

"좋기는 좋은디 선영이가 맘에 걸려. 요로고 좋은 집서 살아 보도 못허고, 지 방 하나 못 차지허고 서울로 가부렀네. 주방에다 포장 쳐 놓고 쪼그리고 공부허던 생각이 나서 갱 마음이 짠해……."

"걱정 마세요, 엄마. 작은 방을 선영이 방으로 하면 되잖아요. 내가 도배도 새로 싹 하고 이쁘게 꾸며놓을 테니 걱정 마세요."

"이잉? 그럼 너는 어쩌고?"

"저는 동생들하고 같이 지내면 돼요. 다 남자들인데 어때요. 아무리 그래도 선영인 여학생인데 제 방이 따로 있어야죠."

그렇게 어머니를 안심시킨 종욱이 동생 오는 날에 맞춰 작은방을 예쁘게 꾸며놓은 것이다.

"엄마, 나 뭐할까? 파 다듬을까?"

씻고 나온 선영이 개운한 얼굴로 주방에 들어섰다.

"아이, 손 베래. 가서 눈 좀 붙여."

"밤에 잘 건데 뭘."

선영은 냉장고에서 대파 두어 대를 꺼냈다. 그런 딸의 모습을 유심히 보던 어머니가 걱정스레 말했다.

"아가, 어디 아프냐. 왜 그렇게 말랐냐. 얼굴은 새까매 갖고."

"살이 좀 빠졌나? 날씬하면 좋지 뭐. 아픈 덴 없으니까 걱정 마세요."

그렇게 대답하면서도 선영은 속으로 뜨끔했다. 학교 공부하랴 대학부 활동하랴 한 학기 내내 정신없이 뛰어다녔으니 살이 빠지지 않는 게 이상한 일이었다.

실은 오늘도 서울에서 바로 내려온 것이 아니었다. 방학이 시작되자마자 선영은 대학부 동료들과 함께 경북 청송군[134]으로 농촌봉사활동(이하 '농활')을 다녀왔다.[135] 11박 12일 일정이었다.

80년대 대학생에게 농활은 가장 큰 학생 자치행사 중의 하나였다. 시위나 축제처럼 자신이 비로소 대학생임을 실감하게 되는 행사이기도 했다. 특히 여름방학은 농활의 계절이라 해도 과언이 아니었다. 기말고사를 마치면 학생들은 학회나 서클 단위로 농활을 떠났다.

농활은 농번기에 대학생들이 농촌으로 가서 농사 일을 돕고 농민과 학생 사이의 연대를 다지는 행사로, 계몽과 연대 그리고 정치투쟁이라는 사회운동적 성격이 강했다. 1980년 광주민주화운동을 계기로 학생들은 학생운동을 보다 조직적이며 통일적으로, 폭넓게 수행해야 할 필요성을 느끼게 되었으며, 이러한 기조에 따라 이전까지의 동아리 중심의 농활은 농활추진위원회 또는 총학생회 등의 학생대표기구가 관리하는 과 단위 농활로 변모하게 된다.

청담교회 대학부의 농활도 다른 교회 대학부들과의 연합으로 진행되었다. 그 때문에 참여 인원이 꽤 많았고 규율도 엄격했다. 마을 주민들로부터는 숙소만 제공받을 뿐 먹을 것과 생필품은 자체 조달하는 것이 원칙이었다. 소속 교회와 상관없이 조를 짜서 각 마을에 배치되었는데, 청담교회 선배와 동기들은 다 어디로 흩어졌는지 선영이 일하는 마을에는 정경자와 선영 둘뿐이었다.

열흘간의 봉사 활동은 무척이나 고되었다. 경북 청송의 특산물은 고추와 담배였다. 선영은 새벽같이 일어나 고추밭에서 잡초를 뽑고 담뱃잎을 수확했다. 수확기가 되면 담배는 사람키를 덮을 만큼 자란

---

134. 1985년 농활 장소에 대해 정경자는 경북 청송군으로, 여혜경은 경북 영주시로 기억하고 있다. 그러나 여혜경은 그해에 농활을 두 번 갔으므로 착각할 여지가 있고, 정경자는 2002년 인우보증서에서 박선영과의 농활 장면을 상세히 묘사하고 있으므로 이 책에서는 정경자의 기록을 따랐다.
135. 2023년 인터뷰에서 박용숙은 자신은 1985년 농활을 학교에서 갔다고 밝혔다.

다. 바람도 없는 고랑에 엎드려 한 잎 한 잎 담뱃잎을 따노라면 땀은 비 오듯 쏟아지고 끈적한 담배 진의 역겨운 냄새에 숨이 막혔다. 시골에서 자란 선영은 그런대로 버텨냈지만, 도시에서 별 고생 없이 성장한 여학생들은 몹시 힘들어했다. 담배 농사가 왜 힘들다고 하는지 정말 뼈저리게 느낀 시간이었다.

남학생들이 수확한 담뱃잎을 어깨에 메거나 리어카에 싣고 집으로 옮기면, 여학생들은 그 담뱃잎을 두세 장씩 엮는 작업을 했다. 이렇게 며칠이 지나자 학생들의 얼굴은 새까맣게 타고 흰자위만 번들번들 윤이 났다.

일과가 끝난 저녁에도 쉴 틈이 없었다. 아동반을 맡은 선영은 동네 아이들을 모아놓고 방학 숙제를 지도하거나, 노래와 율동을 가르쳤다.[136] 때 묻지 않은 시골 아이들을 가르치는 일은 즐거웠다. 사심 없이 타인을 대하는 아이들의 맑은 마음이 심신을 정화시키는 것 같았다.

아이들은 별것 아닌 말에도 크게 웃어주고 호응해 주었다. 일요일 아침이면 '선생님'이 일어나기만을 눈 빠지게 기다리다가 하루 종일 졸졸 따라다녔다. 밭이며 담배 창고, 심지어 화장실까지 따라갔다. 동료들은 선영을 '피리 부는 소녀'라고 불렀다. 아이들을 몰고 다니는 선영의 모습이 독일 설화에 나오는 하멜른의 피리 부는 사나이를 닮았다는 것이다.

아이들과의 교감을 통해 선영은 교육의 참 의미와 가치를 깨닫게 되었다. 진정한 교육이란 지식의 전달만이 아니라 쌍방향 소통 속에서 삶의 의미와 가치를 스스로 깨닫게 하는 것이었다.

---

136. 정경자, 「민주화운동 관련 명예회복을 위한 인우보증서」, 2002.

경북 청송의 어느 마을에서 농활 중인 선영

농촌봉사활동 중인 선영, 1985

문득 만년 평교사인 아버지의 삶이 떠올랐다. 아버지의 사범학교 동기들은 이제 교감이 되었거나, 교육청에 자리 잡아 도 장학사니 군 장학사니 하는 번듯한 명함을 갖고 다녔다. 어린 시절에는 아버지도 나이가 들면 저절로 교감이 되는 줄 알았다. 하지만 아니었다. 세월이 가고 흰 머리가 늘어도, 아버지는 여전히 평교사였다.

'사람이 감투를 쓰면 욕심이 생기는 법이야.'

아버진 늘 그렇게 말했다. 철없던 시절에는 그 말이 당신의 무능에 대한 변명처럼 구차하게 느껴지기도 했다. 그러나 이제 조금은 아버지를 이해하게 되었다. 아버지는 『상록수』[137]의 박동혁처럼 고시리 분교에 자원하여 지역 계몽과 전인 교육에 삼십 대의 불같은 열정을 바친 분이다. 짧은 농활 기간 동안 선영이 느낀 것과는 비교가 되지 않는 참교육의 가치와 보람이 아버지를 밀고 갔을 것이다.

도덕과 원칙을 위배하는 일에는 단 한순간도 타협하지 않았기에 아버지는 한 학교에 오래 머물지 못했다. 새로운 부임지를 향해 떠나는 아버지를 따라 언니도 오빠도 선영도 전학을 가야 했다. 정든 친구와 헤어질 때마다 아버지가 원망스러웠다. 그러나 아버지는 쫓겨나고 쫓겨 가길 거듭하면서도 언제나 자식 앞에 당당했다.

아이러니한 것은, 냉혹한 교육 현실은 언제나 당신을 배반해 왔음에도 자식들에겐 사대와 교대 진학을 권했다는 사실이다. 학비가 싸고 안정적인 직업이라는 지극히 현실적인 이유에서였다. 선영은 아버지를 생각할 때마다 양가감정에 휩싸이곤 했다. 교육자인 아버지를 존경하면서도, 가부장으로서의 아버지는 도저히 받아들일 수가 없었다.

---

137. 1935년에 발표된 심훈의 농촌 계몽 소설.

11박 12일의 농활은 1박 2일의 MT로 마무리되었다. 농활이 끝나갈 즈음 85들을 데리러 나정훈 선배가 나타난 것이다. 일행은 대둔산 밑의 민박집으로 이동했다. 농활 평가와 뒤풀이를 겸한 MT였다. 여혜경은 2018년 인터뷰에서 '경북에서 농활을 했는데 왜 전북 완주의 대둔산으로 MT를 갔는지 모르겠다'고 말했는데, 아마도 서울(여혜경)과 전주(김승관), 부산(김광훈), 광주(박선영)로 가야 하는 85학번의 동선을 두루 고려한 결정이 아니었나 싶다.

인간에 대한 사랑

"엄마 이거!"

"이게 뭐여?"

조그만 상자를 받아든 어머니는 눈이 휘둥그레졌다.

"마사지크림. 얼굴하고 목에 발라서 부드럽게 마사지해 주면 피부도 좋아지고 주름도 예방된대."

"니가 무슨 돈으로 이런 걸 샀냐."

"이제 아르바이트할 건데 뭐. 엄마 그거 일주일에 세 번 이상은 하지 말래. 피부에 자극이 가서 오히려 안 좋대."

"서울 올라갈 때도 장학적금 있다고 용돈 한푼 안 받아갔는디 이런 걸 사오면 엄마 마음이 어떻겄냐."

어머니 눈치를 보던 선영이 슬쩍 말을 건넸다.

"엄마, 나 며칠 있다가 다시 서울 올라가야 돼."

"잉? 방학인디 더 있다 가지 왜 벌써 올라가?"

"다음 주부터 동사무소 아르바이트하기로 했어요."

"동사무소서 니가 뭔 일을 헐 게 있냐?"

"그냥 이것저것 거들어주는 거지 뭐. 월급이 많지는 않지만 등록금에도 보태고 책도 사고 하면 좋잖아."

"아이고, 방학이라고 다리 뻗고 집에서 편히 쉬어 보도 못허고⋯⋯."

"쉬운 일이래. 걱정하지 마요."

"엄마는 너 오면 맛있는 것도 해먹이고, 시장에 가서 이쁜 옷도 좀 사 입히고 할라고 했는디⋯⋯."

어머니는 말을 잇지 못하고 한숨을 폭 쉬었다. 용돈도 못 주는 형편에 아르바이트하지 말라고 할 수도 없었다. 선영은 속상해하는 어머니에게 애교를 부리고 장난을 쳐서 결국은 웃게 만들었다. 자신으로 인해 누군가 마음 불편해지는 게 싫었다.

마음 같아서는 어머니와 좀더 시간을 보내고 싶었지만, 아르바이트는 꼭 해야 했다. 대학 입시를 준비하는 언니가 학원이다 뭐다 돈 쓸데가 많을 텐데 용돈이라도 벌어 쓰고 싶었다. 나정훈 선배에게도 7월 말에 진행되는 대학부 합숙[138]에 참가할 수 없다고 말해 둔 터였다. 그는 아르바이트 없는 주말에라도 참여하라며 합숙 장소인 승관이네 집 전화번호를 주었다. 확답은 하지 않았지만, 합숙 교재는 구입해서 공부할 생각이다. 친구들에게 뒤처지면 안 되니까.

승관의 자취방에서 합숙을 진행하기로 한 것은 비교적 주인집과 독립된 구조였기 때문이다. 박용숙은 이 집을 상세히 기억하고 있었다.

---

138. 2박 3일 이상 함께 숙식하며 공부하는 것을 말한다. 80년대 대다수 운동 서클은 주 1회 이상의 스터디를 원칙으로 하고 있었지만, 잦은 가두시위나 연합집회 등으로 인해 평상시에는 학습을 진행하기 어려운 경우가 많았다. 그래서 대개는 연휴나 방학을 이용하여 며칠간 집중 학습을 했다.

승관이네 집이 서강대 근처였나? 남가좌동? 하여간 서대문구 어디
로 기억되는데, 그나마 승관이가 85 중에서 형편이 제일 괜찮았어요.
자취방에 전화가 있었으니까. 파란 대문 들어가서 타일 발라진 마당을
지나면 저 끝에 문이 하나 있었어요. 방 하나짜리지만 어쨌든 부엌 있
고 아궁이 있고. 주인집 현관을 거쳐 가지 않아도 되는 살짝 독립된 구
조였어요. 대문만 공유하는, 옛날과 현대의 중간 정도쯤 되는 그런 집
에서 몇 박 며칠로 세미나를 했죠.[139]

박용숙은 이 여름 합숙에 선영이 함께한 기억이 없다고 했고, 여혜
경은 이틀인가 있다가 중간에 간 것으로 기억했다. 선영이 참여했다
면 아마 아르바이트가 없는 주말에 참여했을 가능성이 크다.
광주에 머문 짧은 기간 동안 선영은 친구들을 만났다. 고등학교 친
구 김병림은 선영의 연락을 받고 집으로 달려왔다. 당시 병림은 전남
대 간호학과 1학년이었다. 두 사람은 선영의 작은 방에 나란히 누워
밤늦도록 밀린 이야기를 나누었다.

선영이랑 워낙 친하니까 광주에 내려오면 선영이네 집에 가서 자기
도 하고 많은 시간을 같이 보냈었어요. 아버님 어머님이 워낙 좋으시잖
아요. 김치도 잘 담으시고 반찬 솜씨도 좋으시고. 고등학교 때 시골에
서 올라온 애들이 몇 명 있었어요. 그때 저는 동생들하고 고모집에 얹
혀 살았는데, 어머니가 꼬막 같은 거 반찬을 잔뜩 해주시면 너무나 감
사하게 친구들하고 같이 나눠 먹곤 했지요. 대학 간 후에도 선영이 내
려왔다는 연락 오면 같이 하룻밤 자면서 엄마가 해주신 밥 먹고 그랬

139. 박용숙 인터뷰, 2023.

어요.[140]

"참 너 율건이 만나봤냐?"

부모님을 통해 신율건이 전남대 법학과에 갔다는 소식을 들은 선영은 병림에게 '법학과 신율건을 만나보라'고 한 적이 있었다.

"만났지! 법대 애들은 법학개론이 필수과목이잖아. 그래서 일부러 그 시간에 맞춰 찾아갔지. 너 서울교대 간 이야기도 하고 서로 공부하는 이야기도 하고 그랬다."

"괜찮은 애야. 종종 만나봐."

"야, 너 간호학과가 얼마나 공부할 게 많은 줄 아냐? 누굴 만나고 싶어도 시간이 없어, 시간이! 이게 대학인지 고등학교인지……."

"서울교대도 만만치 않아. 아침부터 수업이 꽉 짜여 있어서 뭘 하고 싶어도 옴짝달싹할 수가 없어."

"그냐? 에휴, 그때 경희대 한의학과를 갔어야 했는데……."

"……."

선영이 아무 말이 없자 아차 싶었는지 병림이 가방에서 수첩을 꺼내왔다.

"율건이 전화번호 적어놔라. 방학하면 시골에 가나 했더니 광주에 있나 봐."

신율건을 만난 것은 서울에 올라오기 전날 저녁이었다.

"그대로네."

"너도."

오랜만에 만난 두 사람은 마주보며 멋쩍게 웃었다.

"병림이한테 서울교대 가게 된 스토리는 대강 들었다. 어떻게 적응

---

140. 김병림 전화 인터뷰, 2023.

은 되냐?"

"고등의 연장이지 뭐. 재미없지만 적응하려고 노력하고 있어. 근데 넌 왜 진월 안 가고 광주에 있냐?"

"학력고사 망쳤잖아. 이번에 시험 다시 치려고."

"그럼 전대는?"

"휴학해야지 뭐."

"하긴! 난 너 서울대 갈 줄 알았다."

"너도 비슷한 입장 아닌가?"

둘은 또 마주보며 소리 없이 웃었다. 어느새 4년의 간극은 사라지고 편한 사이가 된 기분이었다. 서울에 올라온 선영은 입시에 재도전하는 율건에게 편지를 보냈다.

이 사회에서 자신의 환경을 변화시켜 자신에 맞게 생활해 가는 사람도 있고 주어진 환경에서 기회가 생기는 사람도 있다. 그 기회마저 이용 못 하는 인간도 있다. 네게 있어서는 어디에 속하겠니? 어쩜 당연하기도, 당돌하기도 한 물음이겠지만 이 시간 네게 주어진 모든 것을 최대의 효과를 올릴 수 있도록 활용해 달라는 친구의 간곡한 부탁이다…….

―1985년 7월 20일 율건에게 보낸 편지에서

선영의 교우 관계는 대학에 들어간 친구에 한정되지 않았다. 객지에서 공장 생활을 하는 친구, 대학 입시에 실패한 친구에게도 꾸준히 편지하며 위로와 격려를 아끼지 않았다. 심지어 언니의 직장 후배와도 편지를 주고받을 정도로 주변의 모든 사람에 대해 따뜻한 시선을 가지고 있었다. 모든 유품이 소각되는 와중에서 누군가의 손에 의해 살아남은 몇 점의 편지와 일기를 펼쳐 보면 선영의 그런 성품을 짐작할 수 있는 구절들이 곳곳에서 발견된다.

　선영. 바쁜 시간 속에 정말 고마워. 난 나를 잊어먹어 버린 줄 알았
는데. 영아, 정말 고마워. ……난 너 덕분에 잘 있다. 모든 것이 그저
그 상태이다. 그러나 선영의 편지는 근주에게 많은 용기를 준 것 같아.
……선영, 그러나 너무 걱정하지 마. 결코 동정이나 받는 근주는 되지
않을 테니깐. 친구야, 너무 큰 기대는 걸지 마렴. 그저 조그맣게 목표를
정한 나를 위해서 말이야. 영아, 이 친구가 밉지. 그러나 어쩌겠니…….
　─대입에 실패한 친구 근주의 편지

　……선영아, 나에 대해 힘들게 생각하지 마. 지금 현재 내가 고민하고
슬퍼하는 모든 것들은 나에게 필요한 것들일 거야. 시간이 흐르면, 자
연스럽게 될 거야. ……영아, 왜인지 모르겠구나. 자꾸 심난해진다…….
　─공장에 다니는 고향 친구 경옥의 편지

선영은 자신과 인연을 맺은 모든 사람을 진심으로 사랑하려 노력
했다. 대학 시절 선영과 함께했던 언니 화진의 이야기를 들어보자.

　둘이 누우면 딱 맞는 3평짜리 방에서 사글세를 살았어. 양철지붕으
로 된 가건물, 비가 새는 그 좁은 집에 내 친구 하나가 형편이 어려워서
한 달쯤 와 있을 때가 있었어. 잘 데가 있나? 나와 친구는 방에서 자고
선영이는 바깥 마루, 아니 마루도 아니고 조그만 통로에 불과한 곳에
이불을 깔고 잤어. 그런데 싫은 내색 하나 없이 너무나 극진히 잘해 주
는 거야. 내 친구한테. 길 가다가도 구걸하는 사람들 앞을 그냥 지나치
지 못해. 그 자리에서 주머니 다 털어주는 거야. 집에서 김치라도 올라

오면 친구들 다 퍼주고. 요샛말로 '천사표'라고 하지? 딱 그랬어. 주인집
에서 전기세, 수도세를 많이 받으면 나는 따지는데, 동생은 먹을 거 하
나라도 있으면 갖다 주고 인사성 바르고, 모든 이를 마음으로 대했어.
그러니 주변에 친구도 많았고. 교대 친구 중에도 가정환경이 안 좋은
친구한테 그렇게 잘할 수가 없었어. 용돈을 주면 하여간 일주일도 못
가서 떨어지는 거야. 용돈 타면 다 털어주니까. 그러고 나면 언니 나 삼
백 원만 오백 원만 하면서 차비 없다고 손을 내밀고.[141]

선영은 자신의 생각과 이해관계를 중심으로 친구를 사귀지 않았
다. 상대의 입장과 이해관계를 사고의 중심에 놓고, 상대의 관심과 수
준에 철저히 자신을 맞춰 나갔다. 중고등학교 시절부터 그가 많은 친
구들의 상담자, 조력자 역할을 할 수 있었던 것도 그런 그의 특성이
크게 작용한 것으로 보인다.

선영인 항상 밝았고 친구들의 고민을 해결해 주는 해결사 노릇뿐만
아니라 어려운 친구를 도와주는 마음이 아름다운 친구였습니다. 항상
예수님처럼 살아가겠다고 했던 친구였습니다.
　—수학과 동기 이현숙의 인우보증서에서

선영은 초등학교 친구에서 대학 친구에 이르기까지 상대와 소통할
수 있는 '코드'를 무한히 확장하여 인연의 프리즘을 형성해 왔다. 그
모든 것을 관통하는 것은 '인간에 대한 사랑'이었다. 사랑, 사랑은 그
에게 곧 삶이었다.

---

141. 박화진 인터뷰, 2000.

인간은 만남의 수만큼이나 헤어짐이 존재한다. 이러하기 때문에 우리 더 만남을 소중히, 신중하게, 최선을 다해야 되지 않을까 생각한다. 그 인간을 만남에 있어서 수단이 아닌 목적으로 그 과정이 엮어져야 하며, 외면이 아닌 진실로 대해야 한다. ……이런 훈련은 부단한 자신의 성찰과 숙고와 경험 등에 의해서 이루어질 수 있다.

　　─1986년 1월의 일기에서

삶이란

어쩌면 수없이 거듭되는 사랑의 시도며

사랑의

경험을 통하여,

실천적인 사랑의 의미를 알고 거듭 시도하는 과정이 아닐까.

　　─날짜 미상의 일기에서

때로 불발에 그치게 되는 그 '사랑의 시도'는 무서운 고독감을 초래하거나, 무력한 자신에 대한 뼈아픈 자각과 상처로 되돌아오기도 한다.

오늘도 나는 새로운 기대와 꿈을 안고 하루를 맞이했다. 그리고 확인했다. 거의 확실하게. 인간은 홀로 설 수밖에 없다는 것. 서로에게 힘이 돼 줄 수는 있겠지만 정작 서야 할 곳에선 그 아무도 도와줄 수 없는 것이다. 진실은 말할 수 있으나 마음은 못 전한다. 진정한 마음은 알 수 없다. 각각의 인간이 진실이라고 믿었을 때, 그건 보편화된 진실이며, 그 진실 속의 또 다른 감정을 우린 짐작하기가 어렵다.

　　─86년 2월의 일기에서

선영은 많은 친구들의 고민을 들어주고 위안을 주려 노력했지만, 정작 자신의 마음을 허심탄회하게 털어놓을 만한 친구는 없었던 것 같다. 광주에 김병림, 박순자와 같은 절친한 친구가 있었으나, 객지 생활을 하는 선영에게 그들은 공간적, 심리적으로 너무 멀리 있었다.

벗의 창이 밝은 것을 보고 마음이 흐뭇함은 무엇일까. 내 가까이서 나의 심금을 울리고 서로를 털어놓고 확인할 수 있는 벗이 있다면 얼마나 좋을까. 서로의 별을 찾아 헤메이면서 아름답고 가끔은 추한 얘기도 거리낌 없이 뱉을 수 있는 벗.
―1986년 2월의 일기

선영은 끈질긴 '실천적인 사랑'의 시도를 통해 사랑의 공복감을 메우고자 했고, 사랑의 이기심마저 벗어버리려 했다. 실천적인 사랑, 선영에게 그것은 운동이었다.

어디로 갈 거나

학내 상황은 악화일로를 치달았다. 서울교대는 정태수 공화국이었다. 정태수 학장은 4·19 시위를 빌미로 많은 수의 학생들을 무더기 징계시키고도 모자라, 6월 24일에는 '투철한 국가관 확립, 안보의식 고취, 지휘력 향상'을 도모한다는 명분을 내세워 83학번 여학생들을 백 명 단위로 여군 훈련소에 강제 입소시키는 폭압을 저질렀다. 반발하는 학생들에게는 '거부하면 졸업이 불가능하다'고 협박하여 2학기 수업 1주일을 빼면서까지 분산 입소시켰다.

여학생이 압도적으로 많은 서울교대에 여군 훈련소 입소 제도를 도입한 데에는 학내의 자율화 흐름을 억압하고 체제 유지 및 안보 이데올로기를 주입하려는 학교 측의 검은 의도가 깔려 있었다. 여군 훈련소에 입소한 여학생들은 제식 훈련, 사격, 유격, 기초 공수 훈련인 '막타워'와 안보 영화 감상, 내무반 생활 등을 통해 무조건 복종하는 군대식 규율을 익혀야 했으며, 개개인의 올바른 비판 능력이나 주체적 능동적 행위들은 철저히 배제될 수밖에 없었다.

반발도 컸고, 후유증도 컸다. 훈련소에서 군복 차림으로 기념촬영을 하는데, 고개를 숙이거나 모자를 눌러 써 얼굴이 잘 안 보이는 사람은 호출하여 조사했으며, 이 때문에 발령 보류자가 된 사람도 있었다. 입소 도중 '정의가'를 부르고 토론 시간에 비판적인 발언을 했던 김여은(과학 83)과 이경미(과학 83)는 학생과에 불려 다니면서 진술서를 쓰고 자퇴서를 강요받았고, 결국 경고 조치되었다.

85학번 여군훈련소 입소, 1987년 5월

여군 부대 입소라는 이 희대의 코미디가 언론에 소개되고 국회에까지 보고되는 등 사회적 이슈가 되고 있는데도 교대 측은 1986년부터 이를 졸업 필수과목으로 만들어 이수 성적이 70점 이상 되어야만 졸업할 수 있도록 규정하였다. 이에 따라 학생들의 여군 훈련소 입소 반대 투쟁은 1986년에도 계속될 수밖에 없었다. 박선영도 이 투쟁에 참여한 것으로 보이는데, 이에 대해서는 다음 장에서 이야기하기로 하자.

1985년 7월 3일 서울교대 총학생회 부활준비위원회 명의의 성명이 발표되었다. 징계의 폭압에 눌려 있던 총준위의 반격이었다.

서울교대 학원자율 탄압의 실상을 고발한다
—서울교대 총학생회 부활 준비위원회

84년 자율화 조치 이후, 서울교대에서 자행되고 있는 무차별한 징계 조치, 학회·서클에 대한 탄압, 학생들에 대한 구타, 협박 등의 인권유린은 자율적인 학생활동의 움직임을 무산시키려는 명백한 학원 자율 탄압이다.

1. 85. 1. 25 '총학생회 부활 허용조치'에 따라 과도적 학생대표 기구인 '총학생회 부활준비위원회'를 결성(4. 9)하고 4·19 행사를 진행하려 하였으나 이를 거부하며 4·19일 기념제 행사를 교수와 직원을 동원 방해하였고(젯상을 발로 걷어차고 제문, 제기 등을 압수) 불법행사 진행, 불온 유인물 제작 배포 등의 혐의로 총준위원 9명 전원을 징계조치하였다(3명 무기정학, 1명 유기정학 10개월, 5명 근신 10개월). 또한 이 조치의 부당함을 주장한 5·9 집회 참가 학생의 명단을 적극 동조죄, 적극 목

격죄, 교권 무시죄, 사전모의죄 등으로 분류 작성하였으며 5·30 어용 준위 결성 반대와 학회, 써클에 대한 탄압 중지(수학여행 기간 중 학회실과 써클실을 뒤져 388종의 중거물을 획득했다고 획책하면서 학회와 써클을 학생활동의 대표기구로 인정하지 않을 것을 노골적으로 드러냄)를 외치며 고민택, 조인옥, 양묘생 학생이 시위를 벌이자, 본 대학 김원경 교수는 조인옥, 양묘생 학생의 따귀를 때리는 폭행을 하였다. 학교 측은 5·9, 5·30 시위 관련 학생의 명단을 제적 8명, 무기정학 12명, 유기 7명, 근신 20명 이상으로 발표, 실로 어처구니 없는 무더기 징계조치를 취하려 하고 있다. 이는 학생들의 자율적 활동을 징계로써 막겠다는 강압적인 처사인 것이다.

2. 학생들에게 변론의 기회를 부여하는 절차를 징계심의에 도입한 것이라는 유치한 변명을 단 소위 '징계위원회'는 군사재판을 방불케 하는 분위기 속에서 협박, 공갈, 회유 등을 일삼고 있고 "반성하는 뜻을 분명히 표명해야만 너에 대한 징계가 교육적 차원에서 고려될 수 있다"며 학부모를 소환하여 "당신의 딸이 학교를 다 망쳤다", "의식화된 학생이다"고 협박, "다시 한번 시위에 참가할 경우 자퇴하겠다"는 자퇴서와 각서에 날인을 하게 하는 등 교권이라는 명목하에 인권을 유린하는 처사를 서슴지 않고 있다. 또한 실습기간 중 학회장, 써클장들을 소환하여 증거물의 출처에 대한 심문, 학생의 집을 수색하는 작태까지도 자행하고 있으며(본 대학 RT 교관인 한운봉이 초등교육연구회 써클장 한금숙 양의 집을 찾아가 "학생지도문제로 왔는데 학생이 무슨 책을 읽고 있는지 알아야겠다"는 등 협박하여 금숙 양의 방을 뒤졌다. 실습기간 중 '징계위원회'의 실상을 고발한 유인물이 돌자 학생들의 불만을 '여학생 여군 훈련소 입소교육'이라는 예정에도 없었던 프로그램을 졸속 작

성하여 "필수적으로 이수하지 않으면 졸업을 시킬 수 없다", "하라면 하지 무슨 말이 많으냐", "결석하면 징계조치 하겠다"며 협박, 학생들의 정당한 거부 의사를 오로지 징계로서만 대처하였다(타 대학에서는 지원의 형태로 이루어짐).

-소위 '징계위원회'란 무엇인가.

85년 1학기 총학생회 준비위원들을 첫 대상으로 설치된 '징계위원회'는 신임 정태수 학장의 임의로 설치된 것으로 학생들에게 변론의 기회를 부여한 절차를 징계심의에 도입한 것이라고 한다. 그러나 과연 그 자리는 학생들에게 변론의 기회를 부여한 자리였는가!!! '징계위원회'에는 한 사람씩 들어가게 되며, 20여 명의 교수들이 둘러앉은 한가운데 앉도록 한 다음 학생과장이 본적, 아버지 직업, 학칙위반사항, 징계내용을 선고한다. 교수들의 징계해당행위를 시인하게 하려는 유치한 질문이 시작되고 학생은 "예, 아니오"라는 말만을 하게 되어 있는데 "아닙니다"라는 말이 나오면 "거짓말 마", "안 되겠군", "반성의 빛이 안 보인다", "나가"라는 고함을 서슴없이 질러대며 학칙 위반 조항을 찾아 읽게 하고는 "할 말이 있으면 해봐"라는 식으로 소위 변론의 기회를 주는데 2시간 가량을 시달린 학생들은 "너무하다"는 말밖에는 할 말이 없다.

우리는 폭력적이고 반교육적, 반민주적인 '징계위원회'는 학원 자율의 흐름을 징계로서 뿌리 뽑겠다는 제도적 장치일 뿐임을 고발한다.

3. 신임 정태수 학장이 교대인에게 보내는 첫 편지에서 시사한 '특수목적대학이 그 본래의 목적을 달성하지 못한다면 다른 대학에 합병되거나 폐교 당해도 당연하다'는 말 속에서 교원대학 설립에 이른 교대 통폐합설은 단지 가능성으로서가 아닌 직면한 현실이며, 이는 교대 탄

압의 한 요인이 되고 있다.

교대의 자율적 학생활동 보장을 향한 움직임을 반국가적 행위로 몰아붙이고 "교사의 자질이 없다", "의식화의 첫 단계는 남녀간의 피가름(피갈음[142])이다"라는 망언을 서슴지 않는 이 처절한 교대의 현실은 학원탄압의 산 증거임을 고발한다.

민족·민중·민주의 사도가 되려는 서울교대의 민주양심은 끝까지 싸워나갈 것을 굳게 결의하며 다음의 사항을 요구한다.

* 우리의 주장 *

1. 학교 측은 학원의 자율을 탄압하는 '무분별한 징계조치'를 즉각 철회하라!!!!

1. 폭력적인 '징계위원회'를 즉각 철폐하라!!!!

1. 반교육적, 반인권적인 '여학생 여군훈련소 입소계획'을 중단하라!!!!

1. 서울교대 정태수 학장, 최성락 학생과장, 폭력교수 김원경, 어용교수 강경호, 한운봉 교관은 모든 사태의 책임을 지고 물러가라!!!!!

1. 문교부는 학원자율을 탄압하는 신임 정태수 학장을 처단하라!!!!

1985. 7. 3

서울교대 총학생회 부활준비위원회

---

142. '성관계'를 가리키는 일부 기독교 교파의 용어. 이들은 뱀의 유혹을 받고 하와가 선악과를 따먹었다는 창세기의 '선악과 사건'을 타락한 천사와 하와 사이의 성관계로 해석하고, 이로 인해 유전된 사탄의 더러운 피를 죄가 없는 구원자의 깨끗한 피를 받아 성혈(聖血)로 바꾸어야 구원받을 수 있다고 주장한다.

그러나 서울교대 교무과에서는 이에 맞불을 놓기라도 하듯 징계처
분이 내려진 총준위 위원에게 전 과목 F, 평점 0.00으로 학사경고를
내렸다. 학생과에서 징계를 받으면 해당 학기 수강이 무효가 되는 것
이 당연한 일이었으나, 또 한 번 학사경고를 내림으로써 이중으로 징
계를 때린 셈이었다.

이중처벌이 말썽을 빚을 기미를 보이자 학교 측은 85년 9월, 학칙
까지 개정하여 이중징계를 정당화하였다. 1985년 11월 15일에는 '교
사 임용 후보자 추천순위 규정'이라는 얼토당토않은 학생 활동 가감
산제를 도입하였다. 이것은 학교 행사 참여, 학생 활동, 징계, 품행 불
량 등의 항목에 따라 가점 내지 감점을 주어 임용 순위에 반영하는
제도로서, 궁극적으로 학생들의 자치 활동을 탄압하려는 목적으로
도입된 것이었다. 이 규정에 따라 83학번 7명이 감점을 받았는데, 이
중에는 이중 징계를 받은 사람도 포함돼 있었다. 결과적으로 이들은
삼중 징계를 받은 셈이었다.

정태수 부임 이후 학교에서 제작한 것 이외에는 어떤 대자보나 성
명서, 선언문, 자료집도 불법 불온 유인물로 간주되었다. 학내 언론 기
구는 학교 홍보용으로 전락한 지 오래였고, 심지어 학보는 학생들 사
이에서 '정태수 일기장'이란 별칭으로 불렸다.

선영은 학교에 갈 때마다 살얼음판을 걷는 기분이었다. 징계를 받
은 선배들의 이야기를 들을 때마다 도무지 남의 일 같지가 않았다.
비록 외부에서 활동하고는 있었지만, 언제 어느 때 무슨 일로 꼬투리
를 잡힐지 알 수 없는 노릇이었다. 성적도 형편없었고, 출결 상황도
좋지 않았다. 갈수록 고민이 깊어졌다. 그렇다고 서울교대 사정을 잘
모르는 대학부 친구들에게 일일이 하소연할 수도 없는 노릇이었다.

이 무렵 청담교회 대학부에는 작은 변화가 있었다. 주요 멤버였던

박용숙이 2학기 때 학교로 돌아간 것이다. 원래 이대에서 활동하다가 지인의 소개로 청담교회 대학부에 온 용숙은 학습도 학교에서 받고 농활도 학교에서 갈 정도로 운동의 중심축이 학교로 기울어져 있었다. 다만, 대학부의 사람들이 좋아서 몇 개월 동안 함께했던 것이다. 물론 사석에서는 85들과 꾸준히 어울렸다.

겨울은 변화의 계절, 고민의 계절이었다. 2학기가 지나고 겨울이 오면 중요한 선택을 해야 하기 때문이다. 85 학습 지도를 맡았던 정경자는 일단 교대를 졸업한 후 노동 현장으로 이전하겠다고 마음을 굳혔다. 나정훈과 허탁은 학교로 돌아가지 않고 노동 현장으로 가는 길을 선택했다.

이 상황에 대해 83학번 허탁은 이렇게 말했다.

86년 초 겨울에 각 대학부 학생들은 자기의 발전경로를 가지고 많은 논의들을 했는데, 사실 그 당시의 운동의 발전이 확대일로를 걷는 상황에서 학생운동이라면 소속 대학의 총학생회를 따라야 했고, 그렇다고 대학 내의 기독학생서클도 아니어서 일정한 혼란이 있었다. 그러나 교회라는 종교의 일상영역에서도 계속 운동할 필요가 있다고 결정되어, 교회 간의 연합을 더욱 강화하기로 하고, 83학번들은 계속 교회를 책임질 사람들을 제외하곤 대중운동으로 들어가기로 했습니다. 저는 그때 야학을 하면서 부천공단으로 자리를 옮기게 되었습니다. 그러다 보니 후배들이나 동기들은 가끔 일요일날 만나서 서로의 진로나 시국을 논의하는 만남을 이어가기만 했습니다.[143]

---

143. 허탁, 민주화 관련자 명예회복을 위한 인우보증, 2002.

85들도 겨울 합숙이 끝나면 계속 교회에 남을지, 학교로 돌아갈지, 노동 현장 등 제3의 활동 공간으로 이전할지 자신의 진로를 결정해야 했다. 겨울의 초입에서 85학번들 사이에서는 이를 둘러싸고 논의가 분분했다. 광훈과 승관은 학교로 돌아가겠다는 의사를 밝혔다. 여혜경은 노동 현장으로 가고 싶어했다.

그러나 선영은 결정할 수가 없었다. '정태수 공화국'이 된 학교로 돌아간다는 것도 상상할 수 없었고, 아는 이 없는 교회에 남아서 활동하는 것도 선택하기 어려운 길이었다. 이런 선영의 난감한 처지를 눈치챈 나정훈은 11월 초 서울교대로 선영을 찾아온다. 솜털 같은 첫눈이 내리던 날이었다.

수업이 끝난 오후, 선영은 작정도 없이 교정을 쏘다녔다. 축제[144]를 며칠 앞둔 학교의 분위기는 자못 설레었다. 축제라 해서 특별히 기대하는 것도 없었지만, 늦가을의 고즈넉한 분위기와 축제란 말이 주는 어감에는 뭔가 사람을 감미롭게 만드는 것이 있었다. 당신에게도 축제, 나에게도 축제! 짧은 생애를 열광적인 지적 탐험에 바쳤던 전혜린의 한마디가 문득 떠올랐다. 전혜린의 삶은 어쩌면, 하늘에서 지상으로 낙하하는 과정이 생의 전부인 저 작은 눈송이들처럼 덧없는 것인지도 몰랐다. 나풀거리는 첫눈의 군무群舞에 매혹되어 정처 없이 걷던 선영은 새로 문을 연 도서관에 가서 책을 빌렸다. 누군가 찾아왔다는 얘기를 들은 것은 도서관을 막 나왔을 때였다.

'누구지? 찾아올 사람이 없는데……'

선영은 책을 안고 정문 쪽으로 걸어갔다. 나정훈이 정문 옆 담벼락에 등을 기대고 서서 신문을 보고 있었다. 반가웠다.

---

144. 사향 축제는 1985년 11월 14일부터 시작되었다. 서울교대 학보 11월 1일자에서.

"형!"

"왔구나!"

그는 싱긋 웃으며 선영에게 다가왔다. 그는 신문을 접어 옆구리에 찔러 넣으며 말했다.

"가자!"

"어디를요?"

"밥 먹으러 가자!"

그는 바쁜 사람처럼 앞장서 성큼성큼 걸으며 눈으로 식당 간판을 훑었다. 선영은 주변을 둘러보다 그에게 바짝 다가서며 조용히 말했다.

"형, 우리 버스 타고 다른 곳으로 가요. 여긴 보는 눈이 많아요."

그는 선영의 말뜻을 금세 알아들었다. 두 사람은 버스를 여러 번 갈아타고 종로3가로 갔다. 나정훈은 선영에게 돈까스를 사주고 조용한 카페로 데려갔다. 당연히 술집으로 가겠거니 했는데, 술 못 하는 선영을 배려한 것이다.

"진작에 이런 시간을 갖고 이야기를 나눴어야 했는데 바쁘다는 핑계로 차일피일하다 보니 늦어졌네. 미안하다."

"음······."

선영은 새침하게 말했다.

"오늘 학교까지 찾아와주셨으니까 특별히 용서해 드릴게요."

"크크큭······."

정훈이 폭소를 터트리자 선영도 같이 웃었다.

"아니 근데, 학교에 학생들을 감시하는 사람들이 있어?"

"네, 정태수 학장은 국보위 출신으로 서울교대에 학생운동의 씨를 말리겠다는 사람이고, 그 하수인인 한운봉이란 교관은 취조실까지 두고 학원사찰 조직을 운영하고 있어요. 학생처 직원은 물론이고 RNTC 등 학생들까지 학원사찰에 동원되고 있어요. 취조실에는 요주의 학생들에 대한 파일이 엄청 쌓여 있는데, 요새 무슨 책을 읽는지 누구를 만나는지 자취방은 어딘지 등급에 따라 분류되어 있대요. 그래서 학교 근처에서는 누구를 만나기가 힘들어요. 같은 과나 향우회 사람 같은 경우에는 자연스럽게 이야기를 할 수 있지만, 가까울 이유가 없는 다른 과 사람을 만난다던가 다른 학교 사람하고 만나는 게 눈에 띄면 문제가 될 수 있어서요."

"와, 살벌하네. 니가 힘들다고 해서 교대가 좀 빡빡한가 보다 했지, 그 정도일 줄은 몰랐다. 여군 훈련소까지 보내다니……."

나정훈은 충격을 받은 듯 한동안 말을 잇지 못하다가 겨우 한마디 덧붙였다.

"선영이가 참 힘들었겠구나."

눈물이 핑 돌았다. 그 말이 뭐라고, 위로가 되었다.

그날 선영은 정훈과 많은 이야기를 나누었다. 서울교대와 집안 문제 등 혼자 짊어지고 있던 고민을 후련하게 풀어놓았다. 타인에게 자기 이야기를 이렇게 많이 한 것은 처음 있는 일이었다. 말없이 이야기를 듣던 정훈이 문득 물었다.

"교대 언더 그룹들 상황은 어때?"

"1학기 때 총준위 싸움으로 타격이 컸어요. 지금은 한운봉 레이더 망에 잡힐까 봐 굉장히 조심스럽게 움직이는 분위기예요. 학내에 대자보 하나 붙여도 징계를 받는 상황이니까."

"너도 학교에서 뭘 하겠다는 결정이 쉽지 않겠구나."

"그렇죠. 저 혼자만의 불이익이면 감수하겠는데, 저한테 문제가 생기면 바로 집으로 연락이 가고, 교사인 아버지와 사범대 다니는 오빠한테까지 피해가 갈 테니까요. 아버지가 가장 경계하는 것이 그거예요."

"……이렇게 하자. 학교는 상황을 지켜보면서 다음 스텝을 밟는 걸로 하고, 우선은 교회 대학부 활동을 계속하는 게 좋을 것 같다."

"다들 떠나고 저만 혼자 남는 상황이 두려워요."

"왜 혼자야? 84들이 있잖아. 84도 좋은 친구들 많아. 나나 탁이도 일요일에는 올 거고. 85들도 보고 싶으면 얼마든지 밖에서 볼 수 있잖아. 그리고 선영아."

내내 자상하게 말하던 그가 돌연 엄격한 얼굴로 선영을 바라보았다. 그는 정감 있고 자상한 선배였지만 드물게 저런 냉정한 표정을 지을 때가 있었다.

"운동은 사람 보고 하면 안 돼. 운동은 해야 되기 때문에 하는 거지 어떤 사람 때문에 하는 게 아니야."

"……."

"아직 시간은 많으니까 오늘 내 얘기 충분히 생각해 보고 다음에 다시 얘기 나누기로 하자. 이건 선물."

그가 내민 것은 베트남의 민중 작가라 불리는 구엔 반 봉의 『사이공의 흰옷』이었다. 지난여름 합숙 교재인 『강좌철학』을 사러 풀무질에 갔다가 돈이 모자라 사지 못했던 책이다.

"안 그래도 읽고 싶었는데 고마워요!"

마지막에 한소리 듣긴 했지만 따뜻한 만남이었다. 며칠 후 사향 축제가 시작된다. 축제에 대한 기대는 없지만, 수업이 없다는 건 좋았다. 기가 막힌 건 축제 기간에도 출석을 부른다는 사실이다. 그러니 꼼짝없이 학교에 나와야 했다. 한 가지 기대되는 것은 김광훈과 여혜경이 오기로 했다는 점이다. 지난 일요일 세미나 뒤풀이에서였다.

"우리 학교 14일부터 축제야. 시간 있으면 놀러와."

"축제? 그럼 가야지. 광훈아 승관아 가자!"

혜경이 시원시원한 대답을 내놓는 데 비해 광훈은 조건을 달았다.

"교대 여학생 소개팅시켜 주면 가고."

"야, 너나 선영이 소개팅 좀 시켜 줘라. 순진한 것이 서울까지 유학을 왔는데 엉? 서울 남자 만나서 연애도 해보고 그래야 할 거 아냐! 서강대 운동권 중에서 너네 말고 좀 괜찮은 남자애 없냐?"

"내가 어때서!"

광훈과 승관이 동시에 탁자를 치며 부르짖었다. 선영이 웃으며 말했다.

"알았어, 알았어. 광훈이 내 친구 소개팅시켜 줄게. 축제 때 오는 거다?"

대학부 친구들이 시간을 내서 먼 교대까지 간 것은 요즘 고민이 많아 보이는 선영과 허심탄회하게 대화하고 싶어서였다. 김광훈은 당시 상황을 이렇게 회고했다.

그냥 선영이 얼굴 한 번 더 보기 위해서 건수를 만들었던 거죠. 혜경이나 승관이도 마찬가지고. 그날 선영이가 학교에 대해 했던 말을 조금은 이해하게 됐어요. 아니 축제 기간인데 학교를 들어가지 못하게 하는 거예요. 신분증까지 내놓으라는데 참 어이가 없었죠. 그래서 결국은 경비원한테 '수학교육과 박선영 학생, 밖에서 친구가 기다리고 있다'고 연락해 달라고 부탁했죠. 연락을 받고 나온 선영이가 자기 친구 불러오겠다고 해서 우리는 학교 앞 카페에서 기다렸다가 만나고 그랬죠.[145]

---

145. 김광훈 인터뷰, 2023.

축제 때 문을 닫고 외부 학생을 못 들어가게 하고 무슨 이런 학교가 있나. 기다리라고 그러고 불러준다고 그러고, 대학이 아니라 무슨 기숙사 같았어요. 그리고 카페에 와서도 애가 좀 절절매는 느낌이 들었어요. 왜 그러냐 그랬더니 '여기는 학교 앞이라 좀 그렇다' 그래서 다른 지역으로 옮기고 나서야 편안하게 이야기하더라고요. 학교에서 그 정도로 학생들을 감시하고 그랬던 거죠. 우린 상상도 못했던 일이죠.[146]

---

146. 여혜경 인터뷰, 2023.

5.

힘을 길러 나오라

진정한 실천가가 되고자 한다

그해 겨울 85학번의 마지막 합숙은 광훈과 승관, 혜경만이 참가했다. 이번에도 선영은 참가하지 못했다. 방학하면 바로 광주에 내려오라는 아버지의 엄명이 떨어진 것이다.

대입에 실패한 후 집에 일찍 들어오게 된 화진은 선영의 생활에 대해 의구심을 느꼈다. 책상 밑에 '이상한' 책들이 많이 쌓였고, 귀가 시간도 늦었기 때문이다. 책들을 넘기자 '투쟁', '항쟁', '노동자' 같은 단어가 눈에 들어왔다. 한눈에도 범상치 않은 책들이었다.

"너, 이 책들 다 뭐야?"

"아, 그거? 우리 과 선배들하고 가끔 독서토론회를 하거든. 애들한테 빌린 것도 있고, 내가 산 것도 있고. 왜?"

"아니 근데 수학과 학생이 무슨 이런 책을 보냐?"

"아유, 언니는! 수학과 학생은 만날 수학책만 봐야 돼? 책 많이 보면 좋은 거지, 교양도 쌓고. 왜 언니도 한 권 읽어 보게?"

"얘는! 내가 그걸 왜 읽니?"

선영은 화진이 뒤적거리던 책을 다시 책상 밑으로 집어넣었다. 어딘지 모르게 달라진 동생의 모습을 화진은 물끄러미 바라보았다. 불안했다. 요즘 대학생들이 독서서클 같은 데서 불온서적을 읽는다는데, 이런 게 바로 그런 책들이 아닐까 싶었다. 혼자 고민하던 화진은 결국 아버지에게 전화를 걸었다.

'아버지, 선영이가 독서서클을 하는 거 같은데 방학하고 내려가면
잘 좀 타일러 주세요.'

선영은 광주에 내려가면서 생각했다. 언니가 자신을 의심하는 건
사실이지만 구체적으로 어떤 활동을 하고 있는지 자세히는 모를 터였
다. 사회과학 서적을 읽는 건 알고 있으니 무조건 잡아떼는 것보다는
일반 서클의 독서 활동 정도로 이야기하는 게 좋겠다 싶었다.

광주 집에 도착하니 아버지와 영석이 TV를 보고 있었다.

"아버지, 저 왔어요."

"그래, 내려오니라고 욕봤다."

작은방에 가방을 두고 나온 선영은 주방으로 들어갔다.

"엄마!"

"이쁜 딸 왔는가!"

커다란 냄비에는 꽃게탕이 팔팔 끓어오르고, 어머니는 삶은 문어
를 썰고 계셨다. 딸이 내려온다는 소식에 냉동실에 고이 보관하던 꽃
게와 문어를 꺼낸 것이다. 선영은 식구 수대로 밥과 국을 퍼서 영석이
거실에 펴놓은 큰 상으로 날랐다. 김치와 밑반찬 몇 가지에 꽃게탕과
문어숙회를 곁들이니 푸짐한 한상차림이 되었다.

오랜만에 가족과 함께 하는 저녁 식사 자리였다. 선영은 꽃게탕에
밥을 말아 밥 한 공기를 뚝딱 먹어치웠다.

"아, 배부르다. 역시 우리 엄마 밥이 최고야!"

선영의 밝은 모습에 흐뭇해진 아버지가 맞장구를 쳤다.

"학교 앞에 느그 엄마만큼 잘하는 식당이 없으니까 아주 점심 때
마다 고민이여."

"그러니까요. 서울 음식도 달짝지근하기만 하지 이런 깊은 맛이 없
는 것 같아요."

부녀가 주고받는 모습이 좋았던 어머니도 웃으며 화답했다.

"칭찬해줌께 기분은 좋은디 본뜻은 내일 더 맛난 거 내노라 이 말 아니요?"

"아 고것은 주방장 맘이제 내 맘대로 되겠는가."

"하하하하……."

식사를 끝낸 후 선영이 사과를 깎아왔다.

"아버지, 사과 드세요."

"그래 너도 앉아라."

선영이 사과를 한 입 베어 물자 아버지가 물었다.

"학교 생활은 재밌냐?"

"별 재미없어요. 대학 캠퍼스가 아니라 무슨 고등학교 같아요."

"교사를 양성하는 학교니 특수성이 있지 않겠냐. 학교의 특수성을 잘 이해하고 적응하는 것이 좋을 거이다. 그리고 느그 언니 얘기로는 니가 독서서클을 하는 것 같다던데 그거 의식화 서클 아니냐?"

"아버지도 참! 내가 어린애요? 아버지 입장을 봐서라도 안 되지요. 언니가 말한 건 UNSA라고, 국제연합학생회라는 서클이에요. 모여서 영어 공부도 하고 책 읽고 토론하는 그냥 일반 서클이요."

포크로 사과를 찍으며 해맑게 웃는 딸을 보니 다소 안심이 되었다. 개성이 강하고 자기주장이 분명한 딸이지만, 진실하고 순수한 면이 있기에 아버지에게 거짓말은 안 할 거라는 믿음이 있었다.[147]

아버지는 더 이상 추궁하지 않고 좋은 쪽으로 마무리했다.

"요즘 시국이 시국이다 보니 대학생 자녀를 둔 교사들은 툭하면 교육청 간담회에 참석해서 대학생 의식화 서클이 어떻고 하는 교육을

---

147. 박운주 인터뷰, 2001.

받아야 돼. 자녀가 그런 데 휩쓸리지 않게 잘 지도하라고잉. 교무회의 때도 교장이 1번으로 강조하는 것이 고거여. 아버지도 대학생이면 누구나 자기 취미에 따라 서클 활동을 할 수 있다고 생각하지만, 가정의 생계를 짊어진 교육 공무원으로서 니가 이상한 서클에 빠지는 것은 아닐까 어찌 걱정이 안 되겠냐. 네 인격을 존중해서 긴 얘기는 하지 않을 테니, 니가 알아서 잘 처신해라."

"네, 아버지."

방으로 돌아온 선영은 이불 위에 쓰러지듯 누웠다. 여상스럽게 웃으며 대답하기 위해 얼마나 애를 썼는지 안면 근육에 경련이 올 지경이었다.

'이제 시작이구나. 정말 조심해야겠어……'

그해 연말을 광주에서 보내고 서울에 올라온 선영은 조심스럽게 활동을 재개했다. 광훈과 승관은 예상대로 학교로 돌아갔다. 혜경은 장청 노래패 활동을 시작했다. 허탁은 야학을 하면서 부천공단으로 자리를 옮겼고, 나정훈은 인천지역 연대조직에서 활동하면서 노동운동으로의 이전을 준비하고 있었다.[148]

그 와중에 한 가지 놀라운 소식은 승관이 운동을 그만두었다는 점이다. 운동을 그만두겠다는 승관의 선언은 85들을 충격에 빠뜨렸지만, 혈육처럼 진한 우정까지 없애지는 못했다.

승관이는 겨울 합숙 때부터 이미 되게 많이 흔들리고 있었거든요. '나는 자본주의가 좋아' 막 이래갖고 우리끼리 '미친 ××야' 이러고 욕도 하고 그러면서도 만나는 거예요. 친구니까. 나는 걔 졸업 때까지 만

148. 나정훈·허탁, 민주화운동 관련자 명예회복을 위한 인우보증, 2002.

났어요. 광훈이랑 승관이가 서강대니까 나랑 용숙이가 얘네 학교를 찾아가서 만나곤 했어요.[149]

승관의 소식은 선영의 마음에도 적잖은 파문을 일으켰다. 승관은 세미나와 뒤풀이, 가두시위 등 다양한 활동을 통해 끈끈한 애정으로 결속된 친구이자 동지였다. 집에 돌아갈 토큰 하나와 라면 사 먹을 돈만 있어도 얼마든지 풍족하고 마음 푸근한 시간을 공유할 수 있는 상대, 가투가 끝난 후 서로의 생사를 확인하며 부끄러움 없이 뜨거운 눈물을 흘릴 수 있는 상대, 선영에게 동지는 그런 의미의 존재였다.

거대한 현실의 장벽 앞에서 흔들리는 건 선영도 마찬가지였다. 당시의 삼엄한 공안정국에서 운동이란 누구에게나 가혹한 결단을 요구하는 것이었다. 언제 경찰에게 덜미를 잡힐지 몰랐고, 전선戰線이 요구한다면 언제든 기꺼이 모든 '기득권'을 버리고, 시위를 주동하거나 노동 현장으로 '투신'해야 했다. 이들에게 '목숨 걸고' 싸운다는 말은 결코 혁명적 낭만주의로 포장된 화려한 상투어만은 아니었다. 실제로 당시 얼마나 많은 사람들이 죽거나 죽임을 당했던가.

대학부와 교대 언더서클에서 만난 친구들이 흔들릴 때마다 선영의 고민과 갈등도 깊어갔다. 그는 더욱 치열하게 활동에 매진함으로써 현실의 압박과 두려움을 이겨내려 했다. 대학부 선배나 동료들과 함께 할 때는 잠시나마 현실을 잊을 수 있었다. 그러나 그들과 헤어져 혼자가 되면 무서운 고립감과 두려움이 파도처럼 덮쳐오는 것이었다.

선영은 흔들리는 동지들의 마음을 추스르고 위로하면서 동시에 자기 마음속의 두려움과 갈등을 잠재우기 위해 몸부림쳤다.

---

149. 여혜경 인터뷰, 2018.

Today, 친구의 편지를 받았다. 속물의 과정, 속물의 준비를 하고 있다는 얘기다. 내가 어떻게 얘기해야 하나. 속물이란 과연 무엇인가? 우린 일상적 용어로 사용하지만 구체적인 뜻은 파악하지 못한다.

속물!

친구를 생각하면 가슴이 아프다. 단지 아프다는 이유로 끝나서는 안 되는 문제이기도 하다. 우리 모두의 현상이기도 하다. 한 해 한 해가 지날수록 우리의 어깨가 넓어져 가기만 한다. 왜일까? 그만큼 짊어져야 할 것들이 많아서일까. 모든 것에서 감정의 표출밖에 되지 못하는 상태. 여기서 조금씩 자신의 외피를 벗어나가야 되겠지. 외피. 조급해진다. 하지만 급할수록 서두르지 마란 속담이 있다. 하나씩 차곡차곡 쌓아나가야 되겠지.

—1986년 1월의 일기

우리들의 마음은 너무도 복잡하고 간사하다는 생각이 든다. 마음의 정리가 됐는가 싶으면 새로운 감정이 솟아나서 내 자신을 걷잡을 수 없도록 만든다. 곁에 있는 친구가 나약해지면 좀더 자신은 강해져야 하는데 그렇게 되지가 못한다.

—1985년 7월 순자에게 보내는 편지에서

To. 건

바람이 몹시 불었다. 이 세상의 모든 것을 날려 버릴 듯이. 그리고 또 새로운 바람소리를 들었다. 회오리 바람 소리를. 우리 각자에게서 들리는 한 인간이 성장하고 발전 사멸해 가는 과정, 그 순간순간이 인생이란 노정의 한 부분들이겠지. 또한 이런 것들로 인해 인간이 이뤄질 것이고.

이것이 나의 길이요, 이게 나의 가치관이다 하고 내놓으려는 순간 내부에서는 새로운 반대세력이 나타난다. 그리고 난 또 나의 뭐랄까. 개인적인 낭만적 고민에 매몰되고 헤어나오려고 발버둥치면서도 서서히 음미한다. 이게 나의 한계성인가 하고 되물어 보면서 너무나도 강한 개인주의적인 성향 때문에 보편에 융화되기가 힘들다. 지금은 깨부셔야 할 때가 왔다고 생각하면서 남이 부셔주기를 바라는 의타적인 나의 나약함이 슬프다. 하루하루를 인생의 마지막 순간처럼 살아 나가면서 내가 너를 모르고 네가 나를 모르는 중에도 통할 것 같다는 것이 아닌 서로를 도와줄 수 있는 그리고 발전적인 모습들을 보일 수 있고 얘기할 수 있으리라 믿는다.

건.

한 잔의 소주와 친구들과의 만남. 이런 게 나만이 누리는 어떤 B.P[150]의 속성일까. 대학생이 미팅하고 술 마시며 희희낙락할 때, 한편에서 피토하는 듯한 신음소리가 들린다. 우리에게도 예외적인 문화는 아니란 생각을 하면 나의 모습들을 뒤돌아봤을 때 너무나 부끄러움을 느끼게 되고, 자기 강제를 다짐하지만 매번 관념에 머물고 구체적인 성장을 못함이 안타깝다…….

—1986년 4월 율건에게 보낸 편지에서

혼자서 잘난 체하기 없기. 혼자서 미치기 없기. 내가 무너지는데 동료가 무너져 내린다고 그를 욕하기 없기. 그리고 모든 것을 사랑하기. 쓴 것도, 단 것도, 투명한 것도, 자신의 모든 것도.

—1986년 날짜 미상의 일기에서

---

150. 쁘띠 부르조아.

혼자 남은 선영은 교회에 남아 대학부의 84들에게 RP를 받으며 학교 활동의 기회를 모색했다. 이옥신을 만나 함께 할 수 있는 일을 논의했고, 일요일마다 교회에서 만나는 나정훈에게도 조언을 구했다. 활동의 장은 달라졌으나 김광훈과 여혜경에게도 꾸준히 연락이 왔다. 85들을 만날 때마다 선영은 기분 좋은 자극을 받았다. 김광훈은 서강대 기독학생회에서, 여혜경은 노래패에서, 박용숙은 이대 학회에서 열심히 활동하고 있었다. 운동 조직에 속해 있진 않았음에도, 승관은 여전히 그들의 친구였다.

진정한 실천가가 되고자 한다. 모든 철망을 뚫고 진공의 상태에서 내 의지에 의해 움직이고자 한다. 펜으로 글을 쓸 때도 내 의지에 의해, 언어도 의지요, 발걸음도 의지에 의해. 슬픔이랑 다 버리고, 알몸뚱이로 헤매면서, 상채기가 생겨도 내 행복의 추구요, 내 인생의 아름다움이요 하며 외쳐댈 수 있도록…….
—1986년 6월 병림에게 보낸 편지에서

그러나 '진정한 실천가'의 길은 너무도 험난하였고, 자신은 너무나 작고 나약했다. 선영은 자신의 바람만큼 따라주지 못하는 자기 자신을 모질게 채찍질한다. '슬픔일랑 다 버리고', '알몸뚱이로' 포복하며, '상채기'조차도 투사의 자랑스런 훈장인 양 여기며 의연하게 살고 싶었던 것이다. 자신에게서 나약성과 낭만성, 개인주의적 성향을 발견할 때마다 그는 견딜 수가 없었다. 사실 그런 성향들은 모든 인간이 가진 속성임에도 불구하고, 선영은 그런 자신에 대한 부끄러움으로 몸부림쳤다.

선영은 책 속에서 길을 찾으려 애썼다. 각국 혁명가의 삶을 다룬

논픽션이나 소설류를 탐독하며 흔들리는 자신을 추스르고 투쟁 의식을 고취하였다. 당시 운동권 학생들의 애독서였던 김혜린의 만화『북해의 별』이나, 프랑스 작가 끌로드 모르강의『꽃도 십자가도 없는 무덤』, 잉게 숄의『아무도 미워하지 않는 자의 죽음』, 구엔 반 봉의『사이공의 흰옷』, 황석영의 역사소설『장길산』,『전태일 평전』, 막심 고리끼의『어머니』, 혁명 시인 김남주의 시편 등의 책들이 바로 그것이다.[151] 대개 죽음도 불사하는 투쟁의 비장함과 혁명적 낙관주의를 고취시키는 내용으로, 선영이 자신의 '나약성'과 '센티멘탈'을 극복하기 위해 의식적으로 반복해서 읽은 책들이다. 실제로 남겨진 일기[152]의 곳곳에 위 책들의 구절들이 발췌돼 있었다.

시대의 소란으로부터 잠시,

그대의 눈과 귀를 돌리라

그대의 마음이 스스로 정화되기 전엔,

그대의 힘으로도 이 시대의 소란은

치유될 수 없는 것,

그대의 소명은 이 세상에서

영원을 지키며 고대하고 응시하는 것,

그대는 이미 이 세상사에

묶여 있고 또 풀려나 있으리

---

151. 선영이 남긴 일기와 오빠 종욱의 편지에서.

152. 선영의 죽기 직전의 의식 수준과 흐름을 알 수 있는 일기는 사실상 거의 없다고 봐도 과언이 아니다. 죽음을 결단한 후 선영은 당시의 조직 활동과 관계된 일기를 자신의 손으로 직접 소각했다. 현재 유족들에게 남겨진 일기는 거의 대부분 2학년 2학기가 시작되기 이전에 쓰여진 것이다.

그대를 부르는 때가 오리니
그대, 마음을 준비하고,
꺼져가는 불길 속으로
마지막 불꽃을 위하여
그대를 던지리[153]

척박한 땅에 민주화의 씨를 뿌리다

1986년 3월은 불타는 봄을 예고하는 시기였다. 1984년부터 시작된 청계피복노조의 합법화 투쟁이 기세를 더하고 있었고, 신흥정밀 노동자 박영진이 임금인상 투쟁 과정에서 분신자살했다. 3월 18일 새벽이었다. 그가 생을 마감한 후 신흥정밀 해고자를 포함한 노동자 13명은 구로공단 입구 오거리 철탑 옆의 미용실을 점거하고 '영진이를 살려내라! 노동운동 탄압 말라!'고 절규하며 농성을 벌였다. 노학연대 투쟁도 이어졌다. 3월 21일부터 수십 명의 노동자가 전태일 기념관에서 박영진의 유지를 지키려는 싸움을 전개했다.

3월 23일 일요일 아침. 꽃샘추위도 저만큼 물러간 화창한 봄날이었다. 창을 활짝 열고 밖을 내다보던 언니가 이상하다는 듯 선영을 불렀다.

"선영아, 이리 좀 와 봐. 저기 저 한옥집에 뭔 일이 났나 보다. 경찰들이 새까맣게 모였네? 지붕 위에 모여 있는 저 사람들은 또 뭐야."

선영은 언니 옆에 나란히 서서 물끄러미 그 광경을 바라보았다.

---

153. 날짜 미상의 일기에서. 『아무도 미워하지 않는 자의 죽음』에서 발췌된 글임.

1985년 창신동 한옥을 매입해 개관한 전태일기념관 '평화의집'

"저 사람들, 각목까지 들고 있네. 무섭다, 야."

"언니야, 무서운 사람들이 아냐. 임금인상 투쟁을 하다 죽은 불쌍한 노동자의 장례식을 하려고 그러는 거야."

"그래? 아니 죽은 사람 장례식 하겠다는데 왜 경찰들이 진을 치고 있는 거지?"

"그러게 말이야. 임금인상 투쟁하다 죽었으니 불순분자라 이거겠지. 나쁜 자식들! 언니야, 혹시라도 저놈들에게 무슨 봉변을 당할지 모르니까, 저 샛길로 다니지 마. 큰길로만 다녀."[154]

화진은 선영이 이 집으로 이사하기 전부터 전태일 기념관을 알고 있었던 것처럼 보였다고 했다. 전태일 기념관을 중심으로 벌어지는 투쟁의 양상을 매우 구체적으로 알고 있었고, 언니에게 항상 큰길로 다니라고 주의를 주었기 때문이다.

언니가 목욕을 간다고 집을 나선 뒤에도 선영은 한참 동안 그 자리에 서 있었다. 경찰이 물샐 틈 없이 포위하고 있는 저 한옥은 바로 노동열사 전태일의 기념관 '평화의 집'이었다. 선영은 어젯밤에도 늦게까지 전태일 기념관에서 상황을 지켜보다가 담을 몇 개나 넘어 집으로 돌아왔다.[155] 경찰의 방해 작전으로 장례식이 지연되면서 노동자들의 농성은 벌써 5일째에 접어들고 있었다.

선영 자매가 전태일 기념관과 가까운 이 집으로 이사 온 것은 실로 기막힌 우연이었다. 이 창신동 2층 방을 얻은 사람은 언니였다. 당시 언니는 광화문 지점에 근무하고 있었는데, 광화문을 경유하여 서울교

---

154. 박화진 인터뷰, 2000.

155. 이소선 인터뷰, 2001. 선영이 죽은 뒤 이소선 어머니는 선영의 어머니에게 86년 봄, 전태일 기념관이 경찰에 의해 봉쇄되었을 때, 선영을 담 밖으로 보내준 적이 있다고 증언했다.

대 앞을 지나가는 28번 버스[156]를 이용할 수 있다는 점 때문에 이 집을 택했던 것이다.[157]

동생에게 조용하고 편안하게 공부할 수 있는 환경을 갖춰 주기 위해 노심초사하던 언니는 부지런히 돈을 모았고, 드디어 부엌이 따로 달린 2백만 원짜리 전세방 –창신동 이층집– 으로 방을 옮기게 되었다. 부엌 없는 숭인동 월세방에서 동생과 자취를 시작한 지 불과 1년 만의 일이었다. 화장실과 마루를 옆방 사람들과 함께 써야 하는 불편함은 있었지만, 선영과 언니에겐 천국이 따로 없었다. 이 창신동 집으로 이사하던 날, 두 자매는 너무 좋아 둘이 손을 맞잡고 춤을 추었다.[158]

이 집으로 이사하던 날, 용숙과 승관, 신율건과 그의 친구 정학용이 와서 이삿짐을 날라주었다. 한양대 사회학과 85학번 정학용은 율건의 소개로 선영과도 몇 차례 만난 적 있는 친구였다. 이삿짐이 어지간히 정리되자 선영은 언니에게 용돈을 받아들고 친구들과 함께 집을 나섰다. 아마도 고생한 친구들에게 따뜻한 음식과 술을 샀을 것으로 추측된다. 용숙도 이 날을 기억했다.

이사 갔을 때는 저도 있었어요. 누구랑 같이 갔는지 기억은 안 나지만 이사 도와주러 갔었어요. 언니랑 둘이 살았고, 옥상 꼭대기집이었어요. 끝나고 밥 먹은 기억도 안 나고 딱 그 집만 기억나요. 가운데 연탄 아궁이 있는 부엌이 있고, 복도 같은 마루가 있었을 거예요. 부엌을 가운데로 해서 양쪽에 방이 있었던 것 같아요.[159]

---

156. 28번 버스는 바로 서울교대 정문 앞에 하차했다.
157. 박화진 인터뷰, 2000.
158. 박화진 인터뷰, 2000.

전태일기념관이 내려다보이는 창신동 이층집.
MBC 6월항쟁 20주년 '너는 살고 내가 죽었다'에서

박용숙의 기억은 정확했다. 선영 자매가 사는 방은 하나였지만, 마루를 같이 쓰는 다른 집이 있었다. 여혜경도 이 집에 놀러온 적이 있었다. 시장통을 지나 창신동 골목을 올라가던 선영이 어느 집을 가리키며 혜경에게 말했다.

"여기가 전태일 기념관이야."[160]

나도 노동운동 하려고 그러는데 쟤는 나보다 먼저 전태일 기념관을 갔네? 그게 난 되게 부러웠었어요. 창신동에 살았으니 바로 그 밑이 전태일 열사 기념관이라는 것도 다 알고 있고. 그러니까 거기도 가보고, 이렇게 몰래몰래 자기 시간이 되는 만큼 진짜 최선을 다해서 다 다닌 거잖아요. 뭐를 다 해본 거죠. 걔는 전태일 기념관에서 하는 일들에 대해서 되게 관심이 많았어요. 그게 노동운동에 대해서 자기 조건에서 가능한 최대한의 범위가 그거였어요. 거기에서 뭘 느꼈고 무엇을 했는

159. 박용숙 인터뷰, 2023.
160. 여혜경 인터뷰, 영등포산업선교회 모임, 2022.

지에 대해선 들은 바가 없어요. 근데 내 기억으로는 승관이한테는 얘기
한 것 같아요.[161]

어느 날 전체 모임인지 걔가 시간이 돼서 (85모임에) 왔는지 모르겠
는데, 선영이가 선택을 해야 되는 기로에서 계속 고민을 했던 기억이 남
아 있거든요. 너는 학교를 선택하고 얘는 저쪽을 선택하고 그러는데, 자
기는 학교 쪽으로 가야 될지 현장으로 가야 될지, 아니면 또 다른 데로
가야 될지 잘 모르겠다. 근데 자기는 움직일 수 있는 영역이 너무 작기
때문에 내가 해볼 수 있는 거 다 해보자. 그래서 여기도 가봤어, 저기
가봤어 이런 상황이었단 말이에요. 내 기억 속에 남아 있는 건.[162]

김광훈과 여혜경의 증언을 통해서 알 수 있는 것은 이 시기에 박선
영의 관심이 노동운동 영역으로 확장되었다는 사실이다. 학생운동에
서 노동운동으로 옮겨 가는 것을 이상적으로 생각하는 분위기가 당
시에 있었고, 또 인천에서 현장 이전을 준비했던 나정훈의 영향도 적
지 않았을 것이다. 이 무렵부터 선영은 나정훈으로부터 노동운동 정
보를 얻고 주변의 전태일 기념관 같은 곳을 찾아보며 자신의 상황에
서 참여할 수 있는 노동운동에 대해 탐색했던 것으로 보인다.

무엇보다 학생운동을 하기에는 서울교대라는 토양이 너무나 척박
했다. 정태수 학장 부임 후 명목만 남아 있던 학회와 서클마저 재편
성-사실상 폐지-되었다. 학회 대신 각 교과 '초등 ○○교육연구회'를
구성하였고, 서클 대신 중고등학교 CA 시간과도 같은 '전인교육반(초
기 명칭은 특별교육반)'을 만들었다.

최성락 학생처장은 1986년 4월 10일자 〈사향 소식〉에 '써클 활성

161. 여혜경 인터뷰, 영등포산업선교회 모임, 2022.
162. 김광훈 인터뷰, 영등포산업선교회 모임, 2022.

화에 대하여……'란 제목으로 신입생 서클 가입을 금지하는 방침을 발표했다. 최 처장은 '교육대학을 이해하고 학생의 본분인 학업이 우선되어야 하며, 여러 서클의 특성을 알고 난 뒤에 학생 스스로가 교대생으로서의 자신의 위치 등을 자주적으로 정확히 파악한 후에 선택하여야 하기 때문'이라고 그 이유를 밝혔다.[163]

학교에서 생활하는 기숙사 학생들은 교도소와 다를 것이 없는 철저한 통제에 숨이 막힐 지경이었다. 아침 8시 점호 시간에 빠지면 지각으로 간주되었고, 12시에 일괄 소등하여 시험 기간에도 불을 켤 수가 없었다. 1986년부터 학교 측은 선후배 관계를 완전히 단절시키기 위해 학년끼리 반을 배정하였고, 밤 11시, 12시에 최성락, 한운봉, 정태수가 교대로 순시하여 학생들의 동태를 파악하였다.

> 졸업한다니까 너무 시원하다고 하면서 활짝 웃는 선배의 모습에서
> 이 시대의 비극을 읽는다. 어쩌다가 학교가 이 지경까지 되었을까.
> ─1986년 2월 병림에게 보낸 편지에서

이 시기는 선영이 2학년으로서 1학년 후배를 맞아들여야 할 시기였다. 선영은 서울교대라는 척박한 땅에 민주화의 씨앗을 심는 일을 외면할 수가 없었다. 그는 이옥신과 학내 활동에 대해 논의한 끝에 향우회에서 만난 86학번 후배 몇 명을 모아 기초적인 학습을 진행하였다. 이 중에는 훗날 오광식과 결혼한 ○○○도 포함돼 있었다. 안타깝게도 ○○○는 몇 년 전 불의의 사고로 세상을 떠났으나, 이들 부부와 함께 일산의 모 교회를 다녔던 김광훈은 생전에 고인으로부터 '선

---

163. 6·9 농성 평가 자료집 『복종의 침묵에서 깨어 일어나』에서.

영 언니와 몇 차례 학습을 했다'는 말을 들었다고 한다.[164]

선영은 여전히 교회에 다니며 대학부 84 선배들과 학습을 진행하였다. 그러나 선배의 지시와 판단에 거의 전적으로 의존하던 1학년 때와는 많은 것이 달랐다. 시야도 넓어지고 사유도 깊어졌다. 후배들 RP하랴, 집회와 가두시위에 참여하랴 눈코 뜰 새 없이 바빴지만 충만한 시간이었다.

학생운동을 정리하면 노동 현장으로 간다는 것은 당시 활동가들 사이에 거의 공식처럼 되어 있었지만, 선영에게는 교육운동도 대안의 하나로 생각되었다. 그는 틈틈이 해방신학 류의 서적[165]이나 민중교육 관련 서적, 노동운동 관련 서적을 들여다보면서 졸업 후의 진로를 구체적으로 모색하였다. 학교에서는 이옥신이, 학교 밖에서는 나정훈이 조언자 역할을 했다. 짧지만 행복한 봄이었다.

1986년 4월 교생 실습을 계기로 교육운동에 대한 관심은 더욱 깊어졌다. 교생 실습은 교사관을 재정립할 수 있었던 아주 소중한 경험이었다. 학교는 선영이 책을 통해서만 상상해 왔던 사물화된 교육 공간이 아니었다. 아이들의 가식 없는 웃음소리와 초롱초롱한 눈망울이 살아 있는 생생한 현장이었다. 순수한 아이들의 눈빛에서 선영은 자신과 교육이 행복하게 만나는 미래를 발견하는 듯하였다.

선생님. 선생님의 그 목소리 잊지 못해요. 선생님, 선생님께서 우리 교실을 떠나신지 벌써 3주가 지났어요. 그런데, 3주가 꼭 3년마냥 된 것 같아요. 선생님, 지금 몸은 어떠세요. 걱정이 되는군요. 선생님, 담임 선생님과 우리 반 아이들 모두 잘 있어요. 27일 시험을 본다고서 그런

---

164. 김광훈 인터뷰, 2024.
165. 오빠 종욱의 술회에서.

```
박 선영 선생님 몸 건강히 계신지요.
편지 늦게 드려서 죄송해요.
선생님을 잊어 버려서 늦게 쓰는 것 아니니
너무 섭섭이 생각 마셔요.
선생님, 선생님의 그 목소리 잊지 못해요.
선생님, 선생님께서 우리 교실을 떠나신지 벌써
3주가 지났어요. 그런데, 3주가 꼭 3년마냥 된 것 같
아요.
선생님, 지금 몸은 어떠세요. 걱정이 되는군요.
선생님, 담임 선생님과 우리반 아이들 모두 잘 있어
요.
27일 시험을 본다고서 그런지 아이들은 그 전과
똑같아요.
선생님, 벌써 저를 잊지는 않으셨죠?
선생님, 다시 뵈올 때까지 몸건강히 계세요
그럼 안녕히 계세요.
참! 답장 꼭 해주셔요
                1986년 5월 21일 수요일
                오후 10시
                선생님의 제자 임 은정 올림
```

교생실습 중에 만난 제자 임은정의 편지

지 아이들은 그 전과 똑같아요. 선생님, 벌써 저를 잊지는 않으셨죠? 선생님, 다시 뵈올 때까지 몸 건강히 계세요. 그럼 안녕히 계세요. 참! 답장 꼭 해주셔요.

— 1986년 5월 제자 임은정의 편지에서

언니 화진의 술회에 의하면 선영이 실습 나간 학교의 제자들로부터 많은 편지가 왔다고 한다. 어린 제자들의 편지를 받을 때마다 선영은 하나하나 언니에게 읽어주며 기뻐하곤 하였다. 언니가 기억하는 편지 중에는 '선생님은 우리를 차별하지 않아서 좋았어요' 하는 구절도 있

었다.[166] 선영은 또 이런 말을 하기도 했다.

"언니야, 부끄러워서 혼났어. 글쎄 오늘 우리 반 애들이 시국에 대해 질문을 하잖아. 그 맑은 눈으로 쳐다보고 있는데 차마 거짓말을 할 수가 없었어."

교생 실습을 계기로 선영은 초등학교 교사라는 자신의 진로에 대해 애정과 사명감을 동시에 느끼게 되었다. 선영은 종종 언니에게 '아이들은 우리의 희망이다. 불쌍한 아이들을 돌보며 살고 싶다'는 말을 하곤 했다.[167]

'빨간 점' 한운봉

바야흐로 개헌 국면이었다. 김대중, 김영삼 등 야당 지도자들은 장외 개헌투쟁을 선언했고, 고려대 교수들의 시국선언문 발표 이후 각 대학 교수들의 시국선언이 잇달았다. 86년 1월, 노태우 민정당 대표를 내세워 개헌 논의를 잠재우려던 전두환 정권의 기도는 극심한 반발을 낳았다. 2월 4일 전학련은 개헌서명운동 추진본부 결성대회를 통해 개헌을 중심으로 한 반정부 투쟁을 선포하고 나섰다. 2월 12일 신민당과 민추협은 1천만 개헌 서명운동을 시작했다. 박영진 열사의 죽음으로 노동운동 진영도 뜨겁게 달아올랐다.

전두환 정권은 2월 14일 114개 대학을 압수수색하고, 2월 19일 신민당 중앙당사를 봉쇄하는 등 강경조치 일변도로 맞섰다. 극한은 극한을 불러왔다. 개학을 맞이한 전국의 대학가는 신흥정밀 노동자 박

---

166. 언니 화진의 회고문에서.
167. 박화진 인터뷰, 2000.

영진 열사의 유지를 받든 노학연대투쟁과 전방입소 반대투쟁 등으로 투쟁의 깃발을 높이 들었다.

그 무렵, 서울교대에서는 작은 싸움이 준비되고 있었다. 학교 당국이 1학기 초부터 84학번들의 여군 훈련소 입소를 강행했기 때문이다. 학생들은 분노를 금치 못했으나 안타깝게도 학교 측의 계속된 탄압과 부당징계로 교내 집회를 열 수 있는 동력을 상실한 상태였다. 소수 교내 언더그룹들만이 은밀하게 움직였다. 선영이 이옥신의 은밀한 부름을 받은 것은 그때였다.

"잘 다녀왔어요? 힘들었죠?"

개학하자마자 여군 훈련소에 다녀온 이옥신은 지긋지긋하다는 듯 세차게 고개를 흔들었다.

"야, 말도 마라. 훈련소 교관들이 그러는데, 학교에서 '깡패 같은 애들이니 철저히 훈련시키라'고 그랬단다. 무슨 이런 놈의 학교가 다 있냐? 막아야 돼. 올해 못 막으면 꼼짝없이 너네도 갔다 와야 된다는 거 알지?"

"그러니까요."

"저녁에 시간 좀 낼 수 있냐?"

"무슨 일인데요?"

"여군 훈련소 강제 입소와 관련해서 피세일을 하려고 하는데 인원이 조금 모자란다."

"아……."

"맞다! 너 한동안 조심해야지? 깜빡했네. 여군 훈련 받다가 내 머리가 어떻게 됐나 보다. 선영아, 이 일은 신경 안 써도……."

"아녜요. 할게요."

"……괜찮겠어?"

"그럼요. 걱정 마세요."

언제까지 피하기만 할 것인가. 언제까지 상황 핑계만 댈 것인가. 옥신에게 유인물과 스티커를 넘겨받은 선영은 화장실에서 그것을 옷 속에 둘렀다. 그리고 도서관에서 공부하며 약속 시간이 되기를 기다렸다. 피세일은 시간이 생명이었다. 각 건물에서 동시다발적으로 진행해야 어느 한 곳에서 들키더라도 나머지가 안전하게 빠져나갈 수 있었다.

약속 시간 10분 전, 선영은 도서관을 빠져나와 배정받은 건물로 걸음을 옮겼다. 건물 내 화장실을 돌며 스티커를 부착하고 강의실마다 유인물을 배포했다. 30분이나 지났을까. 피세일을 마치고 어둑한 후문을 빠져나온 선영은 밤의 한기에 몸서리를 쳤다. 그는 점퍼의 지퍼를 턱밑까지 끌어올렸다. 제 몫을 해냈다는 뿌듯함, 성공적으로 임무를 수행했다는 개운함이 추위를 잊게 했다.

다음 날, 수학과 친구들과 점심을 먹으러 식당에 가던 선영은 학생회관 입구에 서 있는 초동을 발견했다. 초동은 묘한 눈길로 선영을 쳐다보더니 휙 몸을 돌려 걸어 나갔다. 문득 깨달음이 온 선영이 소리쳤다.

"아차, 내 정신 좀 봐! 강의실에 뭘 두고 왔네."

"뭔데? 중요한 거야?"

"아냐 아냐. 먼저 먹고 있어. 금방 다녀올게."

"그래, 얼른 와!"

선영은 초동이 사라진 길로 뛰어갔다. 초동은 회관 옆 소로에서 담배를 피우고 있었다.

"저……."

"땅콩, 피세일하다가 빨간 점한테 걸렸단다."

"네?"

"새벽까지 취조받다가 경찰인 오빠가 데려갔나 봐. 하룻밤 재우고 잘 구슬러서 데려온다고."

"……."

"크크큭……."

선영의 미간에 주름이 잡혔다.

'미쳤나? 이 상황에 웃음이 나와?'

"너 지금 속으로 욕했지?"

"아닌데요."

"아닌 게 아닌데……."

"아니라니까요!"

"땅콩, 오빠네 집에서 튀었단다. 당분간 학교 못 올 것 같다고 전해 달라더라. 안 불었으니 안심하라고. 진짜 못 말리는 녀석이라니까. 크크큭……."

초동은 예의 그 괴상한 웃음을 흘리며 멀어져 갔다.

'안 불었으니 안심하라고.'

초동이 전해 준 말이 귓가에 쟁쟁 울렸다. 학교에서 조사받다 도망친 건 아마 이옥신이 처음일 것이다. 오빠네 집에서도 난리가 났을 텐데, 그보다 걱정하고 있을 후배가 더 마음이 쓰였던지 '안 불었으니까 안심하라'고 전해 온 것이다.[168]

'진짜 못 말리는 선배라니까.'

선영은 자기도 모르게 초동의 말투를 따라하며 피식 웃었다.

'한운봉한테 걸리다니 고생 좀 했겠구나…….'

---

168. 이현숙 인터뷰, 2001. 이에 대해 이옥신은 2023년 인터뷰에서 '85학번 후배들이랑 같이 했었는데, 그때 선영이가 있었는지 없었는지 잘 모르겠다'고 말했다.

한운봉. 선영 역시 한운봉이라면 이가 갈리는 사람이었다. 1학년 때부터 한운봉에게 덜미를 잡힌 선배들의 말로가 어떤 것인지 똑똑히 봐 왔던 선영은 꼬투리를 잡히지 않기 위해 매사에 각별한 주의를 기울여 왔다. 그것은 서울교대 상황을 자세히 알게 된 나정훈의 요청이기도 했다. 학교에선 사회과학 서적을 꺼내지 않았고, 비밀스러운 자료는 늘 몸에 두르고 다녔다.

저희는 그때 수첩이라는 걸 가지고 다닐 수가 없어요. 모든 문제시되는 학생 주변에는 너무나 감시의 눈초리가 심해서 학교 교정을 걸어 다니면서도 아는 선배한테 가볍게 인사도 못 하는 그런 상황이었어요. 인사를 하면 '아, 이 학생이 문제시되는 학생인데, 저 학생하고 인사하네.' 이런 것까지 학군단이나 학생처에서 다 기록이 되고, 보고가 되는 거예요. 그땐 학군단 안에 조교 제도가 있었거든요. 그럼 이제 학생들이 조교를 하는데 그런 통로를 통해서 거기에 가면 앨범 같은 거 이렇게 놔 두고, 문제시되는 학생에 빨간 동그라미를 딱 그어가지고 얘가 요즘 친구들한테 무슨 얘기를 하고, 얘가 친한 사람이 누구고, 이런 것들까지 다 파악이 되고, 교정을 다니면서 친한 친구나 선배한테 인사도 못 하고 수첩에 뭐 전화번호 이런 것도 쓸 수 없는 상황이 되고. 도서관에

서울교대 교자추 위원장 김현순.
MBC 6월항쟁 20주년
'너는 살고 내가 죽었다'에서

칸이 있잖아요. 애들이 보는 책들 꼽아놓고 그러면 도서관 경비 아저씨가 순시를 하면서, 그 아저씨한테 금서 목록을 줘요. 그 목록에 있는 책이 거기 칸에 꽂혀 있으면 또 그 학생은 명단에 올라가는 거예요.[169]

일은 아주 우연하게 시작되었다. 1986년 4월 초, 등하굣길에 늘 버스를 이용해온 선영은 그날따라 2호선 전철을 탔다. 대학부 선배에게 4·19 세미나 자료를 받아 오는 길이었다. 덕분에 1, 2교시 수업은 빼먹을 수밖에 없었다. 화장실에 들어가 세미나 자료를 몸에 두른 선영은 전철에서 자리를 잡자마자 습관처럼 책을 펼쳤다. 86학번들과 세미나 하기로 한 책이었다. 교대역이 가까워지자 책을 가방에 넣고 일어서는데, 뒤통수에 따가운 시선이 느껴졌다. 아뿔싸! 빨간 점 한운봉이었다.

하얗게 질린 선영의 인사를 받는 둥 마는 둥, 아까부터 한운봉의 시선은 선영의 가방에 꽂혀 있었다. 한운봉은 몇 발자국 뒤에서 천천히 선영을 따라왔다. 등 뒤에 거머리가 달라붙은 듯한 느낌이었다. 도대체 언제부터 나를 지켜본 것일까. 그대로 도망쳐 버리고 싶은 마음뿐이었다.

'아니야, 죄도 없이 왜 도망쳐? 박선영, 좀더 뻔뻔스러워져야 해. 저자는 아무것도 몰라. 그저 전철에서 우연히 만난 것뿐이야.'

"야, 너 몇 학년이냐?"

교대 후문을 들어서자마자 한운봉이 길을 막아섰다.

"2학년이요."

"이름이 뭐야?"

---

169. 김현순, MBC 6월항쟁 20주년 기획 다큐 〈너는 살고 내가 죽었다〉 사전 인터뷰, 2007.

"박선영입니다."

"박선영……. 음, 아까 그 책 줘 봐."

"네?"

"순진한 척하지 말고, 가방 뒤지기 전에 순순히 내놔. 전철에서 읽은 빨간 거 있잖아."

그것은 사르트르의 『지식인을 위한 변명』이었다. 교관은 선영이 내민 책을 재빨리 훑어보았다.

"지식인을 위한 변명……? 그럼 그렇지. 어째 전철에서 몰래 책을 읽는 게 수상쩍더라니!"

"몰래 읽은 게 아닌데요. 이 책은 프랑스 철학자의……."

"야야, 차라리 귀신을 속여라. 내가 임마, 운동권 기본 커리[170] 다 꿰고 있는 사람이야. 의식화 학생들이 첫 번째로 읽는 책이 이 책이야. 그리고 이 책 나온 데가 어디야? 빨갱이 책 전문으로 만드는 한마당 출판사 아냐."

"……한마당 출판사가요?"

"허어, 애가 누굴 물로 보나. 너 같이 순진한 척 하는 애들이 알고 보면 속이 더 빨간 법이야. 너 무슨 과야?"

"수학과요."

"수학과라……."

그는 수첩을 꺼내 뭔가를 확인하더니, 갑자기 교활한 시선을 굴리며 선영을 바라봤다.

"1, 2교시 수업을 빼먹으셨구만. 학생이 수업 안 듣고, 무슨 용무가 그리 바쁘신가?"

---

170. 커리큘럼.

한운봉

"몸이 좀 아파서……."

당황한 선영은 생각나는 대로 아무렇게
나 둘러댔다. 입귀를 비틀며 징그럽게 웃던
한운봉이 선영의 어깨에 걸린 가방을 홱
잡아챘다.

"따라와!"

한운봉이 선영을 끌고 간 곳은 일명 '취
조실'로 불리는 곳이었다. 쇠창살이 있는
조그만 창마저 베니어합판으로 막아 놓은 어둑한 방에 들어서자 선
영은 더럭 겁이 났다. 사방이 막혀 있어 누구도 안을 들여다볼 수 없
었고, 바깥과는 완전히 단절된 기분이었다. 책상이 놓인 벽면에는 금
서 목록이 붙어 있었다.

거기가 원래 관리동이라고 해서 학생과, 학장실이 있는 2층짜리 건
물인데, 그 방이 건물 제일 끝에 있었어요. 그 건물 앞에 있는 복도까
지 딱 막아서 밖에서 자물쇠를 걸게 되어 있고, 그 문으로 들어가면 안
에 다시 방이 있어요. 방에는 책상 하나, 앞에 한운봉 교관이 앉아 있
고, 학생이 그 맞은편에 앉아 있고, 벽 쪽으로 캐비넷, 캐비넷에 개인별
자료가 많이 모아 있고, 창문이라고 해봤자 이렇게 큰 벽에서부터 내려
오는 창문도 아니고, 벽 가운데 붙어 있는 작은 창문인데 그 창문조차
쇠창살이 되어 있는, 그래서 딱 이렇게 들어갔을 때 너무나 섬찟한 그
런 느낌을 많이 받았죠. ……그런 책을 읽은 사람이라던가, 학생처에서
입수한 그 목록에 들어 있는 학생들은 거기에 불려가서 조사를 받는
거예요. 한운봉 교관이 백지를 놓고 경찰에서 취조하는 것처럼 이렇게
'문' 하고 써요. '이 사람을 아는가?' '답' 하고 학생이 대답하는 거 쓰

고. '이 책 읽었는가' '내용이 뭔가' 이런 식의 것들을 계속 적어가면서 취조를 하는 거예요. 그런 것들이 자료가 쌓여서 그 취조실 안에 가면 캐비넷 안에 학생 개인당 자료들이 상당한 양이 쌓여 있는 그런 방이, 취조실이 있었거든요.[171]

선영은 의자에 앉았다. 몸에 두르고 있던 자료가 배를 꾹꾹 찔렀다. 안돼, 이것만은! 엄습해 오는 공포감! 그저 아무 일 없기를, 기도하는 수밖엔 도리가 없었다. 한운봉은 선영의 가방을 뒤집어 책상 위에 내용물을 쏟아놓았다. 필통, 도시락, 교재와 노트, 그리고……

"이건 뭐야……?"

한운봉은 선영의 강의 노트 속에서 엽서 한 장을 발견했다. 순자에게 보내려고 써둔 편지였다. 맙소사! 선영은 눈을 질끈 감았다.

"……더 많은 용기와 지적 호기심과 그것을 채울 수 있는 연구와 또 실천 그 속에서 자아를 찾도록 노력하겠지만 과정상 어떠한 오류를 범할지 나도 모르겠다……?"[172]

'빨간 점'은 포획물을 선영의 눈앞에 흔들며 의기양양하게 소리쳤다.

"이거 완전히 골수로구만!"

무슨 그런 학교가 다 있어?

그날부터 한운봉과의 전쟁이 시작됐다. 한운봉은 툭하면 선영을

---

171. 김현순, MBC 6월항쟁 20주년 기획 다큐 〈너는 살고 내가 죽었다〉 사전 인터뷰, 2007.
172. 1986년 4월 3일 순자에게 쓴 편지의 일부 내용.

불러내어 밤 10시, 11시까지 취조를 했다. 강의 시간이고 뭐고 전혀 개의치 않았다. 강의를 끝내고 가겠다고 버티면, 교수들이 앞장서서 나가보라고 하는 판이었다. 이건 대학이 아니었다. 거대한 감옥이었다.

한운봉은 선영이 운동권 학생이라는 결정적인 증거를 잡기 위해 혈안이 돼 있었다. 하루는 엽서 내용을 끈질기게 파고들었고, 또 하루는 집이 광주라는 것을 꼬투리 삼아 유도신문을 했다. 어느 날은 입학 초기 학회에 가담한 사실을 캐묻고, 또 어느 날은 학내 언더서클 계보도를 가져와 아는 이름을 대라고 윽박질렀다. 퇴학 운운하며 욕설을 내뱉었고, 당장 아버지에게 연락하겠노라 고함을 질렀으며, 책상을 쾅쾅 내리쳤고, 머리를 쥐어박았다. 타 대학에선 상상할 수도 없는 잔혹한 취조 행위였다.

선영은 한운봉에게 말려들지 않기 위해 머리를 굴리면서도, 겉으로는 최대한 겸손하고 순진하게 굴었다. 운동권 용어나 약자가 나오면 못 알아듣는 척했고, 반성문을 쓰라면 반성문을 썼고, 고분고분 상냥하게 대답했다. 반성문 문구도 시키는 대로 수없이 고쳐 썼다.

저는 싸르트르 저서의 『지식인을 위한 변명』을 3月 말 집에서 보게 되었습니다. 오빠의 책꽂이를 보다가, 후에 선생이 된다면 지식인에 속할 것 같아서 가져왔습니다. 학교 등하교 길에 두세 장씩 보았는데 23 페이지까지 읽었습니다. 제게는 생소한 단어들과 문구들의 난해함을 이해는 못하면서도 막연한 생각으로 계속 보았습니다. 오늘 전철 내에서 보다가 교관님을 뵙게 되었는데, 오늘의 (일을) 계기로 다시 한번 책의 선택에 있어서 심사숙고해야 함을 인지했습니다. 이 책을 23페이지 읽으면서도 머리에 남은 것이 없어서 감히 책 내용을 모르겠다고 하겠습니다. 이 책이 의식화 학생의 첫 번째 대하는 서적임을 오늘 알게 되었습니다. 조기에 지적받았음을 감사히 생각합니다.

1986. 4. 4. 박선영

"이 책의 내용은 지식인이 처해 있는 특수한 상황과 모순을 분석하고, 그 모순의 극복을 통해 지식인의 참다운 기능이 무엇인가를 밝히고 있다." 책의 서두에 간략한 소개서입니다. 한마당이란 출판사가 불온 출판사임을 알게 되었습니다.

청담교회 대학부 선배와 동료, 학내외에서 활동하는 교대 선배들과 친구 이름만 빼고는 뭐든지 말했다. 한운봉한테 걸린 첫날, 만약의 경우를 생각해서 자취방의 책은 다 치워놓은 상태였다.[173] 지도교수는 이제 선영의 일로 불려 다니는 데 진력이 난 얼굴이었다. 한운봉은 선영을 지그시 노려보며 나직하게 말했다.

"좋아, 박선영이 너, 끝까지 지켜보겠어. 어떤 놈들을 만나는지, 어떤 책을 보는지, 어떤 짓을 하고 다니는지 니 일거수일투족을 이 한운봉이 두 눈 똑바로 뜨고 지켜보고 있다는 사실을 명심해라. 또 한 번 내 눈에 띄는 날에는, 그땐 우리 자퇴서부터 쓰고 형사 입회 하에 얘기 시작하자, 알겠나."

"……."

"알겠나!"

"네, 교관님."

"니 아버지는 공무원 신분이라는 걸 명심해. 니 오빠도 곧 사범대 졸업하지? 내 전화 한 통이면 니 아버진 끝장이야. 당장 모가지라구.

---

173. 언니 화진의 술회에서.

너 하나 때문에 온 집안이 박살나는 건 한순간이야."

"……."

"지금부터 너는 눈알 네 개로 살아간다. 니 눈 두 개, 그리고 니 뒤꼭지에서 니 일거수일투족을 지켜보는 눈 두 개. 박선영이 똑똑하니까, 길게 설명하지 않아도 잘 알 거다. 집안 말아먹지 않으려면 잘 생각해서 행동해. 너는 지금 나가도 나가는 게 아니야. 내 손아귀에 걸려들어 곱게 빠져나간 학생은 단 한 명도 없다. 글쎄, 박선영이 과연 예외가 될까?"

한운봉은 비열한 웃음을 흘리며, 수첩을 펼쳐 선영의 눈앞에 쓱 디밀었다. 무심코 수첩에 눈을 준 선영은 맥이 쏙 빠졌다. 수첩 맨 앞장에 빨간 펜으로 커다랗게 씌어진 숫자, 365-1668. 그것은 광주 광천동[174] 집의 전화번호였다. 언제 어느 때고 다시 한번 걸리는 날엔, 교사인 아버지를 걸고넘어지겠다는 최후통첩이었다.

세상에, 어떻게 이렇게 파렴치한 작자가 다 있을까.

혐오감을 참아내느라 선영은 이를 악물었다. 온몸이 후들후들 떨렸다.

아, 하나님! 진정 당신은 위대하십니다. 이처럼 다양한 인간세계를 유도하여 주셨으니![175]

푹푹 찌는 열기 속에 모든 物들은 썩어 없어져 버려라. 아니 싱싱하지 못한 이 세상 모든 것들만……. 포즈를 취하며 음악과 함께 campus를 누비고 다녔더니 기분이 좀 나은 듯하면서도 매한가지다. 교관이 스

---

174. 운암동 아파트에 입주했던 선영이네는 경제 사정이 악화되어 1986년 1월, 다시 광천동 아파트로 이사했다.
175. 1986년 6월의 일기에서 응용한 구절.

쳐 지나가면서 학생들이 보는 책을 유심히 관찰하는 그 눈초리, 아! 정말 싫다, 싫어. 그는 어떤 인간이기에 그럴 수밖에 없나. 자식도 있고 자기 자식도 공부하는 大學生이라는데. 그래서 하나님은 위대하신가 보다. 이처럼 다양한 인간세계를 유도하여 주셨으니.

　—1986년 6월의 일기에서

선영을 한운봉의 마수에서 벗어날 수 있게 해준 것은 교생 실습이었다. 교생 실습을 하는 몇 주 동안은 취조실에 가지 않아도 되었다. 선영은 깊이 안도하는 한편 그런 자신의 현실에 비참함을 느꼈다.

교생 실습이 끝나갈 무렵, 반달집에서 대학부 85들 모임이 있었다. 오랜만에 용숙의 얼굴도 보였다. 선영이 도착했을 때는 다들 얼근하게 취기가 올라 있었다. 얼굴에 핏대를 올리며 무엇인가 이야기하던 광훈이 한 손을 까딱하며 선영에게 알은체를 했다. 옆 테이블의 의자를 당겨 앉으며 선영이 물었다.

"무슨 얘기했어?"

"아니 우리 학교 말이야. 수업 한번 빼먹으면 F 나오고. 서강고등학교라니까?"

"우리 학교는 더해."

"더하다고? 아, 맞다. 니네 학교는 다른 학교 애들 들어가지도 못하게 하지?"

"그건 아무것도 아니야. 내가 제일 힘든 건 학교에서 친구들과 이런 얘기를 할 수도 없고, 책도 편하게 볼 수가 없다는 거야. 늘 감시하는 사람들이 있어."

비명 같은 질문이 동시다발로 쏟아졌다.

"뭐어?"

"아니 왜?"

"누가?"

광훈이 따라준 막걸리잔을 매만지다가 선영이 말을 이었다.

"몇 주 지난 얘긴데, 지하철에서 책을 보다가 우리 학교 교관한테 걸렸거든. RNTC라고 학군단 교관이야. 일주일 동안 수업도 못 듣고 그 교관한테 불려가서 취조받고 반성문 썼어."[176]

"무슨 책인데?『공산당 선언』이라도 봤어?"

선영은 쓰게 웃으며 답했다.

"지식인을 위한 변명."

"뭐야, 일반 학생들도 다 보는 책이잖아!"

"무슨 그런 학교가 다 있어?"

박용숙은 이날 선영이 '불의에 대해서 얘기했다'고 말했다.

일주일 불려가서 반성문 썼다. 그런 얘기를 한다는 건 그런 학교에 대한 저항감이 있다는 의미잖아요. 그래서 아 되게 힘들겠다. 이렇게 생각하면서 그냥 그 얘기를 들었던 기억이거든요. 굉장히 담담하게 얘기 했지만, 나는 선영이가 불의에 대해서 얘기하고 있다고 생각을 했어요. 이런 불합리한 일이 우리 학교에서 일어나고 있다, 여기에 대한 얘기라고 생각했거든요.[177]

그러나 서울교대의 상황은 너무 일반적이지 않은 경우라서 오히려 현실감이 떨어졌다. 대학부 85들의 반응은 '분노'라기보다는 '황당함'

---

176. 김광훈, MBC 6월항쟁 20주년 기획 다큐 〈너는 살고 내가 죽었다〉 사전 인터뷰, 2007.

177. 박용숙 인터뷰, 2023.

에 가까웠고, 얼마 못 가서 다른 화제로 넘어갔다. 이날의 일에 대해 여혜경은 훗날 이렇게 말했다.

> 뭐야? 무슨 학교가 그 정도의 책을 읽었는데 뭘 애를 끌고 가? 이렇게 막 분노가 아니라 '뭐야?' 이런 느낌 있잖아요. 그 얘기를 뒤풀이 자리에서 선영이한테 직접 들었었는데, 참 가슴이 아픈 게 걔가 그런 메시지를 주고 답답한 얘기를 했을 때 그냥 우리는 계속 우리 상황만 생각한 거예요. '아 별거 아닐 거야. 어떻게 그렇게까지 해' 그랬는데 그게 정말이었더라고요.[178]

자식 키우는 부모라면 한 번쯤 염두에 둘 법한 '안정되고', '장래성 있는' 대학에서 학생들이 이런 인간 이하의 대접을 받고 있으리라고 그 누가 상상할 수 있을 것인가. 이현숙은 선영과 자신들이 겪었던 일은 '교대생이 아니고는 이해하기 힘들 것'이라고 말했다.

고립무원이었다. 상처 입은 후배들을 이끌어줄 선배들은 이미 쫓겨나 버렸고, 캠퍼스엔 '일단 졸업한 뒤에 일을 도모하겠다'는 선배들만 허깨비처럼 조심조심 걸어다녔다. 초동이나 산타처럼 교대 운동권에서 살아남은 극소수의 선배들은 지하로, 지하로 깊이 들어가 얼굴조차 보기 힘들었다.

반성문을 쓰는 자신의 모습을 끝없이 떠올리며 굴욕감에 몸서리치던 선영이 같은 처지에 놓인 수학과 동기들과 가까워진 것은 당연한 일이었다. 그들은 서러움과 분노의 쓴잔을 들이키며 부둥켜안았고, 서로의 처지를 가슴 아파하며 목 놓아 울었다.

---

178. 여혜경, MBC 6월항쟁 20주년 기획 다큐 〈너는 살고 내가 죽었다〉 사전 인터뷰, 2007.

"……상처 싸매고 외로이 걸어갈 동료가, 아니 우리 자신의 모습이 보기 싫었고, 위로하고 받고 싶었겠지. 학내 친구와, 별로 어울리지 않던 애들과 서로를 확인했어. 친구들 입에서 영원히란 말이 오간다. 영원한 동료요, 동지요, 애인이며, 동반자라는 운동, 함께 하진 않지만 격려하겠노라……."

—1986년 6월 병림에게 보낸 편지에서

선영의 친구와 선배들 중에 한운봉의 악랄한 취조를 받은 것은 한두 사람이 아니었다. 수학과 동기 윤순구는 5·3 인천투쟁에서 연행된 후, 그 사건이 빌미가 되어 제적 처리되었다. 경찰서에서 훈방한 학생을 학교에선 제적시킨 희대의 코미디였다. 언더써클 활동을 하던 이현숙도 한운봉에게 자퇴서를 강요당했다. 그가 내민 사진에는 선배의 자취방으로 들어가는 자신들의 모습이 담겨 있었다.

본인도 선영이와 비슷한 일을 당해 보았기 때문에 선영이의 마음을 잘 알 것 같습니다. 본인이 3학년 때(87년도) 선배의 자취방에서 그룹 스터디에 3~4번 참가했었는데 누군가 오고 가는 길목에서 우리들의 사진을 찍어 그걸 증거로 내밀면서 최성락 학생처장과 한운봉 교관이

서울교대 수학과 친구 이현숙,
MBC 6월항쟁 20주년
'너는 살고 내가 죽었다'에서

'어느 단계까지 학습을 했는지 우리는 다 안다. 누구의 사주를 받았느냐?'며 마치 경찰서에서 형사가 취조하듯이 무서운 협박조로 취조를 했습니다. 그 후 2주일 동안 오전 9시부터 밤 10시까지 강의 시간을 제외하고는 거의 모든 시간을 교수 연구실에 감금당하여 매일매일 반성문을 썼었습니다. 그렇지 않으면 시골에서 농사짓고 계시는 부모님께 연락하여 퇴학을 시키겠다고 했습니다. 부모님을 생각하면서 어쩔 수 없이 반성문을 쓰긴 했으나 굴욕적인 제 자신을 지켜보면서 얼마나 고통스러웠는지 모릅니다. 선영이와 제가 겪었던 일, 친구들과 선배들이 겪었던 이러한 일 등은 교대생이 아니고는 아니 당해 보지 않은 사람들은 이해하기 힘들 것입니다.[179]

당시 대학생들에게 학교는 해방구였다. 캠퍼스에 상주하던 경찰 병력은 1984년 2월 전두환 정권의 자율화 조치 이후 철수했고, 학교는 학생들의 것이었다. 가두시위에서 잡히거나 불심검문에 걸려 경찰에 연행되었더라도 일단 풀려나 학교로 돌아오면 자유를 구가할 수 있었다. 사회과학 서적을 읽고 토론하고 민중가요를 불러도 누가 뭐라 할 사람이 없었다.

그러나 서울교대 학생들은 '취조실'에서 풀려난 후에도 감시의 눈을 피할 수가 없었다. 작은 감옥에서 큰 감옥으로 옮긴 데 불과했기 때문이다. 학교 측은 마치 북한의 5호담당제처럼 일부 학생들에게 장학금을 주고 요주의 학생을 감시하도록 했기 때문에 개인적인 술자리나 만남의 자리에서도 긴장을 늦출 수가 없었다.[180] 또, 한운봉은 마치 경찰이 검문하듯 지나가는 학생의 책가방을 뒤지고 도서관을 불시에

179. 이현숙, 인우보증, 2002.
180. 오광식, 박선영 열사와 나, 2002.

방문하여 읽고 있는 책을 검사하였기 때문에 학교에서는 읽고 싶은 책도 마음대로 가지고 다니지 못했다.

거기 한 번 들어갔다 나오면⋯⋯. 대학생들 강인한 정신을 갖고 있을 수도 있지만 감성적으로 여리잖아요. 근데 거기 가선 친구 관계라든가 이런 모든 부분들이 미리 파악이 되어 있고, 내가⋯⋯. (울먹이며) 저는 거기 들어갔다 나와서 너무너무 무서워가지고 자취방까지 걸어오면서도 뒤에 누가 따라오나? 하는 느낌도 받고⋯⋯. 방에 있던 책을 이걸 도저히 갖고 있으면 안 될 거 같아가지고 배낭에다 다 넣어가지고 과 친구한테 가서 제발 이 책 좀 보관해 달라고, 들어갔다 나오면 그렇게 되더라고요. 너무너무 사람이 무섭고, 그래서 저는 지금도 교대 쪽은 쳐다보고 싶지도 않고, 서초동 쪽에 가도 될 수 있으면 교대를 피해서 그렇게 다니게 돼요.[181]

트라우마. 웃고 떠들며 등교하던 학생들도 학교가 가까워지면 입을 다물었다. 재수 없게 한운봉이라도 마주치는 날에는 하루 종일 가슴이 울렁거리고 답답했다. 명백한 트라우마였다.

이것이 투쟁이구나!

격동하는 시대는 교대인들에게 트라우마를 치유할 시간을 주지 않았다. 1986년 3월 17일 신흥정밀 노동자 박영진의 분신 자결에 이어

---

181. 김현순, MBC 6월항쟁 20주년 기획 다큐 〈너는 살고 내가 죽었다〉 사전 인터뷰, 2007.

군사독재정권에 맞선 학생들의 죽음이 이어졌다. 첫 신호탄은 서울대생 김세진, 이재호의 분신 투쟁이었다. 4월 28일 신림사거리 가야쇼핑센터 앞에서 김세진, 이재호가 '전방입소 결사반대', '반전반핵 양키 고홈'을 외치며 분신한 것이다.

선영은 서울대생 허탁을 통해 김세진 이재호의 분신 상황을 구체적으로 전해 들을 수 있었다. 당시 군사독재정권은 학생들을 군 조직의 일부로 취급했다. 총학생회가 있기 전에는 학도호국단으로 학생들을 관리했고, 2학년 때까지는 교련이라는 과목을 이수해야 했다. 대학교 1학년 남학생들은 문무대라고 불리는 학생병영훈련소에서 일주일 정도 내무반 교육과 사격 훈련을 받았고, 2학년이 되면 전방입소훈련이라고 해서 실제 전방 부대에 들어가 병영문화를 강제로 체험하게 했다.

이에 대한 학생들의 저항은 강력했다. 운동권 학생들은 전방입소훈련을 '미제국주의의 용병교육'이라 부르며 강하게 반발했고, 일반학생들의 반감도 극심했다. 서울대 전방입소거부특위[182]는 1986년 4월 28일 학교와 가까운 신림사거리에서 시위를 벌이기로 하고 김세진과 이재호를 현장 지도부로 결정했다. 경찰의 과잉진압에 밀린 김세진과 이재호는 건물 옥상에서 분신한다. 강요된 죽음이었다.

동시대 대학생인 김세진과 이재호의 분신 투쟁은 선영에게 큰 충격을 안겨 주었다. 특히 필수이수과목이라는 족쇄를 차고 여군훈련소에 강제 입소해야 하는 서울교대 학생으로서 전방입소의 부당함을 모를 수가 없었다.

---

182. 전방입소훈련전면거부 및 한반도미제군사기지화 결사저지를 위한 특별위원회.

왼쪽부터
김세진 열사,
이재호 열사

분신한 선배의 울부짖음이, 핏빛의 역사가 머릿속에서 또 헝클어진
다. 아지 못할 은어로. 흐르는 물과 같이 끊임없이 역사와 함께 한 부분
을 장식하고 싶다.

　―1987년 2월 13일의 일기에서

선영은 분연히 일어나 투쟁의 대열에 섰다. 일상의 조그만 타협도,
게으름도 용납할 수 없었다. 그는 병림에게 보낸 편지에서 학교 친구
의 사례를 들어 간접적으로 자신의 심정을 토로한다.

친구가 별것 아닌 정말 타 대학에선 별것 아닌 것이 우리 내에선 너
무나 큰 것이었기에 전 교수회의 석상에서 자살[183]시키려고 했어. 자살
당하기 싫었고, 약했기에 끝내 서성거리다가 뛰쳐 (나)왔단다. 중요한
것이 무엇인지, 도피가 어떤 결과를 가져오는지 우린 너무나 잘 알고 있
어. 하지만 그 어떤 것도, 우린 현 상태를 지속시켜 주는 물건들에 불과
했단다. ……누리기 위한 고민이 아닌 참다운 인생의 길을 찾고자, 발

---

183. '자퇴'의 극단적인 표현으로 보인다.

전하고자 하는 고민이 되도록 노력하며, 후퇴할 경우 그 비참함을 네게
보여주고 싶지 않다.

　—1986년 6월 병림에게 보낸 편지에서

누구에게도 후퇴의 비참함을 보여주지 않고, 살얼음판 위에 제 발
로 서고 싶었던 선영은 가혹하게 자신을 강제하고 채근했다. 그는 자
신이 완벽한 투사의 모습으로 전선에 서길 바랐다.

　대부분의 사람들은 현실과 타협하면서 적당히 편한 삶을 선택하여
살아갑니다. 그러나 제가 아는 선영이는 달랐습니다. "광주의 딸로 태
어나 이렇게 안이하게 살아갈 수는 없다. 80년의 광주항쟁을 어찌 잊을
수 있느냐?", "민중들의 삶에 비하면 우리들의 삶은 귀족의 삶이다." 하
면서 나태해진 우리들에게 항상 경각심을 불러일으켜 주면서 결코 편
안한 삶에 안주해선 안 된다고 일깨워 주곤 했습니다. 이는 자꾸만 나
태해져 가는 자신에 대한 질책이었을 것입니다.

　—수학과 85학번 이현숙의 인우보증서에서

　괴로워하는 일 죽는 일도 다 인생에 의해서 자비롭게 특대를 받고
있는 우선권자들만이 누릴 수 있는 사치스러운 무엇일 것 같다. 괴로워
할 시간도 자살할 자유도 없는 사람은 햇빛과 한 송이 꽃에 충족한 환
희를 맛보고 살아나간다.

　—날짜 미상의 일기에서

그 무렵, 인천에서 노동운동으로의 이전을 준비하던 나정훈은 교
회 간 연대조직에서 5·3인천투쟁의 선전·선동을 맡아 '민중해방을

위한 기독학생연합'이라는 이름으로 유인물을 작성하고, 인천의 여러 연대조직에 배포하였다. 선영 역시 대학부 선배들과 5·3인천투쟁에 참여하였다. 전날 노학연대 가두시위에 참여했다가 연행된 여혜경은 인천에 오지 못했고, 광훈은 인천에서 선영을 만났다.[184] 그밖에도 84 선배 희진 등 청담교회 대학부에서도 많은 인원이 동참하였다.

1986년 5월 3일. 무덥게 느껴질 만큼 화창한 날씨였다. 구로동맹파업의 경험을 바탕으로 정치투쟁의 필요성을 절감한 노동운동 진영과 전열을 가다듬은 학생운동 진영은 12시에 신민당 개헌추진위원회 인천 경기지부 결성대회가 열리는 시민회관 앞 사거리에서 대대적인 가두시위를 계획하고 있었다. 재야와 학생들의 전유물이던 가두 정치투쟁의 선봉에 노동자의 부대가 참전하는 역사적인 날이었다.

이날 오전, 선영은 주안역에 내렸다. 인천이 '한국의 페테르부르크'로 불리던 시절이었다. 학생운동 후배들에게 존경받는 선배들은 대부분 인천에 내려와 있었다. 노동운동이 학생운동을 완전히 지도한 것은 아마 그날이 처음이자 마지막일 것이다.

5·3 투쟁 지도부의 두 축은 인노련(인천지역노동자연맹)과 서노련(서울노동운동연합)이었다. 이날의 싸움을 위해 지도부는 이미 한 달여 전부터 만반의 준비를 갖추고 있었다. 미리 제작한 수만 장의 성명서와 화염병을 박스에 포장하여 시민회관과 가까운 곳에 보관해 두었다. 이들은 수배자를 포함한 전 조직원 총동원령을 내리는 한편, 두 가지 전술 방침을 재확인했다. 경찰이 힘으로 집회를 파괴하려 할 경우에는 무력으로 방어하고, 구속을 불사하는 전면적 투쟁을 전개한다는 것과, 공단 노동자들이 퇴근해서 시위에 합류할 수 있는 저녁 시간까

---

184. 김광훈 인터뷰, 산선모임, 2022.

87년 6월 항쟁의 예고편이었던 5·3 인천투쟁

지 집회와 시위를 최대한 지속시킨다는 것이 그것이었다.

현장에 도착한 선영은 선배들과 잠시 시위 지침을 재확인한 뒤, 팀여자 후배들을 이끌고 시민회관 주변을 답사했다. 인천 시민회관 주변은 이른 아침부터 경찰들이 삼엄한 경비 태세를 갖추고 있었다.

12시 정각이 되자 7인의 야사가 시민회관 앞 도로 한가운데 나섰다. '군부독재 타도', '노동해방', '생활임금 확보', '삼민 헌법 쟁취' 등의 글씨가 새겨진 현수막이 높이 떠올랐다. 그와 동시에 1천여 명의 학생과 노동자들이 야사들을 중심으로 순식간에 대오를 형성했다. 유인물 뭉치가 가득 쌓인 리어카가 신속하게 현장에 도착했고, '꽃병'[185] 운반책들은 전투조 앞에 정확하게 화염병을 배달했다.

일부 투쟁 지도부가 방송 시설이 된 리어카를 타고 마이크를 잡았

---

185. 화염병의 은어.

다. 합판을 깐 리어카 위에 올라서서 마이크를 잡은 연사는 군사독재 정권이 그간 저지른 범죄 행위를 폭로하고 '여야 대타협' 쪽으로 기울어 가는 신민당의 기회주의성을 비판하며 노동자가 주인 되는 사회의 건설과 삼민(민족·민주·민중) 헌법의 쟁취를 주장했다.

그 사이 시위대는 시민회관 주변 도로를 꽉 메웠다. 자민투와 민민투가 중심이 된 6천여 명의 학생들은 주안역 방향과 석바위 쪽 방향의 도로를 점거한 채 스크럼을 짜고 거대한 물결이 되어 시민회관을 향해 파도쳐 왔다.

오후 1시경, 시민회관 앞 네 방향 도로를 완전히 메운 5만여 명의 노동자, 학생, 시민들의 군부독재 타도 함성이 하늘을 찔렀다. 분노에 찬 5월의 시위대가 뿜어내는 기세는 실로 장엄했다. 시위대는 눈덩이처럼 불어났다.

오후 1시 30분이 되자 경찰이 최루탄을 발사하기 시작했다. 밀고 밀리는 최루탄과 화염병의 공방전은 노동자들이 퇴근하는 오후 6시가 되면서 절정에 달했다. 페퍼포그 차량과 최루탄 운반 트럭이 시위대에 갇혀 무장해제를 당했다.

시민회관 옆 대한생명 빌딩 10층에 비밀리에 진압본부를 설치한 경찰은 전국 각지에서 지원받은 73개 중대 1만여 명의 병력을 총동원해서 전쟁을 방불케 하는 살인적인 진압에 나섰다. 석바위, 신기촌, 중앙극장 세 방향에서 다연발 최루탄을 소나기처럼 퍼부으며 '후리가리'[186]를 시작한 경찰들의 최일선에 백골단이 서 있었다.

이날 선영은 늦은 밤까지 여한 없이 싸웠다. 목이 쉬도록 구호를 외쳤고, 보도블럭을 깼다. 그러나 얼마 못 가 백골단에 쫓기기 시작하면

---

186. 경찰이 실적을 위해 강제로 사람을 잡아들이는 것을 뜻하는 은어.

서 함께 있던 후배들도 모두 뿔뿔이 흩어지고 말았다. 후배들의 안위가 걱정되었지만, 선영은 밤 10시가 넘도록 인천을 떠날 수가 없었다.

선영을 놀라게 하고 감동하게도 한 것은 노동자들의 압도적인 투쟁이었다. 노동자들은 '깨작깨작' 간 보듯이 싸우지 않았다. 백골단에 쫓기던 일부 노동자들이 50m가량 되는 주안역 뒤쪽 담장을 맨손으로 넘어뜨리고 5공단 쪽으로 넘어가는 광경을 볼 때는 감동으로 심장이 터질 것만 같았다.

'이것이 투쟁이구나!'

그날 밤, 점검 장소를 향하던 선영은 그제야 자신이 하루 종일 아무것도 먹지 못했음을 깨달았다. 공복감은 느껴지지 않았으나, 자꾸 구역질이 났다. 화상 입은 것처럼 얼굴이 화끈거렸다. 유독 가스를 들이마시며 이슈 파이팅을 하느라 목이 잠겨 말도 나오지 않았다.

그날은 종일 눈물을 흘렸다. 단지 최루탄 가스 때문만은 아니었다. 〈노동해방가〉의 비장한 가락과 '왜 쏘았지(총!) 왜 찔렀지(칼!) 트럭에 싣고 어딜 갔지' 하는 〈오월의 노래〉가 메아리칠 때마다 그냥 눈물이 치솟았다. 거리를 가득 메운 시위대의 물결은 보는 것만으로도 가슴이 벅찼다. 난생처음으로 맛본 대규모 시위의 감격이었다.

그러나 텔레비전 마감뉴스에서는 불타는 경찰 차량과 거친 시위대의 모습을 되풀이해서 보여주며, 이날의 싸움이 노동계의 과격 운동권에 의해 주도된 극렬 용공 행위라 매도하기에 여념이 없었다. 투쟁 현장에서 연행된 400여 명 가운데 133명이 소요죄와 집시법 위반으로 구속되었고, 50여 명이 수배를 당했다. 광주항쟁 이후 최대 규모의 구속과 수배였다.

5·3 투쟁을 계기로 지도부가 대량 구속된 서노련은 조직 와해의 위기에 놓이게 되었다. 보안사에 끌려간 서노련의 핵심 멤버들에게는

살인적인 고문이 가해졌다. 선영은 분노를 딛고 선배들의 치열한 투쟁의 궤적에 자신의 삶을 올려놓고자 안간힘을 썼다.

> 보안사에서 피 터져 가며 죽어가는 나의 누이 형제들을 잊지 않게 아니 그 길을 동행하게 해주렴. 아니다. 하고 싶을 뿐. 내 의식의 흐름의 미약과 나태를 위하여 건배!
> ―1986년 8월 순자에게 보내는 편지에서

나는 다시 시작한다

광주항쟁 이후 최대 규모의 반독재 민주화운동이었던 5·3 인천투쟁은 1987년 6월 항쟁의 시발점으로 평가받고 있다. 그러나 당시 전두환 정권은 민주화운동세력에 타격을 가하기 위해 5·3 인천투쟁을 좌경적인 폭력집회로 몰아붙였다. 언론은 인천투쟁을 좌경세력의 '폭력 난동 시위'로 규정했으며, 문화관광부와 안기부가 내린 '보도지침'에 따라 화염에 휩싸인 민정당 지구당사와 깨진 보도블럭, 시위대가 전투경찰을 구타하는 장면만을 되풀이해서 보여주었다. 여론은 언론이 유도하는 방향으로 흘러갔다.

어느 날부터인가, 인천투쟁에 동행했던 86학번 후배들이 선영과 거리를 두기 시작했다. 선배인 선영의 조언에 따라 시위에 참여하지 않고 관전만 했음에도 1학년이 소화하기에는 너무 벅찬 투쟁이었던 모양이었다. 어떤 후배는 '전경도 누군가에게는 귀한 자식인데 그들을 돌로 치는 것은 너무 잔인한 것 같아요'라고 말하기도 했다. 이 문제를 본격적으로 이야기하기 위해 회의를 소집했으나 후배들은 반응을 보이지 않았다.

속된 위선 속에서 세 끼 밥과 푹신한 침대와 같이 놀 남자와 그리고 새끼를 위한 삶 그게 철학인 한 인간. 살아오는 저 푸르른 자유의 추억, 되살아나는 벗들의 그 끌려가는 피 묻은 얼굴, 그 속에서 새로운 용기와 힘을 얻는 인간. 흩어지면 죽고 뭉치면 산다. 죽더라도 같이 죽자. 인천에서 전경을 돌로 치는 학생·노동자. 그들을 잔인하단 말로 일축시킬 것인가. 그들도 아니 우리도 더운 피가 흐르는 인간이다. 너도, 나도, 이 더운 피를 식혀선 안 되겠지…….

—1986년 8월 순자에게 보내는 편지에서

여름이 다가오면서 선영은 심한 무기력에 시달렸다. 성적은 바닥을 가리켰고, 한운봉의 표적이 된 뒤로 학교 생활은 위축될 대로 위축됐다. 학교에 들어서면 숨이 막혔고, 점심을 먹어도 소화가 잘 안 됐다. 선영은 점점 꺼칠하게 여위어 갔다. 학교에서 힘든 일이 있을 때마다, 고향처럼 찾아갔던 이옥신마저 만날 수가 없었다.[187] 여군 입소에 관한 유인물을 배포하다 걸려 도피 중인 이옥신은 이번 학기를 끝으로 제적될 가능성이 농후했다.[188]

선영의 지도를 맡은 대학부 선배는 적응할 만하면 새로 바뀌었다. 괜한 피해의식일까. 85들 대부분이 출신 학교나 다른 운동의 장으로 돌아간 상황이라는 점이 못내 마음에 걸렸다. 자신은 기독 운동을 할

---

187. "선영이와 나는 자주 보지도 못했고, 서로 장이 달라 그리 친하게 지내지도 못했지만, 늘 '같은 고향'이라는 보이지 않는 끈으로 묶여 있다는 생각이 드는 친구였죠." 이옥신의 술회에서.

188. 이옥신의 술회와 『6·9 농성 평가 자료집』에서.

1986년 여름, 언니는 우울해하는 선영을 화양리 어린이대공원, 행주산성,
용인 민속촌 등지로 데려가 바람을 쐬어주곤 했다.

것도 아닌데 괜히 여기 남아서 선배들에게 부담을 주고 있는 것은 아
닌지 걱정스럽기도 했다. 그러나 이옥신도 없는 상태에서 대학부마저
그만둔다면 그야말로 자신은 '끈 떨어진 연' 신세가 될 것이었다.

1986년 7월 중순, 보슬비 내리는 날이었다.[189] 선영은 선배들과 만난
자리에서 무겁게 입을 열었다.

"정리하겠어요."

고통스런 침묵이 흘렀다. 심각한 공기가 어깨를 짓눌렀다. 언제부터
인가 그럴 것 같은 예감이 들었다고, 선배들은 말했다. 그래서 늘 걱
정스러웠다고. 선배들과 마지막 인사를 나누고 돌아오는 길, 하염없이
눈물이 쏟아졌다. 이젠 돌아가고 싶어도 돌아갈 자리가 없었다. 돌아

---

189. 1986년 7월 22일의 일기에서.

갈 자리를 제 발로 걷어찬 것이다. 이젠 뭘 하면서 살아야 하지? 둔해 가는 머리를 부여잡고 살쪄 가는 뼈마디를 갈아 봐도 나오는 건 한숨 한 주먹, 뭘 찾아야 하고, 뭘 해야 하고, 뭘 위해 살아야 하나.[190] 살아 있음의 그 희열, 그 가슴 뻐근한 동지애를 이제 어디에서 찾을 것인가.

선영은 자신이 '패배의 길'을 걷고 있음을 의식했다. 초라했다. 그만두겠다고 했을 때 자신의 허약함을 꾸짖고 말리지 않는 선배들도 원망스러웠다. 어디서부터 잘못된 것일까. 인간의 길, 예수의 길을 알고, 그를 좇고 싶었을 따름인데. 지금이야말로 누구의 도움도 없이 홀로 서야 할 때였다.

나 홀로, 나 혼자 일어서야 한다는 것은 중요하다. 어떤 길로 나아가
더라도, 개체이기에.
—1986년 날짜 미상의 일기에서

방황하는 선영을 위로한 건 역시 수학과 친구들이었다. 그는 이현숙, 김정선, 채희수 등 수학과 동기들과 원주로 여행을 떠났다.

감옥에서
긴 밤 동안 지옥 밑바닥까지 추락하는 몸을, 공기를 쥐어 긁으면서, 그래도 살고 싶어 바둥거렸다. 두고 온 것들에 대한 미련, 피를 토하는 심정으로 삼켜야 했던 분노. 외로운 나의 폐하, 지반부터 흔들리는 조국, 득실거리는 저 무리들, 참살 당하신 나의 아버지, 내 소중한 사랑.

---

190. 1986년 8월의 일기에서.

원주에서 수학과 동기들과 함께

지칠 대로 지친 내 영혼을 덮친, 그들의 그 가슴 아픈 증오는 최후로 나를 부러뜨려, 뜨거운 체온을 아직도 느낄 수 있는 젊은 주검 앞에서, 나는 걷잡을 수 없이 통곡하고 싶었다. 그리고 지금 뚜렷하게 입을 벌린 영혼의 상처가 나의 머리를 오히려 맑고 정확하게 움직이도록 해 준다.

삶. 어떤 극악의 상태에서도 그것만을 응시해 왔듯이, 백야의 극지, 반역의 낙인이 내 심장을 찢어도, 여기서 끝나지는 않아.

나는 다시 시작한다.

—1986년 날짜 미상의 일기에서[191]

---

191. 김혜린의 『북해의 별』에서 발췌된 글로 당시 선영의 마음을 웅변해 주는 내용으로 보인다.

원주 여행 이후 선영은 끊어진 여름의 철로를 다시 잇고,[192] 활동을 재개할 결심을 했다. 화진과의 갈등이 시작된 건 그가 독립적인 운동가로서 올바로 서고자 몸부림칠 때였다.

1985년, 뒤늦게 대학 입시를 준비하게 된 언니 화진은 낮에는 직장 나가랴 밤에는 학원에 가랴, 선영과 눈을 마주칠 시간조차 없었다. 고작해야 주말에 잠깐씩 보는 게 전부였다. 그때도 선영이 교회 대학생부 활동을 한다는 사실을 알고는 있었다. 그러나 1학년 때는 활동의 수위도 그만큼 낮아서 농활을 간다, MT를 간다 해도 그리 크게 걱정하지 않았다.

1985년 12월, 학력고사 점수가 기대에 못 미치자 대입을 포기한 화진은 그때부터 동생의 활동을 새로운 시각으로 보게 되었다. 선영은 2학년 들어 부쩍 바빠졌다. 학사경고를 면한 성적이 신통할 정도였다. 밤늦게 들어오는 날이 많았고, 집에 와도 스탠드를 켜놓고 새벽까지 밑줄을 그어가며 책을 들여다보거나 깨알 같은 글씨로 노트에 무언가를 열심히 적었다.

점점 이상한 책자들이 눈에 띄기 시작했다. 대개는 시중에 판매되는 책이 아니라 약자 투성이의 복사된 자료였다. 때로, 필사본이 눈에 띄기도 했다. 선영은 그런 책자들을 책꽂이에 꽂아놓지 않고, 책상 밑 발판에 따로 보관했다. 책상 밑의 자료들의 목록은 1~2주 단위로 바뀌었다. 아마 학습이 끝나면 돌려주고, 다시 다른 것을 받고 하는 모양이었다.

2학년 1학기가 거의 끝날 무렵, 선영은 꽤 심각한 고민에 빠진 듯

---

192. 1986년 8월 순자에게 보내는 편지에서. "운동은 끊임없는 자신의 성찰 과정, 실현 과정이겠지. 하나의 철로를 보더라도 여름을 위해 간간히 끊어져 있지. 그러나 전체적인 차원에서는 계속적인 연결이지. 종착지를 향한 끊임없는 여행. 내게도 여름의 끊어짐이 적용될까. 다시 찾을 때까지."

했다. 그렇게 잘 웃던 애가 무슨 말을 해도 통 웃지를 않았다. 방학이 되어도 집에 내려갈 생각도 하지 않았다. 통통하고 귀염성 있던 얼굴이 반쪽이 돼 있었다. 심상치 않은 일이었다.

"선영아, 너 어디 아프니?"

"아프긴……."

"근데 왜 통 먹지를 않니. 기운도 없어 보이고."

"그냥, 여름 타나 봐."

"집에 안 내려갈래?"

"바빠서 못 내려갈 거 같아. 추석 때 가지 뭐."

안쓰럽기도 했고, 화가 나기도 났다.

"도대체 너 어떻게 할려고 이러니. 이러다가 학교 졸업이나 하겠냐. 해도 적당히 해야지. 아버지하고 종욱이 생각해서라도 니가 이러면 안 되는 거 아냐?"

선영은 언니의 통제와 채근에도 불구하고 꿋꿋하게 교회에 나갔고, 서클 활동을 지속했다. 아무리 잔소리를 해도 그저 듣고 있다가, 씩 한 번 웃고는 그만이었다. 야단도 쳐보고, 달래도 보았지만 속수무책이었다. 다 큰 동생을 어떻게 하겠는가. 화진은 동생의 마음을 돌리려 어린이대공원[193]이며, 행주산성[194], 용인 민속촌[195]에 데려가 바람을 쐬어 주었다. 성년의 날에는 샴페인과 고기를 사다가 파티를 열어주기도 했다.[196]

그러나 아무 소용이 없었다. 더 이상 방법이 없었다. 화진은 최후의

193. 1986년 4월 5일 화양리 어린이대공원.
194. 1986년 5월 17~18일. 언니 친구 은옥과 셋이서.
195. 1986년 8월 24일 언니와 둘이서.
196. 언니의 술회와 가계부를 참고한 내용.

행주산성에서 언니, 언니 친구 은옥과 함께한 선영

수단을 쓰기로 마음먹었다. 그는 광주에 내려가 아버지를 만났다.

"아버지, 선영이가 성적도 형편없고, 이대로 가다간 졸업도 못 하게 생겼어요. 아버지가 선영일 불러서 따끔하게 야단 좀 쳐 주세요. 내 말은 도무지 듣질 않아요."

선영이의 성적에 대해서는 아버지도 상당히 우려하고 있었다. 그러나 그때까지만 해도 어릴 때부터 반듯하고 성실한 모습을 보여 온 딸에 대한 믿음이 컸다. 그런 아버지의 마음을 짐작하기라도 하듯 선영은 아버지에게 이런 편지를 보내 왔다.

아버님. 이번 성적표가 나왔습니다. 성적은 여전히 저 밑바닥을 헤매고 있습니다. 어디서부터 잘못되었는지 제 자신을 뒤돌아봐야겠습니다. 서울까지 유학 와서 이런 형편없는 성적만 보내게 되니 죄송하기 그지 없습니다. 이번 학기도 다시 새로운 마음가짐으로 대하려고 노력하겠습니다. 대학 생활을 남들 다 노는 것처럼 즐기려고 생각하진 않습니다.
한 불완전한 인간이 모든 자유와 자율이 주어진 환경 속에서 새로운
사회의 일원으로서 알을 깨려고 노력합니다. 아버지께서 염려하시는 자
식이 되지 않도록 노력합니다.

    —1986년 8월 아버지에게 보낸 편지에서

추석에 동생을 광주집에 내려보내기 위해 화진은 고속버스표를 예
매했다. 그런데 선영은 추석에도 내려가지 않겠다고 버티는 것이었다.
안 되겠다 싶어, 화진은 추석을 며칠 앞두고 다시 광주에 전화를 걸
었다.

"아버지, 이번에는 도저히 그냥 넘어갈 수가 없어요. 표까지 예매해
뒀는데 내려가지 않겠다고 고집을 피워요."

아버지의 추상같은 불호령이 떨어졌다.

"아니, 지가 추석에 뭔 대단한 용무가 있다고 안 내려와? 화진이 너
는 도대체 언니가 되야서 동생 하나 똑똑이 갈치지 못 허고 뭣허고
돌아댕기는 거냐! 책 사주고 용돈 준다고 언니 노릇 끝나는 중 아냐?
동생이 삐뚜른 길로 나가면 어쩌든지 바른 길로 나가게 잡아주고 다
독거리고 혼도 낼 줄 알아야제. 언니가 되갖고 어째 고로고 생각이
모잘르고 통솔력이 없어!"

"……죄송해요, 아버지."

담배 한 대가 다 타도록 아무 말이 없던 아버지가 와락 전화통을
끌어당기며 소리쳤다.

"옆방 전화 번호 대!"

파국은 나의 세계가 다만 내 자신과 직접 나의 신변에 관계되는 것

에만

국한되도록 가르치고 있었다. 평범하게 살아가는 것이 유일한 나의
야심으로 되어 있었다.[197]

　—1986년 날짜 미상의 일기에서

귀향

올 것이 왔구나. 선영은 늘 들고 다니는 가방, 입던 옷 그대로 집을
나섰다. 전화선 저 멀리, 아버지의 벼락같은 음성에 끌리다시피 나선
새벽길이었다. 도살장에 끌려가는 소처럼, 터미널로 향하는 발걸음이
천근만근 무거웠다. 긴 한숨을 토해도 막힌 가슴은 시원하게 뚫리지
않았다.

지난 2년간, 성실하게 생활했다. 언행일치言行一致가 생활화된 지혜
롭고 강한 여성이 되고자 노력했다. 도대체 내 삶의 어디서부터 잘못
된 것일까. 이 사회, 학교, 가족 모두가 내게서 등을 돌리고, 비난의
눈길을 던지고, 나를 밀어내는 것만 같구나. 다른 이들도 이렇게 살
까. 그래, 환경이 여유 있는 사람들도 나름대로 고민이 있겠지. 그러
나 하나님은 장난감 삼아 인간이란 인형을 만드셔서 - 노는 것을 구경
하기 위해 - 꼭 이렇게, 힘들게 살게 해야만 하는 것일까.[198] 영아, 영아,
어리석은 영아! 또 그 못난 모습, 나약한 근성, 패배자의 근성을 보이
는구나. 예수처럼 살겠노라 하지 않았더냐. 예수가 누구이더냐. 진정
살아 숨쉬는 예수님, 예수님, 작은 예수님, 큰 힘 되게 하실 분. 추위

---

197. 프랑스 작가 끌로드 모르강의 『꽃도 십자가도 없는 무덤』에서 발췌된 글.
198. 1985년 8월의 일기에서.

에 떠는 예수님, 가시관의 예수님, 사랑의 예수님……[199]

잠시 잠에 빠졌던 선영은 웅성거리는 소리에 퍼뜩 눈을 떴다. 버스는 벌써 광주에 도착해 있었다. 광주, 언제나 내게 아픈 꿈이자 뼈아픈 현실인 광주! 나를 꿈으로 이끌었으되, 꿈에 이르는 내 발목을 잡아채는 광주, 광주에는 가는 비가 내리고 있었다. 몇 개월 전만 해도, 이 비는 달콤하게 마음을 적시는 '봄의 홍수'[200]였다. 그러나 오늘 광주를 적시는 이 가을비는 을씨년스러웠고, 춥고 쓸쓸했다. 추석 대목을 맞아 상점마다 산처럼 쌓인 햇과일, 선물상자들도 모조품처럼 느껴진다. 가라앉은 내 마음 때문일까.

터미널 앞 정류장에서 버스를 기다리는데, 꾀죄죄한 점퍼를 입은 중늙은이가 돈을 잃었다며 서울 갈 차비를 구걸했다. 아이를 안거나 연인끼리 팔짱을 낀 채 길게 늘어서 있던 사람들은 못 들은 척 눈을 돌렸다.

중늙은이는 한 사람 두 사람을 건너 점점 선영에게 가까이 다가왔다. 선영은 저도 모르게 주머니에 손을 넣었다. 언니한테 얻은 만 원짜리 지폐 한 장이 손끝에 잡혔다. 이 돈을 다 드리면 서울 올라갈 차비가 없다. 그렇다고 거슬러 받을 수도 없지 않은가. 친구들은 선영의 이런 모습을 비웃곤 했다.

'하여간 천사라니까! 야, 거지 하나 적선한다고 4천만 민중이 해방되냐? 이 땅에서 그깟 동정심으로 해결되는 건 아무것도 없어. 보다 근원적이고, 구조적인 모순에 눈을 떠야지. 안 그래?'

그들은 강해 보였다. 강한 사람은 살아남는다.[201] 하지만 내겐, 살아

---

199. 날짜 미상의 일기에서.
200. 1986년 3월 율건에게 보낸 편지에서.
201. 브레히트의 시 「살아남은 자의 슬픔」 중에서.

남는 것보다 더욱 중요한 일이 있다. 생의 맥을 놓는 마지막 순간까지 삶과 사람을 사랑하는 일. 인생에서 그보다 더 지극한 일이 있을까. 목숨을 놓고 내기를 해야만 한다면, 난 사랑에 걸겠다. 사랑의 실천에.[202]

"저, 할아버지! 제가 표를 사드릴게요."

할아버지를 배웅한 선영은 홀가분한 마음으로 버스를 탔다. 돈을 다 드렸으면 좋았겠지만, 그렇게 되면 서울에 올라갈 때 부모님 신세를 져야 했다. 대학생이 되어서까지 부모님 신세를 지고 싶지는 않았다. 이왕 언니 신세를 지는 김에, 졸업해서 자리 잡을 때까지 확실하게 신세 지고 확실하게 갚는 쪽이 마음 편했다.[203] 광천동이 가까워 오자 잠시 풀어졌던 마음이 다시 오그라드는 듯했다. 완고한 아버지의 얼굴, 수심에 찬 엄마의 얼굴이 차례로 떠올랐다. 한숨.

······'진정한 사랑은 그 사람의 의지와 개성을 키워주고 북돋아 주는 것이지 터치하는 것이 아니다'라는 말이 있다. 정말 좋은 얘기이지만 과연 얼마만큼 현실성이 있는 말일까?
　　―1986년 6월의 일기에서

새로 이사한 광천동 아파트는 광천 시장 위층이었다. 현관문을 여니 온 집안에 기름진 냄새가 진동했다. 쏴아, 물 내려가는 소리······.

---

202. "정 때문에 죽었어. 사랑 때문에······." 어머니의 술회에서.
203. 어머니의 술회에서. "차비를 하라고 돈을 주면 그놈을 농에다 감차 놓고 가. 언니가 주는 용돈으로 충분허다고. 우리 큰딸이 용돈은 지가 다 대고, 등록금 납부금만 집에서 주라고 했거든. 그렇게 왔다가 갈 때 차비도 주면 안 받은 거여. 주면 농에다 딱 놓고 가는 거여. 가갖고 전화를 해. 엄마, 농에 너났어. 나 필요가 없어······."

어머니는 역시 주방에 있었다. 추석 음식 준비에 여념이 없는 것이다. 오남매를 키우면서 그 많은 제사며 명절 음식 준비에 한 번도 다른 사람 손을 빌린 적이 없는 어머니였다. 태산 같은 김장도 밤을 새워 혼자 해치웠다. 공사장 인부 같이 거칠고 마디가 굵은 어머니의 손! 요즘 들어 엄마는 부쩍 다리가 아프다고 했다.

어린 시절, 학교 행사를 보러온 부모님 중에 엄마만큼 예쁜 사람은 없었다.[204] 가난한 집안 살림에 찌든 태가 나지 않았고, 어디에서든 당당했다. 화사한 봄날, 한복을 걸친 엄마가 운동장을 가로질러 걸어오면 한 떨기 목련 같았지. 얼마나 자랑스러웠던가! 그런데 오늘, 싱크대 앞에 서서 부지런히 손을 놀리는 어머니의 뒷모습이 어쩐지 슬퍼 보인다. 꼭 부둥켜안고, 한없이 느껴 울고 싶다.

"엄마!"

"이잉?"

얼굴 한가득 잔주름을 지으며 어머니가 활짝 웃었다. 선영은 엉덩이를 살랑살랑 흔들며 게걸음으로 다가갔다. 이주일 흉내를 내는 딸을 보며 박장대소를 하는 어머니. 그래요, 그렇게 웃으세요, 어머니! 함박꽃처럼 활짝 피세요!

"아이고! 재롱둥이 우리 딸 얼굴 잊어먹겠다잉! 어째서 그렇게 안 왔냐? 방학에 집에 오란디도 안 오고."

"좀 바빴어요, 엄마."

"언니는 좀 어쩌냐. 많이 아프냐?"

"으응, 쫌……."

선영은 대충 얼버무렸다. 언니와 아버지는 어머니에게 그렇게 이야

---

204. 동생 의석의 편지에서.

기하기로 미리 입을 맞췄다. 어머니가 있으면 선영이 역성을 들 게 뻔하기 때문에, 언니가 아프단 핑계로 서울에서 어머니를 부른 것이었다. 이제 어머니가 서울로 올라가면, 아버지와 정면으로 부딪치게 될 것이다. 지금 아버진 큰방에서 주무신다고 했다. 그러나 주무시는 게 아닐 것이다. 기다리고 있는 것이다.

"선영아. 엄마가 이틀 밤만 자고 금방 내려올 것잉게, 아버지허고 의석이 영석이 밥 좀 잘 챙게 잉? 너도 많이 먹고. 아니 니 얼굴이 어째 고로고 축이 갔냐. 엄마가 옆에서 이것저것 거둬멕여야 헐 거인디 참말로 속 아퍼 죽겄네."

"아이, 엄마 내 걱정은 말고 빨리 언니한테나 가보세요."

선영은 등을 떠밀다시피 어머니를 서울로 올려보냈다. 매도 먼저 맞는 게 나았다. 선영은 심호흡을 하고 큰방으로 들어갔다. 어머니가 나가는 기척을 들었는지, 아버진 꼿꼿이 허리를 세우고 앉아 딸을 기다리고 있었다.

"아버지……."

"거그 앉아."

선영은 단정히 무릎을 꿇고, 아버지 앞에 앉았다. 노기를 품은, 착가라앉은 아버지의 음성이 흘러나왔다.

"니 언니 얘기를 들어봉게 니가 공부는 안중에도 없고 맨 데모만 하러 댕긴다는디 고것이 사실이냐?"

"……."

"언능 대답해."

"공부도 소홀히 하지 않으려 노력하고 있습니다, 아버지."

"노력한다는 것이 맨 꼬래비에서 첫째 둘째여?"

"……."

"니까짓 게 알면 얼마나 안다고 설쳐! 딴 사람들은 뭣을 너만치 몰라서 입 닫고 사는 중 아냐? 너보다 더 똑똑허고 날고 긴 사람들도 수신제가 후에 치국평천하라고 했어. 자기 앞가림도 못허는 주제가 무슨 정치가 어떠고 독재가 어떠고 설치고 댕겨. 당장 서클 관둬!"

"그럴 순 없어요, 아버지."

"뭐야!"

"아버진 늘 저희에게 공부보다 인간이 먼저라고 말씀하셨잖아요?"

아버진 잠시 말문이 막혔다. 차분한 딸의 반문에서 날카로운 비수가 느껴졌다.

'아아, 이 애가 칼을 품고 있구나. 이 아버지도 소위 기성세대라 이거구나.'

당혹스러웠다. 애교스럽고 천진난만하기 이를 데 없었던 선영이 운동에 대해서만큼은 한 치의 양보도 없이 오히려 아버지의 권위에 도전해 오는 것이다![205] 하지만, 이쯤에서 그만둘 순 없었다. 선영의 서클 활동에 제동을 걸기 위해, 오늘 아버지는 단단히 벼르고 있었다.

"아버지 말씀에 따라 서울교대에 들어갔지만, 학점을 따는 것만이 훌륭한 선생님이 되는 길은 아니라고 생각합니다. 세상을 올바로 느끼고, 사람을 사랑할 줄 알고, 주체적인 인간으로 섰을 때……."

"아, 시끄러워! 대학까지 갈차났더니 쪼금 컸다고 건방지게 아버지한테 훈계를 해? 지금 시국이 어떤 시국이야? 너 하나로 끝나는 게 아니여. 아부지가 교육 공무원이고, 느그 오빠도 내년이면 사범대 졸업반이여. 딸자식이 평지풍파를 일으켜서 집안 말아먹게 생겼는디, 어느 부모가 말을 안 해. 하고 싶은 거이 있으면 졸업허고 허란 말이

---

205. 중앙일보 전영기 기자의 『어떤 죽음』에서.

다. 지금 우리 가정이 이렇게 어려운데, 가정을 생각해서라도 자중헐 줄을 알아야제. 졸업허고 니 앞가림이나 허고 그럴 때게 허면 누가 말을 해. 너, 이 자리에서 분명히 말하는데, 서클 관두지 않으려면 다음 학기부터 등록금은 없는 줄 알어! 너 겉은 거 학교 보낼려고 융자 얻어 가며 느그 어매 아부지가 뼈 빠지게 고생헌 중 아냐!"

선영의 두 눈 가득 눈물이 고였다. 그는 입술을 부르르 떨며, 원망스런 얼굴로 아버지를 향해 소리쳤다.

"아버진 나빠요! 자식의 인생이 걸린 문제를 어쩜 그런 식으로 말씀하실 수가 있으세요? 사람이라고 다 사람이 아니다, 양심적으로 살아야 한다고, 어린 저희들에게 늘 말씀하시지 않았나요? 그건 위선이었나요? 수많은 사람들이 무고하게 끌려가서 돌아오지 않는데, 그저 눈감고 귀 막고 졸업장만 따면 된다는 건가요? 그런 졸업은 저한텐 아무 의미가 없어요!"

"부모 형제 내팽개쳐불고 니 멋대로 살고 싶으면 차라리 휴학해 버려!"

"휴학할 거예요! 더 이상 학교 다니고 싶은 맘도 없어요!"

"오냐, 자알 생각했다. 긴 말 할 것도 없어. 당장 휴학해!"[206]

아버지는 돌아앉아 담배를 피워 물었다. 얘기 끝났으니 나가보라는 신호였다. 야속했다. 원망스러웠다. 부모자식지간이라는 게 뭔가. 혈연의 정이란 무엇인가. 사랑이라는 이름으로 끊임없이 서로를 구속하고, 강제하고, 억누르는 이기심의 공동체에 불과한 것인가. 자식은 결

---

206. 아버지의 술회를 참조한 내용임. "저의 의견을 수렴해서 같이 타협해서 그런 것을 못허게 해야 했는데 그걸 못했단 거야 내가. 그래서 선영이는 어떻게 나한테 했냐며는, 나한테 악을 쓰고 달려들었다고. 그때 선영이가 뭐라고 말한 것은 잘 모르겠는데, 눈물을 흘리면서 울면서 아부지는 나쁘다고 이런 식으로 나한테 달려들었다고잉. 그때게 내가 우쭐한 것이, 그러면 휴학을 해라, 내가 그랬어."

코 부모의 소유물이 될 수 없는 것을…….

소유애는 사랑이 아니다. 아들에게 나를 닮으라고 요구하지 말 것. 아들의 생활이 자신의 생활의 연장이기를 요구하지 말 것. 타에 방해되지 말 것. 사랑한다는 것은 어떤 사람을 그 사람의 본성에 따라서 자유로이 발달할 수 있도록 돕는 일이다.
—날짜 미상의 일기에서[207]

그래, 차라리 잘된 일이야. 학교가 지금 내게 무슨 의미가 있단 말인가. 그 또한 내 발목을 옭아매는 족쇄일 뿐인데. 일단 한 학기 휴학하고, 아르바이트를 해서 등록금을 마련하자. 더 이상 아버지 신세를 지고 싶지 않아.

인간은 개체이기에, 남의 고민과 상황보다는 자신의 일을 더 생각하게끔 되어 있지요. 부모형제 관계도 마찬가지가 아닐까요. 자신의 生活에 제약을 가할 사건 같으면, 극구 말릴 거예요. 아니, 그러고 있어요. 사랑이란 허울로. 그러나 내면은 사랑이 아니겠죠. 자신 근처의 사람이 잘 된 경우 외부인에 대한 자랑이나, 더 나아가 어려움에 처할 경우의 힘들을 생각하게 되겠지요.
—1986년 날짜 미상의 일기에서

선영은 흐르는 눈물을 닦고, 조용히 방을 나왔다. 조심스럽게 문을 닫고 돌아서는데, 언제 들어왔는지 의석이 거실에 앉아 있었다. 아버

---

207. 프랑스 작가 끌로드 모르강의 『꽃도 십자가도 없는 무덤』 118쪽에서 발췌된 글.

지와의 대화를 들었는지 약간은 어색한 얼굴이었다. 선영은 순간적으로 표정을 바꾸며, 환하게 웃음 지었다.[208]

"독서실 갔다 왔냐?"

"동생 온 줄도 모르고 방에서 뭐하고 있었어?"

"으응, 아버지랑 상의할 게 좀 있어서. 그래 공부는 잘되고?"

"그럭저럭. 근디 담임이 자꾸 육사 가라고 해서 미쳐 불겄어."

"육사는 무슨!"

선영은 돌연 강한 어조로 반박하며, 의석의 옆에 바짝 다가앉았다.

"의석아, 누나랑 전여고 같이 다닌 친구가 있는데, 걔도 1학년 때는 성적이 그저 그랬거든? 근데 3학년 때 죽어라 공부해서 결국 서울대 갔어. 너도 충분히 할 수 있어!"

"서울대……? 에이, 내가 될까?"

"무슨 소리야! 누난 비록 실패했지만, 너라면 충분히 할 수 있어. 용기를 갖고 도전해 봐. 참, 너 영어 교재 뭐 보니? 누나 다니던 학원 교재가 아주 괜찮은 게 있거든? 올라가면 누나가 보내줄 테니까, 그거 꼭 한 번 봐라."

"알았어."

"언제 한번 시간 내서 서울 올라와라. 누나가 서울대 캠퍼스 구경시켜 줄게."[209]

그날 저녁. 저녁상을 본 선영이 아버지가 계신 방문을 노크했다.

"아버지, 진지 잡수세요."

"으음……."

아버지는 굳은 표정으로 일어섰다. 선영은 아버지 뒤에서 잠시 망

---

208. 동생 의석의 회고문에서.
209. 동생 의석의 편지와 회고문을 참고한 내용임.

설이다 입을 열었다.

"아버지, 아까는 죄송했어요. 아버지 말씀 깊이 생각해 볼게요."

아버지의 구겨진 얼굴이 희미하게 풀어지는 것이 보였다.

"그래, 잘 생각했다. 가서 밥 먹자."

그날 밤 아버지는 전화통 옆에 작은 쪽지가 붙어 있는 걸 발견했다. 선영이 쓴 쪽지였다.

'누구한테든 나 찾는 전화가 오면, 시골 할머니댁에 갔다고 전할 것. 선영.'

"휴우……."

아버지는 안도의 한숨과 함께 마음 깊이 딸에 대한 고마움을 느꼈다.[210] 당시 사회 분위기는 무척이나 폭압적이고 경색돼 있었다. 특히, 대학생 자녀를 둔 공무원들은 자식이 무사히 졸업할 때까지 4년 내내 마음을 졸여야 했다. 대학생 자녀가 의식화에 물들지 않게 잘 단속하라는 유인물이 수시로 돌려졌다. 도나 군 단위 교육청에서는 해마다 대학생 자녀를 둔 교사들을 자녀와 함께 초청해서 다과회를 가졌다. 말이 다과회지, 사실은 교사 신분에 위협을 가하며 협박하는 자리였다. 시절이 그렇다 보니, 무작정하고 자식이 다니는 학교에 찾아가 강의실 앞에서 죽치고 기다리는 공무원들도 많았다.

선영과 같은 운동권 학생은 물론이요, 어쩌다 시위에 동참한 학생이 재수 없게 붙잡혀도 당장 그 부모가 직접적인 피해를 입는 살벌한 상황이었다. 그러니 선영이 지하 조직 활동을 한다는 사실을 알게 된 아버지의 심정이 얼마나 조마조마했을 것인지는 능히 짐작할 수 있을 것이다.

---

210. 아버지의 술회에서.

지금 내게서 가장 두려운 것은 아버님의 희망이다. 퇴직금을 가지고 노후를 자식들에게 의지하지 않고 지내시려는 희망. 아무리 진리길이요 삶의 삶다운 길이라면서 모든 것들을 하나씩 버리며 생활하더라도 자신의 존재를 존재하게 한 부모는 머릿속에 사라지지 않는다. 만약 내가 극복한다 하자. 그럼 그만큼의 강한 인내와 학습과 실천이 필요하겠지. 그 바탕 위에 존재이전을 했을 때, 아직은 아득하다. 어떻게 무얼 해야 할지 모르기 때문이기도 하겠지. 과연 나 세대에 올지 안 올지 모르는 일.

　　—1986년 6월의 일기에서

사범대 졸업을 앞둔 오빠 종욱도 동생의 활동에 우려의 눈길을 보냈다. 비단 자신의 진로 때문만은 아니었다. 장남으로서 온 가족의 생계가 아버지 한 사람에게 달려 있는 현실을 무시할 수 없었던 탓이다.

지난여름에 선영이 잠깐 집에 들렀을 때, 종욱은 동생을 충장로 생맥주집에 데리고 갔다. 동생과 진지한 대화를 나누고 싶었다. 그러나 선영은 오빠의 말에 간간이 고개를 끄덕일 뿐, 말을 아끼는 편이었다. 사실 집안 형편을 빤히 알고 있는 선영이 드러내놓고 반론을 제기할 수는 없을 것이었다.[211]

---

211. 오빠 종욱의 술회에서. "전부 다 층층이 대학 다니고 학교 다니는 상황이고, 돈 버는 사람은 아버지밖에 없고, 그렇기 때문에 오빠나 아버지, 언니의 반대에 드러내놓고 본인이 고집을 피울 수 있는 상황은 아니었죠. 굉장히 모순적인 상황이죠. 우리 가정과 가정 분위기와 사회적인 상황하고 연관해서 볼 때는 이율배반적인 부분도 없지 않았어요. 선영이는 겉으론 공감을 하면서도 자기 철학은 또 따로 있었던 거 같아요."

이런 상황에서 내가 계속할 때 만일 어떤 일이 벌어진다는 가정 아래서 부모님과 형제에게 미칠 여파를 생각 안 할 수 없다. 자식들만 바라보며 한 평생 보내신 분들께 나의 이런 결과는 배반이 될 것이다.

—1986년 6월의 일기에서

아버지에게 사과하고 전화통에 쪽지를 붙여놓는 것으로 일단 급한 불은 껐지만, 정작 숨 막히는 선영의 고민은 그때부터 시작되었다. 이제 막 새로운 결의로 운동 전선에 복귀하였는데 고작 이런 일로 그만둘 수는 없었다. 하지만, 활동을 지속해 나가면, 들통나는 건 시간문제일 것이다.

정말 휴학을 해 버릴까.

안돼!

조직에서는 서울교대 내에 RP 구조를 다시 만들어야 하지 않겠느냐고 정식으로 요구해 왔다. 서울교대에서 나 혼자 RP 구조를 만든다? 한운봉이 웃을 일이었다. 자신이 없었다. 잔디밭에 두세 명만 앉아 있어도 어슬렁어슬렁 다가와 대화 내용을 엿듣고, 후배들을 만나는 기미만 보여도 뒤집어지는 학교에서 어찌! 게다가 1학기 때 함께 했던 86들은 이미 다른 장으로 흩어진 지 오래였다. 어찌할 것인가. 어찌, 어찌할 것인가. 아, 하나님, 가엾은 이 어린 양에게 용기를! 기회를!

우리들에게 응답하소서, 혀 잘린 하나님

우리 기도 들으소서, 귀먹은 하나님

얼굴을 돌리시는 화상 당한 하나님

그래도 내게는 하나뿐인 민중의 아버지

하나님 당신은 죽어 버렸나 어두운 골목에서 울고 계실까

쓰레기 더미에 묻혀 버렸나 가엾은 하나님[212]

어두운 방안에 홀로 누워 조용히 노래 부르는 선영의 귀 뒤로 눈
물이 굴러떨어졌다.

부끄럼 없이 당당하게

나는 그렇게 살려고 노력했고 지금도 내 의지의 옳음을 믿는다. 미련
이 없다면 거짓이겠지.

분노도 고통도 가슴 속에선 일렁인다. 그러나 그 어느 순간 종말의
한 숨까지 나는 부끄럼 없이

당당하게 내쉴 것이다. 내가 사랑하는 삶의 최후의 막이므로. 이것
은 그 누구도 깰 수 없는 나의

자유의지요 - 삶의 한 방법이다.

—날짜 미상의 일기에서[213]

선영이 다시 운동에 복귀하게 된 데는 나정훈의 역할이 컸을 것으
로 보인다. 그는 선영이 대학부를 그만두었다는 소식을 듣고 학교로
선영을 찾아왔다. 말없이 선영의 이야기를 들은 그는 후배 RP에 대한
부담 없이 활동할 수 있는 조직을 연결해 주었다. 이 조직 활동에서
필요한 것은 첫째도 둘째도 보안이었다.

---

212. 80년대 기독 운동을 하는 대학생들이 즐겨 불렀던 노래 「민중의 아버지」.
213. 김혜린의 만화 『북해의 별』에서 발췌된 글.

이때부터 선영은 가명을 쓰면서 조직 활동을 시작했다. 1986년 하반기에 운동권은 사상투쟁의 회오리에 휘말리게 된다. 특히 서노련 활동에 대한 평가와 개헌 투쟁의 방향성을 둘러싸고 치열한 노선투쟁이 전개되었다. 선영이 활동하게 된 조직이 어떤 입장을 채택했는지 단언할 수는 없지만, 다음의 편지 내용을 통해 실마리는 잡을 수 있을 듯하다.

신민 대회 때 그 물리력 앞에 우리의 비폭력 투쟁은 효과가 얼마만큼 mass에게 있었을까. 긍정적인 평가가 내려질 가능성이 60%. 왜냐면 처음부터 그렇게 규정했기에, 신민당과 함께하는 싸움에서 그들과 동참하기 위해서 장집 저지(장기집권 저지)를 위한 직선제 개헌과, 독재 타도의 슬로건과, 대중과의 거리감을 극복하기 위한 과격시위, 과격구호가 아닌 노래조차 선구자, 우리 소원, 애국가 등등을 부르기로 했으니까.
—1986년 11월 병림에게 보낸 편지에서

위 글에는 장기집권 저지를 위한 '직선제 개헌론'에 대한 비판적 시각이 매우 농후하게 깔려 있다. 그렇다고 '파쇼하의 개헌반대 혁명으로 제헌의회'를 외쳤던 CA 특유의 완고한 혁명주의적 색채는 더더욱 아니다. 특히 '긍정적인 평가가 내려질 가능성이 60%'라는 구절이 그러한 심증을 굳히게 한다. 따라서 선영이 활동한(또는 지지한) 정파조직은 NL 진영의 개량주의적 개헌 투쟁을 비판하고 나선 비주사 NL 그룹이나 반 NL 진영 중의 한 갈래가 아닐까 추정해 볼 수 있겠다.

새로운 조직에 편입된 선영의 활동은 이전과는 판이한 양상을 띄게 되었다. 활동 수준, 활동 방식, 활동 공간 또 그에 임하는 선영의 태도에 변화가 왔다. 일반적으로 언더 서클의 세미나는 팀방이나 불

전태일 열사 어머니 이소선,
MBC 6월항쟁 20주년
'너는 살고 내가 죽었다'에서

이소선(79) 故 전태일 열사 어머니
내가 문열어 주러나가니까 선영이가 왔는데, 제사람이 따라왔어

가피한 경우 지하 레스토랑에서 하는 게 상례였지만, 선영의 학습 팀은 종종 전태일 기념관 '평화의 집'을 이용했던 것 같다. 이 사실은 전태일 기념관에서 몇 차례 선영과 만난 바 있는 전태일 열사 어머니 이소선의 증언과도 일치하는 대목이다. 2002년 박선영 열사 유족이 제출한 '민주화 관련자 명예회복을 위한 인우보증'에서 이소선은 이렇게 썼다.

……처음 선영이를 만났을 때는 누구인지 몰랐으나 나중에 수배에서 풀리고 유가협에 나가면서 영정사진을 보고 깜짝 놀랐습니다. 그 사진은 다름 아닌 선영이가 죽기 전에 선명하게 남아 있던 그 얼굴이었기 때문이었습니다. 선영이 어머니를 처음 보면서 선영이를 보고 느꼈던 생각을 예전에도 말한 적이 있습니다.

그 당시 1986년 경 전태일기념사업회(평화의 집)는 모든 활동가들이 쉼터로도 사용하고, 회의 장소로도 많이 이용했습니다. 선영이는 기념사업회에서 50여 미터 떨어진 곳에 자취방을 마련하고 생활하고 있었습니다.

가끔씩 선영이는 기념관 다락방에서 같은 뜻을 가진 동료들과 모임을 하는 것을 3차례 정도 보았습니다. 그들이 이름을 밝히지 않아 누구인지는 몰랐으나 기념관에서 일하던 관계자들은 그들이 누구인지는 알고 있었습니다.

한번은 나 혼자 있을 때, 이만한 종이에다 엽전 동그라미를 그려놓고, 동그래미를 4개를 그려놓고 제일 작은 거 있는 데로 친구가 오면 이리로 오라고, 말을 하면 그 친구가 안다고 하더군요. 내가 그렇게만 이야기하면 아냐고 했더니 알아듣는다고 하였습니다.

하루는 밤 11시가 넘었는데 누군가가 급하게 대문을 두드리는 소리가 들렸습니다. 이상하다 싶어 대문을 열어 보니 선영이가 숨 가쁘게 집으로 뛰어들며 소리를 쳤습니다. 이상한 사람들이 쫓아오니 보호해 달라는 요지였습니다. 나는 왜 아가씨를 따라오냐며 호통을 쳐 쫓았습니다. 그는 차림새나 언동, 표정으로 보아 분명히 경찰이었습니다. 그날은 무사히 선영이가 자취방에 갔습니다.

그로부터 열흘 정도 되어 또다시 같은 상황이 발생했습니다. 그 날은 대문을 열어 놓았는데 내가 있던 쪽 방으로 선영이가 급하게 들어왔습니다. 평소 인사를 잘하던 선영이가 인사치레도 없이 뛰어들자 집히는 느낌이 있어 밖으로 나가보았습니다. 예상했던 대로 2명의 건장한 남자가 보였습니다. 그들에게 다가가 다시 항의를 해보았지만 그들은 떠나지 않고 계속 기념관을 주시했습니다. 선영이는 그때 비닐에 있던 순대를 나에게 주며 먹으라고 하였습니다. 같이 먹기를 권유했지만 지금 상황에서는 생각이 없다고 하면서 계속 겁에 질려 있는 표정이었습니다. 한참 동안 시간이 흐른 뒤 대문을 통하지 않고 부엌 창문을 통하여 뒷집 담으로 두 명의 기념관 관계자가 도와주어 집으로 보냈습니다. 이후에도 미행은 계속되어 하룻밤을 같이 자기도 했습니다…….

시기적으로 어느 정도의 오차는 있겠지만, 일단 이소선 어머니의 진술 내용을 토대로 선영의 활동을 추측해 보도록 하자. 이 무렵, 선영의 활동은 그저 사회과학 서적을 학습하고 가두시위에 참가하는 수준에 불과했던 이전의 활동과는 질적으로 다른 양상을 보인다. 만날 때 암호 처리를 하는 것은 언더 서클 활동가들에게는 '기본'에 속하는 일상적인 일이다. 하지만, 미행을 당한 흔적이라든가 잔뜩 긴장한 선영의 태도로 미루어볼 때 이 시기에 활동의 수위가 높아진 것은 분명한 사실인 듯하다.

여러 가지 방향에서 추측이 가능한데, 우선은 선영이 몸담은 조직의 보위에 이상이 생겼을 가능성이다. 서클 지도부의 일원이 체포되었다거나, 팀방이 털렸다거나, 선영과 관련된 누군가가 조직 사건에 연루되었거나 하는 등의 이유로 경찰의 포위망에 포착될 가능성은 얼마든지 있다. 이런 긴장된 활동 방식은 2학년 후반부로 갈수록 더욱 심해진다.

하루하루 막혀가는 생활 속에 내 자신의 원동력이 될 수 있는 것을 찾아 끊임없이 여행한다. 어떤 땐 비록 없는 자료지만 기관지라도 사서 보내주고프지만 쉽게 행동에 옮겨지지는 않는다. 너가 내가 열심히 최선을 다한다면 비록 그 어떤 것을 움직일 수는 없을지라도 거름이 된다면 그 의의가 있지 않을까 싶다.

영인 아직까진 열심히 하고 있단다. (조금 열심히)—아직은 생활의 나태와 낭만성이 만연해 있지만—학교에서 생활은 어떻게 잘 해나가는지 궁금하구나. circle이나 기타 부분은 어떠니? 난 모든 것이 비밀 속에서 이중첩보원처럼 생활하고 있어. 언젠가는 이해하는 인간들 속에서 삶 그 자체가 일치할 수 있는 생활을 할 수 있으리라는 희망을 가지고……

—1986년 11월 순자에게 보낸 편지에서

이전의 동료들을 만나보면 다들 열심히 살려고 하고, 어린 날 북돋우고자 노력하는 것을 보면, 동료들에게 미안해서도 열심히 해야겠다는 생각이 드는구나. 그들에게 보이기 위하여 하는 일은 결코 아니지만. 언제 어떻게 터질지 모르는 보안을 위해, 불필요한 입놀림은 하지 않아야 하니까.

　　—1986년 11월 병림에게 보내는 편지에서

또 한 가지 가능성을 예상할 수 있는데, 선영이 이중적인 조직 활동을 하게 된 경우이다. 그것은 선영이 정파 조직에 몸담고 있으면서, 그 조직의 프랙션[214] 활동을 위해 여전히 교회 대학생부에 나가는 것을 의미한다. 후자의 경우 극도로 긴장할 수밖에 없는 것이, 어느 누구에게도 심지어 '이전의 동료들'에게도 '불필요한 입놀림'을 삼가야 하는 이중 삼중의 비밀 활동이기 때문이다. 특히 선영과 같은 여리고 예민한 성격의 소유자가 사랑하는 동료들에게조차 소위 '목적의식'을 가지고 다가가야 했을 때 겪어야 했을 심리적 부담감은 적지 않았으리라 생각된다.

　　림. 어디선가 들리는 저음. 하루하루가 나의 생활이 아닌 타인의 생활이라는 사고방식 속에서 지친 몸을 끌고 다닌다. 그렇다고 해서 얼마만큼 일들을 열심히 할려고 하는지 그것도 의심스러울 따름이다. 림. 하루하루 스케줄이 타에 의해 엮여지고-비록 나의 자유의지에 따라 그것들을 허용한 것이지만-보편적 사고인가? 좀더 확실한 인간이 되기 위해선 그만큼 내면의 사색을 통한 성숙이 이뤄져야 하지 않을까? 지

---

214. fraction. 한 정파의 입장을 강화하기 위해 비밀리에 타 조직(주로 대중조직)에 파견되는 것을 의미한다.

금의 심정은 도망치고픈 생각밖엔 없어. 나의 복잡한 상황을 이해하고 알아주는, 단지 그것만을 들을 수 있는 인간도 없다. 아무리 뭐를 하고 있는지 알고 있는 친구일지라도.

　　—1986년 11월 병림에게 보낸 편지에서

중앙일보 전영기 기자가 87년 7월 초에 작성한 「어떤 죽음」에는 선영이 '여전히 가두시위의 단순 참가조차 두려'워했다는 구절이 있다. 그것은 아마도 다음의 편지 내용을 염두에 둔 판단이 아니었을까.

　　림. 하루, 어제 하룬 불안한 날이었어. 오늘, 내일은 더욱 그러하겠지. 그러나 때는 오리라. 언젠가 이 독재도 무너지리라. 이건 객관식 문제의 답이지 주관식 문제의 답이 아니다. 뭘 위한 것이며 진정코 당위가 아닌 삶 자첼 받아들이기 위한 과도기인가. 언제까지의 시한부인가. 아니면 최대의 노력을 하고 있는 것일까.

　　—1986년 11월 병림에게 보낸 편지에서

그러나 위 편지에서 선영이 말하는 불안감이란 '가두시위' 참가 정도의 단순한 실천을 지칭하는 것이 아니다. 앞서도 말했듯, 그것은 한층 수위가 높아진 조직 활동이 주는 긴장이자 '객관식 문제의 답'과 '주관식 문제의 답'의 불일치에서 오는 고뇌와 갈등이었으며, '당위'가 아닌 '자유의지'로서 운동을 '삶'으로 받아들이기 위한 통과의례였다. 그러나 그 모든 것을 의연하게 받아들이고 '부끄럼 없이 당당하게' 서기에는 현실은 너무 냉혹했고, 선영 자신은 너무 '나약'하고 '나태'한 존재였다.

9월 중순[215] 경, 광주 집에 다녀온 뒤로 선영의 갈등과 번민은 더욱 커져만 갔다. 그때 아버지와 어떤 식으로든 결론을 냈다면 결과는 달라졌을지도 모른다. 그러나 당시 선영에게는 결론을 낸다는 것이 쉬운 일이 아니었다. 가족을 둘러싼 현실을 너무나도 잘 알고 있었기에 아버지를 설득시킬 수도 없었다. 그렇다고 신념을 포기할 수도 없었다. 신념, 그것은 선영에게 목숨과도 같은 것이었다.

선영은 운동을 그만두겠노라 약속하고 도망치듯 서울로 올라왔다. 광주에서는 아버지의 꾸중에 설복당한 것처럼 행동했으나, 기실 그것은 아버지의 진노를 가라앉히고 위기를 모면하기 위한 거짓 화해에 불과했다. 선영은 모든 결론을 유보한 채 2학기를 지속할 수밖에 없었다. 어쨌든 다음 학기 등록 전까지 생각할 시간을 벌어보자는 게 선영의 생각인지도 몰랐다. 그러나 시간을 번다고 해서 어떤 생각, 어떤 결정이 가능할 것인가.

친구 정선이의 증언에 따르면 선영이가 이런 말을 했다고 합니다. "민중운동을 하면서도 나는 민중들과 함께 하지 못하고 있다. 나는 공무원인 아버지와 오빠(사대를 졸업하고 군대에 감)를 외면한 채 민중해방을 위해 자신 있게 나아갈 수도 없다"며 자신의 부족한 활동 때문에 고민하였다고 합니다.
　　—수학과 동기 이현숙의 인우보증서에서

그것은 심각한 내상內傷이었다. 새로운 전의戰意로 무장하고, 앞으로 나아가고자 하면 할수록 그것은 더욱더 선영을 옥죄어 왔다. 선영은 전태일 기념관을 회합 공간으로 이용하면서 알게 된 이소선 어머

---

215. 1986년 추석 연휴는 9월 17일부터 19일까지였다.

니에게 집안 문제와 교대의 극한적인 억압 상황으로 인한 깊은 갈등
의 흔적을 내비쳤다.

그때 선영이하고 얘기를 나눈 적이 있는데 나에게 한 말은 다음과
같습니다. 그것은 자신의 심정을 나타내는 말로 "답답하다"라는 내용
이었습니다. 왜 답답하냐고 물으니까 비밀 조직 활동이라서 드러내놓고
하면 무엇보다 아버지가 공무원이고 교육자라서 어려움이 있다고 했습
니다. 자기가 이런 활동을 하는 것을 아버지가 알면 상당히 어려울 것
이라고 했습니다. 선영이가 늘 괴로워하는 것이 바로 아버지가 교육자
로 인한 해직 문제, 가족들의 이해 부족 등 주변 상황이 활동을 해나가
는 데 따르는 어려움 등이었습니다.

특히 학내 활동의 어려움으로 "우리 학교는 써클 활동을 하면 다른
어느 학교 보다 더 어려움이 많다"고 했습니다. 심지어 학교 관계자들
이 지하실에 끌고 가 모진 문초를 가하며 활동하는 것을 다 대라고 하
기도 했습니다. 학사징계를 하는 것은 보통이고 당시 정태수 학장은 어
느 여학생을 성폭력을 가하고 그것을 무마하는 조건으로 외국 유학을
보내기까지 했다고 말했습니다. 이런 고민을 보고 어린 것이 어려움 속
에서도 열심히 사는구나라고 대견하게 보았습니다. 선영이는 '정말 해
야 하는 걸 하지 못하고 살면 사람이 아니다. 교대는 무시무시한 독재
의 압력을 받고, 거기에서 교육을 받는 선생들이 후세에 얼마나 좋은
선생이 될지 생각하면 나는 정말 무섭고 괴롭다.' 그런 말을 혼자 하고
그랬습니다. 그래도 '교대에서 활동하려고 하니까 어려운 게 많은가 보
다' 그렇게만 생각하고 말았습니다.[216]

---

216. 『명예회복 관련자료』 중 이소선 어머니의 진술서에서.

언니와의 관계도 서먹해졌다. 언제나 웃고 명랑했던 선영은 광주에서 올라온 뒤로 급격히 말을 잃었다. 10월 초, 선영은 면목동 이모네 집으로 거처를 옮겼다.[217] 표면적으로는 중3인 이종사촌 동생의 연합고사 준비를 도와준다는 명분이었지만, 사실상 자신의 생활을 감시하는 언니의 시선에서 벗어나고 싶은 욕구가 더 컸으리라.

> 이 가을 하늘에 내 모든 것을 걸고 싶다. 하나를 위해 열을 버리고 하나의 길 잃은 양을 찾기 위해 아흔아홉 마리 양을 버리는 목자를 좇아서!
> ―1986년 11월 순자에게 보내는 편지에서

1986년 10월 28일, 선영의 가슴을 핏빛으로 물들인 사건이 발생했다. 그것은 바로 건국대에서 거행된 애학투련[218] 발족식이었다. 한국 학생운동사에서 1985년이 전학련과 삼민투의 해였다면, 1986년은 자민투와 민민투, 그리고 애학투련의 해였다. 학생운동 내에 두 개의 특위가 공존하는 기현상 속에서 학생들의 투쟁은 극한으로 치달아갔다. 4월 28일, 이재호, 김세진 열사의 분신에 자극된 학생 운동권은 5·3 인천 개헌 집회에서 격렬한 시위를 전개하였다. 5·3 관련자와 민민투, 자민투 등의 배후 관련자에 대한 대량 구속 수배가 이어졌다. 다음의 시 구절은 당시 선영의 비극적 상황 인식을 소름 끼치도록 잘 드러내 주고 있다.

    잿빛 하늘 핏빛 피맺힘

---

217. 언니, 어머니의 술회, 그리고 친구들에게 보낸 선영의 편지에서.
218. 전국 반외세반독재 애국학생 투쟁연합.

막힌 하수도
넘치는 핏물
부패한 냄새
퍼진다 퍼진다 페스트가
—날짜 미상의 일기에서

정국은 나날이 경색되어 갔다. 서울대에 휴학이 가장 많은 해였다
는 1986년, 학교 앞 술집에는 노랫소리가 사라졌고 술만 먹으면 우는
사람이 늘어났다. 학교가 무서워서 나오기 싫다는 사람까지 있을 정
도였다. 학생들의 대학 생활에 대한 고뇌와 염증은 깊어갔다. 민민투
와 자민투의 분열로 학생운동에 대한 대중의 신뢰도 급격히 떨어졌
다. 위기를 느낀 학생운동 세력은 8월 10일, 고려대 연합집회에서 '대
동단결 대동투쟁'이라는 구호를 제창하고 연대하기 시작했다. 대중을
떠나서는 어떤 사상, 어떤 이상도 이룩할 수 없다는 점을 자각하기
시작한 것이다.

10.28 건대항쟁

그러나 학생운동과 대중과의 괴리 현상을 간파한 전두환 정권은 재빨리 선수를 쳤다. 1986년 10월 28일, 통일적인 학생운동 조직 애학투련의 발족식이 거행되고 있던 건국대학교에 1천 5백여 전투경찰이 난입하였다. 무자비한 최루탄 발사와 대규모 백골단 투입으로 학생들을 건물 안에 몰아넣은 경찰은 4일 동안 각 건물을 에워싸고 계획적으로 농성을 유도하였다. 주요 일간지는 '공산혁명분자 건국대 난동사건'이란 커다란 제목으로 대중들의 이목을 현혹시켰다. 드디어 10월 31일 새벽, 화염방사기와 헬리콥터, 학부모들의 눈물 어린 호소, 잘 훈련된 사복경찰을 앞세운 대규모 진압 작전이 펼쳐졌다. 극한투쟁의 와중에서 부상자가 속출하는 가운데 1290명이라는 구속자를 기록하며 이른바 '건대 농성'은 막을 내렸다. 학생운동사상 단일 사건 최대 구속자 수를 기록한 엄청난 사건이었다. 이 사건의 후유증은 크고 깊었다. 우선 84년 유화국면 이래 축적해 온 각 대학 학생운동 핵심 간부들이 대부분 구속되어 상당한 타격으로 다가왔다. 이 사건을 계기로 학생운동권은 1987년 1월 박종철 고문치사 사건이 벌어질 때까지 반성과 모색의 긴 겨울을 맞이하게 되었다.

선영이 애학투련 결성식에 참가하지 않았을 것이라 추정되지만, 정확한 내막은 알 길이 없다. 결성식에 참가한 학생들 대부분이 구속되었다고는 하나, 사실 결성식에 잠깐 모습을 보였다가 다른 용무 때문에 빠져나간 학생들도 많기 때문이다. 그리고 그날 건대 주변을 에워싼 엄청난 경찰 병력에 학생들은 어느 정도 대규모 진압 작전을 예상하고 구속 불사 결의를 다지고 있었다. 그 와중에서 각 단위 별로 구속을 피해야 할 동료나 후배들을 미리 학교 밖으로 내보내는 소동이 벌어지기도 했으니, 당시 구속되지 않았다는 사실만으로 선영의 결성식 참가 여부를 단정할 수는 없는 노릇이다. 아무튼 건대 사건을 지

켜본 선영의 심적 타격은 상당히 컸던 걸로 보인다.[219]

저 깊숙히 끓어오르는 외침. 절규. 듣고 싶다. 누구의 목소리로 표현되더라도 같은 외침이 되리라, 합창이 되리라고 믿는다. 이제 2학기도 막을 내리고 있다. 장과 장마다 피로 얼룩진 무늬들이 나동그라지고, 혀짤린 머리들이 뒹굴었을지라도 내 자신의 무능을 한탄할 뿐. 몇 천의 학우가 추위와 굶주림 속에서, 거의 강제에 의한 철농일지라도 주체화시켜 훌륭히 대처해 나갔다. 10월 31일 학교 등교 길에 저 멀리 보이는 건대를 보니 뿌연 연기와 함께 아연 어떤 눈물인지 마구 쏟아지더구나.

내 온몸을 감싸는 전율. 어찌 가만히 앉아 있을 수 있단 말인가. 보도지침에 의해 획일화된 언론에 의해 나온 말은 red. 우리의 학우는 밤새 우린 공산주의가 아니라는 성명서를 발표했지만 그건 이 정권의 시녀 입에서 나올 수가 없었다. 저 외신에 의해서만 잠시 언급되어질 수 있을 뿐.

—1986년 11월 순자에게 보내는 편지에서

이번 건대 학우들 투쟁 중 교수실 수석이나 도서관 서적, EDPS실 등은 새들이 들어와서 파손시킬 염려가 있다고 문지기를 세워 지키기도 했다는 후문이다. 이들이 비록 우리 곁 친구 아니, 얼굴도 모르는 학우일지라도 네가 얘기한 대로 우리 모두에게 새로운 힘들을 불러일으켰다. 적어도 가족과 그 주변 사람들은 저들의 만행과 그 속에서 의

---

219. 언니 화진의 기억으로, 선영은 건대 사건에 대해 몹시 분노하였으며, 대중들에게 알려진 내용이 얼마나 왜곡된 것인지 열심히 설명했다고 한다. 그 때문에 언니는 내심 선영이 그 집회에 참여했던 것이 아닌지 의심하기도 했다고 말했다.

연히 싸운 우리 학우들을 보면서 피부로 이 시대의 모순 아니지, 뭔가 잘못되어 간다는 것을 느꼈을 거다.

순자. 비록 이 하루가 우리의 목을 죈다 할지라도, 최루탄과 몽둥이가 날라든다 할지라도, 끊임없는 대중 선동을 향해 나아가야 되겠지. 도피, 회피가 아닌 우리의 목적을 향해 의연히 지켜나가는 자세가 필요하겠지.

— 1986년 11월 순자에게 보낸 편지에서

선영은 대중과 유리된 선도적인 투쟁이 어떠한 결과를 낳는 것인지, 건대 항쟁을 통해 명확히 깨달았다. 대중과 강고히 결합돼 있으면서도, 흔들림 없이 강고한 조직을 갖추는 것만이 끝까지 살아남는 길이다. 그러자면 지연과 학연에 기댄 채 자생적인 소그룹 운동에 만족하는 서클주의적 잔재를 청산할 필요가 있었다. 이것은 비단 선영만의 자각이 아니었다. 당시 학생 운동 진영은 건대 항쟁이 남긴 교훈을 비판적으로 검토하며 전열을 재정비하기 시작했다.

우리가 하는 일이 단순한 타성이나 관념이 아닌 80년대 선배들이 개척했던 대로 우린 새로운 창출을 향해 머리를 싸맸으면 한다. 모든 선진적 학습이 전부가 아닌 실천과 병행하면서 구체적 활동을 추구하고 그 속에 자신을 재반영해 본다면, 발전적인 자아를 찾을 수 있을 것 같다.

— 1986년 11월 순자에게 보낸 편지에서

왜 이리도 우리의 가을 하늘은 검붉은 색으로 채색되어야 하나. 이 아픔, 이 시대의 아픔을 누구인가가

나중에 어루고 위로해 줄까. 동족 간 같은 민족 간의 칼부림, 거기에
도 분이 못 풀려 커나가는
학동들에게 칼부림[220]을 해야 하나. ……어제도 오늘도 그리고 내일도
저 높은 권좌 위의 악마는 핏물을 들일 것을.
—1986년 가을의 일기에서

학교 다니는 게 지옥 같아

그해 겨울은 일찍 다가왔다. 기말시험을 앞둔 선영의 마음은 계절
보다 먼저 얼어붙기 시작했다. 이번에는 학사경고를 피해 나갈 수 있
을까. 극심한 불안감.

잘못하면 나 2학기 학경[221] 나올 가능성이 있는데 집에는 어떻게 얘
기해야 할지 지금부터 걱정이다. 좀더 밀어붙여야 되겠지.
—1986년 11월 순자에게 보낸 편지에서

서울교대는 완전한 암흑기였다. 1986년 9월 제1대 총학생회가 들
어섰지만, 학교 측의 학원 탄압에 철저히 협조하는 어용 총학생회였
다.[222] 물론 총학 지도부의 성향 문제만은 아니었다. 학교 측에 의해 기
만적으로 제정된 총학생회 회칙의 테두리 안에서는 어떤 총학이 들
어선다 해도 한계를 노정할 수밖에 없었다. 10인 이상의 학내 집회

---

220. 1986년 10월 건대 항쟁을 말하는 듯하다.
221. 학사경고.
222. 6·9 농성 투쟁 평가집 『복종의 침묵에서 깨어 일어나』 중에서.

나 각종 자료 배포, 게시조차도 학장 승인을 받아야 하는 회칙 안에서 무슨 일을 할 수 있겠는가. 그 과정에서 체육과 83학번 박준규는 학칙 제정 문제에 대해 질문했다는 이유로 지도위원회에 불려가 죄인 취급을 받으며 폭언과 협박을 당하는 실로 어처구니없는 일이 벌어졌다. 학생처장 최성락은 한술 더 떠 '제도가 문제가 아니라 중요한 것은 학생들의 마음가짐'이라는 망언을 서슴지 않았다.

극심한 탄압을 받아오던 서클은 자신들의 손때 묻은 공간마저 빼앗기게 되었다. 1986년 12월 15일자 〈사향 소식〉을 통해 학교 측은 '서클의 연구회 활동으로 전환'이란 제목으로, 기말고사 직전에 서클룸을 신 학생회관 초등교육연구회실로 옮길 것을 종용하였다. 연구회 산하로 강제 편입된 서클들은 한 공간에 책상 하나씩 맞대고 있어야 하는 웃지 못할 해프닝이 벌어졌다. 서클룸을 빼앗긴 학생들은 울분을 토해낼 겨를도 없이 기말고사와 방학을 맞게 되었다. 서클과 학회가 폐지되고, 전인교육반과 교수 중심의 초등교육연구소가 만들어지는 일련의 과정을 살펴보면, 정태수 일당의 학원 탄압이 얼마나 치밀하고 주도면밀한 사전 계획 속에서 시행되었는지 알 수 있다.

지난 4월, 한운봉에게 찍힌 이래 선영의 학교 생활은 그야말로 악전고투였다. 이현숙, 윤순구, 김정선, 채희수, 김희숙과 같은 친구들이 없었다면 사막과도 같은 무미건조한 나날들을 선영이 어찌 버텨냈으랴. 2학년 1학기를 끝으로 윤순구가 제적되었을 때 선영은 무척이나 가슴이 아팠다.[223] 아니, 그것은 아픔이기 이전에 두려움이었다. 가슴 떨리는 공포였다. 쿵쿵 발자국을 찍어대며 이제는 네 차례라고, 다시는 내 손아귀에서 도망칠 생각 말라고 저 '괴물'은 말하고 있었다. 소

---

223. 수학과 동기 이현숙, 김정선의 술회에서.

름 끼치는 웃음을 히쭉히쭉 흘리고 있었다.

서울교대는 학교가 아니었다. 고등학교보다 더한 군대였다.[224] 가두 시위를 하다 잡혀 경찰서에서 훈방 조치된 선배가, 학교에서는 초등 교사가 될 기회를 원천적으로 박탈되는 모습을 목도하였을 때 그는 완전히 절망했다. 치욕스러웠다. 서울교대 졸업장을 위해 이 굴욕을 참아내야 하는가. 이 학교에서 더 이상 무엇을 바랄 것인가.

선영은 명백한 선택의 기로에 서 있었다. 학교를 계속 다닐 것인가, 말 것인가. 그의 머리는 끊임없이 선택과 결단을 요구했지만, 그의 두 발은 학교를 떠나지 못했다. 그는 스스로를 '비굴한 존재', 반성 없이 운동이라는 말을 쉽게 내뱉는 '허위의식'의 소유자로 규정지을 수밖에 없었다.[225]

조직 활동도 힘겹기는 마찬가지였다. 학생운동가들에게 있어 2학년 겨울은 지도부로 거듭나는 아주 중요한 과정이었다. 특히 건대 항쟁에 따른 대규모 구속 사태는 조직에 남아 있는 활동가들의 어깨에 태산같이 무거운 짐을 올려놓았다. 선영이 속한 조직 역시 사정은 다르지 않았을 것이다. 모든 것이 붕괴되고 파괴된 폐허 위에서 조직을 재건하고 복구하는 일은 결코 쉽지 않았다. 새 아지트를 마련하고, 비상 연락망을 짜야 했으며, 구속된 동지들도 챙겨야 했다. 사상투쟁의 와중에서 살아남으려면 각 정파의 문건도 꼼꼼히 분석해야 했다. 몸이 열 개라도 모자랄 지경이었다. 기말고사 시험 공부도 해야 하고, 리포트도 내야 했지만 도무지 시간을 낼 수가 없었다.

몽롱한 정신을 붙잡고 태양을 향해 외친다. "존재하는 것 모두 사라

---

224. 중앙일보 전영기 기자의 「어떤 죽음」에서.
225. 중앙일보 전영기 기자의 「어떤 죽음」에서.

져라"고.

의롭게 의롭게 외치다 죽어간 넋들을 기리며 그들을 그렇게 지탱하
게 해준 참 진리와

그 의지를 다시 한 번 되새기게 한다.

—1986년 12월의 일기에서

하루를 보내도 철저하게 처절하게, 인간을 만나도 이성과 감성의 조
화 아래서. 어쩌면 완전한 인간형을 추구하고 있는 것이 아닌가 하는
생각이 든다. 꿈꿀 계절은 지나가고 아픔과 회한의 밤이 계속되겠지.
겨울은 싫어지니까. 더욱 나태해져 가는 나를 발견하게 되니까.

—1986년 12월의 일기에서

'하루를 보내도 철저하게 처절하게', '인간을 만나도 이성과 감성의
조화 아래' 살고자 할수록 현실의 자신은 너무 안일하고 나태해 보였
다. 어쩌면 그는 혁명 소설 속에나 등장할 법한 '완전한 인간형'을 추
구한 것은 아닐까. 심지어 그는 나태해지는 자신을 용인할 수 없어, 다
가오는 겨울이 두렵다고까지 했다. 그러나 겨울보다 춥고 두려운 계절
이 그를 덮쳐오고 있었으니 그것은 죽음의 계절, 파국의 계절이었다.

선영은 몸과 마음에서 차츰 힘이 빠져나가는 걸 느꼈다. 사촌 동생
시험이 끝나고 창신동 집으로 돌아온 날, 선영은 시위에는 참가하지
않고 일주일에 두 번 이론 공부만 하겠노라 언니와 단단히 약속했다.
이론 공부까지 말릴 수는 없었는지, 언니는 '제발 시위에만 참가하지
말라'고 거듭거듭 당부했다.

하지만 그게 어디 말처럼 쉬운 일이던가. MT다 뭐다 해서 집을 비
워야 할 일은 점점 많아졌다. 이 겨울 방학을 어떻게 넘겨야 할지, 학

교 성적은 어찌 나올지, 학교는 계속 다닐 것인지 말 것인지, 그만둔
다면 어디로 가야 할 것인지, 아버지와 오빠에게 무슨 문제가 생길지
모든 것이 의문투성이였다. 이까짓 상황도 극복하지 못하고 방황하는
자신의 모습에 열패감이 느껴졌다. 굴욕스러웠다. '여기저기 묻어 있
는 핏빛 넋들'[226]이 자기를 손가락질하고 조소를 보내는 것만 같았다.

저 높은 곳 십자가의 예수님이 햇살에 얼굴을 돌리신다. 서글픈 눈
매, 입술. 순자! 내게 무거운 십자가를 짊어질 수 있는 힘주실 주님을
기린다. 달게, 이 모든 것을 받아들일 수 있게. 허나 너무나 불성실한
내 모습이 나를 미치게 한다. 왜 이래야 하나. ……하루 세 끼 밥 먹기
에 눈이 뒤집힌 인간, 뭘 위하여 사나. 우린 어디를 향해 미친 듯이 달
려나가나.
　—1986년 12월의 일기에서

선영의 마음은 이제 걷잡을 수 없이 죽음을 향해 내달리고 있었다.
오직 그것만이 자신의 양심과 가족과 운동의 대의를 지키는 길 같았
다. 죽음만이 그 모든 것을 살릴 수 있다! 마지막 겨울을 나는 그의
일기와 편지글 곳곳에는 죽음의 그림자가 짙게 드리워져 있었다.

칼을 쥔 인간이 아니기에 바람에 떨어지는 낙엽마냥 흔들거리기만
한다. 인간이 만든 지옥 속에서 무엇을 느끼며 무얼 향해 나아가야 하
나. 내게 진리 아니면 죽음을 달라. 즉, 진리의 길이 죽음의 길이란 말인
가. 림. 그 누굴 향해 터질 것 같은 마음을 풀까. 미치지 않았다는 것에

---

226. 1986년 10월 병림에게 보낸 편지에서.

대해 깊이 저주를 내린다.
　—1986년 12월 병림에게 보내는 편지에서

　추위에 떠는 예수님, 가시관의 예수님, 사랑의 예수님, 우리의 형상대로 언제나 함께하실 예수님, 십자가를 질 용기를 주소서. 이 어리석은 양에게 기회를……

　아홉 마리의 양보다 한 마리의 길 잃은 양을 찾아나서는 목자시여. 방황하는 양, 피의 향기에 매혹된 살육의 동물이 되게 하지 마소서. 그전에 그대 손으로 내 피를 보소서. 사랑의 피를, 방황의 피를, 그리고 페스트의 피를 태우소서.
　—1986년 겨울 날짜 미상의 일기에서

　이 사회는 날 미치게 하기에 충분하다. 아니 마땅히 행해야 할 것들에 대한 나의 외면이, 날, 자신에 대한 분노이다. 이 땅 한반도에 사는 신종속국의 모든 백성이여. 패배자가 아니라 승자가 되어 후세에게 떳떳이 자랑할 수 있도록 일어나자, 일어나자. 백두에서 한라까지 힘찬 행진으로 새 아침을 맞이하기 위하여.

　생을 끝마친 뒤에도 人生이 무엇인지 모른다고 한다. 한평생 공부했으나 ?만 남기고 떠나는 것이 인생이라고 한다. 그 어떤 행위들을 시도해도 보이는 것은 나의 반동밖엔 없었다. 인생! 그것이 무엇인가에 대해 의문, 탐구, 나의 실천 그 무엇을 위한 것에 대한 욕망을 잃어가고 있다.

　이젠 가고 싶다. 어머니 품으로. 내가 나왔던 그곳으로.
　—1986년 겨울 날짜 미상의 일기에서

1986년 12월경, 선영은 나정훈에게 연락을 했다. 믿고 따랐던 선배에게 자신의 상황에 대해 허심탄회하게 이야기하고 답을 구하고 싶었다. 그러나 돌아온 건 '질책'이었다.

지금 생각해 보면 아마 선영이는 제게 뭔가 자신의 깊은 이야기를 하고 싶었던 것 같습니다. 그때 저도 노동자들과 조직을 꾸리고 있었기 때문에 한 치의 여유도 부릴 수 없었던 상태였던지라, 제 스스로를 혹독하게 단련시켜야 하는 고된 상황에서 선영이의 마음을 헤아리지 못하고, 오히려 질책만을 했던 못난 선배가 되고 말았습니다. 그때 제가 조금만 잡아주었더라면 하는 가슴 아픔이 지금까지도 아니, 평생을 제가 멍에로 짊어지고 가야 할 운명이라고 생각합니다.[227]

비슷한 시기, 노동운동을 준비하고 있던 이옥신은 초동으로부터 박선영이 자기를 애타게 찾는다는 이야기를 들었다. 청담교회 대학부 활동을 하기 위해 언더 팀을 그만두긴 했지만, 선영에게 옥신은 여전히 믿음직하고 영향력 있는 선배였다. 그로부터 얼마 후, 신림동 한 카페에서 선영을 만났다.

"언니!"

선영은 대뜸 원망을 쏟아냈다.

"어쩜 몇 개월씩이나 연락도 없이 나를 방치해 둘 수가 있어요?"

같은 조직에 몸담은 게 아니므로 '방치'라는 말에는 어폐가 있었다. 하지만 선영의 눈에 가득 고인 눈물을 보자 옥신은 아무 말도 할 수 없었다. 경황없이 오빠 집을 나와 동가식서가숙하며 활동의 터전을 만드느라 선영에게 통 신경을 못 쓴 것도 사실이었다. '고향'이라는 보

---

227. 나정훈, 민주화 관련자 명예회복을 위한 인우보증, 2002.

이지 않는 끈으로 연결된 탓인지 선영은 왠지 마음이 쓰이고 정이 가는 후배였다.

"미안."

이옥신은 향우회에서 처음 만난 날처럼 짧게 사과했다.

"……어떻게 지냈어요?"

이옥신이 오빠 집을 나와 현장 이전을 준비하게 된 자신의 상황을 간략히 설명했다. 선영은 쓸쓸한 표정으로 고개를 끄덕였다.

"학교는 좀 어떠니?"

"정태수 천하! 언니 있을 때보다 상황이 훨씬 더 심각해요. 자기 고향 출신 교수들하고 어용 총학, 학군단 교관을 내세워서 완전히 친정 체제를 구축했어."

"한운봉 기세가 하늘을 찌르겠네?"

"하늘 아래 무서운 게 없는 사람이에요. 나도 1학기 때 당했어. 사르트르 책 읽다 걸려가지고 며칠씩 불려 다니고 취조당하느라 초주검이 됐었어. 이젠, 그 사람 눈만 마주쳐도 소름이 끼쳐! 솔직히 배우는 것도 없고, 학교 다니는 게 지옥 같아."

"큰일이다. 이제 겨우 반인데……."

이옥신은 안쓰러운 눈빛으로 선영을 바라보았다. 어떤 상황인지 보지 않아도 충분히 짐작할 수 있었다. 그 역시 학원 문제에 대한 스티커를 학내에 부착하다가 한운봉에게 들켜 말할 수 없는 수모를 당한 사람 아니던가.

"버티는 데까지 버텨 보다 정 안 되겠으면 나처럼 일찍 정리하는 것도 방법이야. 난 학교 정리하고 노운[228] 쪽으로 맘먹으니까 오히려 속

---

228. 노동운동.

편하드라."

"나도 그러고 싶어요. 그래야 하는데……."

선영의 얼굴은 어두웠다. 뭔가 할 말이 있는 것 같은데 쉽게 꺼내지를 못했다. 이옥신이 먼저 운을 뗐다.

"왜 무슨 다른 걱정이라도 있니?

"추석 때 아빠한테……."

선영은 목이 메어 말을 잇지 못했다.

"들켰구나?"

선영은 고개를 끄덕였다. 두 눈 가득 고인 눈물이 후드득 떨어졌다.

"많이 혼났니?"

"대들다가 맞았어. 운동 그만두지 않으면 등록금 안 준대. 학교도 휴학하래."

"휴……. 우리 오빠도 경찰이잖아. 지금 나 잡으러 다닌다. 이 나라에서 공무원 가정, 정말 힘들어."

"아버지 생각만 하면 잠도 안 오고, 아무것도 먹고 싶지 않아. 그렇다고 운동을 그만둘 순 없어. 내게 운동은 삶이야. 운동을 포기한다면 그건 삶을 잃어버리는 거야. 만일 운동을 포기해야만 한다면, 죽음이야!"

"휴우……."

"나는 가족을 너무 사랑해. 나 하나로 인해 내 가족이 고통받는 건 죽기보다도 싫어. 언니, 나 어떡해? 나 어떡해?"

고통스럽게 일그러진 선영의 얼굴이 눈물로 범벅이 됐다. 맞은편 좌석으로 자리를 옮긴 옥신은 선영을 부둥켜안았다.

"죽고 싶어! 죽고 싶어!"

절규하는 선영의 모습이 너무나 안쓰럽고 가슴이 아팠다. 선배랍시고 달리 해 줄 말이 있겠는가? 강해져라, 힘을 내라, 그럴수록 꿋꿋해야 한다, 그런 상투적인 말들이 선영에게 무슨 도움이 되겠는가. 그저 부둥켜안고서 같이 울 뿐이었다.

사실 그때는 우리 모두가 다 죽고 싶을 때였어요. 죽고 싶고, 막다른 골목에 있는 그런 느낌이었어요. 그래서 선영이가 죽고 싶다는 식으로 이야기했을 때 그냥 하나의 수사에 불과할 거라고 생각을 했던 거죠. 모두 다 그러하듯이, 다 그렇게 아파 하니까. 물론 얘는 지금 다른 사람보다 훨씬 더 그 아픔이 강하지만, 그래도 시간이 지나면 나아질 거라고 생각했어요. 그 애가 너무 막막해하고 힘겨워하니까 아마 내가 그랬던 것 같아요. '니가 운동을 벗어나서 과연 행복할 수 있을까. 부모님한테는 운동 안 하는 것처럼 가면을 쓰고 당분간 그렇게 지내보자……'[229]

힘을 길러 나오라[230]

이젠 떠날 용기를 주소서.
사랑하는 이여, 기쁨의 이별을 고하도록 하세.
한 줌의 재가 되기 위해 태어난 인생
그 무엇이 그렇게 아름답다고 즐거워하나
보름달은 높아만 가고 해는 다시 떠오르기 시작한다.
날마다 변화하는 자연
날마다 충격적인 종로 거리에 붙은

229. 이옥신 인터뷰, 2023.
230. 박선영의 마지막 일기를 토대로 재구성한 글임.

Mass com.

조종대가 망가진 Mass com.

곧 추락하리라

모두가 추락하리라!

내일 세상이 멸망해도 오늘 내 마음에 한

그루의 나무를 심으리라. 기쁨으로.

1987. 2. 10. 1:26分 金曜日

—다 쓰러져가는 동대문 한 궤짝 위에서

1987. 2. 13 금 00:26분

보름달을 보았습니다.

참 아름다웠습니다.

토끼가 내게 얘기했습니다.

미쳐가는 세상. 코뿔소가 되자.

人間＝코뿔소

아니 코뿔소이기를 거부한다. 그럼 넌 죽어. 죽지 뭐.

용기 있는, 아니면 만용…….

회피! 맞아. 이것도 저것도 아닌

막혀버린 기공과 식도에 바위를 굴려 뚫자. 비록 육체가

시들어 갈지라도 그 길밖에 없다면.

서점에 가면 아지 못할 것들이 쌓여 있다.

신문을 보면 날 욕하는 낱말 투성이다.

공부를 하면 단어가 튀어나와 날 때린다.

전화를 하면 상냥한 비웃음이 향기롭게 속삭인다. 가거라, 이니스프
리 섬으로.

음악은 저 지하의 세계에 대해서. 메피스트의 노랫가락이.

분신한 선배 학우의 울부짖음이, 피빛의 역사가

머릿속에서 또 헝클어진다. 아지 못할 은어로.

흐르는 물과 같이 끊임없이 역사와 함께 한 부분을 장식하고 싶다.

이건 꿈인가 몽상인가. 좀더 크면 이런 망념엔 잠기지 않겠지.

그냥 젊음의 한 고개이겠지.

맞아. 자본주의 나라에선 더 강한 자본국에 의해 강요당하는

정신, 물질문화. 나의 순수한 것은 그 어느 것도 성장할 수

없어. 전통문화가 죽어가고 나라 경제가

점점 저 늪으로 빠져가고 있는데 나의 이런 사고도

저 선진 자본주의가 심은 병에 의해서

항체가 형성되어 가는 과정 後의 더 큰 자극에도

흔들리지 않도록 하기 위해.

20년 4개월

2년간의 대학 생활

그건 나의 모든 외부 눈들을 뜨게 했다.

허나 내면의 것은 다 깨지를 못해서

이리 방황하는지 모르겠다. 짙게

퍼져 나오는 진혼곡. 내가 사는 곳은

짙은 안개와 장송곡, 아우성, 절규로

혼란과 아노미 현상이다.
사회는 강자가 약자의 등을 치고, 큰 나라가
약한 나라에게 먹이를 주면서 포동포동 겉살만
찌면 조금씩 잡아먹기 시작한다.

변태적으로 찐 살이 건강할 리 없다.
내부는 모두 병들어 그 어디부터 치유할지 몰라
방황하나 모두 운명으로 돌리긴 너무 가혹한 땅이다.
이게 하나님이 주신 우리의 시험과 축복의 선언인가.
아니다. 아닐 것이다.
미래의 약속. 그건 필요 없는 지배자의 논리인 것이다.
예수도 당시 그 땅의 약자에게 일어나길, 깨어나길
바랐다.

이제 우린 어디로 가야 하나.
현해탄에서 양식고기 밥이 되어야 하나.
그것도 국가경제에 조금이나마 보탬이 되겠지.
힘써 살아보면 치유의 길이 트이리라.
아니 방법은 어데고 있다. 단지 두드리길 두려워할 뿐.

마음이 약한 자여
현학적인 허위의 기회로 가득 찬 자여
죽어 다시 깨어나라
진정 역사가 원하는 인간이 되기 위하여
힘을 길러 나오라.

열심히 먹자.

플라스틱까지. 아니 지구 전체를

삼켜버리자

이젠 안녕.

1987년 2월, 박선영의 마지막 일기에
는 죽음을 예감하는 음울한 구절이 가득
하다. 선영이 죽음을 결단한 것은 1987
년 1월 14일 박종철 고문치사 사건으로
정국이 혼미에 혼미를 거듭하던 시기였
다. 음력 설에 집에 다녀온 뒤로 그는 조
금씩 떠날 채비를 했다. 어느 날인가는
책상 정리를 했고, 어느 날인가는 옷가지
를 챙겼고, 또 어느 날인가는 대청소를
했다.[231] 질긴 갈등을 끝낸 그의 얼굴은

박종철 열사

평온했다. 중고등학교, 고향 친구들도 돌아가며 한 번씩 만났다. 언니
와 과천 서울대공원에도 다녀왔다.[232]

대학부 친구들도 만나고 싶었지만 모두 뿔뿔이 흩어져 연락이 닿
지 않았다. 부산에 있는 광훈하고만 간신히 통화가 됐다.

언제쯤 올라오는지 묻는 간단한 통화였어요. 저희가 선배들하고 얘
기할 때는 감정적인 부분들에 대해서는 잘 얘기를 못 하지만 동기들끼
리는 힘이 들면 가끔씩 만나서 술 한 잔 하면서 풀고 했거든요. 그래서

---

231. 언니 화진의 술회에서.
232. 2월 8일. 언니의 술회에서.

당연히 저도 그날 전화를 받으면서 얘가 뭔가 풀지 못한 부분이 있으니까 올라가서 한 잔 해야겠구나 그렇게 생각하고 '미안하다. 빨리 올라갈게' 그리고 개학 전에 올라갔던 거죠. 근데 일이 이렇게 돼서 저도 마음이 많이 안 좋았죠.[233]

2월 초, 선영은 서울에 올라온 신율건과 이현숙이 동석한 자리에서 월출산으로 여행을 가지 않겠느냐고 제의했다. 신율건은 다른 일이 있어 갈 수 없었고, 이현숙이 동행하기로 했다. 목적지는 송도였다. 송도로 간 것에 특별한 이유는 없었다. '얼마 전에 송도 다녀왔는데 서울하고도 가깝고 아주 좋더라'는 현숙의 얘기를 듣고 즉흥적으로 결정한 일이었다.

현숙과 송도에 간 선영은 인천에 있는 나정훈에게 전화를 했다. 친구하고 놀러 왔는데 저녁을 사달라는 것이었다. 나정훈은 두 사람에게 저녁을 사주었고, 선영은 평소처럼 명랑한 모습이었다. 그러나 현숙과 단둘이 노을 지는 송도 앞바다를 거닐 때 그의 얼굴엔 깊은 우수가 드리워져 있었다.

"현숙아! 넌 사람이 죽으면 영과 육이 분리된다는 것에 대해 어떻게 생각하니?"

현숙은 웃으며 대꾸했다.

"뭔 소리야. 인간의 정신은 육체와 함께 사라지는 거지."

"역시 그렇지?"

선영이가 죽기 일주일 전, 혼자 여행을 떠나고 싶다고 하기에 제가

233. 김광훈, MBC 6월항쟁 20주년 기획 다큐 〈너는 살고 내가 죽었다〉 사전 인터뷰, 2007.

함께 따라나섰습니다. 인천 송도에서의 하룻밤, 그 날 선영인 몹시 답답한 자신의 심정을 털어놓았습니다. 모든 것이 뒤죽박죽인 세상에서 올바르게 살아가기 참말 힘들다는 것. 암울한 독재 정권 하에서 우리가 할 수 있는 일이 아주 미미하다는 사실을 안타까워하며, 선생님이신 아버지와 가족 걱정 때문에 자신이 가야 할 길을 알면서도 망설이고 있는 자신을 질책했습니다. 선영이는 자신의 이런 고민조차도 사치라고 생각하고 괴로워했습니다. 광주의 딸로서 역사에 부끄럽지 않은 한 인간이 되고 싶다던 친구 선영이에게 저는 아무런 도움도 주지 못했습니다. 당시 우리에게는 고민을 해결할 방법이 없었습니다. 송도를 다녀오고 꼭 일주일 만에 선영인 끝내 세상을 떠나고 말았습니다. 죽음으로써 독재정권에 항거한 것입니다.

　—이현숙의 인우보증서에서

여행에서 돌아온 선영은 2월 17일 다시 집을 나가 이틀 동안 돌아오지 않았다. 선영의 책상에 남아 있던 상당량의 책과 자료들이 없어진 건 바로 이때였다.[234] 함께 활동하는 동지들을 만나 책과 자료를 맡긴 것으로 추측된다.

2월 19일, 회사에 출근한 언니는 한 통의 전화를 받았다. 저녁 해놓고 기다릴 테니, 퇴근하는 대로 일찍 들어오라는 동생의 전화였다. 그날 저녁, 언니는 10개들이 번개탄 꾸러미와 돼지고기, 상추를 사 들고 귀가했다.

"언니야?"

선영이 부엌에서 얼굴을 내밀었다. 선영의 초췌한 얼굴이 언니를

---

234. 언니 화진의 술회에서.

향해 한껏 웃음을 지어 보였다. 언니가 옷을 갈아입는 동안 선영은 저녁상을 내왔다. 못 보던 반찬이 푸짐하게 차려져 있었다. 언니는 눈이 휘둥그레졌다.

"오늘 무슨 날이야? 무슨 반찬을 이렇게 많이 했니?"

"언니 많이 먹으라고."

"근데 너 번개탄 사왔더라? 나도 사왔는데."

"마음이 통했나 보다."

선영은 소리 없이 웃었다. 잘 웃고 농담도 잘하던 동생은 오늘따라 별 말이 없었다. 밥은 먹는 둥 마는 둥 수저를 내려놓고는, 밥 먹는 언니의 얼굴만을 하염없이 바라보았다. 아무것도 모른 척 상추를 집으면서도 화진은 생각을 거듭했다.

'얘가 무슨 일이 있나. 얼굴이 반쪽이 되었네. 근데 요 며칠 용돈도 주지 않았는데 무슨 돈으로 이런 걸 사 왔지?'

돈. 동생의 활동을 막기 위해 얼마 전부터 화진은 차비도 주지 않았다. 차비까지 끊는 극약처방을 하게 된 이유가 있었다. 겨울 방학이 시작할 무렵 화진은 동생에게 피아노 학원을 끊어 주었다. 교대생들에게 피아노는 필수과목이니까 시간 있을 때 배워두라는 배려였다. 첫 달 교습비는 등록할 때 직접 냈지만 1월에는 선영 편에 들려 보냈다.

지금 생각해 보면 제가 선영이 감시를 많이 했던 거 같아요. 어느 날 퇴근하면서 피아노 학원에 가서 강사한테 물었어요. 우리 선영이 학원 잘 다니냐……. 그랬더니 거의 안 온다는 거예요. 화가 머리끝까지 났죠. 저는 잘 다니는 줄 알았거든요. 믿고 있었는데 안 다닌다니까 그때 상당히 다그치고 그랬던 거 같아요.[235]

그때부터 화진은 용돈을 끊어버렸다. 돈이 없으면 운동도 하지 못하겠지, 하는 생각이었다. 그러나 선영은 별 반응이 없었다. 화를 내지도, 삼백 원만 오백 원만 하면서 전처럼 애교를 부리지도 않았다. 들어오고 싶으면 들어왔고, 나가고 싶으면 나갔다. 그 무렵 동생은 마치 다른 사람이 된 것만 같았다.

저녁 식사가 끝나고 언니가 잠자리에 든 후에도 선영은 새벽녘까지 책상에 앉아서 무언가를 쓰거나, 골똘히 생각에 잠겼다. 밤중에 화장실에 가려고 일어난 화진은 이불 속에 웅크리고 누운 동생을 보았다. 상처 입은 어린 짐승처럼 애처로운 모습에 가슴이 미어지는 것 같았다. 마음 같아서는 곤히 잠든 동생을 흔들어 깨우고 싶었다. '선영아, 뭐가 그렇게 고민이니? 우리 터놓고 얘기 좀 하자'고 말하고 싶었다.

다음 날 아침. 선영은 출근 준비에 바쁜 언니를 위해 아침상을 차렸다. 밥상 앞에 앉은 언니는 눈이 휘둥그레졌다. 평소에는 김칫국 하나면 족했는데, 이것저것 반찬을 많이도 한 것이다.

"아침인데 뭘 이렇게 많이 차렸어?"

"언니 고생하는데 잘 먹어야지."

"같이 먹자."

"난 조금 있다 먹을게."

식사 하는 언니를 물끄러미 쳐다보던 선영이 말했다.

"언니야, 그때 선본 남자 있잖아. 며칠 전에 만나자고 전화 왔다며?"

"응."

"언니가 전화해서 오늘 저녁에 만나자고 해라."

"오늘?"

---

235. 박화진, MBC 6월항쟁 20주년 기획 다큐 〈너는 살고 내가 죽었다〉 사전 인터뷰, 2007.

언니는 마땅치 않은 표정을 지었지만 선영은 계속 말을 이었다.

"만나서 얘기를 나눠봐야 어떤 사람인지 알지. 그러니까 오늘 만나라. 늦게 와도 되니까 재미있게 놀다가 늦게 늦게 들어와라."

"……생각해 보고."

선영이 부엌으로 상을 내간 후 화진은 서둘러 옷을 갈아입었다.

"나 간다!"

"……."

다른 날 같으면 마루에 나와서 '언니야, 갔다 와', '수고해라' 하고 배웅하던 동생이 오늘은 꼼짝도 하지 않았다. 계단을 내려가던 화진은 고개를 갸웃하더니 다시 집으로 돌아왔다.

"언니 출근한다!"

직감이라는 게 있는 걸까. 언니는 벌써 몇 번째 소리치고 있었다. 당장에라도 신발을 벗고 들어와, 부엌문을 열어 볼 기세였다.

"선영아! 언니 간다니까?"

"으응……."

선영은 울음소리를 내지 않으려 목에 힘을 꽉 주고는 조그맣게 덧붙였다.

"다녀와."

가벼운 한숨과 함께 언니의 발소리가 멀어져 갔다. 선영은 부엌에 쪼그려 앉아, 입술을 피나게 물었다. 언니, 안녕. 그리고 미안해. 눈물이 쏟아졌다.

'그래, 언니야. 그렇게 가는 거야. 다시는 돌아보지 않는 거야. 이젠 언니 자신을 위해 살아. 할 만큼 했잖아. 더 이상 가족을 위해서, 동생을 위해서 살지 마. 좋은 사람 만나 결혼도 하고, 소소한 일상의 행복도 느껴 보는 거야.'

마침내, 언니가 갔다. 이제 언니는 언니의 길을 갈 것이다. 그리고 나는? 무엇을 해야 하나? 머릿속이 백지처럼 하얗게 바랜 것 같았다. 아무 생각도 떠오르지 않았다. 나는 천천히 부엌을 둘러보았다. 설거지통에 쌓인 그릇들과 몇 개의 빨랫감이 눈에 들어왔다. 수도꼭지를 비틀어 설거지를 시작했다. 얼음처럼 차가운 물의 감촉! 아직은 살아 있구나. 그래, 살아 있는 동안은 산 사람의 몫을 해야 하리라. 깨끗이 씻은 그릇을 가지런히 찬장에 넣고, 양말과 속옷가지를 빨아 넌 뒤, 방으로 들어왔다. 창문을 활짝 열고 이불을 갰다. 겨울 햇살 속에 피어난 뽀얀 먼지가 느릿느릿 창문을 빠져나갔다. 몇 시간 후면 스물한 살, 내 삶도 저 먼지처럼 덧없이 사라지리라.

나는 창밖을 내다보았다. 몇 집 건너 전태일 기념관의 고색창연한 회색 지붕이 내려다보인다. 언제나 그 자리를 든든히 지키고 서서 어머니 가슴처럼 안온하게 나를 품어주었던 저 지붕. 역사의 현장, 투쟁의 현장에서 전태일 열사, 박영진 열사가 남긴 뜻을 지키라고 언제나 나를 일깨우던 저 지붕. 그러나 그 어떤 행위들을 시도해도 보이는 것은 나의 반동밖엔 없었다. 인생에 대한 열렬한 의문, 탐구, 실천, 지금 껏 나를 떠받쳐 온 모든 욕망을 잃어버린 채 지금 나는 빈껍데기로 서 있다. 가거라, 이니스프리의 섬으로! 어머니의 품으로! 내가 나왔던 그곳으로!

나는 책상 위에 쌓인 책들과 일기장, 사진과 편지 뭉치를 꺼내어 갈피마다 서리서리 맺혀 있는 추억과 눈물과 한숨들을 갈라내고 솎아냈다. 책갈피에 끼워 둔 메모지를 빼내고, 동지들과 함께 찍은 사진들을 골라냈다. 동지들의 실명實名과 활동상이 언급된 일기들을 모조리 뜯어냈다. 그리고 그것들을 연탄 아궁이에 던져 넣었다. 타오르는 불꽃! 20년 4개월의 짧은 생애가 화르르 타올랐다. 사랑했던 동지들,

날 낳으시고 기르신 부모님!

맏 자식의 불효를 부디......

강하게. 바르게. 이 세상 떳떳이 살아가지

못함이 못내 부끄럽습니다.

언니.

진정 언니를 아껴준 이에게 시집가길 바래. 미안.

내가 아끼고 사랑했던 벗들 그리고 모두에게

강하게 살라한다. 내가 차지 했던 공간은

시간의 흐름에 따라 메꿔나갈것이니 ..... ᆨ

〈 나의 죽음에 대해 그 어떤 추측도 억측도 않다.

부디 그대로 받아들이길 바란다 〉

"이 땅의 백성들이 자신들의 최소생활 유지를

위한 몸짓마저 모두 빼앗긴채 굶어가고 있다.

이 한반도에는 외국자본에 의해 더이상 자립경제가

발 붙일 것이 없어져가고 있다." 라고 하면서도 민중

의 아픔. 나의 본질적인 억압을 덮어두려고, 무관심한

나의 안일이 역겹다. 정작 민중들 그 의미도 잘

모르지만 그들과 함께 하길 꺼려하는 나의 모습을

더이상 지켜보고 싶지않아서 가장 못난것을 택하고

만다.

갈 수밖에 없는 나약함에 서글퍼 하면서.

유서

가족들의 얼굴이 타오르는 불꽃 속에 차례로 떠올랐다가는 사그라들었다. 그들에게 난 무엇이었을까. 그들은 나의 무엇이었을까.

지난 2년간의 일들이 빠르게 눈앞을 스쳐 갔다. 가슴 떨리던 첫 가투, 신새벽의 피세일,[236] 늦은 밤의 뒤풀이, 한운봉과 취조실, 아버지와의 대립, 이중첩보원과도 같은 조직 생활, 끌려가는 선배들, 미행과 도피, 술잔 속에 소용돌이치던 눈물들, 한숨들······.

한 사람이 인생에서 맛볼 수 있는 슬픔과 환희, 사랑과 분노, 번뇌와 격정, 희망과 좌절이 벅차도록 밀려들었던 번개처럼 짧고 행복한 시절이었다. 온 생을 걸어 순간을 살았고, 생의 의미와 기쁨을 얻었다. 나는 그렇게 살려고 노력했고, 지금도 내 의지의 옳음을 믿는다. 미련이 없다면 거짓이겠지. 분노도 고통도 가슴 속에선 일렁인다. 그러나 그 어느 순간 종말의 한 숨까지 나는 부끄럼 없이 당당하게 내쉴 것이다. 내가 사랑하는 삶의 최후의 막이므로. 이것은 그 누구도 깰 수 없는 나의 자유의지요, 삶의 한 방법이다.

나는 손바닥만 한 부엌의 쪽창이 바라다보이는 곳에 마지막 자리를 잡았다. 2월의 회색 하늘이 나를 빤히 응시하고 있다. 잘 있거라, 내 조국. 나를 바라보는 흐린 하늘아. 가혹한 땅, 서러운 사람들아. 나 이제 돌아가리라. 내 고향 푸른 땅, 어머니 가슴처럼 나지막한 언덕, 물안개 피어오르던 드들강아, 무심한 강물아. 슬프도록 아늑한 내 고향에 몸을 뉘고, 이 나라 방방골골 억겁의 뿌리를 내리련다. 천 년 만 년 시들지 않는 고운 봄풀로 소리 없이 돋아나련다. 어머니, 어머니, 울지 마세요. 울지 말고 싸우세요. 어머니의 울음은 제가 울게요. 밤낮없이 두고두고 슬피 울게요. 진달래 보랏빛으로 온 강산 물들이며

---

236. p-sale, 공단이나 주택가 등지에 유인물을 살포하는 것.

목메어 울게요, 어머니. 그러니 어머니는 울지 마세요. 싸워 이기세요. 어머니의 가슴에서 솟구치는 나의 눈물로 이기세요. 빛나게 이기세요. 어머니…….

6.

선영이의 이름으로

너는 살고 내가 죽었다

"머이라고요?"

전화를 받는 어머니의 목소리가 몇 계단 껑충 뛰어올랐다.

"위독허다고요? 오매, 어쩌까!"

비명과도 같은 어머니의 외침에 방에서 책을 보고 있던 의석이 거실로 나갔다.

"아이고, 선영이가 위독하단다. 화진이는 뭣허고 있다냐. 빨리 병원에 델꼬가야제!"

어머니는 실성한 사람처럼 거실 바닥을 굴러다녔고, 온몸을 떨며 아무 데고 머리를 부딪쳤다.

"우리 선영이가 위독하다니 말이 안 돼! 교통사고가 났을까 어쨌을까! 참말로 어째야 쓰까!"

아버지가 어깨를 붙들고 주저앉히자 힘없이 무너진 어머니는 두 손으로 방바닥을 쳤다. 다시 아버지가 전화를 받았다. 연탄가스, 위독, 병원 같은 말이 흘러나왔다. 어머니가 다시 서울로 전화를 넣었다. 두 딸이 살던 2층 옆방으로 전화를 한 것이다.

"여그 광준데요. 우리 큰딸은 어쩌고 있소? 아니, 우리 선영이는 아플 애가 아닌데, 병원……. 경찰서요……?"

미친 듯이 절규하던 어머니가 조용해졌다. 수화기를 품에 안은 채 기도하듯 어머니의 상체가 거실 바닥으로 기울었다. 섬뜩한 예감. 거실에 있던 식구들이 우르르 일어났다. 아버지의 얼굴이 석고상처럼 굳어갔다. 의석은 충혈된 눈으로 천장 어딘가를 노려보았고, 영석은 어머니와 아버지를 번갈아 보며 어쩔 줄을 몰랐다.

무거운 침묵 속에서 서울 갈 채비를 했다. 버스가 끊긴 때라 기차를 이용해야 했다. 아버지와 의석은 종욱이 들어오길 기다렸다가 다음 차를 타기로 하고, 어머니는 영석을 데리고 먼저 출발했다.

어머니가 서울역에 도착한 것은 자정을 훌쩍 넘긴 시각이었다. 짙푸른 어둠이 깔린 광장에는 바람이 몹시 불었다. 찢어진 신문지며 과자 봉지 같은 것들이 바람이 부는 대로 이리저리 굴러다녔다. 어머니는 택시를 잡기 위해 빠른 걸음으로 광장을 가로질렀다. 길 건너 거대한 대우빌딩의 휘황한 불빛이 어머니의 치맛자락에 일렁였다. 이대로 어머니를 놓칠 것 같은 불안감에 영석은 잰걸음으로 어머니의 뒤를 쫓았다.

택시는 서울시립동부병원 앞에서 멈췄다. 삭막한 회색 건물. 검은 하늘에 얼음처럼 박힌 달이 그 위로 차가운 빛을 내쏘고 있었다. 수

서울시립동부병원

위실 건너편 집채만 한 나무가 검은 머리채를 풀어헤친 곳에 영안실이 아가리를 벌리고 있었다. 오른쪽 맨 끝자리에 선영의 빈소가 차려져 있었다. 외가댁 친척 몇 명 외엔 조문객도 없는 초라한 빈소였다. 환하게 웃는 딸의 영정 앞에서 어머니는 돌부리에 걸린 사람처럼 몸을 휘청했다.

"엄마!"

영석이 어머니의 팔을 잡았다. 기진맥진한 몰골로 구석진 자리에 아무렇게나 구겨 앉아 있던 화진은 어머니를 보자 어린애처럼 울음을 터트렸다. 그는 밤늦도록 이 사람 저 사람에게 끌려다니며 질문에 답하고 조서를 확인하고 인장을 찍었다. 제정신으로 한 일은 아니었다. 제정신일 수가 없었다. 그저 부모님이 오시기 전에 보호자 역할을 해야 한다는 책임감으로 묻는 말에 답하고 실신하기를 몇 번이나 되풀이했다. 화진은 한달음에 달려가 어머니를 부둥켜안았다. 그리고 처음 우는 사람처럼 엉엉 울었다.

"엄마, 엄마……. 어떡해, 우리 선영이 어떡해. 엄마……."

어머니는 고개를 저었다.

"아니여. 그럴 리가 없어. 우리 선영이가 죽을 리가 없잖애."

외삼촌이 다가와 어머니의 어깨를 감쌌다.

"누나……."

"아니여! 우리 선영이는 절대 죽을 애가 아니라니까!"

외삼촌이 어머니의 어깨를 감싸며 말했다.

"아니라고만 하지 말고 내 말 좀 들어봐. 선영이가 참말로 죽었어. 지가 목을 매고 죽었다니까."

어머니는 눈에 핏발을 세우고 소리쳤다.

"아니여! 아니라니까! 우리 선영이가 왜 자살을 하나? 자살할 이

유가 없잖애? 누가 죽인 거여! 데모한다고, 운동한다고 누가 죽인 거여!"

어머니의 목소리가 커질수록 외삼촌의 목소리는 작아졌다. 외삼촌은 거의 속삭이듯 말했다.

"누나, 내가 선영이가 쓴 유서를 봤어. 여기 제일 먼저 왔거든. 마침 형사가 있더라고. 명색이 외삼촌인디 나도 대들었지. 운동권이라고 누가 죽인 거 아니냐고. 그러니까 유서를 보여주대. 유서가 여덟 장이여. 지 언니한테 하나 쓰고, 부모한테 하나 쓰고, 나머지는 정부한테 썼는데 아주 입을 쫙 벌리게 써놨더라고. 무서워서 누구한테 말을 못할 정도로 정부 욕을 무진장하니 써놨다니까."

"그 유서는 어쨌냐?"

"형사가 도로 뺏어가불대."

"그놈을 뺏기지 말아야제!"

"달라게도 안 주는 것을 어쩌겠소."

"아니 선영이가 우리헌테 남긴 것을 왜 뺏은다냐!"

"유서가 공개되면 사회에 혼란이 온다던가 그럼서 아무리 달라게도 안 줘."

선영의 외삼촌 오치방은 훗날 인우보증서에 이렇게 썼다.

87년 2월 20일. 선영이에게 사고가 났다는 전화 연락을 받고 마장동에 동부시립병원 영안실로 갔습니다. 그때 거기에 형사 2~3명과 큰조카가 있기에 무슨 일이냐고 물어보았습니다. 그랬더니 형사가 유서(약 8장)을 보여주며 목메어 자살하였다고 했습니다. 유서의 내용에는 이 사회가 너무나 혼란스럽다는 내용과 독재 사회를 비난하는 내용이 있었습니다. 또 다른 학우들과 선두에서 싸우고 싶지만 교단에 계신 아버님께 폐가 될까 봐 뒷자리에서 남모르게 속만 태우고 있노니 더 이상 살고 싶지 않다는 내용이 주요 골자였습니다.

그리고 이 유서를 남기고 간다며 하루빨리 자유 사회가 회복되길 바란다고 쓰여져 있었습니다. 마지막으로 부모님께 죄송하다며 건강을 빈다는 내용이 있었습니다.[237]

시간이 흘러갔다. 몇 시간 만에 눈자위가 푹 꺼진 어머니는 몇 번이고 영정을 끌어안고 쉰 목소리로 흐느꼈다. 이모는 옆에서 잊으라고, 잊어야 한다고 되풀이했다. 지친 얼굴로 그 말에 귀 기울이던 어머니는 아버지와 종욱, 의석이 영안실에 들어서자 다시 통곡을 했다.

그러나 이들에게는 마음껏 슬퍼하고 분노할 자유마저 허락되지 않았다. 유형무형으로 다가오는 감시의 눈과 서슬 퍼런 공권력은 가족들이 끊임없이 긴장 속에 몰아넣었다. 학교 임원으로 보이는 두 명의 학생이 빈소를 찾아왔다. 조문을 온 게 아니었다. '일 크게 벌이지 말고 조용히 있으라'는 학교 측의 경고를 전하기 위해 온 것이다.

학생들이 돌아간 후에는 동대문경찰서 담당 형사 박부웅이 반장이라는 자와 함께 영안실을 찾아왔다. 그들은 조사할 것이 있다며 아버지를 데리고 나갔다. 종욱도 그 뒤를 따랐다. 그들이 아버지를 데리고 간 곳은 지하다방이었다. 모든 조사는 경찰서에서 이루어져야 함에도, 이 사건이 언론에 드러날 것을 우려한 그들이 편법을 쓴 것이다. 그들은 대뜸 화장(火葬)할 것을 요구했다.

"박 선생도 공무원 신분이니 더 잘 아시겠지만, 아직까지 이 사회에서 운동권, 체제 전복 세력은 용납이 안 됩니다. 가족들을 위해서

---

237. 오치방 인우보증서, 2000.

도 신속히 처리하십시다. 사회에 알려져서 좋을 게 없어요."

"까놓고 말해서 댁에서 어떻게 처리하시든지 우리는 아무 상관없어요. 다만 박 선생 입장을 생각해서 드리는 말씀이니까, 내 말대로 하세요. 에또오……, 보니까 여기 있는 박선영이 오빠도 사범대 출신인데, 이런 문제가 터지면 교사 발령에도 지장 있는 거 다 아시죠?"

"다른 것은 더 이상 말 안 해도 잘 알겠고, 선영이가 가족 앞으로 남긴 유서만큼은 돌려줘야 안 쓰겠소?"

"허어, 잘 아실 만한 분이 그러시네. 박 선생! 따님이 보통 사람일 거 같으면 우리가 이러지도 않아요. 당연히 돌려드려야지. 솔직히, 우리도 그거 갖고 있어 봤자 골치만 아파요. 허나! 박선영인 운동권이에요. 운동권도 보통 운동권이 아니라 극렬 좌경 운동권! 안 그래도 박종철이 때문에 사회가 혼란한 마당에 박선영이 유서까지 공개되면 어떻게 되겠어요? 박 선생 책임질 수 있어요? 박선영이 밑으로 중3, 고3 줄줄이 아니에요? 자식 농사 망칠려면 맘대로 하시든가."

"……."

"잘 알아서 하시겠지만 노파심에 말씀드리자면, 집에 불온서적이나 유인물 같은 거 있으면 다 치우세요. 나중에 조사 나갔을 때 그런 게 발견되면 재미없습니다. 박 선생한테도 이로울 게 없구요."

박부웅을 만나고 돌아온 아버지는 연거푸 담배를 피웠다. 반백의 머리칼이 온통 땀에 젖어 있었다. 뭔가 생각을 굳힌 듯 담배꽁초를 비벼 끈 아버지가 영안실로 들어갔다. 잠시 후 어머니의 새된 고함소리가 영안실의 무거운 공기를 찢어놓았다.

"그렇게는 못 해! 내 자식이 어쩌고 죽은지도 모른디 왜 화장을 해? 죽으면 죽었지 나는 그렇게는 안 헐라네!"

아버지는 나직한 소리로 어머니를 타일렀다.

"이 사람아. 선영이 일이 알려지면 같이 활동한 애기들한테도 피해가 간당게 그러네. 고문해서 죽은 박종철이 테레비에서 안 봤는가? 아, 운동권 찾아낼라고 여그저그서 눈이 벨개져 있는 판인디, 내 자식은 이미 죽었지마는 남의 자식은 지켜야 안 쓰겄는가?"

"언제부터서 고로고 운동권을 챙겼소? 작년 추석에도 바빠서 못 온다는 애기를 기연히 불러놓고 휴학해라 마라 뚜드러잡고 말갠 사람이 누구요? 말 좀 해보씨요! 말갰소, 안 말갰소!"

"……."

아버지는 할 말을 잃고 입을 다물었다. 어머니는 예전의 그 유순하고 순종적인 여인이 아니었다. 어머니의 빨갛게 충혈된 눈에서는 방향을 알 수 없는 분노의 불이 이글거렸다.

"긍께 죽었다니까! 데모 헌다고 경찰이 죽였든지 언 놈이 죽었어. 절대, 우리 선영이는 죽을 애가 아니여. 왜 죽어? 이 좋은 세상을 놔두고? 부모가 없어, 형제가 없어, 찾아갈 집이 없어?"

"엄마, 여기서 왜 큰소리를 내고 그래요? 지가 죽은 거예요. 유서 다 써놓고 죽은 거라구요……."

"화진이 너도 똑같애. 니가 아버지보고 선영이를 더 이상 놔둬선 안 되겠다, 맨 데모만 하러 댕기고 도저히 말을 안 묵는다, 추석에 오라게서 아버지가 좀 타일르씨요. 그런께 아버지가 선영이 보고 기연히 와서 집에서 추석을 쇠러 가니라 그랬제. 너하고 아버지하고 짜고 그랬냐 안 그랬냐?"

화진의 입술이 바르르 떨렸다. 화진은 아무 말도 못 하고 고개를 푹 떨궜다. 맑고 뜨거운 것이 턱밑으로 뚝뚝 떨어졌다. 어머니의 퀭한 눈에도 눈물이 고였다. 보다못해 이모가 거들고 나섰다.

"언니, 그만 좀 해. 아까 우리 동생한테 얘기 들었지? 선영이가 정부

욕을 그렇게 심하게 하고, 자기가 디딜 땅이, 설 땅이 없다고 써놨다잖아. 고집 피우지 말고 화장해. 그게 형부하고 남은 자식들 지키는 길이야."

"나는 못 헌다. 나는 못 해. 우리 선영이 이렇게는 못 보낸다. 자식한 번 보냈으면 됐지, 어떻게 두 번 죽임을 하란 말이여……."

어머니는 땅바닥에 주저앉아 목놓아 울었다. 어머니의 통곡과 절규에도 불구하고 모든 일은 저들이 원하는 방향으로 착착 진행되었다. 화진은 선영의 물건들을 치우기 위해 종욱과 의석을 데리고 창신동 집으로 갔다. 대문을 들어서니 땅바닥에 우편물이 떨어져 있었다. 작은딸에게 보내는 아버지의 편지였다. 이 편지에 대해 아버지는 이렇게 말했다.

"2월 중순쯤 되어서 성적표가 왔어. 보니까 야튼 제일 끄터리에서 첫째 번인가 둘째 번인가 그래. 그놈을 보고 인자 내가 선영이한테 편지를 썼어. 담담한 심정으로 썼어. 흥분하거나 선영이를 미워하는 마음으로 쓰거나 그렇지 않았고잉. '선영아, 오늘 너의 성적표가 왔다. 예상대로 성적이 많이 떨어졌더구나. 아버지는 네가 다른 학생들처럼 쓸데없이 시간을 보낸다고는 생각하지 않는다. 아버진 너를 믿는다. 대학 들어가기 전까지 너는 단 한 번도 나를 실망시킨 적이 없었다. 그러니 조금이라도 이 아버지한테 미안한 감 갖지 말아라. 새로운 마음으로 다시 시작하면 좋은 결과를 거둘 수 있지 않겠느냐. 편히 마음먹고 3학년 새학기 잘 보내라. 성적표는 동봉해서 보내니 참고하고 없애든지 해라.' 그렇게 쓰고 딱 동봉해서 보냈어. 그 편지를 못 받아보고 죽었다고, 선영이가."[238]

종욱과 의석은 선영과 관련된 물건을 모조리 박스에 넣었다. 화진은 옆에서 지켜보며 그냥 울고만 있었다. 일이 끝난 후 세 사람은 불을 끄고 나란히 방에 누웠다. 2월 21일 밤이었다. 선영이가 떠난 집에 누운 세 사람은 제각기 상념에 잠긴 채 오래도록 잠을 이루지 못했다.

다음 날 아침, 병원에서 사람이 왔다.

"지금 염殮할 거니까 가족분들 와서 보실려면 보세요."

아버지가 긴장된 얼굴로 일어났다. 식구들도 줄줄이 따라 일어났다. 영안실 왼편으로 난 좁은 길을 따라 뒤쪽으로 돌아갔다. 간이침대 위에 흰 수의를 갖춰 입은 선영이 누워 있었다. 하얗게 굳은 동생의 모습은 너무도 춥고 슬퍼 보였다. 아버지가 천천히 선영에게 다가갔다. 하룻밤 사이에 중노인이 된 아버지는 주름진 손으로 선영의 볼을 어루만졌다.

"선영아, 아부지다……. 아부지 원망 많이 했제……? 잘 가거라. 인자 하늘나라에 가서 천사처럼 살아라."

아버지는 울먹이며 저승 갈 노자를 챙겨 주고 밥을 떠먹여 주었다. 말없이 지켜보던 어머니가 다가갔다. 어머니는 돌연 치마를 걷어붙이고 침대 위로 올라갔다. 그는 딸의 시신 위에 사지를 맞대고 엎드려 누웠다. 눈물 한 방울 흘리지 않는 어머니의 얼굴에는 누구도 범접할 수 없는 위엄이 서려 있었다. 모두 망연자실한 얼굴로 어머니가 하는 양을 지켜보았다. 어머니는 선영의 입술에 자신의 입을 맞대고 천천히 얼굴을 비비기 시작했다. 쉰 목소리가 허공에 울려 퍼졌다.

"아가, 선영아……. 내 죄여. 내가 잘못했다. 니가 허고 싶은 대로 허

---

238. 박운주 인터뷰, 2001.

게 부모가 밀어줘야 쓴디, 이렇게 생목숨을 끊을 때까지 왜 이렇게 몰르고 너를 말겼는가 모르겄다. 아가, 엄마가 약속헐게. 니가 허든 일을 내가 헐게. 니가 죽은 그 시간에 나는 죽고 너는 살았다. 내 눈에 흙이 들어갈 때까지 니가 허든 데모, 니가 허든 민주화를 내가 헐게. 암것도 걱정 말고 편히 쉬어라, 아가⋯⋯."

지하에서 울려 퍼지는 듯한 어머니의 쉬고 갈라진 목소리! 섬찟한 전율이 가족들의 온몸을 휘감았다. 이날 어머니의 발언은 선영 가족의 숨가쁜 변화를 예고하는 출사표出師表와도 같은 것이었다. 화진과 종욱, 의석, 영석은 어머니를 지켜보며 마치 진군의 나팔소리를 듣는 병사처럼 몸속의 혈관이 잔뜩 팽창하는 듯한 흥분과 전율을 느꼈다.

잠시 후, 선영이 마지막 가는 길에 입힐 한복이 도착했다. 색동저고리에 붉은 치마. 생전에 까치동 저고리 한번 못 입혀 봤다고 서러워하는 어머니의 얘기를 듣고 이모부가 본견으로 지은 옷이었다. 한복으로 갈아입은 선영의 얼굴은 참으로 고왔다. 고통스런 길을 떠나면서도 입가에 맑은 미소를 띤 것은 가족들에 대한 마지막 배려일 것이다. 종욱은 굵게 팬 선영의 목을 어루만지고 차디찬 이마에 입을 맞추었다.

벽제로 떠나야 할 시간이었다. 외삼촌이 부른 장의차가 도착했다. 선영이 누운 관은 장의차 뒤쪽에 실렸다. 가족들은 친척 몇 명과 함께 벽제 화장터로 출발했다. 커다란 방에 가마 구멍이 몇 개 나 있고, 각각의 가마 앞에는 유족들이 진행 상황을 들여다볼 수 있는 유리 부스가 있었다. 선영이 누운 관이 가마에 들어갈 받침대에 올려졌다. 관은 순식간에 가마로 들어가고 문이 닫혔다.

"선영아!"

외마디소리와 함께 화진이, 이어 어머니가 쓰러졌다. 이모들은 혼절한 어머니와 화진을 부축해서 밖으로 데리고 나갔다. 얼마 후 종욱이 영석을 데리고 나가고, 의석 혼자 눈을 부릅뜨고 뻘건 불꽃이 이글거리는 가마를 노려보고 있었다. 의석은 형제 중에서도 선영이와 가장 각별한 사이였다. 아버지의 잦은 전근으로 온 식구가 뿔뿔이 흩어져 살 때도 선영과 의석은 늘 같이 있었다. 각별했던 어린 날의 추억을 배웅하듯 의석은 제 누나의 육신이 타고 한 줌의 재가 될 때까지 가마 앞을 지켰다.

시간이 얼마나 지났을까. 화장터 직원이 유해를 걸어 왔다. 함께 넣어준 찬송가도, 안경도, 색동저고리도 모두 사라지고, 몇 개의 뼛조각마저 가루가 되어야 했다.

"억울해! 억울해! 억울해!"

아버지는 선영의 유해를 막자사발에 담아 빻으며 울부짖었다. 아버지의 처절한 절규는 메아리도 없이 차가운 아침 공기를 가르며 구름 너머로 사라져 갔다. 선영의 유해는 가족들과 함께 광주집으로 향했다. 집에는 순천 외할머니와 친할머니, 큰집 아재를 비롯한 많은 사람이 와 있었다. 선영은 큰방 부모님 곁에서 하룻밤을 보냈다.

다음 날 아침.

"선영이를 어드로 델꼬 가냐! 안 된다! 내가 델꼬 있을란다!"

종욱과 큰집 아재가 아무도 몰래 선영의 유해를 들고 나선 참이었다. 어떻게 알았는지 어머니는 맨발로 울면서 따라왔다.

"종욱아, 아이? 글면 안 돼야. 엄마는 안 돼야."

애끓는 목소리로 아들을 부르는 어머니를 큰집 아재가 막아섰다.

"죽은 자식 끼고 있으면 뭣허요? 하루라도 빨리 잊어야제. 영산강이나 목포 바다 어드로 가서 종욱이랑 뿌리고 올라니까 여그 가만히 계쇼잉."

"못 뿌린다! 내 선영이 못 뿌린다! 종욱아, 종욱아!"

종욱은 눈물을 삼키며 큰집 아재 차에 올랐다. 선영이 무덤이라도 만들고 싶었지만, 그러면 어머니는 무덤 앞에 초막이라도 짓고 몇 년이라도 살 사람이었다. 종욱은 어머니가 모르는 곳에 동생의 유해를 뿌리고 싶었다. 얼마 후, 그들이 당도한 곳은 남평 화순, 선영이 나고 자란 고향 땅이었다. 종욱은 큰집 아재에게 잠시 기다리라 이르고는 강가로 내려갔다. 드들강은 그 넉넉한 품으로 고향을 에워싸고 유유히 흘러가고 있었다. 깨복쟁이 어린 시절 함께 물장구치고 놀던 드들강. 바닥에 깔린 잔돌들이 까만 눈을 빛내며 종욱을 바라보았다. 그는 강물을 손으로 움켜쥐었다. 맑고 차가운 물살이 흔들리며 눈이 시렸다. 그는 천천히 동생의 유해가 담긴 보자기를 풀었다.

너네 때문에 그 애가 죽었지?

"……이 집인가?"

"야, 너 와 본 거 맞아?"

"집이 다 비슷비슷하니까 그렇지."

"뭐 특징적인 거 없어? 대문이 무슨 색이라든가."

"2층으로 올라가는 철 계단이 있었어."

"철 계단? 그럼 이 집 맞잖아. 저기 계단 있네, 철 계단."

"맞는 거 같기도 하고……."

"에이씨 비켜 봐."

광훈은 대문 안으로 성큼 들어서며 큰소리로 외쳤다.

"계십니까! 안에 아무도 안 계세요?"

1층 분합문이 열리더니 주인으로 보이는 중년 여자가 고개를 내밀었다.

"누구세요?"

"혹시 저 2층에 박선영이라고, 서울교대 다니는 여학생 사나요? 언니랑 둘이 산다고 들었는데……."

여자는 광훈의 위아래를 훑어보더니 툭 뱉듯이 말했다.

"걔 죽었어."

"예?"

"목매서 자살했어, 엊그제."

밖에서 이야기를 듣던 승관이 사색이 되어 마당으로 뛰어 들어왔다. 광훈은 그럴 리가 없다는 듯 어색하게 웃었다.

"에이, 그럴 리가요. 며칠 전에도 저랑 통화했어요. 개학하면 보자고……."

"너네 때문에 그 애가 죽었지?"

"네?"

"너네 두 사람을 꼭 집어서 하는 얘기는 아니야. 어쨌든 간에, 순진한 애를 꼬셔서 운동권 만든 사람이 있을 거 아냐? 데모하라고 부추기고, 아버지한테 걸릴까 봐 걱정하면 힘내라고 그러고. 결국은 걔네들 때문에 얘가 죽은 거 아니냐 이 말이야 내 말은."

"……"

광훈과 승관은 하얗게 질린 얼굴로 비척비척 골목을 내려왔다.

'어떻게 이런 일이! 도대체 왜!'

쉴새없이 담배를 피워대던 두 사람은 동대문 지하철역 앞에서 걸음을 멈췄다. 광훈이 말했다.

"일단 정훈이형하고 탁이형한테 연락하고 혜경이랑 용숙이한테도 전화를 해보자. 모여서 대책을 세워야지."[239]

박용숙은 연락이 되지 않았다. 그날 저녁, 나정훈과 허탁, 김광훈, 김승관, 여혜경 다섯이 한 술집에 모였다. 전화로 대략적인 상황을 전해 들었기 때문에 다들 침울한 기색이었다. 광훈은 창신동 집 주인아주머니에게 들은 이야기를 다시 정리해서 말했다.

"……선영이가 죽은 뒤 경찰이 와서 집을 뒤지고 갔나 봐요. 그 아주머니도 선영이가 '운동권'이란 걸 알고 있었어요. 우리보고 '너네 때문에 그 애가 죽었지?' 그러더라고요."

"……."

선배들은 착잡한 얼굴로 술을 들이켰다. 허탁은 부천에서 공장을 다니고 있었고, 나정훈은 인천의 교회 간 연대조직에서 활동하면서 현장 이전을 준비하고 있었다.[240] 일요일 교회모임에서 간혹 얼굴을 보긴 했으나 깊은 대화가 오고 갈 만한 분위기는 아니었다. 허탁이 나정훈의 잔에 술을 따랐다.

"넌 뭐 좀 아는 거 없어? 선영이 쭉 만나지 않았나?"

나정훈은 힘없이 고개를 저었다.

"가장 최근에 만난 게 언제야?"

"한 2주일쯤 됐나? 선영이가 친구랑 인천에 놀러 왔다고 저녁 사달라고 전화를 했더라고. 인천 시내에서 만나서 저녁 먹여 보낸 게 마지막이야."

"특별한 얘기는 없었고?"

"평소와 다르다는 느낌은 크게 못 받았어. 근데 작년 하반기부터

---

239. 김광훈, MBC 6월항쟁 20주년 기획 다큐 〈너는 살고 내가 죽었다〉 사전 인터뷰, 2007.
240. 허탁, 나정훈의 인우보증서 참조.

힘들어한 건 맞아. 지하철에서 무슨 책을 읽다가 학교 교관한테 들켰는데, 그 일로 몇 번을 불려가서 취조를 받았나 봐."

"취조? 아니 무슨 책을 읽었길래 취조씩이나 받아? 학교에서 학생을 취조한다는 게 말이 되나?"

"교대 분위기가 좀 그런가 봐. 하여간 그 일 이후로 운신의 폭이 좁아져서 학교에서 뭘 할 수가 없는 상태가 된 거지. 게다가 운동한다는 사실을 선영이 아버지가 알게 되면서 집안에서 상당히 갈등이 빚어진 거 같더라고. 내가 아는 건 그 정도."

둘의 대화를 듣고 있던 광훈이 말했다.

"우리가 좀 움직여서 상황 파악을 해봅시다. 선영이가 왜 죽었는지, 어떻게 죽었는지, 자살이라면 남긴 유서는 없는지, 그 내용은 뭔지 제대로 파악해서 이 죽음에 대해 알려야죠."

그러나 광훈의 말에 선뜻 호응하는 사람이 없었다. 이들은 선영과 청담교회 대학부에서 만났지만, 이제는 뿔뿔이 흩어져 활동 영역도 내용도 달라졌다. 선영의 죽음은 큰 충격이고 아픔이었지만, 각자 소속된 조직과 활동 규범을 무시하고 개인적으로 위험을 무릅쓰는 행동을 하기란 어려웠을 것이다. 연거푸 술잔을 비우고 나서 나정훈이 말했다.

"광훈이 마음은 충분히 알고 나도 비통한 심경이지만, 현실적으로 우리가 할 수 있는 일이 많지 않다. 너도 알다시피 탁이는 현장에 들어가 있고, 나도 노동운동에 투신한 지 얼마 안 되는 상황이잖아. 혜경이는 이제 막 야학을 시작했고. 언제 달릴지[241] 모르는 살얼음판 같은 상황에서 각자 주어진 일을 소화해 내기도 벅찬데, 선영이 일에

---

241. 달리다. 경찰에 잡히는 것을 뜻하는 은어.

뛰어든다는 건 쉽지 않은 일이야."

광훈이 발끈해서 소리쳤다.

"그럼 이대로 묻자고요? 형이 RP한 후배가 죽었는데 그 말밖에 할 말이 없어요? 전적으로 이 일에 뛰어들기 힘들면 역할 분담해서 각자 할 수 있는 만큼만 하면 되잖아요?"

"……"

"아 됐어! 못하겠으면 내가 할게! 내가 하면 될 거 아냐!"

나정훈이 한숨을 쉬자 혜경이 나섰다.

"야, 넌 말을 왜 그렇게 해? 형들 말은 그게 아니라……"

"노동운동? 현장 이전? 중요하지! 해야지! 근데 그 일 왜 하는데? 인간다운 세상, 사람이 존중받는 세상 만들기 위해서 아냐? 사람이 죽었잖아! 우리 친구 선영이가 죽었잖아! 친구가 죽었는데 어떻게 그런 얘기부터 할 수가 있어? 시발, 니넨 감정도 없냐? 노동운동하다가 심장도 감정도 다 말라붙어 버렸냐?"

"얘 취했다. 광훈아, 광훈아! 아휴……"

광훈은 다음날 오전 승관의 자취방에서 눈을 떴다. 썰렁한 윗목에 승관이 차려놓고 간 밥상이 보였다. 공복에 얼마나 술을 퍼부었는지 골이 흔들리고 속이 울렁거렸다. 오랜만의 블랙아웃. 엊저녁의 술자리가 어떻게 파했는지 잘 기억이 나지 않았다. 눈물로 얼룩진 혜경의 얼굴이 스쳐 지나가고, 분노에 찬 자신의 목소리만 쩡쩡 울릴 뿐이었다.

'비겁한 놈들! 내가 할게. 내가 하면 될 거 아냐!'

결과적으로 혜경을 울린 꼴이 되었지만 실은 선배들, 특히 나정훈에게 깊이 실망한 터였다. 선배라는 사람이 어찌 그리 무책임할 수 있는지 도무지 이해가 되지 않았다. 모두 새로운 장에서 조심스럽게 활동하는 건 사실이다. 광훈 역시 서강대 기독학생회 일을 하면서 담당 형사의 주시를 받고 있다. 하지만 운동이란 건 본래 위험을 무릅쓰는 일 아니던가. 그들은 정말 죽은 선영이를 위해 우리가 할 수 있는 일이 없다고 생각하는 것일까. 그저 복잡한 일에 휘말리고 싶지 않은 무책임한 마음은 아닐까.

'아니야. 내 탓이야. 내가 가장 마지막에 선영이하고 통화했잖아. 며칠만 일찍 올라왔더라도 선영이의 죽음을 막을 수 있지 않았을까. 이 바보 같은 자식! 전화로라도 힘들면 힘들다고 말을 하지. 그럼 내가 일찍 왔을 텐데……. 하, 나 이제 어떻게 사냐…….'

이불 속에서 몸을 뒤척이던 광훈은 벌떡 일어나 콩나물국을 벌컥벌컥 마셨다. 우선은 선영의 언니 화진을 만나볼 생각이었다. 일부러 퇴근 시간 무렵에 창신동 집 앞을 서성이며 화진을 기다렸다. 그러나 아무리 기다려도 화진은 모습을 보이지 않았다. 동생이 죽은 지 얼마 안 됐으니 다른 곳에서 지낼 수도 있겠다 싶었다.

며칠 후 광훈은 화진의 직장에 전화를 걸었다. 창신동 주인아주머니를 졸라 겨우 직장 전화번호를 알아낸 것이다.

"안녕하세요. 저는 선영이 친구 김광훈이라고 합니다. 선영이 일로 한번 뵀으면 하는데요. 편한 시간에 제가 직장 근처로 찾아뵙겠습니다."

"……미안해요. 내가 요즘 몸도 마음도 편치가 않아서 누굴 만나서 이야기를 나눌 상황이 아닙니다."

"아……. 저 그러면 다음에 제가……."

"전화 끊습니다."

그 뒤로도 광훈은 화진의 직장에 몇 번이고 전화를 걸었다. 화진은 여전히 같은 대답이었다. 나중에는 광훈이 전화를 해도 화진이 자리에 없다는 대답만이 돌아왔다. 맥이 빠졌다. 화진은 이때의 일을 이렇게 회고했다.

> 선영이 죽고 나서 자취방을 한동안 비워뒀었어. 그런데 선영이 죽은 지 한 달 뒤쯤[242] 남학생 둘이 집을 찾아와서 옆집 아줌마에게 이것저것 자세하게 묻고 갔다는 거야. ……얼마 후에 한 남학생으로부터 내게 전화가 왔어. 만나자는 거야. 그런데 그때는 회피했어. 당시 나는 살아도 살아 있는 것이 아니었어. 정상적인 판단이 불가능한 상태였지. 그 뒤로도 그 남학생으로부터 회사로 몇 차례 전화가 왔었어. 그러나 결국 만나지 못했지.[243]

정작 화진을 만난 것은 여혜경이었다. 혜경은 화진이 먼저 연락한 것으로 기억하고 있으나, 운동권 사람을 극도로 피했던 당시 화진의 불안한 심리와 정황으로 미루어볼 때 혜경이 먼저 연락했을 것으로 추측된다. 아마도 광훈으로부터 화진이 만남을 피한다는 이야기를 듣고 '내가 한번 연락해 보마' 한 것이 아닐까. 물론 모두의 기억이 희미해진 상황에서 해보는 추측일 뿐이다. 창신동 인근의 레스토랑에서 만난 화진은 혜경에게 함박스테이크를 시켜 준 뒤 선영이 떠나기 전후 상황에 대해 이야기했다.[244] 혜경은 화진의 이야기를 들으며 눈물을 뚝뚝 흘렸다. '죄송하다'는 말밖에는 달리 할 말이 없었다.

> 죄책감이 컸어요. 함께 활동했던 친구로서 선영의 죽음에 대해 적극

---

242. 화진의 기억 착오로 보인다. 광훈과 승관이 창신동 집을 찾아간 건 선영이 죽은 지 3일째 되는 날이었다.
243. 박화진 인터뷰, 2000.
244. 여혜경 인터뷰, 2018.

적으로 관여하지 못하고 숨어 있었다는 죄책감……. 어떻게든 수습해 보려고 창신동까지 갔지만 주인이 들어오지 못하게 하고, 그냥 밑에서 빙빙 돌다가 돌아왔거든요. 우리의 존재를 드러내지 못했다는 그 상처 가 너무 컸기 때문에 우리는 (서로 만나도) 암묵적으로 그거에 대해 안 건드렸어요.[245]

박용숙은 광훈을 통해 뒤늦게 선영의 죽음을 알게 되었다. 6·10 민주항쟁의 격랑에 휘말려 거리에서 살다시피 할 때였다. 그의 충격은 이루 말할 수 없었다.

선영이 살았던 창신동 집에 이사 갈 때 갔던 기억이 있어 소식을 들은 뒤의 어느 날 그 주위를 얼마나 맴돌았던지 모릅니다. 그러나 2년 정도 만남의 공백이 있었던 터라 이미 선영이도 없는 집에 막상 찾아가 지지가 않아서 발길을 돌릴 수밖에 없었습니다.[246]

중고교 시절의 친구들도 깊은 슬픔에 빠졌다. 김병림은 훌쩍 떠난 친구에 대한 원망과 자책으로 오랜 기간 힘들어했고, 함께 여행하자는 선영의 제안에 응하지 않았던 신율건은 그해 여름 배낭을 지고 혼자 월출산으로 떠났다. 서울교대 수학교육과 친구들도 믿기지 않는 소식에 커다란 아픔과 상실감을 느꼈다. 특히 송도 여행에 동행했던 이현숙은 그 하룻밤을 수없이 복기하며 선영이 했던 말들을 대수롭지 않게 넘겨버린 자신을 질책하곤 했다. 다시 그날로 돌아갈 수만 있다면 선영을 붙잡고 간곡히 이야기하고 싶었다.

---

245. 여혜경 인터뷰, 2018.
246. 박용숙, 「박선영 열사에 대한 기억」, 2002.

영아! 우린 누구나 자신의 뜻이 장애물에 부딪혀 현실에서 관철될 수 없다고 판단 내릴 때 좌절하기 마련이다. 더군다나 일생의 길, 삶의 길에 있어서 자신이 옳다고 인정하는 길을 가지 못하게 될 때는 죽고 싶은 생각이 들기도 한다. 그러나 우리의 과제는 그 상황에 맞서 싸워나가는 것이 아닐까. 하나하나 그 상황을 깨쳐나갈 때만이 완전한 자기극복을 할 수 있으리라. 운동을 위한 삶 아니면 자살 두 가지 길밖에 없다고 판단한 너의 사고는 너무 경직된 사고는 아니었는지? 그 길만이 너의 정당성을 나타내는 방법이었을까?[247]

향우회 선배 이옥신은 선영의 소식을 듣고 절망했다. 자신이 아무런 도움도 되지 않았다는 자책과 좌절감에 몸부림쳤다. 이들의 슬픔을 어루만진 건 시간이었다. 시간이 지나면서 뾰족하고 날카로웠던 감정도 점차 무뎌졌다. 살아 있는 사람은 눈물을 닦고 자신이 몸 담은 현실에 충실해야 했다. 이들의 일상에서 멀어진 선영은 잊힌 것처럼 보였다. 그러나 사라진 것은 아니었다. 몸을 잘못 쓰면 담이 오는 것처럼 삶이 뒤틀리고 요동칠 때면 짙푸른 한숨과 함께 그 애가 찾아왔다.

6·10 민주항쟁이 끝난 뒤 김광훈은 한동안 방황의 시기를 보냈다. 그간 내팽개친 학업에 집중하면서 본래 자신이 바랐던 꿈을 향해 나아가야 할지, 운동을 계속해야 할지 갈피를 잡을 수가 없었다. 향후 진로를 놓고 고민하는 그를 잡아준 것은 선영이었다.

우리가 늘 얘기했던 게 '세상이 좀 더 편안해진다면 우리는 한쪽에

247. 이현숙, 「선영에게」, 고 박선영 학우의 추모집 『새벽에 다시 만나리』, 1987.

선영이 즐겨 불렀던 '의연한 산하'를 부르는 김광훈, 여혜경. 2022.

서 소주를 먹고 있어도 행복하겠다'는 거였어요. 이제 조금은 편안해졌
으니 군대나 갈까. 과연 어느 쪽을 선택해야 할까. 저도 방황을 많이 했
죠. 그러던 어느 날, 외대 앞을 지나가게 됐어요. 거기 선영이의 일생에
대한 부분들이 쭉 나와 있었어요.[248] 그게 어떤 상황인지 지금도 모르
고 아는 사람도 없지만, 아무튼 그걸 보면서 '아, 지금 내가 이럴 상황
이 아니다', '이 아이가 하던 일이 있고 하고 싶었던 이야기가 있었는데,
지금 내가 물러서면 안 된다'는 생각을 하게 됐죠. 그게 사실은 제가
'마지막까지 갈 데까지 가보자'고 결심하게 된 계기가 됐어요.[249]

방황을 접고 운동에 매진하던 김광훈은 1988년 국가보안법으로

---

248. 외대 앞에서 김광훈이 본 것이 자료집인지 대자보인지는 정확하지는 않다. 시기
적으로 볼 때 1987년 9월 서울교대에서 개최한 박선영 추모제 관련 홍보물을
본 것이 아닌가 추측된다.
249. 김광훈, MBC 6월항쟁 20주년 기획 다큐 〈너는 살고 내가 죽었다〉 사전 인터뷰,
2007.

구속되었다. 구로공단 아남정밀에 입사한 여혜경은 1989년 3월 동료 활동가들과 노조를 띄우고 위원장이 되었다. 박용숙은 학내 운동에 집중하다가 1989년 야학으로 자리를 옮겼다. 부천지역에서 노동운동을 하던 허탁은 수배 중 구속되었다. 인천지역에서 활동하던 나정훈은 1988년 일본으로 유학을 떠났다.

늙은 부부의 노래

1987년 4월 13일, 전두환 정권은 일체의 개헌 논의를 금지하는 호헌 조치를 발표하였다. '평화적 정부 이양과 올림픽이라는 대사를 성공적으로 치르기 위해 국론 분열과 국력 낭비의 소모적인 개헌 논의를 지양'한다는 것이었다. 4·13 호헌 조치. 그것은 전 국민에 민주화 열망에 대한 전두환 정권의 명백한 도전이었고, 2년간에 걸쳐 진행돼온 개헌 논의를 완전히 무로 돌리는 것이었다. 결과는 전 국민적 저항으로 나타났다.

불붙은 정국에 기름을 부은 격이었다. 각계 인사들의 시국 선언이 쏟아져 나왔다. 학생들은 호헌 철폐 독재 타도를 외치며, 거리로 뛰쳐나왔다. 정국은 활활 타오르기 시작했다. 제5공화국 정권 하에서 개헌 투쟁은 '헌법을 고친다'는 단순한 의미를 넘어선 것이었다. 전두환의 집권을 보장해 준 최고의 법률을 폐지함으로써, 더 이상의 집권을 허락하지 않겠다는 민중들의 단호한 의지가 담긴 투쟁이었다. 그 때문에 개헌 투쟁은 전두환 정권이나 국민 모두에게 사활을 건 싸움일 수밖에 없었다. 1986년을 전후로 본격화된 개헌 투쟁은 1987년 1월 14일 박종철 고문치사 사건을 거치면서 군부독재의 통치를 완전히 거부하고자 하는 도도한 역사의 흐름을 만들어나갔다.

"호헌 철폐, 독재 타도! 호헌 철폐 독재 타도!"

"종철이를 살려내라! 종철이를 살려내라!"

저녁마다 서울, 광주, 부산, 대구, 인천, 전국 각지에서 학생들의 시위가 이어졌다. 시위 행렬을 대하는 시민들의 반응도 적극적이었다. 도로 주변에 몰려든 시민들은 박수를 치거나, 손을 내밀어 유인물을 받아들었으며, 학생들을 연행하는 경찰을 향해 야유를 보내기도 했다.

그 시각 광주 금남로.

"어머니! 선영이 어머니! 저기 또 잡혀가요!"

한 여학생이 한 아주머니에게 쪼르르 달려와 소리쳤다.

"뭐여? 어디?"

한 학생의 얼굴에 치약을 발라주던 아주머니가 고개를 돌렸다. 어머니였다. 그러나 어머니가 아니었다. 마스크를 쓰고, 운동화를 신고, 간편한 점퍼와 바지 차림의 그는 이미 예전의 어머니가 아니었다. 모든 학생들의 '어머니'였다.

"저기요, 저기! 어머, 어떡해! 벌써 닭장차에 실렸어요."

"워매, 저런 나쁜 놈들! 아가! 아가!"

어머니는 막 문이 닫힌 전경차를 향해 정신없이 달려갔다. 어머니는 다짜고짜 전경차 문을 박차고 들어갔다. 방금 잡힌 학생은 버스 맨 뒷좌석에서 무릎 사이에 고개를 박고 전경들에게 얼차려를 받고 있었다.

"아니, 이 아줌마가 왜 이래? 이것 보세요!"

그러나 어머니는 들은 척도 안 하고 뒷자리로 달려가 학생의 멱살을 잡아 일으켰다.

"아이고, 이놈아! 집구석에 처박혀 있으라고 그렇게나 말을 해도 안 듣고 기연히 나가더니 도대체 이게 먼 일이다냐! 아부지한테 곤죽이 되도록 맞아야 정신을 채리겠냐. 언능 안 나오냐!"

"아이 참!"

어머니의 눈짓에 학생은 마지못한 듯이 끌려 나왔다. 전경들은 둥 그렇게 눈을 뜨고 두 '모자'가 하는 양을 멀거니 바라볼 뿐이었다. 닭 장차를 빠져나온 두 사람은 의미심장한 미소를 주고받으며 재빨리 시위 대열 속에 자취를 감추었다.

1987년 2월, 벽제에서 선영을 보낸 후로 가족들은 말을 잃었다. 허 전하고 암울한 분위기가 집안을 에워쌌다. 특히 어머니는 종일 혼자 서 그 외로움과 분노, 서러움을 감당해야 했다. 무엇보다 선영이가 그 리웠다. 미치도록 보고 싶었다. 꿈에라도 나타나 주었으면! 큰아들 종 욱의 꿈에는 몇 번이나 나타났다는 선영이[250]가 어머니에게는 단 한 번을 나타나지 않았다. 그만 잊으라는 뜻일까? 그럴 수는 없었다. '부 끄러운 세상 멍청이 세상'을 산 것만도 억울한데 내 선영을 잊고 어찌 살란 말인가. 선영의 유해를 뿌렸다는 목포 바닷가 부서지는 파도 앞 에 엎드려 통곡하길 몇 번이던가.

3월 개강을 맞아 대학가가 꿈틀거리기 시작할 무렵, 어머니는 거리 로 뛰쳐나가기 시작했다. 최루탄 쏘는 소리만 들리면 미친 듯이 달려 나갔다. 나갔다 하면 밤 열두 시를 훌쩍 넘겼고, 새벽이 되도록 돌아 오지 않을 때도 있었다. 전남대, 금남로, 남동성당……. 광주 시내 어 디든 시위가 벌어지는 현장에는 박선영의 사진을 목에 건 어머니가 있었다. 한 번 시위가 시작되면 새벽까지 지속되는 일이 빈번했다. 치 약, 초, 성냥, 마스크는 기본으로 가지고 다녔다.[251] 학생들과 구호를 외

---

250. 어머니 인터뷰, 2000.
251. 어머니의 술회에서.

시위가 벌어지는 현장에는 박선영의 사진을 목에 건 어머니가 있었다.

치며 뛰어다니다 비좁은 골목으로 내몰리는 경우도 많았다. 경찰들은 시위대가 몰려든 캄캄한 골목 안으로 사과탄을 까 넣었다. 구석진 모퉁이에 숨어 있던 학생들은 악 소리 한 번 못 내고 눈물 콧물을 줄줄 흘렸다. 그러면 어머니는 가방에서 초와 성냥을 꺼내 촛불을 켜고, 학생들에게 치약을 발라주곤 했다. 시위를 하다 잡혀가는 학생들은 무조건하고 빼내 왔다. '내 딸', '내 아들'이라며 막무가내로 끌어냈다.

어머니는 어느새 운동권 학생들의 '어머니'가 되었다. 시위 현장에서 어머니를 알아보고 따르는 학생들이 점점 많아졌다. 광주 재야인사들이나 종교계 인사들과도 면식이 생겼다. 5·18 유가족협의회, 광주 YMCA 등의 단체와 인연을 맺은 것도 그때쯤 해서였다.[252] 당시 민가협 회장이었던 안성례 장로와도 친분이 생겼다. 불과 몇 개월 사이에 광주 재야 단체에서 '선영이 어머니'를 모르는 사람이 없었다.

'딸칵' 소리와 함께 문이 열렸다. 아버지는 현관 쪽으로 고개를 돌렸다. 저게 뭐고! 저게 사람 얼굴이야? 최루탄가루를 뒤집어쓴 머리는 허옇게 너불거리고, 얼굴이며 목덜미에 시퍼런 멍자국이 선연했다. 전경들한테 하도 얻어맞아 상처가 아물 새가 없는 것이다. 자식 잃은 부모라고 다 저럴까. 아내의 모습을 보고 있노라면 억장이 무너졌다. 처음에는 저러다 말겠거니 생각했다. 그러나 날이 갈수록 아내는 더 맹렬해졌고, 전사戰士의 모양새를 갖춰갔다. 누이 잃고 어미의 품마저 잃은 아들놈들의 풀죽은 모습이 안쓰러웠다. 안타까웠다. 때로 화도 치밀었다. 어쨌든 산 사람은 살아야 할 게 아닌가.

어머니는 기진맥진한 얼굴로 아버지를 스쳐 안방으로 들어갔다. 그

---

252. 막내 영석의 술회에서.

리고는 입던 옷을 훌훌 벗어 던지고 이불 속으로 들어갔다. 아버지는 안방 문을 열고 고함을 쳤다.

"도대체가 시방 몇 시여!"

"몇 시면 멋헐라고요?"

어머니는 눈을 치뜨고 아버지를 쳐다보았다. 저 눈, 시도 때도 없이 '아비의 죄'를 묻는 저 눈! 속에서 뜨거운 것이 치받혀 올라왔다.

"맨 데모만 하러 댕기고 요것이 사람 사는 꼬라지여, 요것이?"

아버지는 아내가 던져 놓은 가방을 걸어차며 악을 썼다. 가방이 쩍 하니 입을 벌리며 내용물을 토해 놓았다. 마스크, 휴지, 치약, 양초, 라이터…….

"내가 밥을 안 허요, 빨래를 안 허요?"

어머니가 벌떡 몸을 일으키며 맞받았다.

"고것이 다여? 밥허고 빨래가 다냐고? 새끼들이 밥을 먹는지 굶는지 내팽개쳐불고 맨 데모만 허러 댕기면 다여?"

"글면 민주화를 안방에서 허요? 아, 안방 민주화 해갖고 자식이 죽었는디도 고로고 몰라? 민주화를 헐라면 대가리 한나라도 모타서 밖으로 나가야제. 안방 민주화는 절대로 필요가 없어. 쩨깐했을 때부터 자식들 무릎 딱 꿇쳐 놓고 '공부가 먼저가 아니다. 인간이 먼저다. 못된 인간들 요런 놈들 저런 놈들 역사적인 요런 말들 다 해가면서 그렇게 안방 민주화 안 했소? 안방에선 안 돼! 안방에서 될 일 같으면 자식이 왜 죽어? 생때같은 내 딸 선영이가 왜 죽냐고오!"

아버지는 아내의 멱살을 쥐고 흔들며 소리쳤다.

"죽은 자식만 자식이여? 산 자식 건사할 줄도 알아야제!"

어머니는 싸늘한 눈길로 아버지를 쳐다보았다. 멱살을 잡은 손아귀에 저절로 힘이 빠졌다. 어머니는 핑하니 방을 나가 부엌에서 칼을 들고 들어왔다. 그리고는 아버지의 손에 칼을 쥐어주며 결연히 부르짖었다.

"나를 죽이씨요! 선영이가 하던 일을 못 허게 할라면 나를 죽여버리씨요! 당신 원망 안 할라니까 차라리 죽여버리씨요. 내가 왜 원망을 해? 선영이 간 날로 나는 살아도 산 것이 아니여. 그때게 말했잖애? 나는 죽고 너는 살았다. 나는 선영이 이름으로 댕기는 거여. 선영이 찾아댕기는 거여. 선영! 내 선영! 내가 아니면 누가 그 이름을 불러줘? 유서가 있어, 찾아볼 무덤이 있어? 시상에 뼛가루마저 다 뿌려없애 불고 죽은 자식이니 잊으라고?"

어머니는 몸부림치며 제 가슴을 쾅쾅 두드렸다.

"나는 못 잊어! 자식이 지 목숨보다 소중헌 조국을 남겨 주고 갔는디 그 약속을 어떻게 잊어? 그동안 헛세상 산 것만도 원통헌디. 암만 포기를 좀 해볼려고 생각해도 미운 일이 없어. 잘못된 것이 없고, 죽을 이유가 없어. 독재 때문에 죽은 거여. 글안허면 왜 죽어, 이 좋은 세상에? 팔다리 없고 눈도 없고 나무둥치같이 생긴 사람도 배때기를 밀고 시장바닥을 댕이면서 수세미를 사씨요 고무줄을 사씨요 허면서 세상을 산다……."[253]

어머니의 넋두리는 더 이상 아버지를 상대로 한 것이 아니었다. 자식들 앞에서 눈물을 보이지 않으려 애쓰던 어머니는 한번 봇물이 터지자 그칠 줄을 몰랐다. 울고 싶은 사람 뺨 때린 격이었다.

아버지는 아내가 움켜쥔 칼을 빼앗아 부엌에 던졌다. 화장실로 들어간 그는 물을 틀어놓고 목을 놓아 울었다. 노도怒濤처럼 쏟아지는 눈물! 그래 울어라, 울어! 맘껏 울어라. 너도 울고 나도 울자. 자식까

253. 오영자 인터뷰, 2000.

지 죽은 마당에 눈물 아껴 무엇하냐. 그래, 선영아. 니 엄마 말이 맞다. 이 아버지가 너를 서울교대 보내고, 운동 못 하게 말렸다. 휴학하라고 했다. 네 입장은 들어보지도 않고 일방적으로 밀어붙였다. 죽기 전에 아버지 원망도 많이 했을 것이다. 하지만 너는 모를 게다. 6·25의 비극 속에서 얼마나 많은 사람들이 참혹하게 죽임을 당했는지, 경찰이나 힘 가진 놈들이 법의 이름으로 못된 짓 하는 걸 얼마나 많이 봐 왔는지. 그래, 나는 두려웠다. 경찰이 두렵고, 이데올로기가 두렵고, 힘들게 건사해 온 내 가정이 무너질까 두려웠다. 딸아, 선영아. 이 못난 아비를 어쩌란 말이냐······.

자네 맘대로 하소만, 죽지만 말어

금남로 1가에 자리 잡은 광주 YMCA 소강당 백제실 앞을 기웃거리는 반백의 사내가 있었다. 여윈 몸피, 이마 위로 흩어진 몇 가닥의 머리칼, 수심 어린 눈빛. 아버지였다. 아버지는 망설이고 있었다. 빼꼼히 열린 문틈으로 우렁우렁한 목소리가 새어 나왔다. 도무지 알 수 없는 말들을 쏟아내고 있는 저들은 조카뻘 되는 나이의 젊은 교사들이었다. 아무리 봐도 아버지처럼 늙은 선생은 하나도 없었다. 들어가야 하나, 말아야 하나. 아버지의 이마에 진땀이 흘렀다.

YMCA에서 교사들의 모임이 있다는 이야기를 들은 것은 얼마 전의 일이었다. 딸이 죽은 뒤 아내는 '전업적'이고 '전국적'인 싸움꾼으로 변모했다. 그런 아내를 지켜보며 아버지는 생각했다. 고3, 중3인 두 아들만은 내가 잘 간수해야 한다.[254] 나까지 정신 못 차리고 휩쓸려 다니면 이 아이들의 미래는 파탄이다. 선영이 일로 온 식구가 생지옥을 넘나들고 있는 마당에 이 아이들마저 잘못되면 우리 가정은 완전히 끝장이다. 파멸이다.

아내가 저렇게 나다닐 수 있었던 데에는 은연중에 아버지를 믿거라 하는 마음이 있었을 것이다. 그래, '요 애'들만은 내가 잘 간수하고 가정을 지켜야겠다. 아침이면 밥을 했고 저녁이면 빨래를 했다. 김치며 밑반찬은 짬이 날 때마다 아내가 만들어 놓았으므로 아이들이 끼니를 거르지 않도록 단속하는 일은 아버지가 맡았다. 아무리 밥맛이 없어도 물에라도 훌훌 말아 먹어야 아이들을 보냈다.[255]

딸이 죽고 얼마 후 종욱의 졸업식[256]이 있었다. 전남대 5·18 광장에서 열린 종욱의 졸업식엔 아버지와 의석, 영석만이 참석했다.[257] 어머니도 누이도 없는 졸업식은 썰렁하기만 했다. 어머니는 선영이를 찾겠다며 새벽같이 서울로 올라갔고, 서울의 화진은 근무 때문에 오지 못했다. 사각모를 쓴 종욱의 모습은 쓸쓸해 보였다. 네 사람은 말이 없었다. 축하한다는 말도, 웃음 한 줄기도 오가지 않았다. 졸업식 내내 아버지의 시선은 5·18 광장 한켠에 빽빽이 늘어선 동백에 머물러 있었다. 식이 끝나고, 사진 몇 장 찍고 나니 더 이상 할 일이 없었다. 아버지는 휘적휘적 교문을 빠져나갔다. 네 사람이 당도한 곳은 전대 후문 근처의 어느 식육점이었다. 아버지는 말없이 소주잔을 기울였고, 세 아들은 지글지글 익어 가는 고깃점들을 뚫어지게 바라보았다. 종욱이 문득 중얼거렸다.

"자식! 좀만 기다렸으면 오빠 졸업식인데……."

---

254. 아버지의 술회에서.
255. 아버지의 술회에서.
256. 1987년 2월 26일.
257. 의석, 영석의 술회에서.

큰아들 종욱의 졸업식. 형제들의 표정이 하나같이 쓸쓸하고 삭막하다.

아버지가 충혈된 눈으로 천장을 올려다보았다. 고개를 숙인 영석의 테이블에 눈물방울이 점점이 뿌려졌다. 영석은 흑흑 느껴 울며 손바닥으로 테이블의 물기를 쓸어내렸다. 종욱과 의석은 이를 악물었다. 하지만 악다문 이빨 사이로 삐져나오는 흐느낌은 어쩔 수 없었다. 온 식구가 울었다. 선영에 대한 죄책감으로 울고 서로에 대한 애잔함으로 울었다. 오늘같이 좋은 날, 오늘같이 좋은 날······.

그날 아버지는 굳게 결심했다. 무슨 일이 있어도 남은 자식들만은 굳건히 키우리라.[258] 키워 내리라. 5시에 퇴근해서 집으로 돌아오면 7시.[259] 태산같이 쌓인 설거지를 해치우고, 자식들이 먹을 밥과 찌개를 해놓았다. 그리고는 김치 한 보시기 꺼내놓고 주방 한구석에 쪼그리고 앉아 소주잔을 기울이는 것이다. 서울 간 아내 생각, 덧없이 떠나버린 딸 생각. 이 생각 저 생각을 하다 보면 또 그놈의 눈물이 쏟아지는 것이다. 눈물이 왜 이리 많아졌는고. 아버지 돌아가셨을 때도 눈물 한 방울 흘리지 않았던 내가, 자식 하나 앞세우고 눈물이 홍수가 되야부렀어.

허망했다. 텅 빈 마음을 둘 데가 없었다. 갈피를 잡을 수가 없었다. 하루에도 몇 번씩 숨이 턱턱 막혔다. 내 자식이 옳은 일 하다 죽었는데 애비가 돼서 이렇게 죽은 듯이 살아도 되는 것일까. 뭔가 해야 할 것 같았다. 그래야 나중에 선영이를 만나도 '아부지는 요런 요런 일들 하다 왔다. 최선을 다했고 부끄러움 없이 살았다' 하고 면이 서지 않겠는가 말이다. 새벽마다 최루가스를 뒤집어쓰고 돌아와 허깨비처럼 쓰러지는 아내의 모습은 그런 생각을 더욱 부채질했다. 하지만 무얼 해야 하나, 무엇을. 딸아, 선영아. 이 늙은 애비에게 힘을 다오.

---

258. 아버지의 술회에서.
259. 의석의 술회에서.

"김 선생. YMCA라는 디가 뭣 허는 데요? 거기 선생님들이 허는 단체가 있소?"

"아, 거기요? Y교사 모임이라고, 선생님들 모임이 있닥 허데요. 금남로 YMCA에 한 번 찾아가 보세요. 그 사람들 만날 수 있을 거예요."

며칠 전, 같은 학교 선생님에게 교사 모임에 대한 정보를 얻은 아버지는 오늘에서야 YMCA를 찾았다. 그런데 선뜻 문을 열고 들어갈 용기가 나지 않았다. 들어가야 하나, 말아야 하나. 망설이는 아버지 등 뒤에서 경쾌한 발걸음 소리가 들렸다. 젊은 교사는 백제실로 들어가려다 말고 아버지를 돌아보았다.

"어떻게 오셨습니까?"

교사는 의심쩍은 눈길로 아버지를 위아래로 훑어보았다. 젊은 교사들뿐인 모임 장소에 낯선 중년 사내가 얼쩡거리니 의심스러울 법도 했다.

"장성여중 과학 교산데요. 여그서 좋은 이야기를 헌다고들 해서 좀 들어 볼라고 왔습니다."

"아, 그러세요……?"

젊은 교사는 그래도 의문이 풀리지 않았는지 이 모임을 어떻게 알게 됐느냐, 누구한테 들었느냐, 이 모임의 성격에 대해서는 알고 있느냐, 오만 가지를 다 물었다. 별수 없이 동료 교사들에게도 하지 않았던 선영이 이야기를 꺼낼 수밖에 없었다. 이야기를 듣고 난 젊은 교사는 그제야 진심에서 우러난 환영의 뜻을 표했다.

"정말 잘 오셨습니다. 이 모임은 바로 박 선생님 같은 분들을 위한 곳입니다."

"인자 오기는 왔소만 내가 이쪽으로 뭣을 아는 게 없어가지고 젊은 사람들 모임 헌디 방해나 되지 않을까 모르겠습니다."

"아유, 박 선생님. 그런 걱정은 하지 마십시오. 저희들이 오히려 선생님께 배워야지요. 그런 걱정은 마시고 일단 들어가시죠."

아버지는 그렇게 Y교사 모임에 첫발을 디뎠다. 교사협의회가 만들어지기도 전의 일이었다. 초기에는 생전 처음 듣는 이야기들에 그저 놀랄 따름이었다. 교사들이 하는 이야기가 교육 현실에 대한 비판인 건 분명한데, 난수표의 암호처럼 도무지 알아들을 재간이 없었다. '양키 고 홈'이라는 말을 들었을 때는 너무 놀라고 겁이 나서 가슴이 쪼그라드는 것만 같았다. 제도권 교육에서는 생전 들어보지도 못한 내용이었다. 가만히 앉아서 귀를 기울이는 수밖에 없었다. 알아듣든 못 알아듣든 아버지는 하루도 빠짐없이 밤마다 거길 나갔다. 묵묵히 구석 자리를 지키고 앉아서 오가는 이야기를 경청했다.

한 열흘 지나자 교사들의 이야기가 귀에 들어왔다. 귀가 열린 것이다. 한 사람 두 사람 아는 사람도 불어났다. 기뻤다. 직장 말고도 갈 데가 있고, 답답한 심경을 토로할 상대가 있다는 것만으로도 막힌 가슴이 시원하게 터지는 기분이었다.

젊은이들의 이야기를 들으면서 몇 번이나 가슴을 쳤다. 교육이 잘못돼도 한참 잘못된 거로구나. 내 교직 생활이 평탄치 못했던 것도 다 이유가 있는 것이었구나. 아, 정녕 잘못 살아왔구나! 그렇게나 착하고 상냥했던 내 딸이 서클 그만두라는 말에는 왜 그렇게 심하게 반발했는지 비로소 알 것 같았다. 딸을 잃고 반주검이 되었던 아내가 집회에만 나갔다 하면 왜 그리 물오른 생선처럼 펄펄 뛰는지 이제야 알 것 같았다. 조직이란, 공동체란, 함께하는 삶이란 그런 거였다. 정을 나누고, 사랑을 나누고, 삶을 나누고, 희망을 나누는 곳이었다. 왜 이제야 알았던가. 왜 이제야……. 민주주의는 정녕 피를 먹고 자라는 나무란 말인가.[260]

전교조창립1주년교사대회 버스로참여

영광지회, 용기와 기지로 서울 입성

1990년 경희대에서 열린 전교조 창립 1주년 교사대회에 참석한 아버지.
왼쪽에서 두번째 양복 입은 사람이 아버지.

어느 날 밤. 서울에 상경했던 아내가 며칠 만에 집으로 돌아온 날
이었다. 온몸에서 진동하는 파스 냄새! 눈이 아렸다. 목이 메었다. 무
슨 얘기를 할 것인가. 아내는 돌아오자마자 쉴 새도 없이 쌀을 안치
고, 밑반찬을 만들고, 김치를 담았다.

"아, 쉬어 감서 해. 쉬고 내일 해도 되잖애."

생각해서 한다는 소리가 고작 그거였다. 화난 사람처럼 쏘아붙인
게 후회스러웠지만, 쏟은 물을 주워 담을 도리는 없었다. 아버지는 괜
스레 주방에 나가 물을 한 잔 마셨다. 신문을 들었다 놓고, 화장실 스

---

260. 아버지의 회고록에서.

전교조 집회에 참석한 아버지

위치를 켰다가 껐다. 잠시 후 아버지는 아내 옆에 쪼그리고 앉았다. 슬그머니 마늘 바구니를 잡아 당겼다.

"아, 쉬라는디도 말을 안 듣고……."

곁눈으로 슬쩍 아버지를 바라보던 아내의 눈이 둥그레졌다. 한 알 두 알 마늘을 까고 있는 남편의 모습. 가슴이 철렁했다. 댓가지처럼 완고하고 꼬장꼬장하던 남편이 선영을 보낸 뒤론 하루가 다르게 늙어가고 있었다. 아내는 애써 무심한 태도로 중얼거렸다.

"거시기, 내일도 저녁차로 또 올라가야 허는디."

"자네 맘대로 하소만……, 죽지만 말어."

소금을 그러쥐던 아내가 흠칫 몸을 떨었다. 아내는 거칠게 숨을 들이마셨다가 내뱉었다. 입술이 부르르 떨리는가 싶더니, 소리 없는 눈물이 거죽만 남은 볼을 타고 흘러내렸다. 아버지는 어깨를 떨며 우는 아내를 외면한 채 계속해서 말했다.

"죽지 말고, 밤차로 댕이지 말고, 굶고 댕이지 마. 글먼 더 이상 말 안 헐라니까."

죽음! 혈육을 잃은 슬픔을 겪은 이들에게 죽음이란 말처럼 생생한 현실이 또 있을까![261] '죽지만 말라'는 아버지의 말은 아내의 투쟁에 대한 전폭적인 지지와 지원을 약속하는 중대한 선언이었다.

되찾은 유서 두 장

"마스크 서이, 휴지 서이……, 음마? 치약이 한나 모자랑만? 치약은

---

261. 의석의 술회에서.

두 개만 느까아……?"

혼자 궁싯거리는 어머니 말을 알아듣고 아버지가 얼른 나섰다.

"아이, 영석이 보고 하나 사오라게. 한 앞에 하나씩은 있어야제."

"갈라 쓰면 되지 멀 그러요?"

"허어, 자기가 밤낮 댕겨놓고도 몰라? 쫓기다 보면 갈라 쓰고 말고 헐 시간이나 있는가? 하나 사오라게. 글고, 물 좀 낫게 챙개. 더운디 뛰면 목마른게."

옆에서 준비가 끝나길 기다리던 종욱이 소리 내어 웃으며 말했다.

"엄마! 우리 아버지 언제 저렇게 선수가 되셨죠?"

"하하하……."

의석과 영석은 아까부터 부모님을 보며 킬킬거리던 참이었다. 아버지와 어머니도 민망한 얼굴로 웃음 지었다.[262] 생살을 찢는 아픔과 슬픔 속에서도 가족들은 돌파구를 찾아나갔고, 삶의 방향과 지향점은 선영이로 모아지고 있었다. 오늘은 6월 18일, 전국에서 동시다발적으로 최루탄 추방대회가 열리는 날이었다. 선영의 집에서는 부모님과 큰

집회에 참석한
아버지와 어머니,
큰아들 종욱

262. 막내 영석의 술회를 통해 재구성.

아들 종욱이 나가기로 했다. 아직 고3, 중3인 의석과 영석에게는 '꼼짝 말고 공부하라'는 아버지의 엄명이 떨어졌다. 영석이야 아직 어리지만, 의석은 제법 덩치도 있고 키도 커서 시위 현장에서 얼쩡대다 공연히 대학생으로 오인(?)하여 잡아갈 수 있기 때문이었다.

종욱은 이미 7월 1일자 입대 영장을 받아놓은 상태였다. 그는 아르바이트를 하러 가는 시간 말고는 거의 매일을 전남대, 금남로 등지에서 살다시피 했다. 동생을 생각하면 두 다리 뻗고 집에 있을 수가 없었다. 시위 행렬 속에서 목이 터져라 구호를 외치고 짱돌을 던지는 순간만큼은 동생에 대한 질긴 부채감에서 벗어날 수 있었다. 그 외의 시간들은 암흑이었다. 죽음이었다. 시위가 없는 날엔 술을 마셨다. 안 그러면 배겨낼 수가 없었다. 술기운에 의지해 목 놓아 울기도 여러 번이었다. 그러고 나면 조금은 속이 뚫리고 후련해지는 듯한 느낌이 들었다. 다행히도 그 뜨거운 6월엔 거의 매일 시위가 있었다.

1987년 6월 10일. 민정당 전당대회가 열리는 서울 잠실 체육관에서 간선제를 통해 5공화국 정권을 승계할 민정당 대통령 후보로 노태우 대표를 선출하고 있을 때, 전국 22개 도시에서는 박종철 군 고문 살인 규탄 및 호헌 철폐 시민대회가 열렸다. 한반도 땅 덩어리 전체가 활화산처럼 훨훨 타오르고, 구석구석 지글지글 끓던 날이었다. 서울의 시위대 가운데 일부는 명동성당에 집결, 농성에 돌입하였다. 6일간의 명동성당 농성을 구심점 삼아 6월의 햇살만큼이나 뜨거운 항쟁이 전국에서 대규모로 이어졌다.

이제 시위는 학생, 노동자들의 전유물이 아니었다. 차량 기사들이 일제히 경적 시위를 벌이기도 했고, 유신 말기와 광주항쟁 시기에 학창시절을 보낸 사무직 노동자들이 대거 거리로 쏟아져 나왔다. 일명 '넥타이 부대'였다. 거리마다 만장과 깃발, 플래카드가 휘날렸고, 시위

행렬이 지나갈 때마다 시민들은 손수건을 흔들거나 박수를 보냈다. 여학생들은 싸가지고 온 도시락을 담 밖으로 던졌고, 상인들은 멀리서 쫓겨 오는 학생들의 발자국 소리만 들려도 셔터를 반쯤 내리고 대기하곤 했다. 쫓기는 학생들이 셔터 안으로 들어가면 셔터를 완전히 내려 버리고는, 뒤쫓아 온 경찰들을 향해 비웃음을 흘리는 것이다. 누구의 선동에 의한 것도, 지도에 의한 것도, 뚜렷한 계획과 목표가 있는 것도 아니었다. 그냥 각자가 본래 지니고 있던 불의에의 저항과 투쟁의 열망들이 시대의 흐름을 타고 자연스럽게 분출되고 있을 뿐이었다. 바야흐로 때가 무르익은 것이다.

18일의 최루탄 추방대회를 기점으로 전두환을 선장으로 하는 '5공호'는 침몰 직전의 위기에 놓이게 되었다. 정국은 급회전하기 시작했다. 위기를 맞은 군부 권력 내부에는 강경파와 온건파의 다툼이 첨예하게 벌어졌다. 강경파들은 계엄령과 군 투입론을 들고 나왔고, 온건파들은 국민들의 민주화 열기를 잠재우고 정권을 유지하려면 제한적으로나마 민주세력의 요구를 수용할 필요가 있다고 주장했다. 전두환의 생각이 점점 온건론으로 기울어 갈 무렵, 6월 26일 다시 한 번 전국적·전 계층 규모의 대항쟁이 전개됨으로써 수시로 고개를 쳐드는 강경론에 다시 한 번 쐐기를 박았다. 이제 전두환에게는 다른 선택의 여지가 없었다.

1987년 6월 29일 오전 9시 5분 노태우 민정당 대표위원은 국민들의 민주화와 직선제 개헌 요구를 받아들인다는 '중대 결심'을 발표했다.

"동지 여러분. 친애하는 국민 여러분. 저는 이제 우리나라의 장래 문제에 대해 굳은 신념을 가지게 되었습니다. 첫째, 여야 합의 하에 조속히 대통령 직선제 개헌을 하고……."

모두가 숨을 죽였다. 예상을 훨씬 뛰어넘는 폭탄선언이었다. 대통령 직선제 개헌, 김대중 씨의 사면 복권, 지자제 실시, 언론자유 보장……. '6·29 민주화 선언 8개항'이었다.

20여 분간에 걸친 노태우의 6·29 선언이 끝나자 텔레비전을 지켜본 국민들의 만세 소리가 전국 곳곳에서 터져 나왔다. 교문을 사이에 두고 대치해 있던 대학생과 전경이 얼싸안을 정도였으니, 이날 온 국민이 맛본 승리감이 어떤 것인지 짐작할 수 있을 것이다. 전국은 온통 축제장이었다. 김영삼 민주당 총재와 김대중 민추협 공동의장도 '내 소원이 이루어진 것 같다', '인간에 대한 신뢰를 느낀다'며 환영했다. 외신들도 극찬을 아끼지 않았다. 서울 플라자호텔 뒤편의 한 다방[263]에 붙여진 '오늘은 기쁜 날 찻값은 무료입니다'라는 글귀는 온 국민의 기쁨을 대변한 것이었다. 노태우는 비서를 대동하고 동작동 국립묘지를 거쳐 아산 현충사를 참배한 뒤, 경찰병원을 방문하여 시위진압 과정에서 부상당한 전경과 경찰들을 위문했다. 또, 신촌 세브란스 병원에 입원 중인 연세대생 이한열 군을 찾아 부모에게 위로의 말을 전하기도 했다. 노태우의 진지한 표정과 '고독한 결단'이란 수식어, 그리고 어느 한쪽으로 치우침 없는 그날의 행보는 그야말로 국민 대화합의 손색없는 일보—步로 보였다.

그러나 노태우의 6·29 선언은 일 개인의 '고독한 결단'이 아니라, 광주항쟁 이후 면면히 이어져 온 민중들의 민주화 투쟁으로 궁지에 몰린 군부독재의 거짓 항복에 불과한 것이었다. 이 땅에서 진정한 승리는 군부독재 정권의 완전한 타도 그 이상도 이하도 아니었으니, 광주항쟁 5적의 하나이자 집권당 차기 대통령 후보인 노태우가 마치 민

---

263. 가화다방.

주화의 기수라도 된 양 '폼'을 잡는 모습은 실로 우스꽝스럽기 그지없는 광경이었다. 그러나 이런 기만적인 항복이나마 받아낼 수 있었던 것은 우리 민중들에게는 이승만 하야 이후 처음 맞이하는 행복한 경험이었다.

6·29 선언이 발표되자 부모님은 딸의 사진을 부둥켜안고 울부짖었다.

"세상에 이렇게 좋은 세상이 돌아왔는데, 내 자식은 가고 없구나! 조금만 참고 더 살지. 이렇게 좋은 세상이 왔는데! 선영아, 선영아……."

서러웠다. 딸의 죽음이 서럽고, 그 서러운 죽음의 진상마저 왜곡되고 찢기고 불태워져야 했던 지난 몇 개월의 일들이 떠올라 슬픔과 분노가 북받쳤다. 죽은 자식을 가슴에 묻고 박종철을 살려내라, 이한열을 살려내라고 외칠 때, 속으로 속으로만 골 지어 흐르던 피눈물을 누가 알 것인가. 그 누가 있어 구천을 떠도는 내 딸의 원혼을 달래 주랴.

어머니는 장롱 서랍 깊숙이 넣어둔 '비장의 유품'을 꺼내었다. 선영의 눈물과 한이 굽이굽이 서려 있는 일기장이었다. 그간 남편 몰래, 누구도 몰래 보관해 온 것이었다. 어머니는 일기장을 부둥켜안고 목놓아 울었다. 가엾은 사람, 가엾은 내 딸, 이제 아무도 부르지 않는 가엾은 목숨아. 밝혀내리라. 백일하에 드러내리라. '동대문 한 궤짝 위에' 타살당한 선영의 혼, 선영의 열망, 선영의 꿈들을 이 땅 위에 복원해 내고야 말리라.

이 생각 저 생각 전전반측하던 어머니의 뇌리에 벼락같이 동대문경찰서 형사들에게 압수당한 유서가 떠올랐다. 어머니는 이불을 박차고 벌떡 일어났다. 아니, 노태우도 민주화를 하겠다고 선언한 마당에 내 딸 유서를 찾지 못할 이유가 뭔가? 찾아야 해. 밝혀내야 해. 만천하에 알려야 해.

어머니는 일기장을 품고 날이 밝자마자 첫 기차로 서울에 올라갔다. 동대문경찰서에 도착한 어머니는 박부웅 형사를 찾았다. 박부웅, 생전에 그 이름을 잊으리. 딸이 죽었다는 연락을 받고 서울에 올라와 맨 처음에 들은 말이 '박부웅'이란 세 글자였다.[264]

"나 박선영이 엄만디 내 딸 선영이 유서 받으러 왔소."

"그건 뭐 하실려구요?"

"아니, 뭣을 하다니요? 우리 선영이가 부모한테 준 마지막 글인데 당신들이 보관할 것이 뭣 있소?"

박부웅은 얼굴을 굳히며 딱 잘라 거절했다.

"규정 때문에 안 됩니다."

"내 딸 유서 내가 달라는데, 규정이 뭔 말라비틀어진 규정이요? 싸게 줏씨요!"

"아주머니, 고정하시고 내 말 좀 들어보세요. 박선영이 같은 운동권 학생 유서는 규정상 드릴 수가 없게 돼 있어요."

"뭐요? 아니 온 국민이 싸워갖고 노태우가 육이구를 선언허고, 좋은 세상 민주화 세상을 맨들았는디 못 줄 것이 뭣 있소! 언능 내놋씨요!"

"어허! 이 아주머니 세상 물정 너무 모르시네. 육이구 선언했다고 하루아침에 세상이 달라집니까? 육이구는 그야말로 국민들 진정시키는 수단이지 순진하게 그걸 사실로 받아들이면 곤란하지요."

"뭐여? 사실이 아니라고? 그렇다면 노태우는 육이구를 취소하라! 국민을 기만하고 우롱하는 육이구를 당장 취소하라!"

어머니는 온 경찰서가 쩌렁쩌렁 울리도록 큰소리로 구호를 외쳤다.

---

264. 어머니의 술회에서.

당황한 박부웅이 어머니의 팔을 잡고 구석으로 끌고 갔다.

"아이쿠, 아주머니! 왜 이러십니까?"

"내 자식 유서, 부모가 달라는디 왜 못 줘! 좋게 내놓씨요!"

"나 이거야 원! 아주머니, 내가 상부에 잘 얘기해서 반드시 돌려드릴 테니까 오늘은 일단 돌아가시고 내일 다시 오세요. 예?"

박부웅은 진땀을 흘리며 사정했다. 속는 셈 치고 한 번 믿어 보기로 했다. 이튿날도 아침 일찍 박부웅을 찾아갔다. 박부웅은 어머니에게 근처 다방에서 기다리라고 말했다. 어머니는 유서를 찾을 수 있다는 희망으로 잠자코 박부웅을 기다렸다. 그러나 다방에 나타난 박부웅은 어머니의 희망을 여지없이 깨뜨렸다.

"아, 이거 기다리시게 해놓고 어떡허죠? 아직 상부에서 확실한 결정이 안 났어요. 한 번 더 오셔야겠습니다. 내일 이 시간에 여기서 기다리시죠."

차일피일 미루는 박부웅의 태도에 부아가 치밀었다. 이런 식이라면, 내일 다시 온다 해도 유서를 받을 수 있을지 확신할 수가 없었다. 이것들이 사람을 어떻게 보고……. 어머니는 박부웅의 눈을 똑바로 쳐다보며 격앙된 음성으로 말했다.

"괜히 오라 가라 하지 말고 못 주겠으면 못 주겠다고 딱 부러지게 말을 허씨요!"

"하하! 이거, 속고만 사셨나. 아주머니, 내일은 꼭 드릴 테니 안심하세요. 아유, 이거 차가 다 식었네. 인삼차 한 잔 시켜 드릴까?"

느물거리는 박부웅의 말투에 어머니는 더욱 화가 났다. 다방에서 만난 것부터가 잘못된 것 같았다. 얍삽한 박부웅의 잔꾀에 속아 넘어간 기분이었다. 그날 어머니는 면목동 동생네 집에서 뜬눈으로 밤을 지새웠다. 열이 끓어올라 잠을 이룰 수가 없었다. 오냐, 이놈들! 두고 보아라! 무슨 일이 있어도 내일은 결판을 내리라!

　다음 날. 다방으로 나오라는 박부웅의 말을 무시하고, 어머니는 곧장 경찰서로 향했다. 그들의 말을 고분고분 들을 필요가 없었다. 물렁하게 나갈수록 더 얕잡아 보는 게 그들의 생리였다. 어머니는 아직 출근하지 않은 박부웅의 자리에 떡하니 버티고 앉았다. 자기 자리에 앉아 있는 어머니를 본 박부웅은 뜨악한 얼굴로 물었다.

　"다방으로 오시라고 했는데, 왜 여기 계세요?"

　"내가 왜 다방으로 가요? 다 필요 없응게 딱 한 마디만 허씨요. 준다든지 못 준다든지 말 한마디만 허씨요!"

　"도대체 그건 갖다가 뭐 하시게요?"

　"내 딸 유서 내가 보관할란다고 도대체 몇 번째 말을 하는디도 또 묻소?"

　"아주머니, 일에는 다 순서가 있는 법이니까 일단 가셨다가 저녁 때 한 번만 더 오세요. 그때 내 틀림없이 돌려드릴게."

　어머니는 주먹으로 책상을 쾅 내리치며 결연히 부르짖었다.

　"더 이상은 안 돼! 첫 번째 옹께 두 번째 오라, 두 번째 옹께 세 번째 오라, 인자는 안 돼! 오늘 당신들이 주면 갖고 가는 것이고, 안 주면 난 여기서 죽어 나갈라요. 난 살기가 싫소. 세상에 살기가 싫소. 자식이 남긴 마지막 글도 못 받은 부모가 살아서 뭣 허요? 내 자식 마지막 글허고 내 생명허고 맞바꿀라요!"

　어머니가 완강하게 나가자 박부웅은 당황한 기색이 역력했다. 박부웅의 다급한 보고를 받은 형사과장이 잠시 후 어머니를 불렀다.

　"아이고, 박선영 어머님! 이거 죄송하게 됐습다! 나도 딸자식 키우는 사람인데 어머님 심정을 왜 모르겠습니까? 여기 잠시 기다리세요. 복사해 놓고 원본은 드리겠습니다."

박부웅이 유서 원본이라며 두 장을 가져왔다.

"이게 다요?"

"예, 답니다."[265]

남동생이 유서는 모두 8장이라고 했지만, 그것이 다라고 시치미를
떼는 데는 당할 재간이 없었다. 형사과를 나온 어머니는 경찰서 안마
당에 쪼그려 앉아 선영의 유서를 펼쳤다. 낯익은 딸의 필적, 눈물이
흘렀다.

> 날 낳으시고 기르신 부모님!
>
> 딸자식의 불효를 부디……
>
> 강하게, 바르게, 이 세상 떳떳이 살아가지 못함이 못내 부끄럽습
> 니다.[266]

3인의 결사

유서 두 장을 찾은 어머니는 곧바로 동대문경찰서 2층 기자실로
올라갔다. 늦었지만, 이제라도 딸의 죽음을 알리겠다는 생각이었다.
그러나 기자들은 하나같이 난감한 기색으로 고개를 저었다. 6·29 선
언 이후라 시의성이 떨어져 신문 기사로 싣지 못하겠다는 것이다.[267]

---

265. 어머니의 술회에서. "처음에 유서를 가지 갈 때 우리 식구가 하나도 보도 안 했
고, 즈그들이 막 와서 가져가 부러나서 볼 수가 없지. 다냐고 헌께 다라고 그러
드라고."

266. 유서 1 내용의 일부. 유일하게 선영의 유서를 확인한 외삼촌 오치방의 증언에
따르면 유서는 모두 8장가량이었고, 당시 사회 현실을 신랄하게 비판하는 내용
이 주를 이뤘다고 한다.

기자들의 시선이 모두 최루탄에 맞아 절명한 연세대생 이한열에게 쏠려 있을 때였다. 낙심한 어머니는 마지막 힘을 내어 물어물어 조선일보사를 찾아갔다. 기자실 입구에서 울며불며 용건을 설명하고 있는데, 우연히 그 광경을 목격한 젊은이가 어머니의 팔을 잡아끌었다.

"저, 어머니. 잠시 저하고 이야기 좀 하시지요."

그가 바로 박선영의 동지를 찾고, 서울교대에서 박선영 추모제를 개최하는 데 결정적인 역할을 하게 되는 김영호[268]이다. 그날 김영호는 누나를 만나기 위해 조선일보를 방문했다가 기자들을 붙들고 눈물로 하소연하는 어머니의 애처로운 모습을 보게 되었다. 기자들의 표정은 너무나 냉담했고 무관심해 보였다. 안타까웠다. 연세대 복학생인 김영호는 '김우중'이라는 가명으로 학생운동에 관여하고 있었다. 그는 어머니의 애끓는 사연을 한눈에 짐작할 수 있었다. 김영호는 학생증을 보여주며 어머니를 안심시킨 뒤, 당시 자신이 운영하던 수유리 카페로 어머니를 모셔갔다.[269] 그날은 군에서 휴가를 나온 친구 전영기가 카페에 놀러 오기로 한 날이었다. 카페에는 마침 서울교대 79학번 김병일[270]도 동석해 있었다.

어머니는 세 사람을 상대로 밤이 깊도록 눈물 반 한숨 반의 이야기를 풀어냈다. 딸의 삶이자 그 어미의 삶이기도 했던 – 혹은 딸의 죽

---

267. 어머니의 술회에서. "갖고 간께 기자가 육이구 선언 허기 전 같으면 실감이 있는디 실감이 없다 그러더라고. 굉장히 좋은 홍본데 실감이 없다고 그래. 신문기사를 못 실은다고 그러더라고."

268. 김영호는 연세대 재학생으로 누나를 만나기 위해 신문사에 들렀다가 우연히 어머니를 만나게 됐는데, 당시 김우중이라는 가명을 썼다. 졸업 후, 삼성물산에서 5년 근무한 뒤 호주로 나가 여행 관련 사업체를 운영하고 있다.

269. 김영호의 친구인 서울대생 전영기의 술회에서. 전영기는 김영호의 교회 친구로, 중앙일보 편집국장을 거쳐 시사주간지 「시사저널」 편집인으로 활동하고 있다.

270. 전영기 씨의 초등학교, 고등학교 동창.

음이자 그 어미의 죽음이기도 했던-이야기를 처음부터 끝까지 이렇듯 한마음으로, 그 어떤 '억측'도 '추측'도 없이 들어준 사람은 그들이 처음이었다. 그전까지 선영의 이야기는 서슬 퍼런 금기의 영역, 어둠의 장소에 묶여 있었다. 힘 있는 자들은 무시했고, 재주 있는 자들은 냉소했으며, 기회를 엿보는 자들은 왜곡했다. 시간이 얼마나 흘렀는지 아무도 알지 못했다. 긴긴 밤이 지나가고, 또 하루가 밝아왔다. 세 젊은이들의 눈에 이슬이 맺혔다. 전영기는 아예 넋을 놓고 눈물을 줄줄 흘렸다.

마침내 김영호가 단안을 내렸다. 그는 우람한 체격만큼 의협심도 강하고 리더십이 있는 인물이었다.

"이렇게 눈물로 묻어 버릴 이야기가 아니다. 일단 우리 차원에서 대책을 세우자. 영기, 너 귀대 날짜가 언제냐?"

"일주일 남았어."

"좋아. 그 정도면 충분해. 먼저 역할 분담을 하자. 난 이 일기에 적혀 있는 전화번호와 이름들을 추적해서 같이 활동했던 친구들을 찾아볼 테니까, 넌 병일이하고 주변 인물을 인터뷰해서 일기와 유서 내용을 토대로 박선영 죽음의 의미를 부각하는 문건을 하나 만들어 봐. 병일이도 교대 후배들 좀 연결해 보고. 그리고, 어머니."

순식간에 역할 분담을 끝낸 김영호는 지갑에서 학생증을 꺼내 어머니에게 건네며 말했다.

"당장 오늘부터 작업을 해야 하니까 일기하고 유서는 두고 가세요. 확실하게 돌려드릴 테니 분실에 대해서는 걱정 마시구요. 이 학생증은 어머님이 불안해하실까 봐 드리는 겁니다. 내일 저녁 때 다시 연락을 드릴게요."

믿음직한 학생들이지만, 불안한 마음이 없을 수는 없었다. 어떻게 숨겨온 일기장이며 어떻게 되찾은 유서던가. 그러나 세 학생들의 순수한 눈물을 보았던 어머니는 불안한 마음을 억누르고 동생 집에서 초조하게 김영호의 연락을 기다렸다. 7월 4일 토요일 날이 저물어 갈 무렵, 김영호로부터 전화가 왔다.

"어머니, 김우중입니다. 선영이 선배를 찾아냈어요!"

"오매!"

"나정훈이라고 인천에 사는 친군데요. 그 친구하고 통화가 됐어요. 내일 아침에 인천에서 만나기로 했어요."

"시상에, 이런 은인이! 고맙습니다, 고맙습니다!"

감격한 어머니는 수화기에 대고 자꾸 절을 했다.

"일단 내일은 제가 먼저 만나서 그 친구 얘길 들어보고요. 어머님 하고 만날 약속을 잡아 드릴게요."

일은 신속하게 진행됐다. 다음 날 김영호는 전영기와 함께 부천역 광장에서 나정훈을 만났다. 나정훈은 이 낯선 사람들이 어떻게 자신을 알고 찾아왔는지, 상당히 곤혹스러운 표정이었다. 물론 비밀 활동을 하는 사람으로서 당연한 반응이기도 했다. 김영호는 곧장 본론으로 들어갔다.

"박선영 씨 문제로 상의할 게 있어 왔습니다."

선영의 이야기가 나오자 나정훈의 안색이 바뀌었다. 그는 물 한 잔을 다 비우고서야 겨우 냉정을 되찾았다.

"선영이는 서클에서 아주 열심히 활동했던 후배였습니다. 집안 문제나, 학교 문제로 심각한 고민에 빠져 있다는 건 알고 있었지만, 이렇게 죽음에 이를 정도로 고민이 깊은 줄은 상상도 할 수 없었죠."

"저는 박선영의 죽음을 사적인 죽음으로 봐서는 안 된다고 봅니다. 그의 죽음은 학생운동 과정에서 발생한 명백한 사회적 타살입니다.

박선영이 고민했던 집안 문제나 학교 문제처럼 이 사회의 모순을 첨예하게 보여주는 게 또 어디 있겠습니까. 박선영은 이 사회의 무수한 벽들과 싸우다 죽어간 겁니다. 그럼에도, 지금 박선영의 주검은 죽은 지 몇 달이 지나도록 사회적으로 방치된 채 부패하고 있습니다. 가족들은 아무런 힘이 없고, 서울교대 쪽의 상황도 크게 기대할 것이 없습니다. 제가 오늘 나정훈 씨를 만나고자 한 것은, 같이 활동한 동지들이 지금이라도 박선영 죽음의 의미를 복원하고 널리 알리는 데 적극 나서야 하지 않을까 하는 생각에서입니다만…….”

“방금 말씀하신 부분에 대해선 충분히 동감하고 있습니다. 그런데 유감스럽게도 저는 지금 사정상 전면에 나설 수가 없는 입장입니다.”

이 문제에 관한 나정훈의 태도가 너무 소극적이라는 인상을 받은 김영호는 약간 언성을 높이며 말했다.

“아니, 동료가 이런 식으로 죽어간 시점에서 그렇게 말씀하시면 안 되는 거 아닙니까? 진정한 동지라면, 개인적인 사정이 있어 전면에 못 나선다 하더라도, 할 일은 얼마든지 많은 것 아닙니까? 억울하게 딸자식을 잃은 부모님들이 지금 얼마나 비통해하시는 줄 압니까? 거의 침식을 잃을 지경입니다. 그들에게 박선영 씨의 생전 활동에 대해 들려주고 자부심을 가지게 하는 일도 동료로서 할 수 있는 일이고, 또 박선영의 죽음에 대해 별다른 대처를 하지 못하고 있는 서울교대 학생들을 설득해서 홍보물을 만들고 추모제라도 준비하게 하는 것이 세상 떠난 동지를 위한 기본적인 예의가 아니겠습니까?”

“……옳은 말씀입니다.”

나정훈은 짧게 대답하고 입을 다물었다. 파리한 그의 얼굴에는 차마 드러내지 못한 여러 감정과 생각들이 복잡하게 얽혀 있는 듯 보였다. 그러나 그건 그의 몫이었다. 김영호는 결론을 대신하여 이렇게 말

어 떤 죽 음

반미 자주화의 피묻은 깃대를 꽂은 이 제호, 그 시건 열사의 숯덩어리 죽음을 우리는 기억하고 있다.

반파쇼 독재의 독한 비수를 날린 이동수 열사의 불타는 죽음도 우리는 기억하고 있다.

아, 그리고 종철이와 한열이의 아직도 살아있는, 약진하는, 역사속에서 되살아 나고 있는 그 죽음을 우리는 안다, 느낀다.

여기 해 맑은 웃음에만 익숙했던 스무살의 초등교사 예비생의 또 다른 죽음이 있다.

서울 교육 대학 3학년 박 선영양이 그 이다. 그의 죽음은 독재하및 예속 권력과의 싸움의 전선에서 죽은 것이 아니다. 그의 죽음은 권력의 전황에 항거해야 한다는 양심의 명령과 그 양심을 초등하듯 짓밟아 버린 현실 사회의 출구 없는 갈등 속에서 시도된 죽음이었다. 자살이었다. 그런데, 그의 죽음은 서울고대 당국의 뻔뻔스러운 자살 동기 조작과 경찰의 타성적 안일과, 무엇보다도 우리들의 작은 죽음에 대한 자기 기만적 무관심속에서 한여름의 더위로 부패하고 있다.

당국은 그의 죽음을 연탄가스나 탈선된 애정행각의 종말로 묘사하고 있다. 그로부터 5개월이 지났다. 5개월이라는 시간의 흐름이 그의 죽음의 사실을 드러내고 그의 죽음을 복권시키는 데 핸디캡이 되어서는 안된다.

이제 그의 대학생활을 특히 권력의 횡포가 어떻게 그의 목을 소리없이 쩨었는가를, 그래서 독재는 대공분실과 길거리에서뿐 아니라 어떻게 혼자만의 자취방에서도 한 인간을 고살할 수 있는가를 보도록 하자.

그의 죽음은 우리에게 무엇인가

"나의 죽음에 대해 그 어떤 추측도 억측도 싫다. 액면 그 대로 받아들이길 바란다"

그의 유서의 마지막 귀절이다. 그러나 그의 입은 닫혀 있고 힘있는 자의 입은 거짓을 말한다. 우리는 그러므로 억측은 아닐망정 추측을 해야 한다. 그것도

전영기가 작성하여 유족과 교자추에 넘겨준 '어떤 죽음'.
박선영 열사의 죽음을 객관적인 시각에서 조명한 최초의 문건이다.

했다.

"이렇게 합시다. 박선영 문제 해결의 주체는 서울교대 학생들이어야 한다는 원칙 하에, 그들이 올바른 관점으로 이 문제를 바라보고, 추모제를 준비하기까지 나형도 같이 참여해서 힘을 실어 주기로. 어떻습니까?"

"예, 좋습니다."

김영호의 간단명료한 결론에 나정훈 역시 동의했다. 김영호는 뚝심 있게 일을 추진해 나갔다. 7월 6일 나정훈과 어머니를 만나게 하였고, 7월 8일 박선영의 부모님과 서울교대 학생들, 청담교회 대학부 선배 나정훈을 포함한 흥사단 모임을 주도적으로 이끌었다. 그동안 전영기는 선영의 주변 인물을 취재하여 「어떤 죽음」이라는 글을 작성해 놓았고, 김병일은 서울교대 후배들에게 연락하여 박선영의 죽음을 설명하고 7월 8일 흥사단 모임에 참석하게 만들었다.

마침내 1987년 7월 8일. 김영호를 비롯한 세 사람과 대학부 대표 나정훈, 서울교대 교자추[271] 위원장 84학번 김현순, 부모님 등 4자가 최초로 회동하는 순간이 왔다. 김영호의 사회로 회의는 일사천리로 진행되었다. 나정훈은 선영의 활발한 활동을 증언하였고, 부모님은 선영 사후의 일련의 과정을 설명하였으며, 김영호 외 3인은 교자추에 박선영 추모 행사를 정식으로 제안하였다. 이들은 1987년 9월 1일부터 3일까지 3일간 박선영 추모 기간을 설정하고, 9월 2일 수요일 오후 2시 교내에서 교자추 주최의 추모행사를 거행하기로 결정했다.[272]

---

271. 서울교대 자율화추진위원회. 서울교대 내에 이 교자추가 꾸려지게 된 과정에 대해서는 뒤에서 따로 설명할 것이다.

272. 『박선영 우리들의 역사』에서 「선영 입학부터 오늘(91.2)까지」 중 117쪽.

여기까지 왔다. 여기까지밖에 오지 못했다[273]

교자추 대표로 흥사단 모임에 참가한 김현순은 박선영 추모행사 안을 논의하기 위해 교자추 위원들에게 연락을 취했다. 학교 밖에서 따로 만남을 가져야 했다. 학교는 지금 '휴업령'이 내려진 상태였다. 이때의 서울교대는 과거 선영이 다니던 그 학교가 아니었다. 6·9 항쟁의 격랑을 온몸으로 헤쳐 나온 서울교대였다. 사회 대변혁과 민주화에의 갈망이 곳곳에서 들불처럼 타오르던 6월, 교대 역시 알에서 깨어나기 위한 엄청난 진통을 겪었다. 6월 9일, 서울교대 사상 최초로 거의 모든 학생이 학교 측의 폭정을 온몸으로 거부하며 떨쳐 일어났다. '발령'이란 기득권 때문에 정태수의 부당한 학사운영을 참아내며 숨죽여 지내온 학생들은, 2년 반의 굴욕과 수모를 한꺼번에 날려버리려는 듯 무서운 기세로 타올랐다. 그것은 의거義擧였다.

최초의 불씨는 무엇이었던가. 아마도 그것은 서울교대의 무수한 '박선영'이었을 것이다. 80년 이후 상당수의 서울교대 출신 활동가들이 '이름도 명예도 없이' 교회에서, 노동 야학에서, 언더서클에서, 인권단체에서 신명을 바쳐 투쟁하였다. 그 보이지 않는 씨앗들은 때로 꺾이고 쓰러지면서 이 땅 곳곳에 떨어져 사회와 교대 민주화의 거름이 되었다. 또 하나의 불씨는 무엇인가. 당시 민주화를 열망하는 전 국민적이고 전 사회적인 분위기는 심리적으로 교대 학생들에게 적지 않은 영향을 미쳐 '투쟁하면 된다', '바꿀 수 있다'는 자신감을 불러일으켰을 것이다. 결정적인, 마지막 불씨는 무엇이었나. 두말할 나위도 없이 그것은 교대생 모두가 가슴 터지도록 지니고 있던 불만과 정의감이었

---

273. 노동자 시인 백무산의 시 구절.

다. 이미 1987년 초부터 교대 학생들 사이에는 정태수 학장의 횡포와 폭정에 대한 불만이 골수에 차 있었고, 1학기 말쯤에는 거의 폭발 직전에 이르러 있었다.[274]

이제 더 이상 방관할 수만은 없다는 교대생들의 투쟁 의식에 불을 당긴 것은 두 학생의 KNCC 농성이었다. 참으로 절묘한 시점이었으나 결코 우연만은 아니었다. 1987년 6월 4일, 서울교대 천은오, 성혜정 두 학생이 KNCC 회관에서 서울교대의 불법 행위를 규탄하고 악질 총장 퇴진을 요구하는 단식농성을 벌이는 사건이 일어났다. 대학생이면 누구나 다 읽는 교양서적을 공부했다는 이유로 학내 취조실로 끌려가 취조를 받고, 폭언과 구타, 감금을 당했다는 것이다. 이 사건을 신호로 서울교대 운동권 기수들은 기다렸다는 듯 학교 측에 대한 총공세에 나섰다. 다음날인 6월 5일, 제2대 총학생회 유세장에서 김현순을 비롯한 4명의 학생이 서울교대의 억압적인 상황을 폭로하며 교대 민주화를 위한 자율적 민주 총학생회 건설의 필요성을 주장하고 나섰다. 사태는 급진전되었다. 대다수의 학생들이 노래와 구호를 따라하며 교대 민주화의 열망을 드러냈다. 학교 측은 교수와 교직원들을 내세워 서둘러 학생들을 강제 해산시켰으나, 상황은 시작에 불과했다.

6월 7일에는 3명의 학생이 KNCC 농성을 지지하며 농성에 합류했고, 6월 8일에는 1, 2, 3학년 전 학생이 '수업 거부 동맹 결의와 학장 퇴진을 요구서'에 전격 서명했다. 서울교대 학생이라면 그날의 감격을 평생 잊지 못할 것이다. 그 누가 상상이나 할 것인가? 사지 멀쩡한 대학생이 백주대낮에 지성의 전당이라는 대학에서 하잘 것 없는 이유

274. 당시 교자추 위원장 84학번 김현순의 술회에서.

로 무시로 끌려가 취조받고, 구타당하고, 감금당하는 그 악랄한 현실을! 교육과 지도라는 미명 아래 학생에겐 사형이나 다름없는 제적, 무기정학을 일삼는 눈물로 얼룩진 학창시절[275]을!

6월 9일, 서울교대의 그날이 밝아왔다. 박준규, 박수연(83학번, 무기정학) 두 학생이 부당징계 철회, 교내 민주화 쟁취 등을 주장하며 총학생회실 점거농성에 들어갔다. 학교 측은 사도교육 시간을 갖는 한편, 학생들을 강제 귀가 조치 시키기에 혈안이 되어 있었다. 학교 밖으로 밀려나는 학우들을 향해 김현순이 사력을 다해 소리쳤다.

"모이자!"

김현순의 부릅뜬 눈에서 분노의 불이 일렁였다. 주위에 있던 몇몇 학생들도 가세하여 목이 터져라 외쳤다.

"모이자! 모이자! 모이자!"

강제 귀가 조치를 방해하자, 학교 측은 교직원들을 시켜 김현순과 다른 세 명의 학생들을 학생처장실에 감금시켜 버렸다. 강제 귀가 조치로 교문 밖에 내몰린 학생들은 '학장 퇴진'을 외치며 스크럼을 짜고 다시 교내로 진입하였다. 중앙 잔디밭에 모인 이들은 집회를 열어 자신들의 요구 조건을 완전히 관철할 때까지 철야농성을 벌일 것을 결의하고, 체육관에 들어갔다. 학생들의 철야 농성이 시작되자 당황한 학교 측은 소수 좌경화된 학생들의 소행이라며 부모님들을 선동하기 시작했다. 그 결과, 50여 명의 학부모가 각목을 들고 농성장에 진입하여 해산을 종용하는 일이 벌어졌다. 학생들은 부모님의 손을 잡고 '우리의 정당한 요구를 관철하기 위해 각자 자신의 의지로 참여하고 있으며, 학교 당국의 술책에 속지 말 것'을 간곡히 설득하였다.

---

275. 김현순의 회고문에서.

천은오·성혜정의 KNCC 농성과 서울교대 학생들의 철야 농성 사실이 일부 언론에 알려지자 사태는 일파만파로 퍼져 나갔다. 학교 측은 수습책 마련에 부심하기 시작했다. 대세는 이미 기울어가고 있었다.

6월 11일, 사태가 심상치 않게 돌아감을 간파한 학교 측은 뒤늦게 수습위를 결성하여 '한운봉은 사임, 최성락은 보직 교수 경질을 시키겠다'며 농성 해산을 요구했다. 그야말로 손바닥으로 하늘을 가리려는 수작이었다. 학생들은 정태수 학장이 퇴진할 때까지는 한 발짝도 움직일 수 없으며, 비타협적으로 싸울 것을 결의하였다. 6월 12일, 농성 학생들은 학내의 억압 행위를 폭로하고 규탄하며 국회의 진상조사단 파견을 촉구하였다. 4학년 학생들도 교육실습을 거부하며 후배들의 싸움에 동조하고 나섰다. 진상을 알게 된 학부모들의 지지와 격려가 쇄도하기 시작했다. 인천교대 학생들이 지지성명서를 발표했다. 6월 13일, KNCC에서 농성중이던 천은오, 성혜정 두 명의 학우가 자진해서 농성을 풀고 체육관 농성에 합류하였다.

상황이 이렇듯 긴박하게 돌아가고 있음에도 불구하고 정태수는 잘못을 뉘우치기는커녕 '나도 학생들에게 정떨어졌다. 나는 서울교대를 초등 교육의 메카로 만들기 위해 혼신의 힘을 다했다'고 말했다. 6월 14일, 교수 일동의 명의로 농성 학생들의 해산을 종용하는 '사랑하는 제자들에게'라는 제목의 유인물이 배포되었다. 넘어야 할 산은 멀고도 험했고, 부숴야 할 반동의 벽은 아직 너무나 견고했다. 그러나 무형의 성과는 적지 않았다. 농성 6일째를 맞이한 학생들은 스스로 '생활 수칙'을 만들고 철저한 자세를 결의하는 등 투쟁 속에서 새로운 문화를 만들어나갔다. 총학생회실에서 농성하던 박준규, 박수연도 체육관 농성에 합류하였다.

6월 15일, 학교 측은 '휴교령'을 들먹이며 새로운 협박을 가했다. 학생들의 분노는 극에 달했다. 정태수는 농성장에 찾아와 '농성 풀면 사표 내겠다'는 말로 학생들의 의중을 떠보았다. 그러나 현명한 학생들은 속지 않았다. 학생들은 강경하게 '선퇴진'을 주장하는 한편 휴교령에 대비해 교대 자율화 추진위원회 결성을 결의하였다. 휴교령이 떨어져 농성이 강제 해산된 뒤에도 지속적으로 자신들의 요구를 관철시키고, 학내 민주 총학 건설의 기반을 마련할 조직적 틀이 필요했던 것이다.

6월 16일 03시를 기해 드디어 휴업령이 떨어졌다. 학교 앞에 휴업령 공고가 게시되고, 교문이 차단되었다.

학생들은 날이 밝기를 기다려 교내 행진을 개시했다. 100여 명가량의 학생들이 교문 앞 연좌 농성을 벌이는 와중에 두 명의 학생이 연행되어 경찰차에 실려 갔다. 오후 4시, 학생들은 다시 체육관에 집결했다. 서초경찰서장은 5분 내에 자진 해산을 하지 않으면 강제 해산을 시키겠노라고 협박했다. 학생들은 '농성의 정당성'을 주장하며 자신들의 요구 조건이 관철될 때까지 한 걸음도 물러서지 않겠다고 결의하였다. 마침내 서초경찰서장의 명령이 떨어졌다. 교수와 사복경찰, 교직원, 전경들은 일제히 행동을 개시했다. 새카맣게 체육관으로 몰려 들어오는 무리들 가운데 누가 교수이고, 누가 경찰인지 도무지 알 도리가 없었다. 그들은 스크럼을 짠 농성 학생들을 거칠게 떼어놓고, 옷자락을 쥐어뜯었으며, 사지를 하나씩 들고 질질 끌고 갔다. 그 과정에서 용케 피신한 학생들은 가두시위를 벌이며 학내 사태의 진상을 시민들에게 알렸다. 학생들을 몰아낸 서울교대에는 휴업령 공고만이 덩그렇게 나붙었다. 텅 빈 강의실 칠판 왼쪽에 붙은 '내 힘으로, 한마음으로'라는 교훈이 무색한 날이었다.

상황은 끝나지 않았다. 학교를 잃은 학생들은 6월 18일 장충동 경

휴업령 공고가 붙은 정문 앞에서 연좌 농성을 벌이는 학생들

동교회에서 교자추 결성식을 거행했다. 패배주의와 무관심을 딛고 일어선 학생들은 이제 교자추를 중심으로 잃어버린 자신의 권리를 하나씩 찾아 나서야 할 때였다. 그간의 농성은 학생들에게 귀중한 성과를 안겨 주었다. 교대인이 뭉치면 할 수 있다는 자신감이 그 첫째였다. 또, 교대는 이제 더 이상 '조용한 안정지대', '무풍지대'가 아님을 문교부나 학교 당국에게 확실히 인식시켜 준 것이 그 둘째였다.

그러나 6·9 농성이 적지 않은 한계를 노정하고 있었던 것도 사실이었다. 학생들의 자체 평가 과정에서, 사회 전반에 대한 구조적 인식 없이 지나치게 학내 문제에만 매몰된 측면, 그리고 학교와 사회의 폭력에 대항하는 비폭력 투쟁 노선의 맹점들이 지적되기도 했다. 교육이 지배자의 논리를 관철시키는 수단으로 사용되고 심지어 정권의 시녀로까지 전락되는 상황에서 '정태수 퇴진'이라는 교대 학생들의 요구는 과연 문제의 핵심을 찌르는 것이었던가. 정부가 교대를 '준공무원 양성 학교'로만 바라보고, 함부로 휴업령을 내리고 경찰을 동원하는 현실에서 '정태수 퇴진'이라는 구호는 저들에게 과연 위협적인 것이었을까.

그러나 모든 일에는 순서와 단계가 있기 마련이었다. 최초의 투쟁으로 자신감을 회복한 교대 학생들은 한층 확장되고 성숙한 시각으로 사회와 학교 문제를 바라보게 되었다. 그 첫발은 바로 박선영의 추모 행사 준비와 함께 시작되었다. 6월 24일 정태수의 사표가 수리되었음에도 휴업령이 해제될 기미를 보이지 않자, 학생들은 7월 6일 휴업령의 부당성을 널리 알리고 해제를 촉구하는 교자추 명의의 성명서를 문교부와 각 언론단체에 전달했다. 그러나 휴업령이 내려진 지 30여 일이 지났음에도 휴업령은 해제되지 않았다. 6·29 선언의 미풍은 교대라는 '특수 지대'의 거대한 담벼락을 넘지 못하고 있었다. 7월 8일 흥사단 회의 참가를 계기로, 9월 2일로 박선영 추모제 날짜를 박은 교자추는 7월 15일 휴업령 해제 싸움을 전개하였다. 교대 학생들은 억수같이 내리는 비와 경찰의 방해 공작을 뚫고 화물터미널 역에 모여 1차 집회를 가졌다. 그들은 휴업령의 부당성과 함께, 시대의 아픔과 억압적인 교대 상황 속에서 홀로 죽어가야 했던 박선영 학우, 제자의 죽음마저 외면해버린 비정한 현실을 폭로하였다.

박선영, 너의 이름으로!

1987년 9월 2일, 서울교대에는 오전부터 고 박선영 학우 추모제 준비가 한창이었다. 학생회관 앞에 선영의 영정이 놓여졌고, 탁구장에 분향소가 마련되었다. 이날 추모제에는 늦봄 문익환 목사도 참석할 예정이었다. 며칠 전, 김영호는 직접 문 목사를 찾아뵙고 '기도 좀 해주십사' 부탁을 드렸다고 했다. 만나 뵙는 것만도 영광일 문 목사님이 억울하게 죽은 딸자식을 위해 흔쾌히 추모 연사로 참석해 주시겠다니, 이런 은혜가 또 어디 있을까. 어머님은 제부에게 부탁해 수유리 문 목사 자택으로 차를 보냈다. 박선영 학우를 추모하는 대자보 앞에 학생들이 모여들었고, 분향소를 찾는 학생들의 발걸음이 줄을 이었다.

그러나 학장 이하 교수들은 조문은커녕 서초경찰서에 지원을 요청했다. 정문, 후문은 물론이요 바깥으로 통하는 울타리마다 새카맣게 전경들이 에워쌌다. 문이란 문은 철통같이 잠겨 있었다. 추모제는 처음부터 치열한 투쟁이었다. 이날 오전 서울에 도착한 아버지는 정문까지 잠가 버린 학교 측의 처사에 억장이 무너졌다. 아버지는 득달같이 학장실로 올라갔다.

"사도를 중시한다는 교육대학에서 제자가 죽어 추모제를 연다는데, 정문까지 몽땅 잠가불고 분향소에서 교수들 얼굴 볼 수 없는 이유가 뭡니까? 내 딸 죽음에 대한 학교의 입장을 똑똑허니 밝혀 주씨요!"

"아, 선영이 아버님께서 모르시나 본데, 지난 8월 25일 교수회의 석상에서 교수 여섯 명하고 학생 대표들하고 조사위원회를 구성하기로 얘기가 됐어요. 뭐 아직 일부 학생들의 반대로 진상을 밝히지 못하고 있지만, 조만간 추진이 될 겁니다. 그러니, 아버님도 학생들 말만 믿지 마시고, 협조 좀 해주십시오. 일단 추모제를 연기해 주셨으면 합니다. 조사가 끝나는 대로 이런 초라한 추모제가 아니라 각계 어르신들도 초청하고 기자들도 좀 부르고 해서 좀더 성대하게 행사를 가지십시다."[276]

그럴듯한 학장의 말에 반신반의하고 있을 때, 학생 간부 하나가 하얗게 질린 얼굴로 뛰어들었다.

"아버님! 더 들을 필요도 없어요! 여태까지 학장님이 한마디라도 옳은 말, 믿을 수 있는 말을 한 적이 있습니까? 추모제는 무조건 강행해야 합니다!"

그래, 학장이나 교수들에게 더 나올 게 뭐가 있으랴. 아버지는 학생 간부를 따라 학장실을 나왔다.

향불을 피운 분향소 앞에서 어머니가 울먹이고 있었다. 다시 치밀어 오르는 분노와 울분, 그리고 설움! 딸의 유해를 장의차에 싣고 와, 냉담한 교직원들을 붙들고 운동장 한 바퀴만 돌아나가겠다며 사정사정하던 2월의 기억이 아버지를 더욱 참담하게 만들었다. 6월 항쟁을 거치고도 이놈의 학교는 아직 이 모양이로구나. 눈물이 쏟아졌다. 그때였다. 수유리 자택으로 문익환 목사님을 모시러 갔던 학생 대표가 달려와 소리쳤다.

"아버지! 큰일 났어요! 목사님이 차에서 내리는 순간 수십 명이 달려들어 전경차에 싣고 가버렸어요!"

"뭐여? 어드로 갔냐?"

"저기요 저기!"

정신없이 달려가 보니, 목사님도 전경들도 흔적 없이 사라져버린 뒤였다. 정문 쪽에 서 있던 '장'이라는 교수가 아버지를 향해 교활한 미소를 지어 보였다. 아버지는 장에게 달려가 고함을 쳤다.

"당신들 이럴 수가 있어? 제자가 죽었는데, 와서 분향은 못할 망정 목사님 기도마저 못 하게 방해할 수가 있어? 당신들도 사람이야?"

"아, 문 목사 같은 정치성을 띤 사람을 부르시면 곤란하지요. 거, 학

---

276. 어머니의 술회와 「선영 입학부터 오늘(91. 2)까지」 내용 참조.

생들끼리 조용히 치를 수 있게 해준 것만도 고마운 줄 아세요. 문교부에서는 아예 원천봉쇄하라는 지시가 내려왔어요."

"당신들 같이 자식에 대한 애정도, 피도, 눈물도 없는 사람들이 무슨 자격으로 학생들을 지도합니까!"

아버지의 절규에도 저들은 눈도 깜짝하지 않았다. 오후 두 시가 되자 학생들이 식장인 체육관으로 들어오기 시작했다. 식장 맨 앞에 따로 마련된 유가족 자리에는 부모님과 화진, 의석, 영석, 외삼촌, 이모들이 앉았고, 그 뒤로 교자추 위원들과 수학교육과 친구들을 비롯한 1천여 명의 학생들이 자리를 가득 메웠다. 교자추 위원장 김현순이 마이크를 잡았다.

"학우 여러분! 방금 학장 이하 교수들의 추모식 동참을 요청하였으나, 일언지하에 거절하더군요. 자기들 자식과 같은 학생이 죽었는데 분향조차 하지 않는 저런 비정한 교수 밑에서 우리가 더 이상 배울 게 무엇이 있겠습니까?"

김현순은 목이 메어 한동안 말을 잇지 못했다. 잠시 후 김현순은 '우리끼리 식을 시작하겠습니다' 하고는 사회자 오광식에게 마이크를 인계하였다. 추모식이 시작되었다. 고인에 대한 묵념을 시작으로 86학번 임영미의 「박선영 학우가 걸어온 길」 낭독, 교자추 위원장 김현순과 복학대책위원회 위원장 오경운, 민교협 대표와 전국초등민교협 대표의 조사가 이어졌다. 이어 어머니가 단상에 올랐다. 피눈물과 울음소리가 뒤범벅이 된 어머니의 그 애절한 절규가 학생들의 마음을 울려 추모식장은 눈물바다가 되고 말았다.[277]

---

277. 『박선영, 우리들의 역사』 중 「선영 입학부터 오늘(91. 2)까지」에서.

오열하는 어머니, 넋이 나간 아버지

실신지경의 어머니

1994년에 건립된 박선영 열사 추모비

　너의 죽음은 연약한 여대생의 인생비관 자살일 수 없다. 오욕으로
물들어지고 군홧발에 찢긴 참담한 역사 속에 민주화로 가는 노정에 꺾
여버린 한 송이 진달래였다. 그래 너는 죽어 이 어미의 눈을 뜨게 했다.
그리도 이 나라가 독재의 나라였다는 것을, 대학이 좋은 것만은 아니라
는 것을. 네가 그토록 바랐던 민중세상의 그날까지 너의 혼백과 같이
싸우겠다. 이십일 세의 꽃다운 나이로 진달래 산천에 잠들지 못하고 한
줌 재가 되어 바다로 흘러버린 너의 육신을 되찾을 때까지…… 아가,
부디 지켜보아 다오.

　추모식은 교자추 학생들이 주도하는 교내 시위로 이어졌다. 어머

니는 화진의 부축을 받으며 천천히 걸음을 옮겼다. 멀리서 그 모습을 바라보는 젊은이들이 있었다. 김광훈과 여혜경. 그들은 남몰래 눈물 지으며 학생들과 유족들이 체육관을 나와 학장실로 몰려가는 것을 지켜보다 조용히 그 자리를 빠져나갔다.

오후 6시경 학생들은 학장실 앞에서 연좌시위에 들어갔다.

"학장 이하 교수들은 왜 추모식에 참석하지 못하는가?"

"합법적인 행사로 인정하고 잘못을 사죄하라!"

어머니는 온몸으로 절규하며 바닥을 뒹굴고, 학장실 문에 머리를 짓찧었다. 어머니의 격렬한 투쟁에 고무된 학생들도 함께 울부짖었다.

"고문실 철거!"

"내 눈앞에서 철거하라! 학생들이 주인이니 교수들을 다 물러가라! 사람답지 못한 교수들은 다 물러가라."

전남 출신 교수 세 명이 아버지를 불러내서 회유하기 시작했다.

"진상을 조사해서 결과가 좋게 나오도록 하겠습니다. 한 고향 사람 들끼리 해꼬지를 할 리가 있겠습니까? 믿어 주세요. 일단 저 학생들 과 어머님을 진정시켜 주세요. 이렇게 한다고 해결될 일이 아닙니다. 밖에 앉아 있는 학생들도 이제 그만 물러가라고 말 좀 해주세요."

아버지가 또 다시 속을 리가 없었다.

"그런 상투적인 수법에 내가 속아 넘어갈 듯싶소? 우리 선영이 죽 었을 때 당신들 뭐이라고 했소? 학생들 보내서 가족들 위협이나 하 고, 누구 한 사람 조문이라도 와 봤소? 당신들하고는 더 이상 이야기 하고 싶지가 않습니다."

문을 박차고 나온 아버지는 큰소리로 학생들에게 말했다.

"여러분, 진상을 조사해서 밝혀줄 것이니 오늘은 다 돌아가라는 학 생처장의 말입니다. 여러분은 어떻게 생각하십니까?"

"안 됩니다! 안 됩니다! 절대 안 됩니다!"

"고문실 철거! 학장 사과!"

6·9 농성을 경험한 학생들은 이미 예전의 그들이 아니었다. 한 몸 한 마음으로 학장실을 에워싼 채 사과를 요구하는 학생들과 가족들은 밤이 깊어도 물러설 줄을 몰랐다. 우여곡절 끝에 치러낸 이날의 추모제는 가족과 학생들의 길고 긴 투쟁의 서막이었다.

9월 중순경, 사면된 김대중 씨가 처음으로 광주에 왔다. 어머니 아버지도 김대중 씨가 묵었던 그랜드호텔에 초대되었다. 말 한마디 못 나누고 얼굴만 봤을 뿐이지만, 그때 선영의 가족에겐 DJ가 희망이었다. 도청 앞에 엄청난 시민들이 운집했을 때 어머니는 다시 김대중 씨를 만났다. 사람들이 꽉 차서 오도 가도 못 하는 광장 한복판에서 김대중 씨를 만난 어머니는 오열을 터트리며 가슴에 서리서리 맺힌 한

김대중 씨를 만나 오열하는 어머니

을 풀어냈다.

어머니는 재야에서도 알아주는 싸움꾼이었다. 투쟁의 현장에서는 늘 앞줄에 섰다. 뒷전에 서기가 싫었다. 저 꽃다운 청춘들도 앞에서 싸우다가 스러졌는데, 엄마가 돼가지고 뒷전에서 꾸무럭대고 싶지 않았다. 최루탄 지랄탄을 퍼부으면 그냥 치마를 뒤집어쓰고 앉아버렸다. 선영이가 가고자 한 길이다, 생각하면 무섭지도 않았다. 이대로 싸우다 가면 그만이었다. 이런 어머니를 두고 사람들은 '선영이 신이 들렸다'고들 했다.

때로는 선영이 보고 싶어 미칠 것만 같았다. 다른 유족들은 묘지가 있어 보고프면 찾아가기라도 하는데, 선영이는 유해마저 뿌려버리고 세상에 남은 것이 하나도 없었다. 원통하고 한스러웠다.

서울과 광주를 오가며 열심히 활동하던 어느 날, 군에 입대한 종욱이 첫 휴가를 나왔다. 종욱은 가족들에게 믿기지 않는 이야기를 해주었다. 선영의 유해 일부만 드들강에 뿌리고 나머지를 산에 묻어 놓았다는 것이다. 어머니는 깜짝 놀라 소리쳤다.

"어디다 묻었냐?"

"드들강 근처 야산인데, 표시해 놔서 찾을 수 있어요."

"가자."

어머니는 당장 화순으로 내려가 선영의 분묘를 확인했다. 이 소식은 얼마 못 가 광주 재야인사들 사이에 쫙 퍼졌다. 얼마 후, 선영의 유해는 서울교대 총학생회, 민통련 의장 문익환 목사, 조비오 신부 등 여러 단체와 개인의 추천으로 망월동 묘역에 안치하기로 결정되었다. 이들의 추천사를 아래에 소개한다.

……선영이와 같은 꽃다운 죽음이 다시금 되풀이되는 일이 결코 없

어야 하기에 그의 죽음을 모두의 가슴속에 영원히 살아 있는 자유와 민주에의 의지로 타오르게 할 수 있도록 5·18 광주 영령들의 묘역에 함께 묻히기를 간절히 바랍니다. 선영 양의 부모님과 저희 서울교대인 전체의 이름으로 바라는 바이오니 꼭 부탁드립니다.

　—서울교육대학 총학생회장 박연미

서울교대생 박선영 양이 나라와 겨레를 위해서 고민하고 싸우다가 87년 봄에 그 귀한 목숨을 민족 제단에 바쳤으므로 망월동 묘지에 묻어 주는 것이 그 가족에게 위로가 되고 그 죽음을 값있는 것으로 빛내 주는 일이라고 믿어, 이에 추천하는 바이오니 허락하여 주시기를 바랍니다.

　—민주·통일민중운동연합 의장 문익환

서울교대 박선영 양은 장래 교직에 나아가야 할 영재였지만 이 나라 민주화를 위해 민주화운동 대열에 적극 참여했으나 국민의 민주화 열망을 짓밟는 집권자와 공권력의 폭력에 생명을 던져 항의함으로써 민주제단에 꽃 같은 목숨을 바친 충절을 보여준 민주 희생자이기 때문에 망월동 묘역에 분묘를 안치하여 그 영령을 위로하는 것이 당연하다고 생각합니다.

　—민주쟁취국민운동광주전남본부 조비오 신부

1987년 11월 25일 새벽, 어머니는 20년 가까이 보관해 온 선영의 머리카락[278]을 유해와 함께 관에 넣었다. 그리고 서울로 올라가 교대에

---

278. 초등학교 1학년 때 잘라서 보관했던 선영의 머리카락.

아버지의 눈물

서 간단히 추모제를 올린 후 영정을 든 의석을 앞세우고 학교 운동장을 한 바퀴 돌았다. 몹시도 추운 날이었다. 선영의 가족과 친구들을 태운 장의차는 광주로 내려와 도청 앞 분수대를 한 바퀴 돌았다. 망월동에는 5·18 유가족들과 각계에서 오신 많은 손님들이 먼길을 돌아온 선영을 반겨주었다. 이날도 어머니는 많은 눈물을 흘렸지만, 5·18 민주 영령 곁에 누운 딸을 바라보는 표정은 여느 때보다 당당했다.

선영의 분묘를 망월동 묘역에 안치한 어머니는 숨돌릴 겨를도 없이 대선 투쟁에 참여하였다. 만나는 사람마다 '우리와 같은 아픔을 겪지 않기 위해서는 이번 선거에서 올바른 선택을 해야 한다'고 간곡히 부탁했다. 대통령 선거일인 1987년 12월 17일, 어머니는 광주 광천동 제1 투표소 정문에 박선영의 분향소를 차렸다.

어머니는 아침 6시부터 줄서 있는 유권자들에게 '군부독재를 찍으면 나와 같은 아픔을 당한다. 전두환 정권은 퇴진해야 한다'고 외쳤다. 그런데 어머니가 잠시 소변을 보러 간 사이에 서부경찰서에서 분향대를 철거해 가 버린 것이다. 분노한 어머니는 경찰서로 쫓아가 3시간 동안 항의농성을 한 끝에 다시 영정을 찾아왔다. 그 뒤부터는 작대기를 들고 분향소를 지키느라 하루종일 먹지도 마시지도 못하고 시민 홍보를 계속했다. 1988년 4·26 총선 때도 역시 마찬가지였다.

1988년 10월 8일 서울교대 국정감사 때는 '내 자식 살려내라'는 피켓을 들고 감사실까지 들어가 절규했다. 그 결과 교대 내 취조실까지 확인하는 현장 감사를 실시하게 되었고, 서울교대에 대해 비판적인 여론이 확산되기 시작했다. 10월 12일, 어머니는 여세를 몰아 학장실로 쳐들어갔다. 그리고 하룻밤을 새우며 처절한 농성을 벌인 끝에 마침내 세 가지 사항에 대한 김봉수 학장의 합의를 이끌어냈다.

명예 졸업장 수여식, 아버지

첫째, 졸업앨범에 고 박선영의 사진 게재 요구 수락

둘째, 사망 당시 학교에서 소홀히 대했던 점에 대한 유감 표시

셋째, 명예 졸업장 수여

어머니의 투쟁은 이제 시작이다

1988년 11월 16일, 미 문화원 점거 학생 1심 선고 판결에 항의하던 어머니는 결국 법정 소란죄로 구속되고 말았다. 선영의 사진을 목에 걸고 딸이 못다 한 일을 하기 위해 몸부림쳤던 어머니는 감옥에 갇혀 딸의 '명예 졸업장 수여식'에도 참석할 수 없었다.

어머니는 꺾이지 않았다. 평민당 김대중 총재가 면회를 왔을 때도 고마워하기는커녕 '노태우 재신임을 국민에게 물어야 하는데 총재님은 왜 뒤로 미루었냐'고 큰소리로 항의했다. 8개월 15일을 감옥에서

법정에 들어서며
구호를 외치는 어머니

보내는 동안 어머니는 단식을 일곱 번 했다. 구독하는 신문이 잔뜩 먹칠이 되어 들어오면 정상적인 신문을 넣어 달라 단식했고, 가족들 편지에 먹칠이 돼 있어도 단식했으며, 운동권 학생과 합방해 달라고 단식했다. 온몸을 꽁꽁 묶인 채 징벌방에 던져 넣어도 뜻을 꺾지 않았다. 그렇게 몸 바쳐 투쟁한 결과로 같이 지내게 된 '운동권 학생' 정규옥은 어머니와의 생활을 이렇게 회고했다.

어머니는 매일 선영아, 선영아 큰 소리로 우시고 통곡하셨어요. 진짜 가슴속에 분노와 슬픔이 가득 차서 막 불타오른다고 그럴까. 문을 하도 발로 차갖고 발도 다 멍들어 있고 손도 멍들어 있고 목도 맨날 쉬어 있고 보기 힘들 지경이었죠. 저도 사대 출신이고 부모님이 교직에 있고 하니까 선영이가 했을 고민과 갈등이 너무 이해가 됐죠. 저도 사실 너무 힘들어서 극단적인 생각을 해본 적이 있고 그러니까, 오영자 어머니가 내 어머니 같고 어머니 슬픔이 크게 와 닿아서 위로해 드리려고 많이 노력했어요. 근데 어머니는 단지 슬픔에서 끝나는 게 아니라 너무 용감하셨어요. 이 독재 정권을 무너뜨리려면 사회현실에 대해 더 잘 알아야 한다면서 공부를 하고 싶어 하시기도 했지요. 그런 걸 보면서 너

어머니의 투쟁

무 존경스럽고 대단하시다는 생각이 들었고, 나는 이분의 열정은 못 따라가겠다는 생각이 들었어요.[279]

어머니는 몸을 던져 투쟁할 때만, 악 소리도 내지 못할 고통에 숨이 막힐 때만 선영을 잊을 수 있었다. 요담뿌[280]로 창문 스물세 장을 깨며 구호를 외치고, 뒷수정이 채워지고 온몸을 묶인 채 질질 끌려 징벌방에 던져질 때만이 살아 있는 것 같았다. 그러나 혼자 묵연히 자기감정의 맨바닥을 내려다보는 시간이 오면 선영이 생각이 나서 견딜 수가 없었다. 왜 서울교대에 보냈지? 왜 운동하는 걸 말렸지? 음력설에 왔다가 기차 타고 가면서 손 흔들던 딸의 여윈 얼굴. 창백한 미소. 왜 몰랐지? 그럴 때면 감옥이 떠나가라 딸의 이름을 부르며 울었다. 온방을 구르며 머리를 짓찧고 문짝을 찼다. 피멍이 들어도 아픈 줄을 몰랐다. 어머니는 1989년 7월 출소하였으나, 1991년 강경대 열사를 폭행한 전경 5명의 재판에 갔다가 법정소란죄로 지명수배되어

---

279. 정규옥 인터뷰, 2023.
280. 겨울철 뜨거운 물을 넣어 보온용으로 사용하는 방한용품. 당시 감옥은 난방이 안 되었기 때문에 추운 날씨에는 요담뿌를 지급했다.

어머니의 투쟁

3년간 동가식서가숙하며 투쟁을 이어나갔다.[281]

1987년 5월 교련을 탈퇴하고 교육민주화운동에 뛰어든 아버지는 1988년 11월 장성군 교사협의회를 창립, 초대 회장으로 추대되었다. 이듬해인 1989년 6월 19일 전교조 장성지부를 창립하고 초대 홍보부장이 되었고, 1990년 6월에는 전국 해직교사 원상복직추진위원회 전남중부지역 대표로 활동했다. 1991년 5월 강경대 열사가 사망한 직후에는 전남대표로 교사 시국선언을 주도하였고, 1993년 9월 22일에는 전남 현직교사 대표로서 조건 없는 해직교사 전원복직과 교육개혁을 대통령께 건의하였다. 다른 한편으로는 한겨레신문의 주주로서 후원모임, 주주독자모임에 참석하는 등 언론을 바로 세우기 위한 활동에 적극 참여하였다.

그사이 장성한 자식들은 각 분야에서 의젓하고 믿음직하게 자리를 잡았다. 졸지에 '외동딸'이 된 화진은 어머니가 집을 비운 사이 유가협 활동, 동생 추모

"딸이 못 이룬 민주화 내가 하렵니다"

박 운 주
(영광여중근무, 영광해직교사원상복직서명운동추진위원회)

"어려운 교육 현실속에서 젊은 선생님들이 교육 민주화에 앞장서는데 나이든 교육계 선배로서, 조그만 일이라도 나서게 되면 현장 교사들의 가슴에 뭔가 닿지 않을까 해서 서명운동에 나섰습니다"

영광여중에 재직중인 박운주(56) 교사는 약 1,500여명의 해직교사들과 나란히 교단에 설 수 있도록 노력하고, 이것이 해직교사들의 양심에 따르는 일이라며 복직을 관철시키기 위해 땀 흘리겠다고 말한다.

영광지회 사무실에서 지난 6월 15일 발대식을 가진 이후 18일부터 해직교사 원상복직 서명작업에 들어갔는데 6월 28일 오전 현재 서명을 한 교사수가 300여명에 이르렀다고 한다.

지난 88년도 장성교사 협의회 회장을 역임했던 박교사는 복직서명운동이 법법행위라고 하는 문교부와 교육 관료들의 주장에 대해 "서명활동이 집단행위를 금지하고 있는 국가공무원법 제66조에 위반 된다면 교장단의 각종 결의대회나 사립학교법 합헌서명 등도 집단행동에 속하므로 징계해야지다. 청원활동은 헌법과 청원법에 보장된 국민의 기본권입니다"라고 항변한다.

지난 58년 교단에 들어 선 이래 올해로 교직경력 33년째를 맞이한 박교사는 얼마든지 혼자서도 할 수 있는 일들을 스스로 하지 않고, 시키는 일에는 무엇이든 아무런 저항없이 따르거나 이끌려가는 종속된 인간의 행태를 보이는 학생들을 계도하여 이웃을 뒤돌아 보며 봉사할 수 있는 기회를 주기 위해 단 1분이라도 시간을 내어 교훈적인 얘기를 해 주고 수업을 마친다며 누구보다도 학생들을 사랑하며 인격을 존중한다고 한다.

몇년 전까지만 해도 정부 교육시책에 무조건 따르는 것이 참교사인 양 생각했던 자신이 교육민주화 운동에 적극 참여하게 된 동기를 딸의 죽음에서 찾았다.

박교사는 지난 87년 2월 20일 서울교대 2학년 재학 중 군부독재에 항거하다 죽음의 길로 들어선 박선영(당시 20세)양의 아버지이다.

현재 망월동 5·18묘역에 묻혀 있는 박양의 죽음은 박교사의 가정에 큰 전환의 계기를 주었다.

박교사의 부인 오영자여사 또한 현재 서울에서 민주화실천 가족운동 협의회에서 활동 중이다.

"제가 현실에 눈을 뜨고 교육민주화를 위해 투신할 수 있었던 것도 내 딸 선영이 때문입니다"

선영이가 못 이룬 민주화의 100분의 1이라도 자신이 해야 한다며, 해직교사들이 전원 교단에 다시 서고 참교육이 실현되는 날, 딸의 죽음이 진정한 의미를 가질 수 있을 것이라며 반백의 머리를 쓸어 올리는 박교사의 등 너머로 장마를 밀어내며 일어서는 무지개가 보이는 듯 했다.

딸이 못 이룬 민주화 내가 하렵니다.

제를 비롯한 집안 대소사를 치러내었으며, 주말이면 광주 동생들을 돌보는 와중에도 악착같이 공부하여 대리로 진급하였다. 큰아들 종욱은 군 제대를 마치고 소안도로 발령이 나자 곧바로 전교조 활동을 시작하였다. 부자간에 2대에 걸쳐 전교조 활동을 하는 거의 유일한 가족이 된 것이다. 종욱은 전교조 중앙위원, 대의원, 고흥지회 내 문화 분과 대표로 활동하는 중에도 전남대 대학원에 진학하여 공부하는 동생들의 모범이 되고자 노력했다.

대학을 졸업한 의석은 1997년 9월 장학금과 생활비를 지원 받는 조건으로 미국 신시네티의 한 대학으로 유학을 떠나게 되었다. 누구의 도움도 없이, 오로지 자신의 실력과 노력으로 따낸 유학이었다. 1997년 초 유학을 결정한 의석은 남은 8개월 동안 이 땅에서 무엇을 할 것인가 생각했다. 그것은 바로 소의재 건립. 작은 누나도 안식을 찾을 때가 된 것이다.

십 년 세월을 몸부림쳐 온 가족들에겐 여태 집이 없었다. 가족들은 선영이 안식하고 가족의 마음을 편히 눕힐 수 있는 집을 마련하고 싶다는 의석의 뜻에 동의하였고, 여기저기 빚을 얻고 지원을 받아 전라남도 구례 지리산 자락에 집터를 마련하였다. 전라남도 구례군 산동면 관산리. 어머니와 단둘이 이곳에 내려온 의석은 맨몸으로 시퍼런 논바닥을 뒤엎고 터를 닦았다.

누나 기념관으로 지을라면 벽돌집을 지면 금방 망가진다고, 밑에 기소를 야물게 해서 한옥집을 지으면 천년 간다고, 지가 땡전도 없이 여그저그 알선 받아갖고 한옥집을 지은 거여. 박영진 아버님 소개로 전국에서 이름난 도목수님이 오셔서 이 집 기와하고 기둥하고는 세워놓고 가셨어.[282]

의석과 어머니는 말할 것도 없고 온 가족의 고생이 시작되었다. 형제들은 물론이고 의석의 친구, 양영식 회장을 비롯한 추모사업회 회원들, 선영의 친구와 선후배들, 각 단체 회원들의 성원이 잇따랐다. 주말 휴일을 이용한 노력 봉사, 일일찻집을 통한 기금 마련, 기술이 있는 사람은 기술로, 돈이 있는 사람은 돈으로, 마음으로, 정으로, 눈물로 그렇게 만들어진 집이 소의재였다. 공들여 지었다. 목재도 강원도에서 굵고 좋은 것으로 골라 실어 왔다. 댓가지를 얽어 외機를 엮고, 황토로 다섯 번을 발라 벽을 완성했다.

그 흙을 영석이 발로 다 이겼다. 저녁이면 불같이 달아오른 발을 펴지도 못하고 쳐들고 있어야 했다. 그래도 영석은 웃으며 말했다. 엄마, 이 집은 영원히 누나 집이여. 누구 일개인의 집이면 이렇게 못해. 91학번으로 전남대에 입학한 영석은 오월대가 되어 서울까지 원정을 다니며 싸웠다. 집회에 가면 맨 앞자리에 있는 어머니의 눈에 띄지 않으려고 얼굴을 가리고 숨어다녔다.

어머니는 보건소에 있는 의석의 친구에게 약을 타다 먹으면서 일꾼들 뒷수발을 혼자 다 했다. 아침, 아침참, 점심, 점심참, 저녁, 저녁참, 일꾼들 빨래에 술상까지. 혼자 돌아치며 일하다가 화상을 입어 큰 고생을 하기도 했다. 실로 엄청난 정성과 열기가 들어간 집이었다. 추모사업회에서도 짬 나는 대로 내려와 손일 진일을 했다. 동네 분들도 돌 한 주먹, 흙 한 주먹에 인색지 않았다.

1997년 가을. 어둠이 깔린 전라남도 구례군 지리산 자락에 때아닌 풍물 소리가 울려 퍼졌다. 박선영 열사 기념관 '소의재少義齋'[283]에서 열사의 원혼을 달래는 씻김굿이 시작되고 있는 것이다. 가족들과 서울

---

282. 오영자 인터뷰, 2000.
283. 작은 의리도 저버리지 않는 집.

교대 선후배 동문들, 추모사업회 동지들, 유가협을 비롯한 여러 단체에서 오신 손님들이 소의재 앞뜰에 층층이 원을 그리고 앉았다. 이날 씻김굿을 주관한 무당은 서울교대 84학번 오광식의 지인이었다.[284] 무당은 여러 손님들을 울고 웃기며 굿을 이끌었다.

선영 열사 부디 피맺힌 역사가 사무친 이 지리산 자락에 고이 납시소사. 열사께서 생전에 하신 말씀처럼 다시 깨어나 진정 역사가 원하는 강한 사람으로 다시 부활하소사. …… 청하옵니다. 청하옵니다. 선영 열사 영전에 청하옵니다. 최루탄에 맞아 죽고, 총에 맞아 죽고, 칼에 찔려 죽고, 굶어 죽고, 얼어 죽은 영가들, 영문도 모르고 비참하게 죽어간 원통한 영가들, 피 묻은 의장 갈아입지 못해 저승에도 가지 못한 불쌍한 지리산 혼백님네들 모두 청하옵니다…….[285]

산이 높아 못 오시는가 물이 깊어 못 오시는가
안개 막혀서 못 옵니까 어서 바삐 돌아오오
잠시잠깐 돌아와서 사랑하는 부모님과
형제네들 손길 잡고 이별이나 허고 가오

무당은 꽹과리를 치며 원을 그리고 돌면서 선영의 원혼을 인도하였다. 모두가 숨죽인 가운데 어머니가 딸을 부르며 구슬픈 곡성哭聲을 흘렸다. 선영아, 선영아, 선영아……. 망자의 영혼을 씻고 길닦음을 하기 전에 부모님이 나와 딸의 넋을 달래주었다. 어머니가 한바탕 울고 간 뒤에 아버지가 휘적휘적 다가왔다. 아버지는 제상 앞에 엎드려 짐

---

284. 오광식 인터뷰, 2023.
285. 막내 동생 박영석이 보관하고 있던 씻김굿 동영상에서 채록.

'박선영 기념관' 현판을 받고 기뻐하는 가족과 추모사업회 회원들

승 같은 울음을 토해냈다. 언제나 어머니 한 발 뒤에서 희미한 미소를 보내던 아버지가 이날은 격정을 이기지 못하고 가슴을 쾅쾅 치며 눈물을 쏟아냈다.

선영아, 아버지는 너무나 가슴이 아팠다. 니 뜻을 이루기 위해서 오해도 받았단다. 그렇지만 니 뜻을 알리기 위해 노력했다. 얼마나 노력했는지 모른다. 오죽하면 신문에 난 내 기사를 애들한테 내놓고 가슴이 터질 것 같은 내 심정을 일러줬단다. 니가 안 죽었으면 내가 글안 했겠지. 너도 행복하게 여느 사람과 같이 살았겠지. 그렇지 못했다마는 너로 인해서 진실을 알고 사랑을 알고 더불어 살아가는 세상도 알고 그랬기에, 모두 모여서 너의 소원을 빌고 있지 않냐. 니 동생, 오빠, 아버지 어머니가 이 집을 지었단다. 너를 위해서 죽도록 고생해서 이렇게 집을 지었단다. 어머니는 화상을 입었단다. 죽도록 했다, 나도, 모두가. 선영아, 우리 가는 길이 험악하고 가시밭길이라도 어머니 아버지는 살아갈란다. 살아갈란다. 가다가 지쳐서 넘어지고 쓰더지더라도 살아갈란다…….[286]

한마디 한마디 피 토하듯 쏟아내는 아버지의 모습을 보고 눈물 흘리지 않는 이가 없었다. 이날 아버지의 모습에 대해 오광식은 '박선영 열사와 나'라는 글에서 이렇게 썼다.

뜻밖에도 그날 추모굿의 주인공은 열사도 아니었고 열사의 어머니도 아니었고 바로 평소에 말도 별로 없으시고 잔잔하시던 열사의 아버지

---

286. 씻김굿 동영상에서 채록.

아버지는 광주전남지역에서 활발히 활동하였다.

였습니다. 저는 그날 열사의 아버님이 열사의 죽음을 통해 얼마나 많은
슬픔을 느꼈고 슬픈 만큼 열사가 고민했던 역사와 민중, 민주 그리고
통일에 대해 얼마나 큰 깨달음이 있었는지를 알 수 있었습니다.[287]

소의재는 서울교대 학생들뿐 아니라 민주와 통일을 위해 헌신하는
모든 이들이 언제든지 쉬어갈 수 있는 사랑방이 되었다. 아버지는 소
의재를 근거지로 삼아 광주전남지역에서 활발히 활동하였고, 어머니
는 언제나 그렇듯 동에 번쩍 서에 번쩍하며 학생과 노동자들의 투쟁
에 풀무질을 했다.

───────────

287. 오광식, 박선영 열사와 나.

폭설과 혹한 속에서 농성하는 어머니. 앞줄 오른쪽이 어머니.

어머니는 1998년 겨울부터 '민주화운동 관련자 명예회복 및 보상 등에 관한 법률' 제정을 촉구하며 유가협(전국민족민주유가족협의회) 어머니 아버지들과 국회 앞에서 천막농성을 벌였다. 차가운 콘크리트 바닥에 이불을 깔고 한겨울 혹한과 한여름 폭염을 이겨내며 단식과 삭발도 마다하지 않았다.

천막농성이 한창이던 1999년 11월 10일, 어머니는 유가협 회원 몇 명과 함께 동대문경찰서를 기습 방문했다. 아직도 돌려받지 못한 선영이 유서 6장을 받아내기 위해서였다. 1987년 6·29선언 직후 부모 형제에게 남긴 유서 2장은 돌려받았으나 무슨 이유에선지 나머지 6장에 대해서는 모르쇠로 일관하고 있었다. 선영의 유서를 온전히 돌려받지 못한 것이 두고두고 한스러웠던 어머니는 동대문경찰서장을 면담하고 박선영 열사 사건 수사 서류 열람을 요구하였다.

동대문경찰서장은 당혹감을 숨기지 않았다. 세월이 흘러 1987년 당시의 서장은 물론 담당 형사였던 박부웅도 이미 퇴직한 상황이었다.

"사망 사건의 경우 장례가 끝나면 유족들에게 유서를 돌려주는 것이 원칙인데, 그때 왜 박선영의 유서를 돌려주지 않았는지 저도 이해를 못 하겠네요. 어쨌든 이렇게 오셨으니 서고를 뒤져서라도 당시 박선영 양 관련 자료들을 찾아보겠습니다."

서장은 감식반장 권호영을 불러 박선영 사건 수사기록을 찾아보라고 했다. 감식반장은 전경 1소대[288]를 동원하여 3층의 서고를 수색하기 시작했다. 몇 시간 동안 서고에서 서류를 찾던 권호영은 전화 통화를 위해 잠시 나갔다 온 후 어머니에게 수사기록이 없다고 말했다.

어머니가 직접 서고에 가서 확인해 보니 연도별로 정리된 서고에

---

288. 어머니 인터뷰, 2000. 감식반장 권호영이 1999년 11월 11일 작성한 '탄원서'에는 '전경 4명을 동원하여 수색'한 것으로 나와 있다.

1987년 1~6월분 서류철만 보이지 않았다. 박선영 열사 사건 서류뿐
아니라 1987년 2월 전후의 자료들이 모두 사라진 것이다. 1987년 1
월부터 6월까지는 과거 어느 때보다 투쟁의 파고가 높던 시기였다.
민주화운동 관련 서류들이 다른 시기보다 많았으면 많았지 이렇듯
통째로 비어 있을 리가 없었다. 분개한 어머니는 이 점을 지적하며 강
력히 항의하였으나 제대로 된 답변을 들을 수가 없었다. 진땀을 흘리
며 변명하던 동대문경찰서장은 급기야 퇴직한 박부웅을 불러들였지
만, 박부웅 역시 사라진 자료에 대해서는 모르겠다고 답했다. 농성장
을 오래 비울 수 없었던 어머니는 박부웅과 권호영으로부터 진술서
를 받고 경찰서를 나올 수밖에 없었다.

진 술 서

　성 명 : 박부웅

　상기 본인은 국립경찰에 (1968. 5. 25) 투신하여 근무해 오던 바
1987. 2. 20 故 박선영 양의 변사자 담당자로서 아래와 같이 진술함.

　당시 현장 상황으로는 목메어 죽어 있는 박선영 양은 덕산파출소 이
경구 경찰관의 신고에 의하여 현장에 임하여 수사한 바, 박선영 양이
목메어 있었고 유서로는 당시 정권을 힐랄히 비판하는 내용으로 자살
한 것으로 사료되므로 진술합니다.

1999. 11. 11　진술인 : 박부웅

탄 원 서

　소속 : 동대문경찰서 형사과 감식반장

　이름 : 권호영

　상기 본인은 1986년 2월 14일 국립경찰에 투신하여 오던 바 1998년

1월부터 현장 감식 업무를 명 받고 근무하던 바 故 박선영 씨의 변사 기록(1987. 2. 20 사망)을 서고에서 99년 11월 10일 09:00부터 17:00 까지 찾아본 바 11시경 87년 기록 일부를 발견하였으나(발견된 것은 4월) 박선영 씨의 기록이 없었으며 1999. 11. 11. 09시부터 11시 30분까지 전경 4명을 동원하여 수색해 본 바 더 이상 발견이 되질 않아서 당시 변사 사건 형사 박부웅 경위를 수소문하여 찾은 바 박부웅 형사가 그때 정황을 확실히 인식하고 있음을 확인하고 오후 2시에 당서에 와서 증언을 해주기로 했습니다. 아울러 본인도 지속적으로 사건에 대하여 수색을 실시하여 꼭 고인의 넋에 위로가 되는 모범 공직자가 되겠습니다.

1999. 11. 11 경사 권호영

진 술 서

성명 : 박부웅

주민등록번호 : 420120

주소 : 서울시 광진구 구의동

상기 본인은 1974. 6. 20자 동대문경찰서 근무하다가 1997. 12. 27자로 명예퇴직한 자로서 1987. 2. 20 故 박선영 양의 변사자 담당 형사로서 아래와 같이 진술합니다.

당시 본인은 수사과 형사로서 변사 사건의 자·타살 여부를 확인코저 현장에 임한 바 현장 상황으로 보아 목메어 죽어 있는 故 박선영은 덕산파출소 근무 이경구 경찰관의 신고에 의하여 현장에 임하여 수사한 바 故 박선영 양이 목메어 있었고 책상 위에 유서도 부모, 언니와 당시 정권을 힐랄히 비판하는 내용이 담긴 유서 등이 있었는데, 유서 등으로 보아 운동권 학생으로 추정되고 수사를 진행하면서 유족과 주변

인물들의 언동으로 볼 때 당시 정치권에 불만을 가지고 이런 일로 스스로 목숨을 끊은 것으로 생각되었음을 진술합니다.

1999. 11. 30   진술인 박부웅

당시 유서는 문서 서고에서 못 내주게 되었음(운동권)

현장감식반장 경사 권호영, 433-2941

눈물을 머금고 국회 앞 천막농성장으로 돌아간 어머니는 1999년 12월 28일 드디어 '민주화운동 관련자 명예회복 및 보상 등에 관한 법률'이 국회 본회의를 통과했다는 반가운 소식을 듣게 되었다. 병든 몸 상한 육신에 서로 뜸을 떠주고 부항을 붙이며 422일을 견딘 끝에 이뤄낸 쾌거였다. 유가협 회원들은 '이제야 자식들 볼 면목이 생겼다'며 얼싸안고 기쁨의 눈물을 흘렸다. 그러나 어머니는 마냥 웃고 기뻐할 수가 없었다. 내 딸 선영이가 마지막 가는 길에 남겨 준 유서 6장을 통째로 잃어버렸기 때문이다. 어머니의 투쟁은 이제 시작이었다.

글을 마치며

평생을 민주화와 통일에 헌신했던 문익환 목사. 그는 유가협 어머니 아버지들이 태산같이 믿고 의지했던 존재였다. 1987년 7월, 진주교도소에서 출소한 문 목사는 이한열 열사의 장례식장에서 열사들의 이름을 외쳐 불렀다.

"전태일 열사여! 김상진 열사여! 김세진 열사여! 이재호 열사여 ……!"

절규와 같은 그의 열사 호명은 그 어떤 선언문보다도 비장했고 수만 군중을 격동시키는 힘이 있었다. 전태일 열사와 2천여 광주 영령, '반성하지 않는 삶, 아파하면서 살아갈 용기가 없는 삶, 이 땅의 불의와 억눌림을 방관하는 삶'을 자책하며 한강에 투신한 박혜정 열사까지 호명되었으나 박선영 열사의 이름은 끝내 불리지 않았다. 전날 감옥에서 풀려난 탓에 박선영의 존재를 미처 알지 못했던 탓이다.

그해 8월경 문 목사 자택을 방문한 김영호가 9월에 있을 추모제 참석을 부탁드리고 나서야 그는 박선영의 삶과 죽음에 대해 알게 되었다. 비록 경찰의 방해로 추모제 참석은 불발되었지만, 같은 해 11월 선영의 분묘가 망월동에 안치되던 날 문 목사는 박선영 열사의 이름을 한 편의 아름다운 시에 담았다.

그래 울지 않으마
선영아, 나의 딸 선영아!
저 푸른 하늘

네 눈물로 무너져 쏟아지는 날까지
이 멍든 가슴 쾅쾅 두들기며 네 이름을 부르마
앞산 뒷산도 따라 울게 네 이름을 부르마
네 눈물로 가슴에 불을 붙이며
네 이름으로 싸워 이기마
— 문익환 목사의 추모시에서

독재정권 하에서 스러진 수많은 죽음들이 있었지만 모두가 열사로 호명되지는 않는다. 산 자의 치열한 투쟁이 없는 한 죽은 자는 '힘을 길러 돌아'올 수가 없기 때문이다. 박선영이 열사로 호명되게 된 데는 어머니의 눈물겨운 투쟁이 있었다. 자식 잃은 부모는 많지만 어머니처럼 모든 것을 바쳐 싸운 사람은 드물 것이다.

박선영의 동지들이 독재정권에 대항하여 누구보다 열심히 싸운 이들이라는 사실은 유족의 투쟁과 박선영 열사 추모 사업의 정당성을 뒷받침해 주었다. 2001년 이들을 만나기 전까지 열사의 부모님은 민주진영 내부의 권력 관계 속에서 끊임없이 고통받았다. 시위 대열의 맨 앞에서 처절하게 투쟁하는 어머니의 모습이 종종 기자들의 카메라에 포착되면서 이를 시기하는 사람들이 있었다. 딸의 분묘를 망월동에 이장할 때는 '이놈 저놈 다 갖다 묻으면 공동묘지 된다'는 말을 들었고, '선영이가 정말 민주화운동을 했으면 조직 이름이 없을까'라는 비아냥도 들었다. 그러나 어디선가 치열하게 싸우고 있을 '언더서클 동지들'의 존재를 믿어 의심치 않았기에 어머니는 숱한 모욕과 악선동을 이겨낼 수 있었다. 그리고 마침내 나타난 동지들이 딸의 민주화운동을 증언해 준 덕분에 박선영 열사는 민주화운동 관련자로 명예회복을 할 수 있었고, 아버지도 안심하고 눈을 감을 수 있었다.

6·9투쟁으로 각성한 서울교대 학생들도 박선영의 정신을 되살리는데 크게 이바지했다. 그들은 박선영·남태현열사추모사업회를 만들어열사 추모와 계승 사업을 정례화·공식화하였고, 1994년에는 박선영열사의 추모비를 건립하였으며, 박선영 열사 기념관 소의재 건립에도힘을 보탰다. 열사 사후 37여 년이 지난 오늘까지 단독으로 추모사업을 할 수 있는 역량을 지닌 우리나라에 몇 안 되는 추모사업회 중의하나라고 생각된다.

문익환 목사의 시에 기대어 말하자면, 우리가 박선영 열사의 이름을 부르고 추모하는 까닭은 '네 눈물로 가슴에 불을 붙이며 네 이름으로 싸워 이기기' 위해서다. 맨발로 울면서 건너온 박선영의 시대를돌아보며 지금 내 삶이 '회전의자'[289]의 안락함에 취해 현실의 부조리를 외면하고 있지는 않은지 성찰하기 위해서다.

그런 의미에서 2023년 11월 전남여고 학생들과 교사, 지역 시민사회 인사들이 전남여고 후문 담장에 조성한 '기억이음 벽'은 매우 뜻깊은 장소다. 이 기억이음 벽에는 박선영 열사(1985년 졸업)와 들불야학을 만든 박기순 열사(1976년 졸업), 1980년 3학년 재학 중 5·18민주항쟁에 참여했다가 부상당해 1992년 사망한 김경희 열사 등 전남여고 출신 민주 3열사의 얼굴과 행적이 새겨져 있다.

기억이음 벽 조성 사업은 2023년 초 새 학기 수업 방안을 논의하던 교사들이 전남여고 출신 민주열사들을 조명해 보자는 데 합의하고, 5·18민주화운동 43주년을 앞두고 학생들이 민주열사 선배들을조명하는 기념물 제작을 제안하면서 본격화되었다. 학생들은 민주열

---

289. 박선영의 일기 참조.

사와 관련한 그림을 그리고 기념물에 들어갈 문구를 구상하는 등 기억이음 벽을 조성하는 데 큰 역할을 했다. 당초 교내에 조성하기로 했던 기념물의 위치도 '더 많은 시민이 볼 수 있었으면 좋겠다'는 의견에 따라 버스정류장이 있는 현재의 위치로 바꾸었다.

그뿐만이 아니다. 2025년부터는 박선영 열사 추모제도 전남여고에서 치러지게 되었다. 전남여고에서 추모제를 치르자는 학교 측의 고마운 제안을 어머니와 추모사업회가 기쁘게 받아들인 것이다. 기억이음 벽과 추모제가 결합되면서 앞으로 더 많은 사람들이 박선영 열사에 대해 알게 되기를 소망한다.

기억이음 벽이 조성된 뒤 어머니는 지팡이를 짚고 수시로 이곳을 찾는다. 팔순을 넘긴 몸은 성한 데가 없고, 일주일에 세 번 재활 치료를 받지 않으면 걷기도 힘들다. 1987년부터 함께했던 유가협 어머니 아버지는 대부분 세상을 떠났다. 전태일 열사 어머니 이소선, 박종철 열사 아버지 박정기, 이한열 열사 어머니 배은심……. 그러나 어머니는 외로워할 새가 없다. 엄살도 없고, 변명도 없다. 검버섯 핀 얼굴엔 투사의 자존심이 형형하고, 중요한 투쟁의 현장에는 어김없이 참석해야 직성이 풀린다.

어머니는 벽에 새겨진 딸의 얼굴을 매만지며 그간 있었던 일들을 나직나직 이야기한다.

"선영아, 잘 있었어? 엄마는 전대 병원에 재활 치료 갔다 왔다. 재활 선생님이 좋은 양반이여. 다 알아서 치료해 주시니까 엄마는 편안해. 먹을 것도 많애. 언니가 좋은 것이 있으면 엄마 먹으라고 보내주고, 오빠도 자주 왔다 갔다 하니까 하나도 걱정할 게 없어. 선영아, 니가 여기 있으니까 엄마는 살 것 같다. 니 후배들이 엄마 소원을 풀어준 거여. 너 보고 자우면 언제든지 와서 볼 수 있으니 얼마나 좋으냐……."

때로 눈물을 흘리다가도 시민들과 학생들이 다가오면 금세 얼굴이 환해져서 박선영의 삶과 그의 동지들이 살아냈던 시대에 대해 이야기한다. 딸에 대해 말할 때 어머니는 가장 생기가 넘친다. 딸의 이름을 부르고 딸이 못다 한 투쟁을 이어가는 것이 남은 삶의 이유이기 때문이다.

부디 우리 모두의 어머니 오영자 선생이 오래오래 건강하게 살아서 전남여고 기억이음 벽의 파수꾼이 되고, 더 많은 사람들이 박선영의 이름을 불러주고 기억하기를 바라며 이 글을 마친다.

2025년 1월 김기선

기억이음 벽 박선영 열사 선별 작품

기억이음 벽 박선영 열사 선별 작품

'기억이음 벽'에 새겨진 딸을 보고 흐느끼는 박선영 열사의 어머니

박선영 열사 생가 터